El héroe discreto

ALFAGUARA

Mario Vargas Llosa

El héroe discreto

ALFAGUARA

2013, Distribuidora y Editora Aguilar, Altea, Taurus, Alfaguara, S. A.
Carrera 11A N° 98-50, oficina 501
Teléfono (571) 7 05 77 77
Bogotá - Colombia

• Aguilar, Altea, Taurus, Alfaguara, S. A.
Av. Leandro N. Alem 720 (1001), Buenos Aires
• Santillana Ediciones Generales, S. A. de C. V.
Avda. Universidad, 767, Col. del Valle,
México, D. F. C. P. 03100
• Santillana Ediciones Generales, S. L.
Avda. de los Artesanos, 6. 28760 Tres Cantos, Madrid

ISBN: 978-958-758-582-7
Impreso en Colombia - *Printed in Colombia*

PRISA EDICIONES

A la memoria de mi amigo
Javier Silva Ruete

«Nuestro hermoso deber es imaginar que hay un laberinto y un hilo.»

Jorge Luis Borges
«El hilo de la fábula»

I

Felícito Yanaqué, dueño de la Empresa de Transportes Narihualá, salió de su casa aquella mañana, como todos los días de lunes a sábado, a las siete y media en punto, luego de hacer media hora de Qi Gong, darse una ducha fría y prepararse el desayuno de costumbre: café con leche de cabra y tostadas con mantequilla y unas gotitas de miel de chancaca. Vivía en el centro de Piura y en la calle Arequipa había ya estallado el bullicio de la ciudad, las altas veredas estaban llenas de gente yendo a la oficina, al mercado o llevando los niños al colegio. Algunas beatas se encaminaban a la catedral para la misa de ocho. Los vendedores ambulantes ofrecían a voz en cuello sus melcochas, chupetes, chifles, empanadas y toda suerte de chucherías y ya estaba instalado en la esquina, bajo el alero de la casa colonial, el ciego Lucindo, con el tarrito de la limosna a sus pies. Todo igual a todos los días, desde tiempo inmemorial.

Con una excepción. Esta mañana alguien había pegado a la vieja puerta de madera claveteada de su casa, a la altura de la aldaba de bronce, un sobre azul en el que se leía claramente en letras mayúsculas el nombre del propietario: DON FELÍCITO YANAQUÉ. Que él recordara, era la primera vez que alguien le dejaba una carta colgada así, como un aviso judicial o una multa. Lo normal era que el cartero la deslizara al interior por la rendija de la puerta. La desprendió, abrió el sobre y la leyó moviendo los labios a medida que lo hacía:

> Señor Yanaqué:
>
> Que a su Empresa de Transportes Narihualá le vaya tan bien es un orgullo para Piura y los piura-

nos. Pero también un riesgo, pues toda empresa exitosa está expuesta a sufrir depredación y vandalismo de los resentidos, envidiosos y demás gentes de malvivir que aquí abundan como usted sabrá muy bien. Pero no se preocupe. Nuestra organización se encargará de proteger a Transportes Narihualá, así como a usted y su digna familia de cualquier percance, disgusto o amenaza de los facinerosos. Nuestra remuneración por este trabajo será 500 dólares al mes (una modestia para su patrimonio, como ve). Lo contactaremos oportunamente respecto a las modalidades de pago.

No necesitamos encarecerle la importancia de que tenga usted la mayor reserva sobre el particular. Todo esto debe quedar entre nosotros.

Dios guarde a usted.

En vez de firma, la carta llevaba el tosco dibujo de lo que parecía una arañita.

Don Felícito la leyó un par de veces más. La carta estaba escrita en letra bailarina y con manchones de tinta. Se sentía sorprendido y divertido, con la vaga sensación de que se trataba de una broma de mal gusto. Arrugó la carta con el sobre y estuvo a punto de echarla al cubo de la basura en la esquina del cieguito Lucindo. Pero se arrepintió y, alisándola, se la guardó en el bolsillo.

Había una docena de cuadras entre su casa de la calle Arequipa y su oficina, en la avenida Sánchez Cerro. No las recorrió esta vez preparando la agenda de trabajo del día, como hacía siempre, sino dando vueltas en su cabeza a la carta de la arañita. ¿Debía tomarla en serio? ¿Ir a la policía a denunciarla? Los chantajistas le anunciaban que se pondrían en contacto con él para las «modalidades de pago». ¿Mejor esperar que lo hicieran antes de dirigirse a la comisaría? Tal vez no fuera más que la gracia de un ocioso que quería hacerle pasar un mal rato. Desde hacía algún tiempo la delincuencia había aumentado en Piura, cierto: atracos a casas, asaltos callejeros, hasta secuestros que, se decía, arreglaban por lo bajo las familias de los blanquitos de El Chipe y Los Ejidos. Se sentía desconcertado e indeciso, pero seguro al menos de una cosa: por ninguna razón y en ningún caso daría un centavo a esos bandidos. Y, una vez más, como tantas en su vida, Felícito recordó las palabras de su padre antes de morir: «Nunca te dejes pisotear por nadie, hijo. Este consejo es la única herencia que vas a tener». Le había hecho caso, nunca se había dejado pisotear. Y con su medio siglo y pico en las espaldas ya estaba viejo para cambiar de costumbres. Estaba tan absorbido en estos pensamientos que apenas saludó con una venia al recitador Joaquín Ramos y apuró el paso; otras veces se detenía a cambiar unas palabras con ese impenitente bohemio, que se habría pasado la noche en algún barcito y sólo ahora se recogía a su casa, con los ojos vidriosos, su eterno monóculo y jalando a la cabrita que llamaba su gacela.

Cuando llegó a las oficinas de la Empresa Narihualá ya habían salido, a su hora, los autobuses a Sullana, Talara y Tumbes, a Chulucanas y Morropón, a Catacaos, La Unión, Sechura y Bayóvar, todos con buen pasaje, así como los colectivos a Chiclayo y las camionetas a Paita. Había un puñado de gente despachando encomiendas o averiguando los horarios de los ómnibus y colectivos de la tarde. Su secretaria, Josefita, la de las grandes caderas, los ojos pizpiretos y las blusitas escotadas, le había puesto ya en el escritorio la lista de citas y compromisos del día y el termo de café que iría bebiendo en el curso de la mañana hasta la hora del almuerzo.

—¿Qué le pasa, jefe? —lo saludó—. ¿Por qué esa cara? ¿Tuvo pesadillas anoche?

—Problemitas —le respondió, mientras se quitaba el sombrero y el saco, los colgaba en la percha y se sentaba. Pero inmediatamente se levantó y se los puso de nuevo, como recordando algo muy urgente.

—Ya vuelvo —dijo a su secretaria, camino a la puerta—. Voy a la comisaría a hacer una denuncia.

—¿Se le metieron ladrones? —abrió sus grandes ojos vivaces y saltones Josefita—. Pasa todos los días, ahora en Piura.

—No, no, ya te contaré.

A pasos resueltos, Felícito se dirigió a la comisaría que estaba a pocas cuadras de su oficina, en la misma avenida Sánchez Cerro. Era temprano aún y el calor resultaba soportable, pero él sabía que antes de una hora estas veredas llenas de agencias de viajes y compañías de transporte comenzarían a arder y que volvería a la oficina sudando. Miguel y Tiburcio, sus hijos, le habían dicho muchas veces que era locura llevar siempre saco, chaleco y sombrero en una ciudad donde todos, pobres o ricos, andaban el año entero en mangas de camisa o guayabera. Pero él nunca se quitaba esas prendas para guardar la compostura desde que inauguró Transportes Narihualá, el orgullo de su vida; invierno o verano llevaba siempre sombrero, saco, chaleco y la corbata con su nudo miniatura. Era un hombre menudo y muy flaquito, parco y trabajador que, allá en Yapatera, donde nació, y en Chulucanas, donde estudió la primaria, nunca se puso zapatos. Sólo empezó a hacerlo cuando su padre se lo trajo a Piura. Tenía cincuenta y cinco años y se conservaba sano, laborioso y ágil. Pensaba que su buen estado físico se debía a los ejercicios matutinos de Qi Gong que le había enseñado su amigo, el finado pulpero Lau. Era el único deporte que había practicado en su vida, además de caminar, siempre que se pudiera llamar deporte a esos movimientos en cámara lenta que eran sobre todo, más que ejercitar los músculos, una manera distinta y sabia de respirar. Llegó a la comisaría acalorado y furioso. Broma o no broma, el que había escrito aquella carta le estaba haciendo perder la mañana.

El interior de la comisaría era un horno y, como todas las ventanas estaban cerradas, se hallaba medio a oscuras. Había un ventilador a la entrada, pero parado. El guardia de la mesa de partes, un jovencito imberbe, le preguntó qué se le ofrecía.

—Hablar con el jefe, por favor —dijo Felícito, alcanzándole su tarjeta.

—El comisario está de vacaciones por un par de días —le explicó el guardia—. Si quiere, podría atenderlo el sargento Lituma, que es por ahora el encargado del puesto.

—Hablaré con él, entonces, gracias.

Tuvo que esperar un cuarto de hora hasta que el sargento se dignara recibirlo. Cuando el guardia lo hizo pasar al pequeño cubículo, Felícito tenía su pañuelo empapado de tanto secarse la frente. El sargento no se levantó a saludarlo. Le extendió una mano regordeta y húmeda y le señaló la silla vacía que tenía al frente. Era un hombre rollizo, tirando a gordo, de ojitos amables y un comienzo de papada que se sobaba de tanto en tanto con cariño. Llevaba la camisa caqui del uniforme desabotonada y con lamparones de sudor en las axilas. En la pequeña mesita había un ventilador, éste sí funcionando. Felícito sintió agradecido la ráfaga de aire fresco que le acarició la cara.

—En qué puedo servirlo, señor Yanaqué.

—Me acabo de encontrar esta carta. La pegaron en la puerta de mi casa.

Vio que el sargento Lituma se calzaba unos anteojos que le daban un aire leguleyo y, con expresión tranquila, la leía cuidadosamente.

—Bueno, bueno —dijo por fin, haciendo una mueca que Felícito no llegó a interpretar—. Éstas son las consecuencias del progreso, don.

Al ver el desconcierto del transportista, aclaró, sacudiendo la carta que tenía en la mano:

—Cuando Piura era una ciudad pobre, estas cosas no pasaban. ¿A quién se le iba a ocurrir entonces pedirle cupos a un comerciante? Ahora, como hay plata, los vivos sacan las uñas y quieren hacer su agosto. La culpa la tienen los ecuatorianos, señor. Como desconfían de su Gobierno, sacan sus capitales y vienen a invertirlos aquí. Están llenándose los bolsillos con nosotros, los piuranos.

—Eso no me sirve de consuelo, sargento. Además, oyéndolo, parecería una desgracia que ahora a Piura le vayan bien las cosas.

—No he dicho eso —lo interrumpió el sargento, con parsimonia—. Sólo que todo tiene su precio en esta vida. Y el del progreso es éste.

De nuevo agitó en el aire la carta de la arañita y a Felícito Yanaqué le pareció que aquella cara morena y regordeta se burlaba de él. En los ojos del sargento fosforecía una lucecita entre amarilla y verdosa, como la de las iguanas. Al fondo de la comisaría se oyó una voz vociferante: «¡Los mejores culos del Perú están aquí, en Piura! Lo firmo, carajo». El sargento sonrió y se llevó el dedo a la sien. Felícito, muy serio, sentía claustrofobia. Casi no había espacio para ellos dos entre estos tabiques de madera tiznados y tachonados de avisos, memorándums, fotos y recortes de periódico. Olía a sudor y vejez.

—El puta que escribió esto tiene su buena ortografía —afirmó el sargento, hojeando de nuevo la carta—. Yo, al menos, no le encuentro faltas gramaticales.

Felícito sintió que se le revolvía la sangre.

—No soy bueno en gramática y no creo que eso importe mucho —murmuró, con un deje de protesta—. ¿Y ahora qué cree usted que va a ocurrir?

—De inmediato, nada —repuso el sargento, sin inmutarse—. Le tomaré los datos, por si acaso. Puede que el asunto no pase de esta carta. Alguien que lo tiene entre ojos y que le gustaría darle un colerón. O pudiera ser que vaya en serio. Ahí dice que lo van a contactar para el pago. Si lo hacen, vuelva por acá y veremos.

—Usted no parece darle importancia al asunto —protestó Felícito.

—Por ahora no la tiene —admitió el sargento, alzando los hombros—. Esto es nada más que un pedazo de papel arrugado, señor Yanaqué. Podría ser una cojudez. Pero si la cosa se pone seria, la policía actuará, se lo aseguro. En fin, a trabajar.

Durante un buen rato, Felícito tuvo que recitar sus datos personales y empresariales. El sargento Lituma los iba anotando en un cuaderno de tapas verdes con un lapicito que humedecía en su boca. El transportista respondía las preguntas, que se le antojaban inútiles, con creciente desmoralización. Venir a sentar esta denuncia era una pérdida de tiempo. Este cachaco no haría nada. Además, ¿no decían que la policía era la más corrupta de las instituciones públicas? A lo mejor la carta de la arañita había salido de esta cueva maloliente. Cuando Lituma le dijo que la carta tenía que quedarse en la comisaría como prueba de cargo, Felícito dio un respingo.

—Quisiera sacarle una fotocopia, primero.

—Aquí no tenemos fotocopiadora —explicó el sargento, señalando con los ojos la austeridad franciscana del local—. En la avenida hay muchos comercios que hacen fotocopias. Vaya nomás y vuelva, don. Aquí lo espero.

Felícito salió a la avenida Sánchez Cerro y, cerca del Mercado de Abastos, encontró lo que buscaba. Tuvo que esperar un buen rato a que unos ingenieros sacaran copias de un alto de planos y decidió no volver a someterse al interrogatorio del sargento. Entregó la copia de la carta al guardia jovencito de la mesa de partes y, en vez de regresar a su oficina, volvió a sumergirse en el centro de la ciudad, lleno de gente, bocinas, calor, altoparlantes, mototaxis, autos y ruidosas carretillas. Cruzó la avenida Grau, la sombra de los tamarindos de la Plaza de Armas y, resistiendo la tentación de entrar a tomarse una cremolada de frutas en El Chalán, enrumbó hacia el antiguo barrio del camal, el de su adolescencia, la Gallinacera, vecino al río. Rogaba a Dios que Adelaida estuviera en su tiendita. Le haría bien charlar con ella. Le mejoraría el ánimo y quién sabe si hasta la santera le daba un buen consejo. El calor ya estaba en su punto y no eran ni las diez. Sentía la frente húmeda y una placa candente a la altura de la nuca. Iba de prisa, dando pasos cortitos y veloces, chocando con la gente que atestaba las angostas veredas, oliendo a meados y fritura. Una radio a todo volumen tocaba la salsa *Merecumbé.*

Felícito se decía a veces, y se lo había dicho alguna vez a Gertrudis, su mujer, y a sus hijos, que Dios, para premiar sus esfuerzos y sacrificios de toda una vida, había puesto en su camino a dos personas, el pulpero Lau y la adivinadora Adelaida. Sin ellos nunca le habría ido bien en los negocios, ni hubiera sacado adelante su empresa de transportes, ni constituido una familia honorable, ni tendría esa salud de hierro. Nunca había sido amiguero. Desde que al pobre Lau se lo llevó al otro mundo una infección intestinal, sólo le quedaba Adelaida. Afortunadamente estaba allí, junto al mostrador de su pequeña tienda de yerbas, santos, costuras y cachivaches, mirando las fotos de una revista.

—Hola, Adelaida —la saludó, estirándole la mano—. Chócate esos cinco. Qué bueno que te encuentro.

Era una mulata sin edad, retaca, culona, pechugona, que andaba descalza sobre el suelo de tierra de su tiendita, con los largos y crespos cabellos sueltos barriéndole los hombros y enfundada en esa eterna túnica o hábito de crudo color barro, que le llegaba hasta los tobillos. Tenía unos ojos enormes y una mirada que parecía taladrar más que mirar, atenuada por una expresión simpática, que daba confianza a la gente.

—Si vienes a visitarme, algo malo te ha pasado o te va a pasar —se rió Adelaida, palmeándole la espalda—. ¿Cuál es tu problema, pues, Felícito?

Él le alcanzó la carta.

—Me la dejaron en la puerta esta mañana. No sé qué hacer. Puse una denuncia en la comisaría, pero creo que será por gusto. El cachaco que me atendió no me hizo mucho caso.

Adelaida tocó la carta y la olió, aspirando profundamente como si se tratara de un perfume. Luego se la llevó a la boca y a Felícito le pareció que hasta chupaba una puntita del papel.

—Léemela, Felícito —dijo, devolviéndosela—. Ya veo que no es una cartita de amor, che guá.

Escuchó muy seria mientras el transportista se la leía. Cuando éste terminó, hizo un puchero burlón y abrió los brazos:

—¿Qué quieres que yo te diga, papacito?

—Dime si esto va en serio, Adelaida. Si tengo que preocuparme o no. O si es una simple pasada que me hacen, por ejemplo. Aclárame eso, por favor.

La santera soltó una carcajada que removió todo su cuerpo fortachón escondido bajo la amplia túnica color barro.

—Yo no soy Dios para saber esas cosas —exclamó, subiendo y bajando los hombros y revoloteando las manos.

—¿No te dice nada la inspiración, Adelaida? En veinticinco años que te conozco nunca me has dado un mal consejo. Todos me han servido. No sé qué hubiera sido mi vida sin ti, comadrita. ¿No podrías darme alguno ahora?

—No, papito, ninguno —repuso Adelaida, simulando que se entristecía—. No me viene ninguna inspiración. Lo siento, Felícito.

—Bueno, qué se le va a hacer —asintió el transportista, llevándose la mano a la cartera—. Cuando no hay, no hay.

—Para qué me vas a dar plata si no te he podido aconsejar —protestó Adelaida. Pero acabó por meterse al bolsillo el billete de veinte soles que Felícito insistió en que aceptara.

—¿Me puedo sentar aquí un rato, en la sombra? Me he agotado con tanto trajín, Adelaida.

—Siéntate y descansa, papito. Te voy a traer un vaso de agua bien fresquita, recién sacada de la piedra de destilar. Acomódate, nomás.

Mientras Adelaida iba al interior de la tienda y volvía, Felícito examinó en la penumbra del local las plateadas telarañas que caían del techo, las añosas estanterías con bolsitas de perejil, romero, culantro, menta, y las cajas con clavos, tornillos, granos, ojales, botones, entre estampas e imágenes de vírgenes, cristos, santos y santas, beatos y beatas, recortados de revistas y periódicos, algunas con velitas prendidas y otras con adornos que incluían rosarios, detentes y flores de cera y de papel. Era por esas imágenes que en Piura la llamaban santera, pero, en el cuarto de siglo que la conocía, a Felícito Adelaida nunca le pareció muy religiosa. No la había visto jamás en misa, por ejemplo. Además, se decía que los párrocos de los barrios la consideraban una bruja. Eso le gritaban a veces los churres en la calle: «¡Bruja! ¡Bruja!». No era cierto, no hacía brujerías, como tantas cholas vivazas de Catacaos y de La Legua que vendían bebedizos para enamorarse, desenamorarse o provocar la mala suerte, o esos chamanes de Huancabamba que pasaban el cuy por el cuerpo o zambullían en Las Huaringas a los enfermos que les pagaban para que los libraran de sus males. Adelaida ni siquiera era una adivinadora profesional. Ejercía ese oficio muy de vez en cuando, sólo con los amigos y conocidos, sin cobrarles un centavo. Aunque, si éstos insistían, acababa por guardarse el regalito que se les antojaba darle. La mujer y los hijos de Felícito (y también Mabel) se burlaban de él por la fe ciega que tenía en las inspiraciones y consejos de Adelaida. No sólo le creía; le había tomado cariño. Le daban pena su soledad y su pobreza. No se le conocía marido ni parientes; siempre andaba sola, pero ella parecía contenta con la vida de anacoreta que llevaba.

La había visto por primera vez un cuarto de siglo atrás, cuando era chofer interprovincial de camiones de carga y no tenía aún su pequeña empresa de transportes, aunque ya soñaba noche y día con tenerla. Ocurrió en el kilómetro cincuenta de la Panamericana, en esas rancherías donde los omnibuseros, camioneros y colectiveros paraban siempre a tomarse un caldito de gallina, un café, un potito de chicha y a comerse un sándwich antes de enfrentarse al largo y candente recorrido del desierto de Olmos, lleno de polvo y piedras, vacío de pueblos y sin una sola estación de gasolina ni taller de mecánica para caso de accidente. Adelaida, que llevaba ya ese camisón color barro que sería siempre su única vestimenta, tenía uno de los puestos de carne seca y refrescos. Felícito conducía un camión de la Casa Romero, cargado hasta el tope de pencas de algodón, rumbo a Trujillo. Iba solo, su ayudante había renunciado al viaje en el último momento porque del Hospital Obrero le avisaron que su madre se había puesto muy mal y que podía fallecer en cualquier momento. Él se estaba comiendo un tamal, sentado en la banquita del mostrador de Adelaida, cuando notó que la mujer lo miraba de una manera rara con esos ojazos hondos y escarbadores que tenía. ¿Qué mosca le picaba a la doña, che guá? La cara se le había descompuesto. Se la notaba medio asustada.

—¿Qué le pasa, señora Adelaida? ¿Por qué me mira así, como desconfiando de algo?

Ella no dijo nada. Seguía con los grandes y profundos ojos oscuros clavados en él y hacía una mueca de asco o susto que le hundía las mejillas y le arrugaba la frente.

—¿Se siente usted mal? —insistió Felícito, incómodo.

—No se trepe usted en ese camión, mejorcito —dijo la mujer, por fin, con voz ronca, como haciendo un gran esfuerzo para que le obedecieran la lengua y la garganta. Señalaba con su mano el camión rojo que Felícito había estacionado a orillas de la carretera.

—¿Que no me suba a mi camión? —repitió él, desconcertado—. ¿Y por qué, se podría saber?

Adelaida le quitó un momento los ojos de encima para mirar a los costados, como temiendo que los otros choferes, clientes o dueños de las tiendas y barcitos de la ranchería pudieran oírla.

—Tengo una inspiración —le dijo, bajando la voz, siempre con la cara descompuesta—. No puedo explicarle. Créame nomás lo que le digo, por favor. Mejorcito no se trepe a ese camión.

—Le agradezco su consejo, señora, seguro que es de buena fe. Pero, yo tengo que ganarme los frejoles. Soy chofer, me gano la vida con los camiones, doña Adelaida. ¿Cómo les daría de comer a mi mujer y mis dos hijitos, pues?

—Sea muy prudente, entonces, por lo menos —le pidió la mujer, bajando la vista—. Hágame caso.

—Eso sí, señora. Le prometo. Siempre lo soy.

Hora y media después, en una curva de la carretera sin asfaltar, entre una espesa polvareda grisáceo-amarillenta, patinando y chirriando surgió el ómnibus de la Cruz de Chalpón que vino a estampillarse contra su camión, con un ruido estentóreo de latas, frenos, gritos y chirrido de llantas. Felícito tenía buenos reflejos y alcanzó a desviar el camión sacando la parte delantera de la pista, de modo que el ómnibus impactó contra la tolva y la carga, lo que le salvó la vida. Pero, hasta que soldaran los huesos de la espalda, el hombro y la pierna derecha, estuvo inmovilizado bajo una funda de yeso que, además de dolores, le producía una comezón enloquecedora. Cuando por fin pudo volver a manejar, lo primero que hizo fue ir al kilómetro cincuenta. La señora Adelaida lo reconoció de inmediato.

—Vaya, me alegro que ya esté bien —le dijo a modo de saludo—. ¿Un tamalito y una gaseosa, como siempre?

—Le ruego por lo que más quiera que me diga cómo supo que ese ómnibus de la Cruz de Chalpón me iba a embestir, señora Adelaida. No hago más que pensar en eso, desde entonces. ¿Es usted bruja, santa, o qué es?

Vio que la mujer palidecía y no sabía qué hacer con sus manos. Había bajado la cabeza, confundida.

—Yo no supe nada de eso —balbuceó, sin mirarlo y como sintiéndose acusada de algo grave—. Tuve una inspiración, nada más. Me pasa algunas veces, nunca sé por qué. Yo no las busco, che guá. Se lo juro. Es una maldición que me ha caído encima. A mí no me gusta que el santo Dios me hiciera así. Yo le rezo todos los días para que me quite ese don que me dio. Es algo terrible, créamelo. Me hace sentir culpable de todas las cosas malas que le pasan a la gente.

—¿Pero qué vio usted, señora? ¿Por qué me dijo esa mañana que mejorcito no me trepara a mi camión?

—Yo no vi nada, yo nunca veo esas cosas que van a suceder. ¿No se lo he dicho? Sólo tuve una inspiración. Que si se trepaba a ese camión podría pasarle algo. No supe qué. Nunca sé qué es lo que va a ocurrir. Sólo que hay cosas que es preferible no hacerlas, porque tienen malas consecuencias. ¿Se va a comer ese tamalito y tomarse una Inca Kola?

Se habían hecho amigos desde entonces y pronto empezaron a tutearse. Cuando la señora Adelaida dejó la ranchería del kilómetro cincuenta y abrió su tiendecita de yerbas, costuras, cachivaches e imágenes religiosas en las vecindades del antiguo camal, Felícito venía por lo menos una vez por semana a saludarla y platicar un rato. Casi siempre le traía algún regalito, unos dulces, una torta, unas sandalias y, al despedirse, le dejaba un billete en esas manos duras y callosas de hombre que tenía. Todas las decisiones importantes que había tomado en esos veinte y pico de años las había consultado con ella, sobre todo desde que fundó Transportes Narihualá: las deudas que contrajo, los camiones, ómnibus y autos que fue comprando, los locales que alquiló, los choferes, mecánicos y empleados que contrataba o despedía. Las más de las veces, Adelaida tomaba a risa sus consultas. «Y yo qué voy a saber de eso, Felícito, che guá. Cómo quieres que te diga si es preferible un Chevrolet o un Ford, qué sabré yo de marcas de carros si nunca he tenido ni tendré uno.» Pero, de tanto en tanto, aunque no supiera de qué se trataba, le venía una inspiración y le daba un consejo: «Sí, métete en eso, Felícito, te irá bien, me parece». O: «No, Felícito, no te conviene, no sé qué pero algo me está oliendo feo en ese asunto». Las palabras de la santera eran para el transportista verdades reveladas y las obedecía al pie de la letra por incomprensibles o absurdas que parecieran.

—Te quedaste dormido, papito —la oyó decir.

En efecto, se había quedado adormecido después de tomarse el vasito de agua fresca que le trajo Adelaida. ¿Cuánto rato había estado cabeceando en esa mecedora dura que le había provocado un calambre en el fundillo? Miró su reloj. Bueno, unos minutitos apenas.

—Han sido las tensiones y el trajín de esta mañana —dijo, poniéndose de pie—. Hasta luego, Adelaida. Qué tranquilidad la que hay aquí en tu tiendita. Siempre me hace bien visitarte, aunque no te venga la inspiración.

Y, en el mismo instante que pronunció la palabra clave, inspiración, con la que Adelaida definía la misteriosa facultad de que estaba dotada, adivinar las cosas buenas o malas que a algunas personas les iban a ocurrir, Felícito advirtió que la expresión de la santera ya no era la misma con que lo había recibido, escuchado la lectura de la carta de la arañita y le había asegurado que no le inspiraba reacción alguna. Estaba muy seria ahora, con una expresión grave, el ceño fruncido y mordisqueándose una uña. Se diría que estaba conteniendo la angustia que empezaba a embargarla. Tenía sus grandes ojazos clavados en él. Felícito sintió que se le aceleraba el corazón.

—¿Qué te pasa, Adelaida? —preguntó, alarmado—. No me digas que ahora sí...

La mano endurecida de la mujer lo tomó del brazo y le clavó los dedos.

—Dales eso que te piden, Felícito —murmuró—. Mejor dáselo.

—¿Que les dé quinientos dólares al mes a esos chantajistas para que no me hagan daño? —se escandalizó el transportista—. ¿Eso te está diciendo la inspiración, Adelaida?

La santera le soltó el brazo y lo palmeó, cariñosa.

—Ya sé que está mal, ya sé que es mucha plata —asintió—. Pero, qué importa el dinero después de todo, ¿no te parece? Más importante es tu salud, tu tranquilidad, tu trabajo, tu familia, tu amorcito de Castilla. En fin. Ya sé que no te gusta que te diga esto. A mí tampoco me gusta, tú eres un buen amigo, papacito. Además, a lo mejor me equivoco y te estoy dando un mal consejo. No tienes por qué creerme, Felícito.

—No se trata de la plata, Adelaida —dijo él, con firmeza—. Un hombre no se debe dejar pisotear por nadie en esta vida. Se trata de eso, nomás, comadrita.

II

Cuando don Ismael Carrera, el dueño de la aseguradora, pasó por su oficina y le propuso que almorzaran juntos, Rigoberto pensó: «Una vez más va a pedirme que dé marcha atrás». Porque a Ismael, como a todos sus colegas y subordinados, le había sorprendido mucho su intempestivo anuncio de que adelantaría tres años su retiro. Por qué jubilarse a los sesenta y dos, le decían todos, cuando podía permanecer otros tres más en esa gerencia que manejaba con el respeto unánime de los casi trescientos empleados de la firma.

«En efecto, ¿por qué, por qué?», pensó. Ni siquiera estaba muy claro para él. Pero, eso sí, su determinación era inamovible. No daría un paso atrás, aunque, por jubilarse antes de cumplir los sesenta y cinco, no se retiraría con el sueldo completo ni tendría derecho a todas las indemnizaciones y gollerías de los que llegaban a pensionistas al alcanzar el límite de edad.

Trató de animarse pensando en el tiempo libre de que dispondría. Pasarse las horas en su pequeño espacio de civilización, defendido contra la barbarie, contemplando sus amados grabados, los libros de arte que atestaban su biblioteca, oyendo buena música, el viaje anual a Europa con Lucrecia en la primavera o el otoño, asistiendo a festivales, ferias de arte, visitando museos, fundaciones, galerías, volviendo a ver aquellos cuadros y esculturas más queridos y descubriendo otros que incorporaría a su pinacoteca secreta. Había hecho cálculos y él era bueno en matemáticas. Gastando de manera juiciosa y administrando con prudencia su casi millón de dólares de ahorros y su pensión, Lucrecia y él tendrían una vejez muy cómoda y podrían dejar asegurado el futuro de Fonchito.

«Sí, sí», pensó, «una vejez larga, culta y feliz». ¿Por qué, entonces, a pesar de ese promisorio futuro, sentía tanto desasosiego? ¿Era Edilberto Torres o melancolía anticipada? Sobre todo cuando, como ahora, pasaba la vista por los retratos y diplomas que colgaban de las paredes de su oficina, los libros alineados en dos estantes, su escritorio milimétricamente ordenado con sus cuadernos de notas, lápices y lapiceros, calculadora, informes, computadora encendida y el aparato de televisión siempre puesto en Bloomberg con las cotizaciones de las bolsas. ¿Cómo podía sentir nostalgia anticipada de todo esto? Lo único importante de esta oficina eran los retratos de Lucrecia y de Fonchito —recién nacido, niño y adolescente— que se llevaría consigo el día de la mudanza. Por lo demás, este viejo edificio del jirón Carabaya, en el centro de Lima, muy pronto dejaría de ser la sede de la compañía de seguros. El nuevo local, en San Isidro, a orillas del Zanjón, estaba terminado. Esta fea construcción, en la que había trabajado treinta años de su vida, probablemente la demolerían.

Creyó que Ismael lo llevaría, como siempre que lo invitaba a almorzar, al Club Nacional y que él, una vez más, sería incapaz de resistir la tentación de ese enorme bistec apanado con tacu-tacu que llamaban «una sábana», y de tomarse un par de copas de vino, con lo cual toda la tarde se sentiría abotargado, con dispepsia y sin ánimos de trabajar. Para su sorpresa, apenas entraron al Mercedes Benz en el garaje del edificio, su jefe ordenó al chofer: «A Miraflores, Narciso, a La Rosa Náutica». Volviéndose a Rigoberto, explicó: «Nos hará bien respirar un poco de aire de mar y oír los chillidos de las gaviotas».

—Si crees que vas a sobornarme con un almuerzo, estás loco, Ismael —lo previno él—. Me jubilo de todas maneras, aunque me pongas una pistola en el pecho.

—No te la pondré —dijo Ismael, con un ademán burlón—. Sé que eres terco como una mula. Y sé también que te arrepentirás, sintiéndote inútil y aburrido en tu casa, fregándole todo el día la paciencia a Lucrecia. Prontito volverás a pedirme de rodillas que te reponga en la gerencia. Lo haré, claro. Pero antes te haré sufrir un buen rato, te lo advierto.

Trató de recordar desde cuándo conocía a Ismael. Muchos años. Había sido muy buen mozo de joven. Elegante, distinguido, sociable. Y, hasta que se casó con Clotilde, un seductor. Hacía suspirar a solteras y casadas, a viejas y jóvenes. Ahora había perdido el pelo, tenía apenas unos mechones blancuzcos en la calva, se había arrugado, engordado y arrastraba los pies. Se le notaba la dentadura postiza que le había puesto un dentista de Miami. Los años, y los mellizos sobre todo, lo habían arruinado físicamente. Se conocieron el primer día que Rigoberto entró a trabajar a la compañía de seguros, al departamento legal. ¡Treinta largos años! Caracho, toda una vida. Recordó al padre de Ismael, don Alejandro Carrera, el fundador de la empresa. Recio, incansable, un hombre difícil pero íntegro cuya sola presencia ponía orden y contagiaba seguridad. Ismael le tenía respeto, aunque nunca lo quiso. Porque don Alejandro hizo trabajar a su hijo único, recién regresado de Inglaterra, donde se había graduado en la Universidad de Londres en Economía y hecho un año de práctica en la Lloyd's, en todas las reparticiones de la compañía, que ya comenzaba a ser importante. Ismael raspaba los cuarenta y se sentía humillado por ese entrenamiento que lo llevó, incluso, a tener que clasificar la correspondencia, administrar la cantina, ocuparse de los motores de la planta eléctrica, de la vigilancia y limpieza del local. Don Alejandro podía ser algo despótico, pero Rigoberto lo recordaba con admiración: un capitán de empresa. Había hecho esta compañía de la nada, comenzando con un capital ínfimo y préstamos que pagó al centavo. Pero, la verdad, Ismael había sido un continuador aventajado de la obra de su padre. Era también incansable y sabía ejercer su don de mando cuando hacía falta. En cambio, con los mellizos al frente, la estirpe de los Carrera se iría al tacho de la basura. Ninguno de los dos había heredado las virtudes empresariales del padre y el abuelo. Cuando desapareciera Ismael, ¡pobre compañía de seguros! Por suerte, él ya no estaría de gerente para presenciar la catástrofe. ¿Para qué lo había invitado a almorzar su jefe si no era para hablarle de su jubilación anticipada?

La Rosa Náutica estaba llena de gente, muchos turistas que hablaban en inglés y francés, y a don Ismael le habían reservado una mesita junto a la ventana. Tomaron un Campari viendo a algunos tablistas corriendo olas embutidos en sus buzos de goma. Era una mañana de invierno gris, con plomizas nubes bajas que ocultaban los acantilados y bandadas de gaviotas lanzando chillidos. Una escuadrilla de alcatraces planeaba flotando a ras del mar. El acompasado rumor de las olas y la resaca era agradable. «El invierno es tristón en Lima, aunque mil veces preferible al verano», pensó Rigoberto. Pidió una corvina a la parrilla con una ensalada y advirtió a su jefe que no probaría ni una gota de vino; tenía trabajo en la oficina y no quería pasarse la tarde bostezando como un cocodrilo y sintiéndose un sonámbulo. Le pareció que Ismael, abstraído, ni siquiera lo oía. ¿Qué mosca le picaba?

—Tú y yo somos buenos amigos, ¿sí o no? —le soltó su jefe de pronto, como despertando.

—Supongo que sí, Ismael —repuso Rigoberto—. Si es que entre un patrón y su empleado puede haber de veras amistad. Existe la lucha de clases, ya sabes.

—Hemos tenido nuestros encontrones, algunas veces —prosiguió Ismael, muy serio—. Pero, mal que mal, creo que nos hemos llevado bastante bien estos treinta años. ¿No te parece?

—¿Todo este rodeo sentimental para pedirme que no me jubile? —lo provocó Rigoberto—. ¿Vas a decirme que si me voy la compañía se hunde?

Ismael no tenía ganas de bromear. Contemplaba las conchitas a la parmesana que acababan de traerle como si pudieran estar envenenadas. Movía la boca, haciendo sonar la dentadura postiza. Había inquietud en sus ojitos entrecerrados. ¿La próstata? ¿Un cáncer? ¿Qué le pasaba?

—Quiero pedirte un favor —murmuró, en voz muy baja, sin mirarlo. Cuando alzó los ojos, Rigoberto vio que los tenía llenos de extravío—. Un favor, no. Un gran favor, Rigoberto.

—Si puedo, claro que sí —asintió, intrigado—. ¿Qué te pasa, Ismael? Vaya cara que has puesto.

—Que seas mi testigo —dijo Ismael, ocultando de nuevo sus ojos en las conchitas—. Me voy a casar.

El tenedor con el bocado de corvina se quedó un momento en el aire y, por fin, en vez de llevárselo a la boca, Rigoberto lo regresó al plato. «¿Cuántos años tiene?», pensaba. «No menos de setenta y cinco o setenta y ocho, acaso hasta ochenta.» No sabía qué decir. La sorpresa lo había enmudecido.

—Necesito dos testigos —añadió Ismael, ahora mirándolo y algo más dueño de sí mismo—. He pasado revista a todos mis amigos y conocidos. Y he llegado a la conclusión de que las personas más leales, en las que confío más, son Narciso y tú. Mi chofer ha aceptado. ¿Aceptas tú?

Incapaz todavía de articular palabra ni de hacer una broma, Rigoberto sólo atinó a asentir, moviendo la cabeza.

—Claro que sí, Ismael —balbuceó, finalmente—. Pero, asegúrame que esto va en serio, que no es tu primer síntoma de demencia senil.

Esta vez Ismael sonrió, aunque sin pizca de alegría, abriendo mucho la boca y luciendo la blancura explosiva de sus falsos dientes. Había septuagenarios y octogenarios bien conservados, se decía Rigoberto, pero no era el caso de su jefe, desde luego. En el oblongo cráneo, bajo los mechones blancos, abundaban los lunares, tenía la frente y el cuello surcados de arrugas y en todo su semblante había algo vencido. Vestía con la elegancia de costumbre, terno azul, una camisa que parecía recién planchada, una corbata sujeta con un prendedor de oro, un pañuelito en el bolsillo.

—¿Te has vuelto loco, Ismael? —exclamó Rigoberto, de pronto, reaccionando tardíamente a la noticia—. ¿De veras vas a casarte? ¿A tu edad?

—Es una decisión perfectamente razonada —lo oyó decir, con firmeza—. La he tomado sabiendo muy bien lo que se me vendrá encima. Está de más decirte que, si eres mi testigo de boda, tendrás problemas tú también. En fin, para qué hablar de lo que sabes de sobra.

—¿Están ellos enterados?

—No me preguntes cojudeces, por favor —se impacientó su jefe—. Los mellizos van a poner el grito en el cielo, moverán la tierra y el infierno para anular mi matrimonio, hacerme declarar incapacitado, meterme al manicomio y mil cosas más. Hasta hacerme matar por un sicario, si pueden. Narciso y tú serán también víctimas de su odio, por supuesto. Todo eso lo sabes y, a pesar de ello, me has dicho que sí. No me equivoqué, pues. Eres el tipo limpio, generoso y noble que siempre he pensado. Gracias, viejo.

Estiró su mano, cogió a Rigoberto del brazo y la tuvo allí un momento, con una presión afectuosa.

—Por lo menos dime quién es la dichosa novia —le preguntó Rigoberto, tratando de pasar un bocado de corvina. Se le habían quitado por completo las ganas de comer.

Esta vez, Ismael sonrió de verdad, mirándolo con burla. Una lucecita maliciosa aleteaba en sus pupilas mientras le sugería:

—Tómate antes un trago, Rigoberto. Si por decirte que me casaba te pusiste tan pálido, cuando te diga con quién te podría dar un infarto.

—¿Tan fea es esa cazadora de fortuna? —murmuró él. Con semejante prolegómeno su curiosidad era enorme.

—Con Armida —dijo Ismael, deletreando el nombre. Esperaba su reacción como un entomólogo la de un insecto.

¿Armida, Armida? Rigoberto repasaba todas sus conocidas, pero ninguna encajaba en ese nombre.

—¿La conozco? —preguntó por fin.

—Armida —repitió Ismael, escrutándolo y midiéndolo con una sonrisita—. La conoces muy bien. La has visto mil veces en mi casa. Sólo que jamás te fijaste en ella. Porque nadie se fija nunca en las empleadas domésticas.

El tenedor, con un nuevo bocado de corvina, se le escurrió entre los dedos y cayó al suelo. Mientras se agachaba a recogerlo sintió que su corazón se había puesto a latir más fuerte. Oyó que su jefe se reía. ¿Era posible? ¿Se iba a casar con su sirvienta? ¿Esas cosas no ocurrían sólo en las telenovelas? ¿Hablaba en serio Ismael o le tomaba el pelo? Imaginó las habladurías, las invenciones, las conjeturas, los chistes que encenderían a la Lima de la gente chismosa: tendrían diversión para mucho rato.

—Alguien aquí está loco —afirmó, entre dientes—. Tú o yo. ¿O estamos los dos locos, Ismael?

—Es una buena mujer y nos queremos —dijo su jefe, ya sin la menor turbación—. La conozco hace mucho tiempo. Será una excelente compañera para mi vejez, ya lo verás.

Ahora sí: Rigoberto la vio, la recreó, la inventó. Morenita, de cabellos muy negros, de ojos vivos. Una criollita, una costeña de maneras desenvueltas, delgada, no muy baja. Una cholita bastante presentable. «Debe ser cuarenta años mayor que ella, quizás más», pensó. «Ismael se ha vuelto loco.»

—Si te has propuesto, a la vejez, protagonizar el escándalo más sonado de la historia de Lima, lo vas a conseguir —suspiró—. Serás la comidilla de los chismosos sabe Dios por cuántos años. Siglos, tal vez.

Ismael se rió, esta vez con franco buen humor, asintiendo.

—Por fin te lo dije, Rigoberto —exclamó, aliviado—. La verdad, me ha costado mucho trabajo. Te confieso que tuve la mar de dudas. Me moría de vergüenza. Cuando se lo conté a Narciso, el negro abrió los ojos como platos y casi se traga la lengua. Bueno, ya lo sabes. Será un escandalazo y me importa un bledo. ¿Aceptas siempre ser mi testigo?

Rigoberto movía la cabeza: sí, sí, Ismael, si se lo pedía él cómo no iba a aceptar. Pero, pero... Carambolas, no sabía qué carajo decir.

—¿Ese matrimonio es imprescindible? —se animó al fin—. Quiero decir, arriesgarte a lo que te caerá encima. No pienso sólo en el escándalo, Ismael. Te imaginas a qué voy. ¿Vale la pena el lío monumental con tus hijos que esto va a desatar? Un matrimonio tiene efectos legales, económicos. En fin, me imagino que habrás pensado en todo eso y que estoy haciéndote reflexiones estúpidas. ¿No, Ismael?

Vio a su jefe beber media copa de vino blanco, de un trago. Lo vio encoger los hombros y asentir:

—Tratarán de hacerme declarar incapacitado —explicó, en tono sarcástico, haciendo una mueca despectiva—. Habrá que untar muchas manos entre jueces y tinterillos, por supuesto. Yo tengo más dinero que ellos, de manera que no me ganarán el pleito, si lo entablan.

Hablaba sin mirar a Rigoberto, sin elevar la voz para que no lo oyeran de las mesas vecinas, con la vista volcada en el mar. Pero sin duda tampoco veía a los tablistas, ni las gaviotas, ni las olas que corrían hacia la playa chisporroteando espuma blanca, ni la doble hilera de autos que pasaba por la Costa Verde. Su voz se había ido llenando de furia.

—¿Vale la pena todo eso, Ismael? —insistió Rigoberto—. Abogados, notarios, jueces, comparecencias, la inmundicia periodística hurgando en tu vida privada hasta la náusea. Todo ese horror, además del dineral que te costará semejante capricho. Los dolores de cabeza, los disgustos. ¿Vale la pena?

En vez de responderle, Ismael lo sorprendió con otra pregunta:

—¿Te acuerdas cuando me dio el infarto, en septiembre?

Rigoberto se acordaba muy bien. Todo el mundo creyó que Ismael se moriría. Lo sorprendió en el auto, regresando a Lima de un almuerzo en Ancón. Narciso lo llevó desmayado a la Clínica San Felipe. Lo tuvieron en cuidados intensivos varios días, con oxígeno, tan debilitado que no podía hablar.

—Creíamos que no pasabas la prueba, vaya susto que nos diste. ¿A qué viene eso ahora?

—Fue entonces cuando decidí casarme con Armida —la cara de Ismael se había agriado y su voz estaba cargada de amargura. Parecía más viejo en este instante—. Estuve al borde de la muerte, claro que sí. La vi cerquita, la toqué, la olí. La debilidad no me permitía hablar, así es. Pero, oír, sí. Eso no lo saben ese par de canallas de hijos que tengo, Rigoberto. A ti te lo puedo contar. Sólo a ti. Que no salga nunca de tu boca, ni siquiera a Lucrecia. Júramelo, por favor.

—El doctorcito Gamio ha sido requeteclarísimo —afirmó Miki, entusiasmado, sin bajar la voz—. Estira la pata esta misma noche, hermano. Un infarto masivo. Un infartazo, dijo. Y posibilidades mínimas de recuperación.

—Habla más despacio —lo reconvino Escobita. Él sí hablaba muy quedo, en aquella penumbra que deformaba las siluetas, en esa habitación extraña que olía a formol—. Dios te oiga, compadre. ¿No has podido averiguar nada sobre el testamento en el estudio del doctor

Arnillas? Porque, si quiere fregarnos, nos friega. Este viejo de mierda se las sabe todas.

—Arnillas no suelta prenda porque se lo tiene comprado —dijo Miki, bajando también la voz—. Ahora en la tarde fui a verlo y traté de sonsacarle algo, pero no hubo forma. De todos modos, estuve haciendo averiguaciones. Aunque quisiera jodernos, no podría. Lo que nos adelantó al sacarnos de la empresa no cuenta, no hay documentos ni pruebas. La ley es clarísima. Somos herederos forzosos. Así se llama: forzosos. No podría, hermano.

—No te fíes, compadre. Él se conoce todas las mañas. Con tal de jodernos es capaz de cualquier cosa.

—Esperemos que no pase de hoy —dijo Miki—. Porque, además, el vejestorio nos va a dejar otra noche sin dormir.

—Viejo de mierda por aquí, que reviente cuanto antes por allá, a menos de un metro mío, felices de saber que estaba agonizando —recordó Ismael, hablando despacio, con la mirada en el vacío—. ¿Sabes una cosa, Rigoberto? Ellos me salvaron de la muerte. Sí, ellos, te lo juro. Porque, oyéndolos decir esas barbaridades, me vino una voluntad increíble de vivir. De no darles gusto, de no morirme. Y palabra que mi cuerpo reaccionó. Allí lo decidí, en la misma clínica. Si me recupero, me caso con Armida. Los joderé yo a ellos antes que ellos me jodan a mí. ¿Querían guerra? La tendrían. Y la van a tener, viejo. Ya estoy viendo las caras que pondrán.

La hiel, la decepción, la cólera impregnaban no sólo sus palabras y su voz, también la mueca que le torcía la boca, las manos que estrujaban la servilleta.

—Pudo ser una alucinación, una pesadilla —murmuró Rigoberto, sin creer lo que decía—. Con la cantidad de drogas que te metieron en el cuerpo puedes haberte soñado todo eso, Ismael. Desvariabas, yo te vi.

—Yo sabía muy bien que mis hijos nunca me quisieron —prosiguió su jefe, sin hacerle el menor caso—.

Pero no que me odiaran a ese extremo. Que llegaran a desear mi muerte, para heredarme de una vez. Y, por supuesto, farrearse en dos por tres lo que mi padre y yo levantamos a lo largo de tantos años, rompiéndonos los lomos. Pues no. Las hienas se van a quedar con los crespos hechos, te aseguro.

Aquello de hienas les sentaba bastante bien a los dos hijitos de Ismael, pensó Rigoberto. Unas buenas piezas, a cual peor. Ociosos, jaranistas, abusivos, dos parásitos que deshonraban el apellido de su padre y su abuelo. ¿Por qué habían salido así? No por falta de cariño y cuidado de sus padres, desde luego. Todo lo contrario. Ismael y Clotilde siempre se desvivieron por ellos, hicieron lo imposible por darles la mejor educación. Soñaban con hacer de ellos dos caballeritos. ¿Cómo demonios se volvieron el par de bellacos que eran? Nada raro que hubieran tenido aquella siniestra conversación al pie de la cama de su padre moribundo. Y encima brutos, ni siquiera pensaron que podía escucharlos. Eran capaces de eso y de peores cosas, desde luego. Rigoberto lo sabía muy bien, en todos estos años había sido muchas veces el paño de lágrimas y confidente de su jefe de las barrabasadas de sus hijitos. Cuánto habían sufrido Ismael y Clotilde con los escándalos que provocaron desde jovencitos.

Habían ido al mejor colegio de Lima, tenido profesores particulares para las materias en las que flaqueaban, hecho cursos de verano en Estados Unidos e Inglaterra. Aprendieron inglés pero hablaban un español de analfabetos mechado con toda esa horrible jerga y apócopes de la juventud limeña, no habían leído un libro ni acaso un periódico en su vida, probablemente no sabían las capitales de la mitad de los países latinoamericanos y ninguno había podido aprobar ni siquiera el primer año de universidad. Se habían estrenado en fechorías todavía adolescentes, violando a aquella chiquilla que se levantaron en una fiestecita de medio pelo, en Pucusana. Floralisa Roca, así se llamaba, un nombre que parecía salido de una novela de caballerías. Delgada, bastante bonita, ojos alarmados y llorosos, un cuerpecillo que temblaba de susto. Rigoberto la recordaba muy bien. La tenía en la conciencia y todavía le venían remordimientos por el feo papel que había tenido que jugar en ese asunto. Revivió aquel lío: abogados, médicos, partes policiales, gestiones desesperadas para que ni *La Prensa* ni *El Comercio* incluyeran los nombres de los mellizos en las informaciones sobre el episodio. Él mismo había tenido que hablar con los padres de la muchacha, una pareja de iqueños ya entrados en años a los que aplacar y silenciar costó cerca de cincuenta mil dólares, una fortuna para la época. Tenía muy presente en la memoria aquella conversación con Ismael, uno de esos días. Su jefe se estrujaba la cabeza, contenía las lágrimas y la voz se le cortaba: «¿En qué hemos fallado, Rigoberto? ¿Qué hemos hecho Clotilde y yo para que Dios nos castigue así? ¡Cómo podemos tener de hijos a semejantes forajidos! Ni siquiera se arrepienten de la barbaridad que hicieron. ¡Le echan la culpa a la pobre chica, figúrate! No sólo la violaron. Le pegaron, la maltrataron». Forajidos, ésa era la palabra justa. Tal vez Clotilde e Ismael los habían engreído demasiado, tal vez nunca les hicieron sentir un poco de autoridad. No debieron perdonarles siempre las gracias, no tan rápido en todo caso. ¡Las gracias de los mellizos! Choques automovilísticos por conducir borrachos y drogados, deudas contraídas tomando el nombre del padre, recibos fraguados en la oficina cuando a Ismael, en mala hora, se le ocurrió meterlos a la compañía para que se foguearan. Habían sido una pesadilla para Rigoberto. Tenía que ir en persona a informar a su jefe de las proezas de los hermanitos. Llegaron a vaciar la caja de su oficina donde se guardaba el dinero de los gastos corrientes. Ésa fue la gota que desbordó el vaso, felizmente. Ismael los echó y prefirió pasarles una pensión, financiarles la haraganería. El prontuario de ambos era interminable. Por ejemplo, entraron a la

Universidad de Boston y sus padres estaban dichosos. Meses después, Ismael descubrió que nunca habían puesto los pies en ella, que se habían embolsillado la matrícula y la pensión, falsificando notas e informes de asistencia. Uno de ellos —¿Miki o Escobita?— atropelló a un peatón en Miami y estaba prófugo de los Estados Unidos porque aprovechó la libertad provisional para fugarse a Lima. Si volvía allá iría a la cárcel.

Después de la muerte de Clotilde, Ismael se rindió. Que hicieran lo que les diera la gana. Les había adelantado parte de la herencia, para que la trabajaran si querían o la dilapidaran, que fue naturalmente lo que hicieron, viajando por Europa y dándose la gran vida. Eran ya unos hombres hechos y derechos, raspando los cuarenta años. Su jefe no quería más dolores de cabeza con esos incorregibles. ¡Y ahora esto! Claro que tratarían de anular ese matrimonio, si se llevaba a cabo. Jamás se dejarían arrebatar una herencia que, por supuesto, esperaban con voracidad de caníbales. Imaginó el colerón que se llevarían. ¡Su padre casado con Armida! ¡Con su sirvienta! ¡Con una chola! En sus adentros, se rió: sí, vaya caras que pondrían. El escándalo sería de órdago. Podía ya oír, ver, oler, el río de maledicencias, conjeturas, chistes, invenciones que correrían por los teléfonos de Lima. No veía la hora de contarle estas novedades a Lucrecia.

—¿Tú te llevas bien con Fonchito? —lo sacó de sus reflexiones la voz de su jefe—. ¿Cuántos años tiene ya tu hijo? ¿Catorce o quince, no?

Rigoberto se estremeció imaginando que Fonchito pudiera convertirse en alguien parecido a los hijos de Ismael. Felizmente, no le daba por la juerga.

—Me llevo bastante bien con él —respondió—. Y Lucrecia todavía mejor que yo. Fonchito la quiere ni más ni menos que si fuera su mamá.

—Has tenido suerte, la relación de un niño con su madrastra no siempre es fácil.

—Es un buen chico —reconoció don Rigoberto—. Estudioso, dócil. Pero muy solitario. Está en ese momento difícil de la adolescencia. Se retrae demasiado. Me gustaría verlo más amiguero, que saliera, que enamorara chicas, que fuera a fiestas.

—Es lo que hacían las hienas, a su edad —se lamentó don Ismael—. Ir a fiestas, divertirse. Mejor que sea como es, viejo. Fueron las malas amistades las que malearon a mis hijos.

Rigoberto estuvo a punto de contarle a Ismael aquella tontería de Fonchito y las apariciones de ese personaje, Edilberto Torres, al que él y doña Lucrecia llamaban el diablo, pero se contuvo. Para qué, vaya usted a saber cómo lo tomaría. Al principio, él y Lucrecia se habían divertido con las supuestas apariciones de ese pendejo y celebrado la imaginación fosforescente del chiquillo, convencidos de que era otro de esos jueguecitos con los que le gustaba sorprenderlos de tanto en tanto. Pero, ahora, ya andaban preocupados y dándole vueltas a la idea de llevarlo a un psicólogo. De veras, tenía que releer aquel capítulo sobre el diablo del *Doktor Faustus,* de Thomas Mann.

—Todavía no me creo todo esto, Ismael —exclamó de nuevo, soplando la tacita de café—. ¿Estás realmente seguro de que quieres hacer eso, casarte?

—Tan seguro como de que la Tierra es redonda —afirmó su jefe—. No es sólo para dar una lección a ese par. A Armida le tengo mucho cariño. No sé qué hubiera sido de mí sin ella. Desde la muerte de Clotilde, su ayuda ha sido impagable.

—Si la memoria no me engaña, Armida es una mujer muy joven —murmuró Rigoberto—. ¿Cuántos años le llevas, se puede saber?

—Treinta y ocho, solamente —se rió Ismael—. Es joven, sí, y espero que me resucite, como a Salomón la jovencita de la Biblia. ¿La Sulamita, no?

—Bueno, bueno, allá tú, es tu vida —se resignó Rigoberto—. Yo no soy bueno dando consejos. Cásate con Armida y que se nos venga encima el fin del mundo, qué más da, viejo.

—Si quieres saberlo, nos llevamos magníficamente en la cama —se jactó Ismael, riéndose, mientras indicaba al mozo con la mano que le trajera la cuenta—. Para más precisiones, uso Viagra rara vez, porque apenas lo necesito. Y no me preguntes dónde pasaremos la luna de miel, porque no te lo diré.

III

Felícito Yanaqué recibió la segunda carta de la arañita pocos días después de la primera, un viernes por la tarde, el día de la semana que visitaba a Mabel. Cuando, ocho años atrás, le puso la casita de Castilla, no lejos del desaparecido Puente Viejo víctima de los estragos de El Niño, iba a verla dos y hasta tres veces por semana; pero, con los años, el fuego de la pasión había ido declinando y desde hacía algún tiempo se limitaba a verla sólo los viernes, al salir de su oficina. Se quedaba con ella unas horas y casi siempre comían juntos, en un chifa vecino o en un restaurante criollo del centro. De vez en cuando, Mabel cocinaba para él un seco de chabelo, su especialidad, que Felícito se empujaba contento, con una cervecita cusqueña bien fría.

Mabel se conservaba muy bien. En esos ocho años no había engordado y lucía intacta su silueta de gimnasta, su cintura ceñida, sus pechos erectos y el potito redondo y empinado que seguía cimbreando alegre al caminar. Era morena, de cabellos lacios, boca carnosa, dientes muy blancos, sonrisa radiante y carcajadas que contagiaban alegría alrededor. A Felícito le seguía pareciendo tan bonita y atractiva como la primera vez que la vio.

Ocurrió en el antiguo estadio, en el barrio de Buenos Aires, durante un partido histórico, pues en esa ocasión el Atlético Grau, que llevaba treinta años sin volver a primera división, se enfrentó y derrotó nada menos que al Alianza Lima. Aquello que vio fue un flechazo para el transportista. «Ha quedado usted turulato, compadre», le tomó el pelo el Colorado Vignolo, su amigo, colega y competidor

—era dueño de Transportes La Perla del Chira— con el que solía ir al fútbol cuando los equipos de Lima y de otros departamentos venían a jugar a Piura. «Por mirar a esa morochita se está usted perdiendo todos los goles.» «Es que nunca he visto nada tan precioso», murmuró Felícito, chasqueando la lengua. «¡Es lindisisísima!» Estaba a pocos metros de ellos, acompañada de un joven que le pasaba el brazo por los hombros y de tanto en tanto le acariciaba los cabellos. Al poco rato, el Colorado Vignolo le susurró al oído: «Pero si la conozco. Se llama Mabel. Se armó usted, compadre. Ésa, tira». Felícito dio un respingo: «¿Me está diciendo, compadre, que esa ricura es una puta?».

—No exactamente —rectificó el Colorado, dándole un codazo—. Dije que tira, no que putee. Tirar y putear son cosas distintas, coleguita. Mabel es una cortesana, o algo así. Sólo con algunos privilegiados y en su casa. Sacándoles un ojo de la cara, me imagino. ¿Quiere que le consiga su teléfono?

Se lo averiguó y Felícito, medio muerto de vergüenza —porque, a diferencia del Colorado Vignolo, juerguista y putañero desde churre, él había llevado siempre una vida muy austera, dedicada al trabajo y a su familia— la llamó y, después de muchos rodeos, concertó un encuentro con la linda mujercita del estadio. Ella lo citó primero en un café de la avenida Grau, el Balalaika, que estaba junto a esas bancas donde se juntaban a tomar el fresco del anochecer esos viejos chismosos fundadores del CIVA (Centro de Investigación de la Vida Ajena). Tomaron lonche y conversaron un buen rato. Él se sentía intimidado ante una chica tan linda y tan joven, preguntándose a ratos qué haría si se aparecían de pronto por el café Gertrudis o Tiburcio y Miguelito. ¿Cómo les presentaría a Mabel? Ella jugaba con él como el gato con el ratón: «Estás ya muy viejito y gastado para enamorar a una mujer como yo. Además, eres muy renacuajo, si yo estuviera contigo tendría que andar siempre con tacos chatos». Coqueteaba con el transportista a su gusto, acercándole la cara risueña, sus ojos llenos de chispas y cogiéndole la mano o el brazo, un contacto que estremecía a Felícito de pies a cabeza. Tuvo que salir con Mabel cerca de tres meses, llevarla al cine, invitarla a almorzar, a comer, a pasear a la playa de Yacila y a las chicherías de Catacaos, hacerle muchos regalos, desde medallitas y pulseras hasta zapatos y vestidos que ella misma escogía, antes de que le permitiera visitarla en la casita donde vivía, al norte de la ciudad, cerca del antiguo cementerio de San Teodoro, en una esquina de ese dédalo de callejones, perros vagos y arena que era el último residuo de la Mangachería. El día que se acostó con ella Felícito Yanaqué, por segunda vez en su vida, lloró (la primera había sido el día que murió su padre).

—¿Por qué lloras, viejito? ¿No te gustó, pues?

—Nunca en mi vida he sido tan feliz —le confesó Felícito, arrodillándose y besándole las manos—. Hasta ahora yo no sabía lo que era gozar, te lo juro. Tú me has enseñado la felicidad, Mabelita.

Poco tiempo después y sin mayores preámbulos le ofreció ponerle lo que los piuranos llamaban «la casa chica» y pasarle una mensualidad para que pudiera vivir tranquila, sin preocupaciones de dinero, en un sitio mejor que en esta barriada llena de cabras y mangaches chaveteros y ociosos. Ella, sorprendida, sólo atinó a decir: «Júrame que nunca me preguntarás por mi pasado ni me harás una sola escena de celos en toda tu vida». «Te lo juro, Mabel.» Ella buscó la casita de Castilla, vecina al Colegio de Don Juan Bosco de los padres salesianos, y la amuebló a su gusto. Felícito firmó los contratos de alquiler y pagó todas las cuentas, sin protestar por el precio. La mensualidad se la entregaba puntualmente, en efectivo, el último día del mes, igual que a los empleados y obreros de Transportes Narihualá. Concertaba siempre con ella los días que iba a verla. En ocho años, jamás se había presentado de improviso en la casita de Castilla. No quería pasar por el mal rato de encontrarse con unos pantalones en el cuarto de su amante. Tampoco averiguaba lo que ella hacía los días de la semana en que no se veían. Presentía, eso sí, que se tomaba sus libertades y le agradecía en silencio que lo hiciera con discreción, sin humillarlo. ¿Cómo hubiera podido protestar por eso? Mabel era joven, alegre, tenía derecho a divertirse. Ya era mucho que aceptara ser la querida de un hombre avejentado, tan bajito y feo como él. No era que no le importara, nada de eso. Cuando, alguna vez, divisaba a Mabel a lo lejos, saliendo de una tienda o del cine acompañada de un hombre, se le retorcía el estómago de celos. A veces tenía pesadillas en las que Mabel le anunciaba, muy seria: «Voy a casarme, ésta será la última vez que nos veamos, viejito». Si hubiera podido, Felícito se habría casado con ella. Pero no podía. No sólo porque ya lo estaba, sino porque no quería abandonar a Gertrudis, como su madre, esa desnaturalizada que nunca conoció, los había abandonado a su padre y a él, allá en Yapatera, cuando Felícito era todavía un bebe de teta. Mabel era la única mujer a la que había querido de verdad. A Gertrudis nunca la quiso, se casó con ella por obligación, debido a aquel mal paso de su juventud y, tal vez, tal vez, porque ella y la Mandona le tendieron una buena trampa. (Un asunto que procuraba no recordar, porque lo amargaba, pero siempre estaba volviendo a su cabeza como un disco rayado.) Pese a ello, había sido un buen marido. A su esposa y a sus hijos les había dado más de lo que podían esperar del pobretón que era cuando se casó. Para eso se había pasado la vida trabajando como un esclavo, sin tomarse jamás una vacación. En eso consistió su vida hasta que conoció a Mabel: chambear, chambear, chambear, rompiéndose los lomos día y noche para hacerse de un pequeño capital hasta abrir su soñada empresa de transportes. Esa muchacha le descubrió que acostarse con una mujer podía ser algo hermoso, intenso, emocionante, algo que él nunca imaginó las raras veces que se iba a la cama con las putas de los burdeles de la carretera a Sullana o con algún plancito que le salía —a la muerte de un obispo, por lo demás— en una fiesta y que le duraba apenas una noche. Hacer el amor con Gertrudis había sido siempre algo expeditivo, una necesidad física, un trámite para calmar las ansias. Dejaron de dormir juntos desde que nació Tiburcio, hacía de esto la friolera de veintitantos años. Cuando oía al Colorado Vignolo contar sus acostadas a diestra y siniestra, Felícito se quedaba estupefacto. Comparado con su compadre, había vivido como un monje.

Mabel lo recibió en bata, cariñosa y dicharachera como de costumbre. Acababa de ver un capítulo de la telenovela de los viernes y se lo comentó mientras lo llevaba de la mano al dormitorio. Ya tenía cerradas las persianas y encendido el ventilador. Había puesto el trapo rojo alrededor de la lámpara, porque a Felícito le gustaba contemplarla desnuda en esa atmósfera rojiza. Lo ayudó a desnudarse y tumbarse de espaldas en la cama. Pero, a diferencia de otras veces, de todas las otras veces, en ésta el sexo de Felícito Yanaqué no dio el menor indicio de endurecerse. Seguía allí, menudo y escurrido, envuelto en sus pliegues, indiferente a los cariños que le prodigaban los cálidos dedos de Mabel.

—¿Y a éste qué le pasa hoy, viejito? —se sorprendió ella, dándole un apretón al sexo fláccido de su amante.

—Será que no me siento muy bien —se excusó Felícito, incómodo—. Capaz me voy a resfriar. Me ha dolido la cabeza todo el día y a ratos me vienen escalofríos.

—Te prepararé un té con limón bien calientito y luego te haré unos cariños a ver si despertamos a este dormilón —Mabel saltó de la cama y se puso de nuevo la bata—. No te me duermas tú también, viejito.

Pero cuando regresó de la cocina con la taza de té humeando y un Panadol en la mano, Felícito se había vestido. La esperaba sentado en la salita de muebles floreados color granate, encogido y grave bajo la imagen iluminada del Corazón de Jesús.

—A ti te pasa algo más que el resfrío —dijo Mabel, acurrucándose a su lado y escudriñándolo de manera aparatosa—. ¿No será que ya no te gusto? ¿No te habrás enamorado de alguna piuranita por ahí?

Felícito negó con la cabeza, le cogió la mano y se la besó.

—Yo te quiero a ti más que a nadie en el mundo, Mabelita —afirmó, con ternura—. Nunca volveré a enamorarme de nadie, sé de sobra que no encontraría en ninguna parte una mujercita como tú.

Suspiró y sacó del bolsillo la carta de la arañita.

—He recibido esta carta y estoy muy preocupado —dijo, alcanzándosela—. A ti te tengo confianza, Mabel. Léela y a ver qué opinas.

Mabel leyó y releyó, muy despacio. La sonrisita que siempre revoloteaba por su cara se le fue eclipsando. Sus ojos se llenaron de inquietud.

—Tendrás que ir a la policía, ¿no? —dijo por fin, vacilante. Se la notaba desconcertada—. Esto es un chantaje y tendrás que denunciarlo, me imagino.

—Ya fui a la comisaría. Pero no le dieron importancia. La verdad, no sé qué hacer, amor. El sargento de la policía con el que hablé me dijo algo que de repente es cierto. Que, como hay tanto progreso ahora en Piura, también aumentan los delitos. Aparecen bandas de maleantes que piden cupos a los comerciantes y a las empresas. Ya lo había oído. Pero nunca se me ocurrió que me podía tocar a mí. Te confieso que estoy un poco muñequeado, Mabelita. No sé qué hacer.

—¿No irás a darles la plata que te piden ésos, no, viejito?

—Ni un solo centavo, por supuesto que no. Yo no me dejo pisotear por nadie, de eso sí que puedes estar segura.

Le contó que Adelaida le había aconsejado que cediera a los chantajistas.

—Creo que es la primera vez en la vida que no voy a seguir la inspiración de mi amiga la santera.

—Qué ingenuote eres, Felícito —reaccionó Mabel, molesta—. Consultar una cosa tan delicada con la bruja. No sé cómo puedes tragarte los cuentanazos que te suelta esa vivaza.

—Conmigo nunca se ha equivocado —Felícito lamentó haberle hablado de Adelaida sabiendo que Mabel la detestaba—. No te preocupes, esta vez no seguiré su consejo. No puedo. No lo haré. Será eso lo que me tiene un poco amargo. Me parece que se me está viniendo encima una desgracia.

Mabel se había puesto muy seria. Felícito vio cómo esos bonitos labios rojos se fruncían, nerviosos. Ella levantó una mano y le alisó los cabellos, despacio.

—Quisiera poder ayudarte, viejito, pero no sé cómo.

Felícito le sonrió, asintiendo. Se puso de pie, indicando que había decidido partir.

—¿No quieres que me vista y nos vayamos al cine? Te distraerás un rato, anímate.

—No, mi amor, no tengo ánimo para películas. Otro día. Perdóname. Voy a meterme a la cama, más bien. Porque lo del resfrío es cierto.

Mabel lo acompañó hasta la puerta y la abrió, para dejarlo salir. Y, entonces, con un pequeño sobresalto, Felícito vio el sobre pegado junto al timbre de la casa. Era blanco, no azul como el primero, y más pequeño. Adivinó al instante de qué se trataba. Había unos chiquillos haciendo bailar unos trompos en la vereda, a pocos pasos. Antes de abrir el sobre, Felícito se acercó a preguntarles si habían visto quién lo colocó allí. Los churres se miraron unos a otros, sorprendidos, y se encogieron de hombros. Ninguno había visto nada, por supuesto. Cuando regresó a la casa, Mabel estaba muy pálida y una lucecita angustiosa titilaba en el fondo de sus ojos.

—¿Tú crees que...? —murmuró, mordiéndose los labios. Miraba el sobre blanco todavía sin abrir que él tenía en la mano como si pudiera morderla.

Felícito entró, encendió la luz del pequeño pasillo y, con Mabel colgada de su brazo y estirando la cara para leer lo que él leía, reconoció las letras mayúsculas en tinta siempre azul:

> Señor Yanaqué:
>
> Usted ha cometido una equivocación yendo a la comisaría, pese a la recomendación que le hizo la organización. Nosotros queremos que este asunto se solvente de manera privada, mediante un diálogo. Pero usted nos está declarando la guerra. La tendrá, si ésa es su preferencia. En dicho caso, podemos anunciarle que saldrá perdiendo. Y lamentándolo. Muy pronto tendrá pruebas de que somos capaces de responder a sus provocaciones. No sea terco, se lo decimos por su bien. No ponga en peligro lo que ha conseguido con tantos años de chambeo tan duro, señor Yanaqué. Y, sobre todo, no vuelva a darle sus quejas a la policía, porque le pesará. Aténgase a las consecuencias.
>
> Dios guarde a usted.

El dibujo de la arañita que hacía las veces de firma era idéntico al de la primera carta.

—Pero, por qué la pusieron aquí, en mi casa —balbuceó Mabel, apretando mucho su brazo. Él la sentía temblar de pies a cabeza. Había palidecido.

—Para hacerme saber que conocen mi vida privada, por qué va a ser —Felícito le pasó el brazo por el hombro y la estrechó. Sintió que ella se estremecía y le dio pena. La besó en los cabellos—. No sabes cuánto siento que por mi culpa te veas mezclada en este asunto, Mabelita. Ten mucho cuidado, amor. No abras la puerta sin mirar antes por la rejilla. Y, mejor, no salgas sola de noche hasta que esto se aclare. Vaya usted a saber de qué son capaces estos sujetos.

La besó de nuevo en los cabellos y le susurró en el oído antes de partir: «Por la memoria de mi padre, lo más santo que tengo, te juro que a ti nadie te hará nunca daño, amorcito».

En los pocos minutos que pasaron desde que salió a hablar con los churres que hacían bailar trompos, había oscurecido. Las rancias luces de los alrededores iluminaban apenas las veredas llenas de huecos y baches. Oyó ladridos y una música obsesiva, como si alguien afinara una guitarra. La misma nota, una y otra vez. Aunque tropezando, caminaba de prisa. Atravesó casi corriendo el angosto Puente Colgante, ahora peatonal, y recordó que, de churre, esos brillos nocturnos que espejeaban en las aguas del río Piura le daban miedo, le hacían pensar en todo un mundo de diablos y fantasmas en el fondo de las aguas. No contestó el saludo de una pareja que venía en dirección contraria. Le tomó casi media hora llegar a la comisaría de la avenida Sánchez Cerro. Sudaba y la agitación apenas le permitía hablar.

—No son horas de atención al público —le dijo el guardia jovencito de la entrada—. A menos que se trate de algo muy urgente, señor.

—Es urgente, urgentisísimo —se atropelló Felícito—. ¿Puedo hablar con el sargento Lituma?

—¿A quién anuncio?

—Felícito Yanaqué, de Transportes Narihualá. Estuve aquí hace unos días, para sentar una denuncia. Dígale que ha pasado algo muy grave.

Tuvo que esperar un buen rato, en plena calle, oyendo el rumor de unas voces masculinas que decían lisuras en el interior del local. Vio asomar una luna menguante sobre los techos del contorno. Todo su cuerpo ardía, como si se lo comiera la fiebre. Recordó las tembladeras de su padre cuando le daban las tercianas, allá en Chulucanas, y que se las curaba sudándolas, envuelto en un alto de crudos. Pero no era calentura sino cólera lo que a él lo hacía estremecerse. Por fin, el guardia jovencito e imberbe volvió y lo hizo pasar. La luz del interior del local era tan rala y triste como la de las calles de Castilla. Esta vez el guardia no lo guió hasta el minúsculo cubículo del sargento Lituma sino a una oficina más amplia. Ahí estaba el sargento con un oficial —un capitán, por los tres galones de las hombreras de su camisa—, gordo, retaco y de bigotes. Miró a Felícito sin alegría. Su boca abierta mostraba unos dientes amarillos. Por lo visto, había interrumpido una partida de damas entre los policías. El transportista iba a hablar pero el capitán lo atajó con un ademán:

—Conozco su caso, señor Yanaqué, el sargento me puso al tanto. Ya leí esa carta con arañitas que le mandaron. No se acordará, pero nos conocimos en un almuerzo del Rotary Club, en el Centro Piurano, hace algún tiempito. Había unos buenos cocteles de algarrobina, me parece.

Sin decir nada, Felícito depositó la carta sobre el tablero de damas, desordenando las fichas. Sentía que la furia se le había subido hasta el cerebro y casi no lo dejaba pensar.

—Siéntese antes que le dé un infarto, señor Yanaqué —se burló el capitán, señalándole una silla. Mordisqueaba las puntas de su bigote y tenía un tonito sobrado y provocador—. Ah, por si acaso, se le olvidó darnos las buenas noches. Soy el capitán Silva, el comisario, para servirlo.

—Buenas noches —articuló Felícito, la voz estrangulada por la irritación—. Acaban de mandarme otra carta. Exijo una explicación, señores policías.

El capitán leyó, acercando el papel a la lamparilla de su escritorio. Luego se la pasó al sargento Lituma, murmurando entre dientes: «Vaya, esto se pone caliente».

—Exijo una explicación —repitió Felícito, atorándose—: ¿Cómo sabían los bandidos que yo vine a la comisaría a denunciar ese anónimo?

—De muchas maneras, señor Yanaqué —encogió los hombros el capitán Silva, mirándolo con lástima—. Porque lo siguieron hasta aquí, por ejemplo. Porque lo conocen y saben que no es usted hombre que se deje chantajear y va y denuncia los chantajes a la policía. O porque se lo dijo alguien a quien usted contó que había puesto una denuncia. O porque, de repente, nosotros somos los autores de esos anónimos, los miserables que queremos extorsionarlo. ¿Se le ha ocurrido, no? Será por eso que anda usted de tan mal humor, che guá, como dicen sus paisanos.

Felícito se contuvo las ganas de responderle que sí. En este momento sentía más cólera contra los dos policías que contra los autores de las cartas de la arañita.

—¿La encontró colgada siempre en la puerta de su casa?

Le ardía la cara mientras respondía, disimulando su turbación:

—La colgaron en la puerta de la casa de una persona que visito.

Lituma y el capitán Silva cambiaron una miradita.

—Quiere decir que conocen su vida a fondo, entonces, señor Yanaqué —comentó con lentitud maliciosa el capitán Silva—. Estos pendejos saben incluso a quién visita. Han hecho un buen trabajo de inteligencia, por lo visto. De ahí podemos deducir ya que son profesionales, no amateurs.

—¿Y ahora qué va a pasar? —dijo el transportista. A la rabia de un momento atrás, había reemplazado un sentimiento de tristeza e impotencia. Era injusto, era cruel lo que le estaba pasando. ¿De qué y por qué lo castigaban de allá arriba? ¿Qué mal había hecho, Dios santo?

—Ahora tratarán de darle un susto, para ablandarlo —afirmó el capitán, como si hablara de lo tibia que estaba la noche—. Para hacerle creer que son poderosos e intocables. Y, juácate, ahí cometerán su primer error. Entonces, empezaremos a seguirles la pista. Paciencia, señor Yanaqué. Aunque usted no se lo crea, las cosas van por buen camino.

—Eso es fácil de decir cuando se miran desde el palco —filosofó el transportista—. No cuando se reciben amenazas que le trastornan a uno la vida y se la ponen de cabeza. ¿Quiere que tenga paciencia mientras esos forajidos planean una maldad conmigo o con mi familia para ablandarme?

—Tráele un vasito de agua al señor Yanaqué, Lituma —ordenó el capitán Silva al sargento con su sorna habitual—. No quiero que le dé un soponcio, porque entonces nos acusarían de violar los derechos humanos de un respetable empresario de Piura.

No era broma lo que decía este cachaco, pensó Felícito. Sí, le podía dar un infarto y quedarse tieso aquí mismo, en este suelo sucio lleno de puchos. Muerte triste, en una comisaría, enfermo de frustración, por culpa de unos hijos de puta sin cara y sin nombre que jugaban con él, dibujando arañitas. Recordó a su padre y se emocionó evocando la cara dura, cuarteada como a chavetazos, siempre seria, muy bruñida, los pelos trinchudos y la boca sin dientes de su progenitor. «¿Qué debo hacer, padre? Ya sé, no dejarme pisotear, no darles ni un centavo de lo que me he ganado limpiamente. ¿Pero, qué otro consejo me daría si estuviera vivo? ¿Pasarme las horas esperando el próximo anónimo? Esto me está destrozando los nervios, padre.» ¿Por qué siempre le había dicho padre y nunca papá? Ni en estos diálogos secretos que tenía con él se atrevía a tutearlo. Como sus hijos a él. Porque ni Tiburcio ni Miguel lo habían tratado nunca de tú. Y en cambio los dos tuteaban a su madre.

—¿Se siente mejor, señor Yanaqué?

—Sí, gracias —bebió otro sorbito del vaso de agua que le trajo el sargento y se puso de pie.

—Comuníquenos cualquier novedad en el acto —lo animó el capitán, a modo de despedida—. Confíe en nosotros. Su caso es ahora el nuestro, señor Yanaqué.

Las palabras del oficial le parecieron irónicas. Salió de la comisaría profundamente deprimido. Toda la caminata hasta su casa por la calle Arequipa la hizo despacio, pegado a la pared. Tenía la desagradable sensación de que alguien lo seguía, alguien que se divertía pensando que lo estaba demoliendo a poquitos, hundiéndolo en la inseguridad y la incertidumbre, un hijo de siete leches muy seguro de que tarde o temprano lo derrotaría. «Te equivocas, concha de tu madre», murmuró.

En su casa, Gertrudis se sorprendió de que volviera tan temprano. Le preguntó si la directiva de la Asociación de Transportistas de Piura, en la que Felícito era vocal, había cancelado la comida de los viernes en la noche, en el Club Grau. ¿Sabía Gertrudis lo de Mabel? Difícil que no lo supiera. Pero, en estos ocho años nunca le había dado el menor indicio de que fuera así: ni una queja, ni una escena, ni una indirecta, ni una insinuación. No podía ser que no le hubieran llegado rumores, chismes, de que tenía una querida. ¿Piura no era un pañuelo? Todos sabían lo de todos, principalmente los asuntos de cama. Tal vez lo sabía y prefería disimularlo para evitarse líos y llevar la fiesta en paz. Pero, a veces, Felícito se decía que no, que con la vida tan enclaustrada que llevaba su mujer, sin parientes, saliendo a la calle sólo para ir a la misa o las novenas y rosarios de la catedral, no se podía descartar que no se hubiera enterado de nada.

—Vine más temprano porque no me siento muy bien. Creo que me voy a resfriar.

—Entonces, no habrás comido. ¿Quieres que te prepare algo? Lo haré yo, Saturnina ya se fue.

—No, no tengo hambre. Veré un ratito la televisión y me meteré a la cama. ¿Alguna novedad?

—Recibí una carta de mi hermana Armida, de Lima. Parece que se va a casar.

—Ah, bueno, habrá que mandarle un regalo, entonces —Felícito ni siquiera sabía que Gertrudis tuviera una hermana allá en la capital. Primera noticia. Trató de recordar. ¿Sería tal vez esa niñita sin zapatos de pocos años que correteaba en la pensión El Algarrobo, donde él conoció a su mujer? No, esa churre era la hijita de un camionero llamado Argimiro Trelles y que enviudó.

Gertrudis asintió y se alejó rumbo a su cuarto. Desde que Miguel y Tiburcio se fueron a vivir solos, Felícito y su esposa tenían cuartos separados. Vio el bulto sin formas de su mujer desapareciendo en el patiecito a oscuras en torno del cual estaban los dormitorios, el comedor, la salita y la cocina. Nunca la había querido como se quiere a una mujer, pero le tenía cariño, mezclado con algo de lástima, pues, aunque no se quejaba, Gertrudis debía sentirse muy frustrada con un marido tan frío y desamorado. No podía ser de otro modo, en un matrimonio que no había resultado de un enamoramiento sino de una borrachera y un polvo medio a ciegas. O, quién sabe. Era un tema que, pese a que hacía todo lo posible por olvidar, volvía a la memoria de Felícito de tanto en tanto y le malograba el día. Gertrudis era hija de la dueña de El Algarrobo, una pensión baratita de la calle Ramón Castilla, en la zona que era entonces la más pobre del Chipe, donde se alojaban muchos camioneros. Felícito se había acostado con ella un par de veces, casi sin darse cuenta, en dos noches de farra y cañazo. Lo hizo porque sí, porque ella estaba allí y era mujer, no porque la muchacha le gustara. No le gustaba a nadie, a quién le iba a gustar esa hembrita medio bizca, descachalandrada, que olía siempre a ajos y cebolla. A resultas de uno de esos dos polvos sin amor y casi sin ganas, Gertrudis quedó encinta. Eso era, por lo menos, lo que le dijeron a Felícito ella y su madre. La dueña de la pensión, doña Luzmila, a la que los choferes le decían la Mandona, lo denunció a la policía. Tuvo que ir a declarar y ante el comisario reconoció que se había acostado con esa menor de edad. Aceptó casarse porque le remordía la conciencia que naciera un hijo suyo sin ser reconocido y porque se creyó la historia. Después, cuando nació Miguelito, empezaron las dudas. ¿Era hijo suyo, de veras? Nunca se lo sonsacó a Gertrudis, por supuesto, ni habló de eso con Adelaida ni con nadie. Pero todos estos años había vivido con la sospecha de que no lo era. Porque no sólo él se acostaba con la hija de la Mandona en esas fiestecitas que se armaban los sábados en El Algarrobo. Miguel no se le parecía en nada, era un chico de piel blanca y ojos claros. ¿Por qué Gertrudis y su madre lo habían responsabilizado? Tal vez porque era soltero, buena gente, trabajador, y porque la Mandona quería casar a su hija como fuera. Tal vez el verdadero padre de Miguel sería casado o un blanquito de mala reputación. De tiempo en tiempo este asunto volvía a descomponerle el humor. Nunca dejó que nadie lo notara, empezando por el propio Miguel. Siempre actuó con él como si fuera tan hijo suyo como Tiburcio. Si lo metió al Ejército, fue por hacerle un bien, porque se estaba descarriando. Jamás había demostrado preferencia por su hijo menor. Este último sí que era su vivo retrato, un cholo chulucano de pies a cabeza, sin rastros de blanquiñoso ni en la cara ni en el cuerpo.

Gertrudis había sido una mujer hacendosa y sacrificada en los años difíciles. Y también después, cuando Felícito pudo inaugurar Transportes Narihualá y mejoraron las cosas. Aunque ahora tenían una buena casa, una sirvienta y unos ingresos seguros, ella seguía viviendo con la austeridad de los años en que eran pobres. Nunca le pedía plata para algo personal, sólo el dinero de la comida y demás gastos del diario. Él tenía que insistirle, de cuando en cuando, para que se comprara zapatos o un vestido nuevo. Pero, aunque se los comprara, andaba siempre con sayonaras y esa bata que parecía una sotana. ¿Cuándo se volvió tan religiosa? Al principio no era así. A él le parecía que Gertrudis se había convertido con los años en una especie de mueble, que había dejado de ser una persona viviente. Pasaban días enteros sin cambiar palabra, fuera de los buenos días y las buenas noches. Su mujer no tenía amigas, no hacía ni recibía visitas, ni siquiera iba a ver a sus hijos cuando se les pasaban los días sin venir a verla. Tiburcio y Miguel caían por la casa de vez en cuando, siempre para los cumpleaños y las Navidades, y entonces ella se mostraba cariñosa con ellos, pero, aparte de esas ocasiones, tampoco parecía interesarse mucho por sus hijos. Alguna vez, Felícito le proponía ir al cine, dar un paseo por el malecón o escuchar la retreta de los domingos en la Plaza de Armas, después de la misa de doce. Ella aceptaba dócilmente, pero eran paseos en los que apenas cambiaban palabra y a él le parecía que Gertrudis estaba impaciente por regresar a la casa, a sentarse en su mecedora, a orillas del patiecito, junto a la radio o la televisión en las que buscaba siempre programas religiosos. Que Felícito recordara, nunca había tenido una pelea ni una desavenencia con esa mujer que siempre se plegaba a su voluntad con sumisión total.

Estuvo un rato en la salita, oyendo las noticias. Crímenes, asaltos, secuestros, lo de siempre. Entre las noticias, oyó una que le puso los pelos de punta. El locutor contaba que una nueva modalidad de asaltar a los autos se iba popularizando entre los robacarros de Lima. Aprovechar un semáforo rojo para echar una rata viva en el interior del auto que manejaba una señora. Muerta de miedo y asco, ésta soltaba el volante y salía corriendo del vehículo dando gritos. Entonces los ladrones se lo llevaban muy tranquilos. ¡Una rata viva sobre las faldas, qué inmundicia! La televisión envenenaba a la gente con tanta sangre y porquería. De costumbre, en vez de noticias ponía un disco de Cecilia Barraza. Pero, ahora, siguió con ansiedad el comentario de ese presentador de *24 Horas* afirmando que la delincuencia crecía en todo el país. «Y que me lo digan a mí», pensó.

Se fue a acostar a eso de las once y, aunque debido sin duda a las fuertes emociones del día, se durmió en seguida, se despertó a las dos de la madrugada. Apenas pudo volver a pegar los ojos. Lo asaltaban temores, una sensación de catástrofe, y, sobre todo, la amargura de sentirse inútil e impotente frente a lo que le ocurría. Cuando se adormilaba, su cabeza hervía de imágenes de enfermedades, accidentes y desgracias. Tuvo una pesadilla con arañas.

Se levantó a las seis. Junto a la cama, mirándose en el espejo, hizo los ejercicios de Qi Gong, acordándose como de costumbre de su maestro, el pulpero Lau. La postura del árbol que se mece adelante y atrás, de izquierda a derecha y en redondo, movido por el viento. Con los pies bien plantados en el suelo y tratando de vaciar su mente, se mecía, buscando el centro. Buscar el centro. No perder el centro. Levantar los brazos y bajarlos muy despacio, una lluviecita que caía del cielo refrescando su cuerpo y su alma, serenando sus nervios y sus músculos. Mantener el cielo y la tierra en su lugar e impedir que se junten, con los brazos —uno en alto, atajando el cielo y otro abajo, sujetando la tierra— y, luego, masajearse los brazos, la cara, los riñones, las piernas, para arrojar las tensiones empozadas en todos los lugares de su cuerpo. Abrir las aguas con las manos y juntarlas. Calentar la región lumbar con un masaje suave y demorado. Abrir los brazos como una mariposa despliega sus alas. Al principio, la extraordinaria lentitud de los movimientos, esa respiración en cámara lenta que debía ir paseando el aire por todos los rincones del organismo, lo impacientaba; pero con los años se había acostumbrado. Ahora comprendía que en esa lentitud estaba el beneficio que traían a su cuerpo y a su espíritu esa delicada y profunda inspiración y espiración, esos movimientos con los que, alzando una mano y extendiendo la otra contra el suelo, con las rodillas ligeramente plegadas, sostenía los astros del firmamento en su lugar y conjuraba el apocalipsis. Cuando, al final, cerraba los ojos, y permanecía unos minutos inmóvil, las manos juntas como orando, había pasado media hora. Ya asomaba en las ventanas esa luz clara y blanca de las madrugadas piuranas.

Unos golpes fuertes en la puerta de calle interrumpieron su Qi Gong. Fue a abrir, pensando que esta mañana Saturnina se había adelantado, pues nunca llegaba antes de las siete. Pero a quien encontró en el umbral cuando abrió la puerta de calle fue a Lucindo.

—Corra, corra, don Felícito —el cieguito de la esquina estaba muy agitado—. Un señor me ha dicho que se está quemando su oficina de la avenida Sánchez Cerro, que llame a los bomberos y vuele para allá.

IV

El matrimonio de Ismael y Armida fue el más breve y despoblado que Rigoberto y Lucrecia recordaran, aunque les deparó más de una sorpresa. Tuvo lugar muy de mañana, en la Municipalidad de Chorrillos, cuando aún se veían en las calles escolares uniformados afluyendo a los colegios y oficinistas de Barranco, Miraflores y Chorrillos apresurándose a ir al trabajo en colectivos, autos y ómnibus. Ismael, que había tomado las precauciones que cabía esperar para que sus hijos no lo supieran de antemano, avisó sólo la víspera a Rigoberto que debía comparecer en la Alcaldía de Chorrillos, acompañado de su esposa si lo deseaba, a las nueve en punto de la mañana y con sus documentos de identidad. Cuando llegaron a la Municipalidad allí estaban los novios y también Narciso, que se había puesto para la ocasión un traje oscuro, una camisa blanca y una corbata azul con estrellitas doradas.

Ismael vestía de gris, con la elegancia de costumbre y Armida llevaba un traje sastre, zapatos nuevos y se la notaba inhibida y confusa. Trataba a doña Lucrecia de «señora» pese a que ésta al abrazarla le pidió que la tuteara —«Ahora tú y yo vamos a ser buenas amigas, Armida»—, pero a la ex empleada le resultó difícil, si no imposible, darle gusto.

La ceremonia fue muy rápida; el alcalde leyó a trompicones las obligaciones y deberes de los contrayentes y, apenas terminada la lectura, los testigos firmaron el registro. Hubo los abrazos y apretones de mano de rigor. Pero todo resultaba frío y, pensaba Rigoberto, fingido y artificial. La sorpresa vino cuando, al salir de la Alcaldía,

Ismael se dirigió a Rigoberto y Lucrecia con una sonrisita socarrona: «Y, ahora, mis amigos, si están libres, los invito a la ceremonia religiosa». ¡Se iban a casar también por la iglesia! «Esto va más en serio de lo que parece», comentó Lucrecia, mientras se dirigían hacia la antigua iglesita de Nuestra Señora del Carmen de la Legua, en las orillas del Callao, donde tuvo lugar el matrimonio católico.

—La única explicación es que tu amigo Ismael esté azul y se haya enamorado de veras —añadió Lucrecia—. ¿No estará chocho? La verdad, no lo parece. Quién puede entender esto, Dios mío. Yo, al menos, no.

Todo estaba preparado también en la iglesita donde, se decía, en la colonia los viajeros que se dirigían del Callao a Lima hacían siempre un alto para pedir a la Santísima Virgen del Carmen que los protegiera de las bandas de asaltantes que pululaban en los descampados que separaban entonces el puerto de la capital del virreynato. El curita no demoró más de veinte minutos en casar e impartir su bendición a los flamantes esposos. No hubo festejo alguno, ni brindis, salvo, de nuevo, las felicitaciones y abrazos de Narciso, Rigoberto y Lucrecia a la pareja. Sólo en ese momento les reveló Ismael que de allí Armida y él se dirigirían al aeropuerto para emprender su luna de miel. Su equipaje estaba ya en la maletera del coche. «Pero no me pregunten adónde vamos, porque no se lo diré. Ah, y antes que me olvide. No dejen de leer mañana la página de sociales de *El Comercio*. Allí verán el aviso dando parte a la sociedad limeña de nuestra boda.» Soltó una risotada y les guiñó un ojo con picardía. Él y Armida partieron de inmediato, llevados por Narciso, que, de testigo, había regresado de nuevo a ser el chofer de don Ismael Carrera.

—Todavía no me creo que esté pasando todo esto —dijo una vez más Lucrecia, cuando ella y Rigoberto volvían a su casa de Barranco por la Costanera—. ¿No te parece un juego, un teatro, una mojiganga? En fin, no sé qué, pero no algo que ocurra de verdad en la vida real.

—Sí, sí, tienes razón —asintió su marido—. El espectáculo de esta mañana daba una sensación de irrealidad. Bueno, ahora Ismael y Armida se largan a pasarla bien. Y a librarse de lo que se viene. De la que se nos va a venir encima a los que nos quedamos acá, quiero decir. Lo mejor será que partamos pronto a Europa, nosotros también. Por qué no adelantamos el viaje, Lucrecia.

—No, no podemos, no mientras haya este problema con Fonchito —dijo Lucrecia—. ¿No te da remordimientos irnos en este momento, dejándolo solo, con el lío que tiene en la cabeza?

—Claro que me da —se rectificó don Rigoberto—. Si no fuera por esas malditas apariciones, ya tendría los pasajes comprados. No sabes qué ilusión me hace este viaje, Lucrecia. Tengo estudiado el itinerario con lupa, hasta en los detalles más mínimos. Te va a encantar, ya verás.

—Los mellizos se enterarán sólo mañana, por el aviso —calculó Lucrecia—. Cuando sepan que los tortolitos han volado, a la primera persona que van a pedir explicaciones es a ti, estoy segurísima.

—Por supuesto que a mí —asintió Rigoberto—. Pero, como sólo ocurrirá mañana, tengamos hoy un día de paz y de tranquilidad absolutas. No volvamos a hablar de las hienas, por favor.

Trataron de cumplir. Ni durante el almuerzo, ni en la tarde o la comida mencionaron para nada a los hijos de Ismael Carrera. Cuando Fonchito regresó del colegio, le informaron de la boda. El chiquillo, que, desde sus encuentros con Edilberto Torres, andaba siempre distraído y como reconcentrado en preocupaciones íntimas, no pareció dar la menor importancia al asunto. Los escuchó, sonrió por educación y fue a encerrarse en su cuarto porque, dijo, tenía muchas tareas que hacer. Pero, aunque Rigoberto y Lucrecia no mencionaron durante el resto del día a los mellizos, ambos sabían que, hicieran lo que hicieran, hablaran de lo que hablaran, tenían siempre en el fondo de la mente aquella inquietud: ¿cómo reaccionarían al enterarse del matrimonio de su padre? No sería una reacción civilizada y racional, lo daban por descontado. Porque los hermanitos no eran civilizados ni racionales, por algo les decían las hienas, un apodo clavado que se ganaron en su barrio cuando todavía llevaban pantalón corto.

Luego de la comida, Rigoberto se encerró en su escritorio y se dispuso, una vez más, a hacer uno de aquellos cotejos que le apasionaban, porque absorbían su atención y lo despreocupaban de todo lo demás. Esta vez escuchó las dos grabaciones que tenía de una de sus músicas preferidas: el *Concierto número 2 para piano y orquesta*, op. 83, de Johannes Brahms, por la Filarmónica de Berlín, dirigida en el primer caso por Claudio Abbado y con Maurizio Pollini como solista, y, en el segundo, con Sir Simon Rattle en la conducción y Yefim Bronfman en el piano. Ambas versiones eran soberbias. Nunca había podido decidirse inequívocamente por una de ellas; cada vez encontraba que ambas, siendo distintas, eran igualmente inmejorables. Pero, esta noche, algo le ocurrió con la interpretación de Bronfman, al comenzar el segundo movimiento —*Allegro appassionato*— que decidió su elección: sintió que los ojos se le humedecían. Pocas veces había llorado escuchando un concierto: ¿era Brahms, era el pianista, era el estado de hipersensibilidad al que lo habían llevado los episodios del día?

A la hora de acostarse se sentía como anhelaba: muy cansado y totalmente sereno. Ismael, Armida, las hienas, Edilberto Torres, parecían haberse quedado lejos, muy atrás, abolidos. ¿Dormiría, pues, de un tirón? Qué esperanza. Luego de un rato de dar vueltas en la cama, en el dormitorio casi a oscuras, con sólo la luz del velador de Lucrecia encendida, desvelado, presa de un súbito entusiasmo preguntó de pronto a su esposa, muy bajito:

—¿No se te ha ocurrido pensar cómo sería la historia de Ismael con Armida, corazón? Cuándo y cómo empezaría. Quién tomaría la iniciativa. Qué clase de jueguitos, de casualidades, de roces o de bromas la fueron precipitando.

—Justamente —murmuró ella, volviéndose y como recordando algo. Acercó mucho la cara y el cuerpo a su marido y le susurró al oído—: He estado pensando en eso todo el tiempo, amor. Desde el primer minuto en que me contaste esta historia.

—¿Ah, sí? ¿Qué has pensado? ¿Qué se te ocurrió, por ejemplo? —Rigoberto se ladeó hacia ella y le pasó las manos por la cintura—. Por qué no me lo cuentas.

Afuera de la habitación, en las calles de Barranco, se había hecho ese gran silencio nocturno que, de rato en rato, interrumpía el lejano murmullo del mar. ¿Habría estrellas? No, nunca asomaban en el cielo de Lima por esta época del año. Pero allá en Europa sí las verían brillar y refulgir todas las noches. Lucrecia, con la voz densa y lenta de las mejores ocasiones, esa voz que era música para Rigoberto, dijo muy despacio, como recitando un poema:

«Por increíble que te parezca, te puedo reconstruir con lujo de detalles el romance de Ismael y Armida. Ya sé que te quita el sueño, que te llena de malos pensamientos, desde que tu amigo te contó en La Rosa Náutica que se iban a casar. ¿Gracias a quién lo sé? Cáete de espaldas: a Justiniana. Ella y Armida son amigas íntimas desde hace tiempo. Mejor dicho, desde que comenzaron los achaques de Clotilde y la mandamos algunos días a ayudar a Armida en los trajines de la casa. Eran esos días tan tristes, cuando al pobre Ismael se le vino el mundo abajo pensando que su compañera de toda la vida y madre de sus hijos se le podía morir. ¿No te acuerdas?»

—Claro que me acuerdo —mintió Rigoberto, silabeando en el oído de su esposa como si se tratara de un secreto inconfesable—. Cómo no me voy a acordar, Lucrecia. ¿Y qué pasó, entonces?

«Bueno, pues, las dos se hicieron amigas y empezaron a salir juntas. Desde entonces, parece, Armida ya tenía en la cabeza el plan que le ha salido tan redondo. De empleada que tendía camas y trapeaba cuartos, a ser nada menos que legítima esposa de don Ismael Carrera, respetado señorón y ricacho de Lima. Y, encima, setentón y acaso octogenario.»

—Olvídate de los comentarios y de lo que ya sabemos —la reprendió Rigoberto, jugando ahora a la aflicción—. Vamos a lo que de veras importa, amor. Sabes de sobra qué es. Los hechos, los hechos.

«A eso voy. Armida lo planeó todo, con astucia. Claro que si la piuranita no hubiera tenido algunos encantos físicos de nada le hubieran servido la inteligencia ni su astucia. Justiniana la ha visto desnuda, por supuesto. Si me preguntas cómo y por qué, no lo sé. Seguramente se habrán bañado juntas, alguna vez. O dormido en la misma cama alguna noche, quién sabe. Ella dice que nos sorprendería descubrir lo bien formada que está Armida cuando la ves calatita, algo que no se nota por lo mal que se viste con esos vestidos bolsudos, para gordas. Justiniana dice que ella no lo es, que tiene los pechos y las nalgas paraditos y duros, unos pezones firmes, las piernas bien torneadas, y, ahí donde la ves, un vientre terso como un tambor. Y un pubis casi sin vello, como una japonesita.»

—¿Sería posible que Armida y Justiniana se hubieran excitado al verse calatitas? —la interrumpió Rigoberto, caldeado—. ¿Sería posible que se pusieran a jugar, a tocarse, a acariñarse y terminaran haciendo el amor?

—Todo es posible en esta vida, hijito —propuso doña Lucrecia, con su sabiduría acostumbrada. Ahora, ambos esposos estaban soldados uno con otro—. Lo que puedo adelantarte es que Justiniana hasta tuvo cosquillas donde ya sabes cuando vio a Armida desnuda. Ella me lo confesó, ruborizándose y riéndose. Ella bromea mucho con esas cosas, ya sabes, pero creo que es cierto que verla desnuda la excitó. Así que, quién sabe, cualquier cosa pudo pasar entre ellas dos. En todo caso, nadie se hubiera imaginado cómo era de verdad ese cuerpo de Armida, escondido bajo los delantales y las polleras ordinarias que se ponía. Aunque ni tú ni yo lo notáramos, Justiniana cree que, desde que la pobre Clotilde entró en el período final de su enfermedad y su muerte ya parecía inevitable, Armida comenzó a ocuparse más que antes de su personita.

—¿Qué hacía, por ejemplo? —volvió a interrumpirla Rigoberto. Tenía la voz lenta y espesa y el corazón acelerado—. ¿Se le insinuaba a Ismael? ¿Haciendo qué? ¿Cómo?

«Se presentaba cada mañana mucho más arreglada que antes. Peinada y con pequeños toques coquetos, que nadie advertiría. Y con unos movimientos nuevos, de los brazos, de los pechos, del potito. Pero el vejete de Ismael sí se dio cuenta. Pese a haber quedado como quedó al morir Clotilde, pasmado, sonámbulo, destrozado por la pena. Había perdido la brújula, no sabía quién era ni dónde estaba. Pero se dio cuenta que algo pasaba a su alrededor. Claro que lo notó.»

—Otra vez te apartas de lo principal, Lucrecia —se quejó Rigoberto, apretándola—. No es el momento de ponerse a hablar de muertes, amor.

«Entonces, oh maravilla, Armida se convirtió en el ser más devoto, atento y servicial. Ahí estaba ella, siempre al alcance de su patrón para prepararle un mate de manzanilla, una taza de té, servirle un whisky, plancharle la camisa, coserle un botón, retocarle el terno, dar a lustrar los zapatos al mayordomo, apurar a Narciso que sacara el auto al instante pues don Ismael se disponía a salir y no le gustaba esperar.»

—Qué importa todo eso —se enojó Rigoberto, mordisqueando una oreja de su mujer—. Quiero saber cosas más íntimas, amor.

«Al mismo tiempo, con una sabiduría que sólo tenemos las mujeres, una sabiduría que nos viene de Eva en persona, que está en nuestra alma, en nuestra sangre, y, me imagino, también en nuestro corazón y nuestros ovarios, Armida comenzó a armar esa trampa en la que el viudo devastado por la muerte de su esposa caería como un angelito.»

—Qué cosas le hacía —rogó Rigoberto, apresurado—. Cuéntamelo con gran profusión de detalles, amor.

«En las noches del invierno, Ismael, recluido en su escritorio, rompía de repente a llorar. Y, como por arte de magia, ahí aparecía Armida a su lado, devota, respetuosa, conmovida, pronunciando unas palabras en diminutivo con ese cantito norteño que suena tan musical. Y derramaba algunos lagrimones ella también, muy cerquita del dueño de casa. Él podía sentirla y olerla, porque sus cuerpos se rozaban. Mientras Armida secaba la frente y los ojos de su patrón, y sin darse cuenta, se diría, en sus esfuerzos por consolarlo, calmarlo y acariñarlo, el escote se le corría y los ojos de Ismael no podían dejar de percibir, rozándole el pecho y la cara, aquellas tetitas frescas, morenitas, jóvenes, de una mujer que desde la perspectiva de sus años debieron parecerle no las de una joven sino las de una niña. Entonces comenzaría a pasársele por la cabeza la idea de que Armida no era sólo un par de manos incansables para hacer y deshacer camas, sacudir paredes, lustrar pisos, lavar ropa, sino, también, un cuerpo llenito, tierno, palpitante, cálido, una intimidad fragante, húmeda, excitante. Ahí empezaría a sentir el pobre Ismael, durante esas cariñosas manifestaciones de lealtad y afecto de su empleada, que esa cosa cubierta y encogida, poco menos que desahuciada por falta de uso que tenía entre las piernas, comenzaba a dar señales de vida, a resucitar. Eso, por supuesto, Justiniana no lo sabe, lo adivina. Yo tampoco lo sé, pero estoy segura que así comenzó todo. ¿No lo crees tú también, amor?»

—¿Cuando Justiniana te contaba todo esto estaban ella y tú desnudas, amor mío? —Rigoberto hablaba mientras mordisqueaba apenas el cuello, las orejas, los labios de su mujer y sus manos le acariciaban la espalda, las nalgas, la entrepierna.

—Yo la tenía a ella como me tienes tú a mí ahora —respondió Lucrecia, acariciándolo, mordiéndolo, besándolo, hablando dentro de su boca—. Apenas podíamos respirar, porque nos ahogábamos, yo tragándome su saliva y ella la mía. Justiniana cree que Armida dio el primer paso, no él. Que fue ella la que primero tocó a Ismael. Aquí, sí. Así.

—Sí, sí, por supuesto que sí, sigue, sigue —Rigoberto ronroneaba, se afanaba y apenas le salía la voz—. Así tuvo que ser. Así fue.

Estuvieron un buen rato en silencio, abrazándose, besándose, pero de pronto Rigoberto, haciendo un gran esfuerzo, se contuvo. Y se apartó ligeramente de su esposa.

—No quiero terminar todavía, amor mío —susurró—. Estoy gozando tanto. Te deseo, te amo.

—Un paréntesis, pues —dijo Lucrecia, apartándose también—. Hablemos de Armida, entonces. En cierto sentido, es admirable lo que ha hecho y conseguido, ¿no crees?

—En todos los sentidos —dijo Rigoberto—. Una verdadera obra de arte. Merece mi respeto y reverencia. Es una gran mujer.

—Entre paréntesis —dijo su esposa, cambiando de voz—, si yo me muriera antes que tú, no me molestaría en absoluto que te casaras con Justiniana. Ya conoce todas tus manías, tanto las buenas como las malas, sobre todo estas últimas. Así que, tenlo en cuenta.

—Y dale con hablar de la muerte —suplicó Rigoberto—. Volvamos a Armida y no te distraigas tanto, por lo que más quieras.

Lucrecia suspiró, se pegó a su marido, su boca buscó su oreja y le habló muy despacito:

«Como te decía, allí estaba ella siempre a la mano, siempre cerquita de Ismael. A veces, mientras se inclinaba para sacar aquella manchita del sillón, se le corría la falda y asomaba, sin que ella lo notara —pero él sí que lo notaba—, aquella redonda rodilla, aquel muslo liso y elástico, aquellos tobillos delgaditos, un jirón de hombro, de brazo, el cuello, la hendidura de los pechos. No hubo ni pudo haber nunca el menor asomo de vulgaridad en esos descuidos. Todo parecía natural, casual, nunca forzado. El azar organizaba las cosas de tal manera que, a través de esos ínfimos episodios, el viudo, el veterano, nuestro amigo, el padre horrorizado de sus hijos, descubrió que todavía era un hombre, que tenía un pajarito vivo, vivísimo. Como este que estoy tocando, amor. Duro, mojadito, temblón.»

—Me emociona imaginar la felicidad que debió sentir Ismael cuando supo que todavía lo tenía y que su pajarito, pese a no haberlo hecho tanto tiempo, empezaba de nuevo a cantar —divagó Rigoberto, moviéndose bajo las sábanas—. Me conmueve, amor mío, lo tierno, lo bonito que debió ser cuando, sumido aún en la amargura de su viudez, comenzó a tener fantasías, deseos, poluciones, pensando en su empleada. ¿Quién tocó primero a quién? Adivinemos.

«Armida jamás pensó que las cosas llegarían tan lejos. Ella esperaba que Ismael se fuera aficionando a su cercanía, descubriendo gracias a ella que no era esa ruina humana que delataba su apariencia, que debajo de su facha descalabrada, su andar inseguro, sus dientes flojos y su mala vista, su sexo aleteaba todavía. Que era capaz de tener deseos. Que, venciendo su sentido del ridículo, se atreviera por fin un día a dar un paso audaz. Y así se estableciera entre ellos una complicidad secreta, íntima, en la gran casona colonial a la que la muerte de Clotilde había dejado convertida en un limbo. Pensó tal vez que todo ello podría llevar a Ismael a promoverla de sirvienta a querida. A ponerle incluso una casita, a pasarle una pequeña pensión. Eso es lo que ella soñaba, estoy segura. Y nada más. Nunca imaginaría la revolución que iba a causar en el buen Ismael ni que las circunstancias la convertirían en el instrumento de la venganza del padre dolido y despechado.»

—Pero ¿qué es esto? ¿Quién es este intruso? ¿Qué está ocurriendo aquí debajo de estas sábanas? —interrumpió Lucrecia su relato, revolviéndose, exagerando, tocándolo.

—Sigue, sigue, amor mío, por lo que más quieras —le rogó, se ahogó, cada vez más ansioso Rigoberto—. No te calles ahora que todo va tan bien.

—Ya lo veo —se rió Lucrecia, moviéndose para sacarse el camisón de dormir, ayudando a su marido a despojarse del pijama, enredándose uno en el otro, deshaciendo la cama, abrazándose y besándose.

—Necesito saber cómo fue la primera vez que se acostaron —ordenó Rigoberto. Mantenía muy apretada contra su cuerpo a su mujer y le hablaba con sus labios pegados a los suyos.

—Te lo voy a contar, pero déjame respirar al menos un poquito —respondió Lucrecia con calma, tomándose un tiempo para pasear su lengua por la boca de su marido y recibir la de él en la suya—. Comenzó con un llanto.

—¿Un llanto de quién? —se desconcentró Rigoberto, poniéndose rígido—. ¿De qué? ¿Era virgen Armida? ¿A eso te refieres? ¿La desfloró? ¿La hizo llorar?

—Un llanto de esos que le venían a Ismael a veces en las noches, tontito —lo amonestó doña Lucrecia, pellizcándole las nalgas, sobándoselas, dejando correr las manos hasta los testículos, acunándolos suavemente—. Recordando a Clotilde, pues. Un llanto fuerte, con sollozos que atravesaban la puerta, las paredes.

—Unos sollozos que llegaron hasta el cuarto de Armida, por supuesto —se animó Rigoberto. Hablaba mientras hacía girar a Lucrecia sobre sí misma y la acomodaba debajo de él.

—Que la despertaron, que la sacaron de la cama, que la hicieron salir corriendo a consolarlo —dijo ella, deslizándose con facilidad debajo del cuerpo de su marido, separando las piernas, abrazándolo.

—No tuvo tiempo de ponerse la bata ni las zapatillas —le quitó la palabra Rigoberto—. Ni de peinarse ni de nada. Y entró corriendo al cuarto de Ismael así, medio desnuda. La estoy viendo, amor mío.

—Acuérdate que todo estaba a oscuras; ella fue tropezando con los muebles, guiándose por el llanto del pobre hacia su cama. Cuando llegó lo abrazó y...

—Y él la abrazó también y a jalones le sacó la camisita que tenía encima. Ella se hizo la que se resistía, pero no mucho rato. Apenas empezó el forcejeo, lo abrazó ella también. Se llevaría una gran sorpresa al descubrir que Ismael era en ese momento un unicornio, que la perforaba, que la hacía chillar...

—Que la hacía chillar —repitió y chilló a su vez Lucrecia, implorando—. Espera, espera, no te vayas todavía, no seas malo, no me hagas eso.

—Te amo, te amo —estalló él, besando a su esposa en el cuello y sintiéndola que se ponía rígida y, unos segundos después, gemía, aflojaba el cuerpo y se quedaba inmóvil, acezando.

Estuvieron así, quietos y callados, unos minutos, recobrándose. Luego bromearon, se levantaron, se lavaron, alisaron las sábanas, volvieron a ponerse el pijama y el camisón, apagaron la luz del velador y trataron de dormir. Pero Rigoberto permaneció desvelado, sintiendo cómo la respiración de Lucrecia se serenaba y espaciaba a medida que se hundía en el sueño y su cuerpo se quedaba inmóvil. Ya dormía. ¿Estaría soñando?

Y, en ese momento, de manera totalmente imprevista encontró la razón de ser de aquella asociación que su memoria había venido tejiendo de modo esporádico y embrollado desde hacía algún tiempo; mejor dicho, desde que Fonchito comenzó a contarles aquellos encuentros imposibles, aquellas coincidencias improbables con ese estrafalario Edilberto Torres. Tenía que releer de inmediato ese capítulo del *Doktor Faustus* de Thomas Mann. Había leído hacía muchos años la novela, pero recordaba con nitidez aquel episodio, el cráter de la historia.

Se levantó sin hacer ruido y, descalzo y a oscuras, fue al escritorio, su pequeño espacio de civilización, tanteando las paredes. Encendió la lamparilla del sillón donde acostumbraba leer y oír música. Había un silencio cómplice en la noche barranquina. El mar era un rumor lejanísimo. No le costó nada encontrar el libro en el estante de las novelas. Allí estaba. Era el capítulo veinticinco: lo tenía señalado con una cruz y dos signos de admiración. El cráter, el episodio de máxima concentración de vivencias, el que hacía cambiar de naturaleza toda la historia, introduciendo en un mundo realista una dimensión sobrenatural. El episodio en el que por primera vez aparece el diablo y conversa con el joven compositor Adrian Leverkühn, en su retiro italiano de Palestrina, y le propone el celebérrimo pacto. Apenas empezó a releerlo quedó atrapado por la sutileza de la estrategia narrativa. El diablo se presenta a Adrian como un hombrecillo normal y corriente; el único síntoma insólito es, al principio, el frío que emana de él y hace que el joven músico sienta escalofríos. Tendría que preguntarle a Fonchito, como una curiosidad un poco tonta, casual, «¿Te ocurre sentir frío cada vez que se te aparece ese sujeto?». Ah, Adrian también padece jaquecas y náuseas premonitorias antes del encuentro que cambiará su vida. «Dime, Fonchito, por casualidad ¿te vienen dolores de cabeza, descomposición de estómago, desarreglos físicos de cualquier índole cada vez que se te presenta ese individuo?»

Según el relato de su hijo, Edilberto Torres era también un hombrecillo normal y corriente. Rigoberto tuvo un sobresalto de pavor con la descripción de aquella risa sarcástica del personajillo que estallaba de pronto en la penumbra de la casona de las montañas italianas en que tenía lugar la turbadora conversación. Pero ¿por qué su subconsciente había relacionado todo aquello que leía con Fonchito y Edilberto Torres? No tenía sentido. El diablo en la novela de

Thomas Mann se refiere a la sífilis y la música como las dos manifestaciones de su poderío maléfico en la vida y su hijo jamás había oído al tal Edilberto Torres hablar de enfermedades o de música clásica. ¿Cabía preguntarse si la aparición del sida, que causaba tantos estragos en el mundo de hoy como antaño la sífilis, era indicio de la hegemonía que iba alcanzando la presencia infernal en la vida contemporánea? Era estúpido imaginarlo; y, sin embargo, él, un incrédulo, un agnóstico inveterado, sentía en este momento, mientras leía, que esa penumbra de libros y grabados que lo rodeaba, y las tinieblas de afuera, estaban en estos mismos instantes impregnadas de un espíritu cruel, violento y maligno. «Fonchito, ¿has advertido que la risa de Edilberto Torres no parece humana? Quiero decir, ¿el ruido que hace no parece salido de una garganta de hombre sino, más bien, el aullido de un loco, el graznido de un cuervo, el silbido de un ofidio?» El chiquillo se echaría a reír a carcajadas y pensaría que su padre estaba loco. Otra vez lo invadió la desazón. El pesimismo borró en pocos segundos los momentos de intensa felicidad que acababa de compartir con Lucrecia, el placer que le había deparado la relectura de ese capítulo del *Doktor Faustus*. Apagó la luz y regresó al dormitorio arrastrando los pies. Esto no podía seguir así, tenía que interrogar a Fonchito con prudencia y astucia, desenmascarar lo que había de verdad en aquellos encuentros, disipar de una vez por todas esa absurda fantasmagoría fraguada por la imaginación afiebrada de su hijo. Dios mío, no estaban los tiempos para que el diablo diera nuevamente señales de vida y se apareciera otra vez a la gente.

V

El aviso que, pagándolo de su bolsillo, publicó Felícito Yanaqué en *El Tiempo* lo hizo famoso de la noche a la mañana en todo Piura. La gente lo paraba en la calle para felicitarlo, mostrarle su solidaridad, pedirle autógrafos y, sobre todo, aconsejarle que se cuidara: «Lo que ha hecho usted es temerario, don Felícito. ¡Che guá! Ahora sí su vida corre peligro de verdad».

Nada de eso envaneció ni asustó al transportista. Lo que más lo impresionaba era advertir el cambio que el pequeño aviso en el principal diario de Piura provocó en el sargento Lituma y sobre todo en el capitán Silva. Este comisario vulgarote que aprovechaba cualquier pretexto para llenarse la boca hablando del trasero de las piuranas, nunca le había caído simpático y pensaba que la antipatía era recíproca. Pero, a partir de ahora, su actitud fue menos arrogante. La misma tarde del día en que salió el aviso se aparecieron ambos policías en su casa de la calle Arequipa, amables y zalameros. Venían a manifestarle su preocupación por lo que le ocurría, señor Yanaqué. Ni cuando el incendio provocado por los bandidos de la arañita que arrasó parte del local de Transportes Narihualá se habían mostrado tan atentos. ¿Qué mosca les picaba ahora al par de cachacos? Parecían verdaderamente sentidos por su situación y ansiosos de echar el guante a los chantajistas.

Por fin, el capitán Silva sacó de su bolsillo el recorte de *El Tiempo* con el aviso.

—Usted se volvió loco publicando esto, don Felícito —dijo, medio en broma medio en serio—. ¿No se le ocurrió que por este desplante se puede rifar un chavetazo o un balazo en la nuca?

—No fue un desplante, lo pensé mucho antes de hacerlo —explicó con suavidad el transportista—. Quería que esos conchas de su madre supieran de una vez por todas que a mí no me sacarán ni un centavo. Pueden quemarme esta casa, todos mis camiones, ómnibus y colectivos. Y hasta cargarse a mi mujer y mis hijos si se les antoja. ¡Ni un puto centavo!

Pequeñito y firme, lo decía sin aspavientos, sin cólera, las manos quietas y la mirada firme, con tranquila determinación.

—Yo le creo, don Felícito —asintió el capitán, apesadumbrado. Y fue al grano—: La vaina es que, sin quererlo, sin darse cuenta, nos ha metido a nosotros en un sófero lío. El coronel Rascachucha, nuestro jefe regional, llamó esta mañana a la comisaría por este avisito. ¿Sabe para qué? Díselo, Lituma.

—Para echarnos de carajos y llamarnos inútiles y fracasados, don —explicó el sargento, compungido.

Felícito Yanaqué se rió. Por primera vez desde que comenzó a recibir las cartas de la arañita se sentía de buen humor.

—Eso es lo que son ustedes, capitán —murmuró, sonriendo—. Cuánto me alegra que su jefe los haya resondrado. ¿Así se llama él, de veras, con esa lisurota? ¿Rascachucha?

El sargento Lituma y el capitán Silva se rieron también, incómodos.

—Claro que no, ése es su apodo —aclaró el comisario—. Se llama el coronel Asundino Ríos Pardo. No sé por qué ni quién le pondría esa lisura como sobrenombre. Es un buen oficial, pero un tipo muy renegón. No aguanta pulgas, carajea a medio mundo por cualquier cosa.

—Usted se equivoca creyendo que no hemos tomado en serio su denuncia, señor Yanaqué —intervino el sargento Lituma.

—Había que esperar que los bandidos se manifestaran para actuar —encadenó el capitán, con súbita energía—. Ahora que lo han hecho, ya estamos en plena acción.

—Un flaco consuelo para mí —dijo Felícito Yanaqué, con una mueca de disgusto—. No sé qué estarán haciendo ustedes, pero, en lo que me concierne, nadie me va a devolver el local que me quemaron.

—¿No se encarga el seguro de los daños y perjuicios?

—Debería, pero se la están dando de vivos. Alegan que sólo los vehículos estaban asegurados, no las instalaciones. El doctor Castro Pozo, mi abogado, dice que tal vez tengamos que ir a un juicio. Lo que significa que yo saldré perdiendo en cualquier caso. Así que ya ven.

—Usted no se preocupe, don Felícito —lo tranquilizó el capitán, dándole una palmadita—. Ésos caerán. Más temprano que tarde, caerán. Mi palabra de honor. Lo tendremos al tanto. Hasta luego. Y salúdeme a la señora Josefita, ese primor de secretaria que tiene, por favor.

Fue verdad que a partir de ese día los policías empezaron a dar muestras de celo. Interrogaron a todos los choferes y empleados de Transportes Narihualá. A Miguel y Tiburcio, los dos hijos de Felícito, los tuvieron varias horas en la comisaría sometidos a una andanada de preguntas a las que los muchachos no siempre sabían qué contestar. Y hasta atormentaron a Lucindo para que identificara la voz de la persona que vino a pedirle que avisara a don Felícito que estaba ardiendo su local. El cieguito juraba que nunca había escuchado antes al que le habló. Pero, pese a todo ese trajín de los policías, el transportista se sentía abatido y escéptico. Tenía el sentimiento íntimo de que nunca los atraparían. Los chantajistas seguirían acosándolo y, de repente, todo aquello terminaría en una tragedia. Sin embargo, esos sombríos pensamientos no hicieron ceder un ápice su resolución de no rendirse a sus amenazas ni agresiones.

Lo que más lo deprimió fue la conversación con su compadre, colega y competidor, el Colorado Vignolo. Éste vino a buscarlo una mañana a Transportes Narihualá, donde Felícito se había instalado en un escritorio improvisado —un tablón sobre dos barriles de aceite— en una esquina del garaje. Desde allí podía verse el amasijo de calaminas, paredes y muebles chamuscados en que el incendio había convertido su antigua oficina. Hasta parte del techo habían destruido las llamas. Por el agujero abierto se divisaba un pedazo de cielo alto y azul. Menos mal que en Piura rara vez llovía, salvo los años de El Niño. El Colorado Vignolo estaba muy inquieto.

—No ha debido usted hacer esto, compadre —le dijo, a la vez que lo abrazaba mostrándole el recorte de *El Tiempo*—. ¡Cómo se le ocurre jugarse así la vida! Usted, siempre tan sereno para todo, Felícito, qué bicho le picó esta vez. Para qué son los amigos, che guá. Si me hubiera consultado, no le dejaba hacer semejante barbaridad.

—Por eso no le consulté, compadre. Me la olí que usted me aconsejaría no poner el aviso —Felícito señaló las ruinas de su vieja oficina—. Tenía que responderles de alguna manera a los que me hicieron esto.

Salieron a tomarse un cafecito a una chingana recién abierta en la esquina de la Plaza Merino y la calle Tacna, junto a un chifa. El local era oscuro y en la penumbra revoloteaban muchas moscas. Desde allí se divisaban los almendros polvorientos de la placita y la fachada descolorida de la iglesia del Carmen. No había parroquianos y pudieron hablar con tranquilidad.

—¿A usted nunca le ha pasado, compadre? —preguntó Felícito—. ¿Nunca le llegó una de esas cartitas, chantajeándolo?

Sorprendido, vio que el Colorado Vignolo ponía una expresión rara, se atarantaba y, por un momento, no supo qué contestarle. Había un brillo culpable en sus ojos encapotados; pestañeaba sin tregua y evitaba mirarlo.

—No me diga que usted, compadre... —balbuceó Felícito, apretándole el brazo a su amigo.

—No soy ni quiero ser un héroe —asintió en voz bajita el Colorado Vignolo—. Así que sí, se lo digo. Les pago un pequeño cupo cada mes. Y, aunque no me consta, le aseguro que todas, o casi todas, las compañías de transportes de Piura también pagan esos cupos. Es lo que usted debería haber hecho y no la temeridad de enfrentárseles. Todos creíamos que usted los pagaba también, Felícito. Qué disparate ha hecho, ni yo ni ninguno de nuestros colegas lo entiende. ¿Se volvió loco? No se dan batallas que uno no puede ganar, hombre.

—Me cuesta creer que se bajara así los pantalones ante esos conchas de su madre —se apenó Felícito—. No me cabe en la mollera, le juro. Usted que parecía siempre tan gallito, compadre.

—No es gran cosa, una pequeña suma que se incluye en los gastos generales —se encogió de hombros el Colorado, avergonzado, sin saber qué hacer con las manos, moviéndolas como si le sobraran—. No vale la pena arriesgar la vida por una pequeñez, Felícito. Esos quinientos que le pedían se los hubieran rebajado a la mitad si usted negociaba con ellos de a buenas, le aseguro. ¿No ve lo que han hecho con su local? Y, encima, pone este aviso en *El Tiempo.* Está arriesgando su vida y la de su familia. Y hasta la de la pobre Mabel, ¿no se da cuenta? Nunca va a poder con ellos, se lo aseguro, como que me llamo Vignolo. La Tierra es redonda, no cuadrada. Acéptelo y no trate de enderezar el mundo torcido en que vivimos. La mafia es muy poderosa, está infiltrada en todas partes, empezando por el Gobierno y por los jueces. Es un gran ingenuo fiándose de la policía. No me extrañaría que también los cachacos estén en el ajo. ¿No sabe en qué país vivimos, compadre?

Felícito Yanaqué apenas lo escuchaba. Era cierto, le costaba trabajo creer lo que había oído: el Colorado Vignolo pagando mensualidades a la mafia. Lo conocía desde veinte años atrás y siempre lo había creído un tipo muy derecho. Puta madre, qué mundo era éste.

—¿Está seguro que todas las compañías de transporte pagan los cupos? —insistió, buscando los ojos de su amigo—. ¿No exagera?

—Si no me cree, pregúnteles. Como que me llamo Vignolo. Si no todas, casi todas. No están los tiempos para jugar al heroísmo, amigo Felícito. Lo importante es poder trabajar y que el negocio funcione. Si no hay más remedio que pagar cupos, se pagan y sanseacabó. Haga lo mismo que yo y no meta las manos al fuego, compadrito. Se podría arrepentir. No se juegue lo que ha levantado con tanto sacrificio. No me gustaría asistir a su misa de difuntos.

Desde esa conversación, Felícito no podía levantar cabeza. Sentía pena, compasión, irritación, asombro. Ni cuando en la soledad de la noche, en la salita de su casa, ponía las canciones de Cecilia Barraza, conseguía distraerse. ¿Cómo era posible que sus colegas se dejaran apabullar de esa manera? ¿No se daban cuenta de que, dándoles gusto, se ataban de pies y manos y comprometían su futuro? Los chantajistas les pedirían cada día más, hasta quebrarlos. Le parecía que todo Piura se había puesto de acuerdo para hacerle daño, que incluso aquellos que lo paraban en la calle a abrazarlo y felicitarlo eran unos hipócritas metidos en la conspiración para arrebatarle lo que había conseguido con tantos años de sudor. «Pase lo que pase, usted tranquilo, padre. Su hijo no se dejará pisotear por esos cobardes ni por nadie.»

La fama que le dio el avisito en *El Tiempo* no cambió la vida ordenada y diligente de Felícito Yanaqué, aunque nunca se acostumbró a que lo reconocieran en la calle. Se cohibía y no sabía qué responder a los elogios y gestos de solidaridad de los transeúntes. Se levantaba siempre muy temprano, hacía los ejercicios de Qi Gong y llegaba a Transportes Narihualá antes de las ocho. Lo preocupaba que hubiera bajado el pasaje, pero lo comprendía; después del incendio del local no era extraño que algunos clientes se hubieran espantado, temiendo que los bandidos tomaran represalias contra los vehículos y los fueran a asaltar y quemar en la carretera. Los ómnibus a Ayabaca, que debían trepar más de doscientos kilómetros por una ruta estrecha y zigzagueante a orillas de hondos precipicios andinos, perdieron cerca de la mitad de su clientela. Mientras no se resolviera el problema con la compañía de seguros no podía reconstruir la oficina. Pero a Felícito no le importaba trabajar en el tablón y los barriles de la esquina del depósito. Horas de horas estuvo con la señora Josefita revisando lo que quedaba de los libros de contabilidad, de las facturas, los contratos, los recibos y la correspondencia. Felizmente, no se habían perdido muchos papeles importantes. La que no se consolaba era su secretaria. Josefita trataba de disimular, pero Felícito veía lo tensa y desagradada que estaba de tener que trabajar al aire libre, a la vista de choferes, mecánicos, pasajeros que llegaban y partían y la gente que hacía cola para despachar encomiendas. Se lo había confesado, haciendo unos pucheros de niñita en su cara alunada:

—Esto de trabajar delante de todo el mundo me da no sé qué, me parece estar haciendo un *striptease.* ¿A usted no, don Felícito?

—Muchos de ésos estarían felices de que usted les hiciera un *striptease,* Josefita. Ya ha visto los piropos que le echa el capitán Silva cada vez que la ve.

—No me gustan nada las gracias de ese policía —se sonrojó Josefita, encantada—. Y menos esas miraditas que me echa donde ya sabe, don Felícito. ¿Usted cree que sea un pervertido? Así andan diciendo por ahí. Que el capitán sólo mira eso de las mujeres, como si no tuviéramos también otras cosas en el cuerpo, che guá.

El mismo día que salió el aviso en *El Tiempo,* Miguel y Tiburcio le pidieron una cita. Sus dos hijos trabajaban como choferes e inspectores en los ómnibus, camiones y colectivos de la compañía. Felícito los llevó a comer un ceviche de conchas negras y un seco de chabelo al restaurante del Hotel Oro Verde, en El Chipe. Había una radio encendida y la música los obligaba a hablar subiendo mucho la voz. Desde su mesa, veían a una familia que se bañaba en la piscina, bajo las palmeras. En vez de cervezas, Felícito pidió gaseosas. Por las caras de sus hijos, malició lo que se traían entre manos. Habló primero el mayor, Miguel. Fuerte, atlético, blancón, de ojos y cabellos claros, vestía siempre con cierto esmero, a diferencia de Tiburcio, que rara vez se quitaba los *blue jeans,* los polos y las zapatillas de básquet. Ahora mismo, Miguel llevaba mocasines, un pantalón de corduroy y una camisita de color azul claro con unos dibujos estampados de coches de carrera. Era un coqueto sin remedio, con vocación y maneras de pituquito. Cuando Felícito lo obligó a hacer el servicio militar, pensó que en el Ejército le quitarían esas maneras de niño bien que se daba; pero no fue así, salió del cuartel tal como entró. Una vez más en su vida, el transportista pensó: «¿Será mi hijo?». El muchacho tenía un reloj y una pulserita de cuero que acariciaba mientras le decía:

—Hemos pensado una cosa con Tiburcio, padre, y también la consultamos con mamá —estaba algo amoscado, como siempre que le dirigía la palabra.

—O sea que ustedes piensan —bromeó Felícito—. Me alegra saberlo, es una buena noticia. ¿Se puede saber qué brillante idea se les ha ocurrido? No será que vaya a consultar a los chamanes de Huancabamba sobre los chantajistas de la arañita, espero. Porque ya le hice la consulta a Adelaida y ni siquiera ella, que adivina todo, tiene la menor sospecha de quiénes pueden ser.

—Esto va en serio, padre —intervino Tiburcio. En las venas de éste sí corría su propia sangre, sin la menor duda. Se le parecía mucho, con su piel requemada, el pelo lacio y renegrido y el cuerpecito esmirriado de su progenitor—. No se burle, padre, por favor. Escúchenos. Es por su bien.

—Bueno, de acuerdo, los escucho. ¿De qué se trata, muchachos?

—Después de ese aviso que ha publicado en *El Tiempo* corre usted mucho peligro —dijo Miguel.

—No sé si se ha dado cuenta hasta qué punto, padre —añadió Tiburcio—. Es como si se hubiera puesto usted la soga en el cuello.

—Estoy en peligro desde antes —los corrigió Felícito—. Lo estamos todos nosotros. Gertrudis y ustedes también. Desde que llegó la primera carta de esos hijos de puta queriendo chantajearme. ¿No lo saben acaso? Esto no va sólo conmigo, sino con toda la familia. ¿O acaso no son ustedes los que van a heredar Transportes Narihualá?

—Pero ahora está más expuesto que antes, porque los ha desafiado públicamente, padre —dijo Miguel—. Van a reaccionar, no pueden quedarse tranquilos ante semejante desafío. Tratarán de vengarse, porque usted los ha puesto en ridículo. Lo anda diciendo todo Piura.

—La gente nos para en la calle para prevenirnos —le quitó la palabra Tiburcio—. «Cuiden a su padre, muchachos, ésos no le van a perdonar ese desplante.» Nos lo dicen por calles y plazas.

—O sea, soy yo el que los provoca, pobrecitos —lo interrumpió Felícito, indignado—. Me amenazan, me queman la oficina y el provocador soy yo porque les hago saber que no me dejaré chantajear como esos rosquetes de mis colegas.

—No estamos criticándolo, padre, al contrario —insistió Miguel—. Lo apoyamos, nos da orgullo que pusiera ese aviso en *El Tiempo.* Ha levantado usted muy alto el nombre de la familia.

—Pero no queremos que lo maten, entiéndanos, por favor —lo apoyó Tiburcio—. Sería prudente que contrate un guardaespaldas. Ya hemos averiguado, hay una compañía muy seria. Presta servicios a todos los tagarotes de Piura. Banqueros, agricultores, mineros. Y no sale tan caro, aquí tenemos las tarifas.

—¿Un guardaespaldas? —Felícito se echó a reír, con una risita forzada y burlona—. ¿Un tipo que me siga como mi sombra con su pistolita en el bolsillo? Si yo contrato una protección, estaría dándoles en la yema del gusto a los ladrones. ¿Tienen en la cabeza sesos o aserrín? Sería confesar que ando con miedo, que gasto mi plata en eso porque me han asustado. Sería lo mismo que pagarles el cupo que me piden. No hablemos más del asunto. Coman, coman, se les enfría el seco de chabelo. Y cambiemos de conversación.

—Pero, padre, lo hacemos por su bien —intentó todavía convencerlo Miguel—. Para que no le pase nada. Háganos caso, somos sus hijos.

—Ni una palabra más de este tema —ordenó Felícito—. Si me pasa algo, ustedes se quedarán al frente de Transportes Narihualá y podrán hacer lo que quieran. Hasta contratarse guardaespaldas, si se les antoja. Yo no lo haré ni muerto.

Vio que sus hijos bajaban la cabeza y, sin ganas, comenzaban a comer. Ambos habían sido siempre bastante dóciles, incluso en esa adolescencia en la que los chicos suelen rebelarse contra la autoridad paterna. No recordaba que le hubieran dado muchos dolores de cabeza, salvo alguna que otra mataperrada sin mayores consecuencias. Como el accidente de Miguel, que mató un piajeno en la carretera a Catacaos cuando estaba aprendiendo a manejar y el burrito se le cruzó en el camino. Seguían siendo bastante obedientes, a pesar de ser unos hombres hechos y derechos. Incluso cuando le ordenó a Miguel que se presentara de voluntario al Ejército por un año para que se curtiera, éste le obedeció sin chistar. Y cumplían con su trabajo, verdades son verdades. Nunca había sido muy duro con ellos, pero tampoco uno de esos padres engreidores que consienten a sus hijos y los vuelven ociosos o maricas. Había procurado adiestrarlos para que supieran enfrentarse a los percances y fueran capaces de sacar adelante la empresa cuando él ya no pudiera hacerlo. Les había hecho terminar el colegio, aprender mecánica, sacar brevetes de choferes de ómnibus y camiones. Y ambos habían trabajado en Transportes Narihualá en todos los oficios: guardianes, barredores, asistentes del contador, ayudantes de conductor, inspectores, choferes, etcétera, etcétera. Podía morir tranquilo, los dos estaban preparados para reemplazarlo. Y entre ellos se llevaban bien, eran muy unidos, menos mal.

—Yo, a esos hijos de puta no les tengo miedo —exclamó de repente, golpeando la mesa. Sus hijos dejaron de comer—. Lo peor que me podrían hacer es matarme. Pero tampoco tengo miedo a morir. He vivido cincuenta y cinco años y es bastante. Me tranquiliza saber que Transportes Narihualá quedará en buenas manos cuando parta a reunirme con mi padre.

Advirtió que los dos muchachos trataban de sonreír pero los notó turbados y nerviosos.

—No queremos que usted se muera todavía, padre —murmuró Miguel.

—Si ésos le hicieran daño, se la haríamos pagar muy caro —afirmó Tiburcio.

—No creo que se atrevan a matarme —los tranquilizó Felícito—. Son ladrones y chantajistas, nomás. Para asesinar hay que tener más huevos que para mandar cartas con dibujos de arañitas.

—Al menos, cómprese un revólver y ande armado, padre —volvió a la carga Tiburcio—. Para que pueda defenderse en caso de.

—Lo pensaré, ya veremos —transó Felícito—. Ahora, quiero que me prometan que, cuando yo me vaya de este mundo y Transportes Narihualá quede en sus manos, no aceptarán chantajes de estos conchas de su madre.

Vio que sus hijos cambiaban una mirada entre sorprendida y alarmada.

—Júrenmelo por Dios, ahora mismo —les pidió—. Quiero estar tranquilo por ese lado, caso de que me pasara algo.

Ambos asintieron y, persignándose, murmuraron: «Lo juramos por Dios, padre».

Pasaron el resto del almuerzo hablando de otras cosas. A Felícito le empezó a rondar una vieja idea. Desde que se habían ido a vivir por su cuenta, sabía muy poco qué hacían Tiburcio y Miguel cuando no estaban trabajando. No vivían juntos. El mayor tomaba pensión en una casa de la urbanización de Miraflores, un barrio de blanquitos, por supuesto, y Tiburcio alquilaba un departamento con un amigo en Castilla, cerca del nuevo estadio. ¿Tenían enamoradas, queridas? ¿Eran jaranistas, timberos? ¿Se emborrachaban con amigos los sábados en las noches? ¿Frecuentaban cantinas, chicherías, se iban de putas? ¿Cómo emplearían su tiempo libre? Los domingos que caían a almorzar a la casa de la calle Arequipa no contaban mucho de su vida privada y ni él ni Gertrudis les hacían preguntas al respecto. Tal vez sería bueno que conversara alguna vez con ellos y se enterara un poco más de las vidas íntimas de los muchachos.

Lo peor de aquellos días fueron las entrevistas que debió dar a raíz del aviso en *El Tiempo.* A varias radios locales, a reporteros del diario *Correo,* de *La República* y al corresponsal en Piura de *RPP Noticias.* Lo ponían muy tenso las preguntas de los periodistas; se le humedecían las manos y le corrían culebritas por la espalda. Respondía con largas pausas, buscando las palabras, negando con firmeza que fuera un héroe civil ni un ejemplo para nadie. Nada de eso, qué ocurrencia, él sólo estaba cumpliendo con la filosofía de su progenitor que le había dejado como herencia este consejo: «Nunca te dejes pisotear por nadie, hijito». Se sonreían y algunos lo miraban con cara de perdonavidas. No le importaba. Haciendo de tripas corazón, proseguía. Él era un hombre de trabajo, nomás. Había nacido pobre, pobrísimo, cerquita de Chulucanas, en Yapatera, y todo lo que tenía se lo había ganado trabajando. Pagaba sus impuestos, cumplía con las leyes. ¿Por qué iba a dejar que unos forajidos le quitaran lo que tenía mandándole amenazas sin dar siquiera la cara? Si nadie cediera a esos chantajes, desaparecerían los chantajistas.

Tampoco le gustaba recibir distinciones, sudaba hielo teniendo que pronunciar discursos. Claro que, en el fondo, se enorgullecía y pensaba qué feliz se hubiera puesto su padre, el yanacón Aliño Yanaqué, con la medalla de Ciudadano Ejemplar que le puso en el pecho el Rotary Club, en un almuerzo en el Centro Piurano al que asistieron el presidente de la región, el alcalde y el obispo de Piura. Pero, cuando tuvo que acercarse al micrófono para dar las gracias, se le anudó la lengua y la voz se le fue. Le ocurrió lo mismo cuando la Sociedad Cívico-Cultural-Deportiva Enrique López Albújar lo declaró El Piurano del Año.

Por esos días llegó a su casa de la calle Arequipa una carta del Club Grau, firmada por el presidente, el distinguido químico-farmacéutico doctor Garabito León Seminario. Le comunicaba que la directiva había aceptado por unanimidad su solicitud para ser socio de la institución. Felícito no podía dar crédito a sus ojos. La había presentado hacía dos o tres años y, como nunca le respondieron, pensó que había sido baloteado por no ser un blanquito, como se creían que eran esos señores que iban al Club Grau a jugar tenis, ping-pong, sapo, cacho, a bañarse en la piscina y a bailar los sábados bailables con las mejores orquestas de Piura. Se atrevió a presentar esa solicitud desde que vio cantar en una fiesta del Club Grau a Cecilia Barraza, la artista criolla que más admiraba. Fue con Mabel y estuvo sentado en la mesa del Colorado Vignolo, que era socio. Si le hubieran preguntado cuál había sido el día más feliz de su vida, Felícito Yanaqué habría escogido aquella noche.

Cecilia Barraza había sido su amor secreto, antes incluso de verla en fotografía o en persona. Se enamoró de ella por su voz. No se lo había contado a nadie, era algo íntimo. Estaba en la desaparecida La Reina, un restaurante que hacía esquina en el malecón Eguiguren y la avenida Sánchez Cerro, donde, el primer sábado de cada mes, se reunía a almorzar la directiva de la Asociación de Choferes Interprovinciales de Piura, a la que pertenecía. Estaban brindando con una copita de algarrobina cuando, de pronto, oyó cantar, en la radio del local, uno de sus valses preferidos, «Alma, corazón y vida», con más gracia, emoción y lisura que lo había oído nunca antes. Ni Jesús Vásquez, ni Los Morochucos, ni Lucha Reyes, ni cantante criollo alguno de los que conocía interpretaba ese lindo vals con tanto sentimiento, gracia y picardía como esa cantante que escuchaba por primera vez. Imprimía a cada palabra, a cada sílaba, tanta verdad y armonía, tanta delicadeza y ternura, que daban ganas de ponerse a bailar y hasta de llorar. Preguntó su nombre y se lo dijeron: Cecilia Barraza. Oyendo la voz de esa muchacha le pareció comprender cabalmente, por primera vez, muchas palabras de los valses criollos que antes le parecían misteriosas e incomprensibles como arpegios, celajes, arrobo, cadencia, anhelo, celestía:

Alma para conquistarte
corazón para quererte
y vida para vivirla
¡junto a ti!

Se sintió conquistado, conmovido, embrujado, querido. Desde entonces, en las noches, antes de dormir, o en los amaneceres, antes de levantarse, se imaginaba a veces viviendo entre arpegios, cadencias, celajes y arrobos junto a esa cantante llamada Cecilia Barraza. Sin decírselo a nadie, y menos que a nadie a Mabel, por supuesto, había vivido platónicamente prendado de esa carita risueña, de ojos tan expresivos y sonrisa tan seductora. Había reunido una buena colección de fotos de ella aparecidas en diarios y revistas, que guardaba celosamente con llave en un cajón del escritorio. El incendio había dado buena cuenta de esas fotos, pero no de la colección de discos de Cecilia Barraza que tenía repartida en sus casas de la calle Arequipa y la de Mabel, en Castilla. Creía tener todos los que había grabado esa artista que, a su modesto entender, había elevado a nuevas alturas la música criolla, los valses, las marineras, los tonderos, los pregones. Oía estos discos compactos casi a diario, generalmente en las noches, después de la comida, cuando Gertrudis se iba a dormir, en la salita donde tenían la televisión y el equipo de música. Las canciones hacían volar su imaginación; a veces se emocionaba hasta sentir que se le mojaban los ojos con la vocecita tan dulce y acariciadora que impregnaba la noche. Por eso, cuando se anunció que ella vendría a Piura a cantar en el Club Grau y que la función estaría abierta al público, fue uno de los primeros en sacar entrada. Invitó a Mabel y el Colorado Vignoli los hizo sentar en su mesa, donde, antes del espectáculo, comieron una comida opípara con vinos blanco y tinto. Ver en persona a la cantante, aunque no fuera muy de cerca, puso a Felícito en estado de trance. Le pareció más bonita, graciosa y elegante que en las fotografías. Aplaudía con tanto entusiasmo después de cada canción que Mabel le dijo a Vignolo, señalándolo: «Mira cómo se ha puesto este viejo verde, Colorado».

—No seas malpensada, Mabelita —disimuló él—, lo que aplaudo es el arte de Cecilia Barraza, sólo su arte.

La tercera carta de la arañita llegó bastante después que la segunda, cuando Felícito se preguntaba si luego del incendio, el aviso en *El Tiempo* y el alboroto que había armado, los mafiosos, asustados, no se habrían resignado a dejarlo en paz. Habían transcurrido tres semanas desde el incendio y aún no se resolvía el diferendo con la compañía de seguros, cuando una mañana, en el improvisado escritorio del garaje, la señora Josefita, que iba abriendo la correspondencia, exclamó:

—Qué raro, don Felícito, una carta sin remitente.

El transportista se la quitó de las manos de un tirón. Era lo que temía.

Estimado señor Yanaqué:

Nos alegra que usted sea ahora un hombre tan popular y considerado en nuestra querida ciudad de Piura. Hacemos votos para que esa popularidad redunde en beneficio de Transportes Narihualá, sobre todo después del percance que sufrió la empresa por ser usted tan terco. Más le convendría aceptar las enseñanzas de la realidad y ser pragmático en vez de entercarse como una mula. No quisiéramos que padezca otro quebranto más grave que el anterior. Por eso, lo invitamos a ser flexible y atender nuestros requerimientos.

Como todo Piura, hemos tomado nota del aviso que publicó en *El Tiempo.* No le guardamos rencor. Es más, comprendemos que decidiera poner ese aviso cediendo a un arrebato temperamental en vista del incendio que deshizo su oficina. Lo olvidamos, olvídelo usted también y recomencemos desde cero.

Le damos un plazo de dos semanas —catorce días contando desde hoy— para que recapacite, entre en razón y finiquitemos el asunto que nos ocupa. En caso contrario, aténgase a las consecuencias. Serán más graves que las que ha sufrido hasta ahora. A buen entendedor pocas palabras, como dice el refrán, señor Yanaqué.

Dios guarde a usted.

La carta, esta vez, estaba escrita a máquina, pero la firma era el mismo dibujo en tinta azul de las dos anteriores: una arañita de cinco patas largas con un punto en el centro que representaba la cabeza.

—¿Se siente mal, don Felícito? No me diga que es otra de esas cartitas —insistió su secretaria.

Su jefe había bajado los brazos y parecía despatarrado sobre su silla, muy pálido, los ojos fijos en el pedazo de papel. Por fin, asintió y se llevó la mano a la boca, indicándole que guardara silencio. La gente que poblaba el local no debía enterarse. Le pidió un vaso de agua y se lo bebió despacio, haciendo esfuerzos por controlar la agitación que se había apoderado de él. Sentía su corazón agitado y respiraba con dificultad. Claro que estos cabrones no habían desistido, claro que seguían con su tema. Pero se equivocaban si creían que Felícito Yanaqué daría su brazo a torcer. Sentía cólera, odio, una rabia que lo hacía temblar. Quizás Miguel y Tiburcio tenían razón. No en lo del guardaespaldas, por supuesto, él nunca derrocharía en eso su platita. Pero en lo del revólver tal vez sí. Nada le daría tanto placer en esta vida, si esos mierdas se le ponían al alcance, que cargárselos. Acribillarlos a balazos y hasta escupir sobre sus cadáveres.

Cuando se calmó un poco, fue andando muy de prisa a la comisaría, pero ni el capitán Silva ni el sargento Lituma estaban allí. Habían salido a almorzar y volverían a eso de las cuatro de la tarde. Se sentó en una cafetería de la avenida Sánchez Cerro y pidió una gaseosa bien fría. Dos señoras se acercaron a darle la mano. Lo admiraban, era un modelo y una inspiración para todos los piuranos. Se despidieron bendiciéndolo. Les agradeció con una sonrisita. «La verdad, ahora no me siento un héroe ni mucho menos», pensaba. «Un cojudo, más bien. Un huevón a la vela, eso es lo que soy. Ellos jugando conmigo a su gusto y yo sin atar ni desatar el maldito enredo.»

Regresaba a su oficina caminando despacio por las altas veredas de la avenida, entre ruidosos mototaxis, ciclistas y peatones, cuando, en medio de su desánimo, le entraron unas ganas súbitas, enormes, de ver a Mabel. Verla, conversar con ella, acaso sentir que poco a poco le venían las ganas, una turbación que por unos momentos lo marearía y le haría olvidarse del incendio, de los líos con el seguro que llevaba el doctor Castro Pozo, de la reciente carta de la arañita. Y acaso, después de gozar, podría quedarse un rato dormido, sosegado y feliz. Que recordara, nunca en estos ocho años había caído de improviso y a mediodía en la casita de Mabel, siempre cuando anochecía y en los días acordados de antemano con ella. Pero éstos eran tiempos extraordinarios y podía romper con la costumbre. Estaba cansado, hacía calor y, en vez de caminar, tomó un taxi. Cuando bajaba, en Castilla, vio a Mabel en la puerta de su casa. ¿Salía o volvía? Ella se lo quedó mirando, sorprendida.

—¿Tú por aquí? —le dijo, a modo de saludo—. ¿Hoy? ¿A estas horas?

—No quisiera molestarte —se disculpó Felícito—. Si tienes algún compromiso, me voy.

—Tengo uno, pero lo puedo cancelar —le sonrió Mabel, reponiéndose de la sorpresa—. Pasa, pasa. Espérame un ratito, lo arreglo y vuelvo.

Felícito notó que, pese a sus palabras amables, estaba contrariada. Había llegado en mal momento. Se iba de compras, tal vez. No, no. Más bien a encontrar a una amiga para callejear un rato y almorzar juntas. O, tal vez, la esperaría un hombre joven, como ella, que le gustaba y con el que acaso se veían a escondidas. Tuvo un ramalazo de celos imaginando que Mabel iba a encontrarse con un amante. Un tipo que la desnudaría y la haría chillar. Les había frustrado el plan. Sintió una correntada de deseo, cosquillitas en la entrepierna, un asomo de erección. Vaya, después de cuántos días. Estaba bonita Mabel esta mañana, con ese vestidito blanco que le dejaba los brazos y los hombros descubiertos, esos zapatos calados de tacón de aguja, tan bien peinada, los ojos y los labios maquillados. ¿Tendría un amiguito? Había entrado en la casa, se había quitado el saco y la corbata. Cuando Mabel volvió, lo encontró releyendo una vez más la carta de la arañita. Se le había ido el disgusto. Ahora, ella estaba tan risueña y cariñosa como solía estarlo siempre con él.

—Es que recibí otra carta esta mañana —se disculpó Felícito, alcanzándosela—. Me llevé un gran colerón. Y, de repente, me vinieron ganas de verte. Por eso estoy aquí, mi amor. Perdona que te cayera así, sin avisarte. Espero no haberte arruinado ningún plan.

—Ésta es tu casa, viejito —le sonrió de nuevo Mabel—. Puedes venir aquí cuando quieras. No me has arruinado ningún plan. Estaba yendo a la farmacia a comprar unos remedios.

Cogió la carta, se sentó junto a él y, a medida que la iba leyendo, su expresión se fue amargando. Una nubecilla empañó sus ojos.

—O sea que los malditos no paran —exclamó, muy seria—. ¿Qué vas a hacer ahora?

—Fui a la comisaría pero los cachacos no estaban. Volveré esta tarde. No sé para qué, ese par de pelotudos no hacen nada. Me mecen, eso es lo único que saben hacer. Mecerme con habladurías.

—Así que has venido para que te engría un poco —le levantó el ánimo Mabel, sonriéndole—. ¿Cierto, viejito?

Le pasó la mano por la cara y él se la cogió y la besó.

—Vamos al cuarto, Mabelita —le susurró al oído—. Tengo muchas ganas de ti, ahora mismo.

—Bueno, bueno, eso sí que no me lo esperaba —volvió a reírse ella, haciendo un aspaviento—. ¿A estas horas? No te reconozco, viejito.

—Ya ves —dijo él, abrazándola y besándola en el cuello, aspirándola—. Qué rico hueles, amorcito. Estaré cambiando de costumbres, rejuveneciendo, che guá.

Pasaron al dormitorio, se desnudaron e hicieron el amor. Felícito estaba tan excitado que tuvo el orgasmo apenas la penetró. Se quedó abrazado a ella, acariciándola en silencio, jugando con sus cabellos, besándola en el cuello y en el cuerpo, mordisqueándole los pezones, haciéndole cosquillas, tocándola.

—Qué cariñoso, viejito —lo cogió de las orejas Mabel, mirándolo a los ojos de muy cerca—. Cualquier día de éstos me vas a decir que me quieres.

—¿Acaso no te lo he dicho muchas veces, tontita?

—Me lo dices cuando estás excitado y así no vale —lo resondró Mabel, jugando—. Pero no me lo dices nunca antes ni después.

—Pues te lo digo ahora que ya no estoy tan excitado. Yo a ti te quiero mucho, Mabelita. Tú eres la única mujer que he querido de verdad.

—¿Me quieres más que a Cecilia Barraza?

—Ella sólo es un sueño, mi cuento de hadas —dijo Felícito, riéndose—. Tú eres mi único amor en la realidad.

—Te tomo la palabra, viejito —lo despeinó ella, muerta de risa.

Conversaron un buen rato, tumbados en la cama y luego Felícito se levantó, se lavó y vistió. Regresó a Transportes Narihualá y estuvo atendiendo los asuntos de la oficina buena parte de la tarde. Al salir, pasó de nuevo por la comisaría. El capitán y el sargento ya estaban allí y lo recibieron en la oficina del primero. Sin decirles una palabra, les alcanzó la tercera carta de la arañita. El capitán Silva la leyó en voz alta, deletreando cada palabra, ante la atenta mirada del sargento Lituma, que lo escuchaba manoseando un cuaderno con sus manos regordetas.

—Bien, todo sigue su curso previsible —afirmó el capitán Silva, cuando terminó de leer. Parecía muy satisfecho de haber previsto todo lo que ocurría—. No dan su brazo a torcer, como era de esperar. Esa perseverancia será su ruina, ya se lo he dicho.

—¿Tendría que ponerme muy alegre, entonces? —preguntó Felícito, sarcástico—. No contentos con quemarme la oficina, me siguen mandando anónimos y ahora me dan un ultimátum de dos semanas, amenazándome con algo peor que el incendio. Vengo aquí y usted me dice que todo sigue su curso previsible. La verdad, ustedes no han avanzado un milímetro en su investigación mientras estos conchas de su madre hacen conmigo lo que les da su real gana.

—¿Quién dice que no hemos avanzado? —protestó el capitán Silva, gesticulando y alzando la voz—. Hemos avanzado bastante. Por lo pronto, hemos descartado que éstos sean alguna de las tres bandas conocidas de Piura que piden cupos a los comerciantes. Además, el sargento Lituma ha encontrado algo que podría ser una buena pista.

Lo dijo de una manera que Felícito le creyó, a pesar de su escepticismo.

—¿Una pista? ¿De veras? ¿Dónde? ¿Cuál?

—Todavía es pronto para informarle. Pero algo es algo. Apenas concretemos la cosa, lo sabrá. Créame, señor Yanaqué. Estamos volcados en su caso en cuerpo y alma. Le dedicamos más tiempo que a todo lo demás. Es usted nuestra primera prioridad.

Felícito les contó que sus hijos, preocupados, le habían sugerido que contratara un guardaespaldas y que él se había negado. También le habían sugerido que se comprara un revólver. ¿Qué les parecía?

—No le aconsejo —repuso el capitán Silva, de inmediato—. Sólo se debe llevar una pistola cuando uno está dispuesto a usarla y usted no me parece una persona capaz de matar a nadie. Se expondría inútilmente, señor Yanaqué. En fin, usted verá. Si, a pesar de mi consejo, quiere un permiso para portar armas, le facilitaremos el trámite. Toma tiempo, le advierto. Tendrá que pasar un examen psicológico. En fin, consúltelo con su almohada.

Felícito llegó a su casa cuando ya estaba oscuro y cantaban los grillos y croaban los sapos en el jardín. Comió de inmediato, un caldo de pollo, una ensalada y una gelatina que le sirvió Saturnina. Cuando estaba yéndose a la sala a ver las noticias en la televisión notó que se le acercaba esa forma callada y semoviente que era Gertrudis. Tenía un periódico en la mano.

—Toda la ciudad habla de ese aviso que publicaste en *El Tiempo* —dijo su mujer, sentándose en el sillón contiguo al que él ocupaba—. Hasta el padre, en la misa de esta mañana, lo mentó en el sermón. Todo Piura lo ha leído. Menos yo.

—No quería preocuparte, por eso no te dije nada —se excusó Felícito—. Pero ahí lo tienes. ¿Por qué no lo has leído, pues?

Notó que ella se removía en el asiento, incómoda, apartándole la vista.

—Me he olvidado —la oyó decir, entre dientes—. Como no leo nunca, por mi vista, ya casi no entiendo lo que leo. Me bailan las letras.

—Tienes que ir al oculista a que te mida la vista, entonces —la amonestó él—. Cómo es posible que te hayas olvidado de leer, no creo que eso le pase a nadie, Gertrudis.

—Pues a mí me está pasando —dijo ella—. Sí, iré a que me midan la vista un día de éstos. ¿No puedes leerme lo que hiciste publicar en *El Tiempo*? Le pedí a Saturnina pero ella tampoco sabe leer.

Le alcanzó el periódico y, después de ponerse los anteojos, Felícito leyó:

> Señores chantajistas de la arañita:
>
> Aunque me hayan quemado la oficina de Transportes Narihualá, empresa que he creado con el honrado esfuerzo de toda una vida, públicamente les hago saber que nunca les pagaré el cupo que me piden para darme protección. Prefiero antes que me maten. No recibirán de mí un solo centavo, porque

yo creo que a los bandidos y ladrones como ustedes las personas honradas, trabajadoras y decentes no debemos tenerles miedo, sino enfrentarlos con determinación hasta mandarlos a la cárcel, donde merecen estar.

Lo digo y lo firmo:

Felícito Yanaqué (no tengo apellido materno).

El bulto femenino estuvo inmóvil un buen rato, rumiando lo que acababa de oír. Por fin, murmuró:

—Es verdad lo que dijo el padre en su sermón, entonces. Eres un hombre valiente, Felícito. Que el Señor Cautivo tenga compasión de nosotros. Si salimos de ésta, iré a Ayabaca a rezarle en su fiesta, el próximo 12 de octubre.

VI

—Esta noche no habrá ninguna historia, Rigoberto —dijo Lucrecia, cuando se acostaron y apagaron la luz. Su mujer tenía la voz marcada por la preocupación.

—Yo tampoco estoy para fantasías esta noche, amor mío.

—¿Tuviste por fin noticias de ellos?

Rigoberto asintió. Hacía siete días de la boda de Ismael y Armida y él y Lucrecia habían pasado toda la semana en zozobra, esperando la reacción de las hienas ante lo sucedido. Pero transcurría cada día y nada. Hasta que dos días atrás, el abogado de Ismael, el doctor Claudio Arnillas, llamó a Rigoberto para prevenirlo. Los mellizos habían averiguado que el matrimonio civil se celebró en la Alcaldía de Chorrillos y sabían por tanto que él era uno de los testigos. Debía estar preparado, lo llamarían en cualquier momento.

Lo hicieron al cabo de unas horas.

—Miki y Escobita me han pedido una cita y he tenido que dársela, qué me quedaba —añadió—. Vendrán mañana. No te lo conté de inmediato para no amargarte el día, Lucrecia. Se nos echa encima el problemita. Espero salir de ésta con todos los huesos sanos por lo menos.

—¿Sabes una cosa, Rigoberto? No me importan tanto ellos, ya sabíamos que esto iba a pasar. Lo estábamos esperando, ¿no es cierto? Habrá que tragarse el mal rato, qué remedio —le cambió el tema su esposa—. El matrimonio de Ismael y la pataleta del par de forajidos me importan un comino por ahora. Lo que más me preocupa, lo que me quita el sueño, es Fonchito.

—¿El tipejo ese otra vez? —se alarmó Rigoberto—. ¿Han vuelto las apariciones?

—Nunca terminaron, hijito —le recordó Lucrecia, con la voz quebrada—. Lo que ocurre, creo, es que el chiquitín desconfía de nosotros y ya no nos cuenta. Eso es lo que más me inquieta. ¿No ves cómo está el pobre? Tristón, ido, encerrado en sí mismo. Antes nos contaba todo, pero ahora me temo que se guarda las cosas. Y tal vez por eso la angustia se lo está comiendo vivo. ¿No lo notas? Tanto pensar en las hienas, ni has advertido cómo ha cambiado tu hijo en estos meses. Si no hacemos algo pronto, podría pasarle cualquier cosa y nos arrepentiríamos el resto de la vida. ¿No te das cuenta?

—Me doy cuenta muy bien —Rigoberto se revolvió bajo las sábanas—. Lo que pasa es que no sé qué más podemos hacer. Si tú lo sabes, dímelo y lo haremos. Yo ya no sé qué más. Lo hemos llevado a la mejor psicóloga de Lima, he hablado con sus profesores, todos los días trato de conversar con él y ganarme otra vez su confianza. Dime qué más quieres que haga y lo haré. Yo estoy tan atormentado como tú por Fonchito, Lucrecia. ¿Crees que no me importa mi hijo?

—Ya lo sé, ya lo sé —asintió ella—. Se me ha ocurrido que, tal vez, en fin, no sé, no te rías, estoy tan aturdida por lo que le pasa que, en fin, bueno, es una idea, nada más que una simple idea.

—Dime qué se te ha ocurrido y lo haremos, Lucrecia. Lo que sea, lo haré, te lo juro.

—Por qué no hablas con tu amigo, el padre O'Donovan. En fin, no te rías, no sé.

—¿Quieres que vaya a hablar con un cura de este asunto? —se sorprendió Rigoberto. Y soltó una risita—. ¿Para qué? ¿Para que exorcice a Fonchito? ¿Te has tomado en serio la broma del diablo?

Aquello había comenzado hacía ya muchos meses, tal vez un año atrás, de la manera más trivial. En un almuerzo de fin de semana, Fonchito, como quien no quiere la cosa y como si aquello no tuviera importancia alguna, contó de pronto a su padre y su madrastra el primer encuentro que tuvo con aquel personaje.

—Ya sé cuál es tu nombre —dijo el señor, sonriéndole con amabilidad desde la mesa del costado—. Te llamas Luzbel.

El chiquillo se quedó mirándolo sorprendido, sin saber qué decir. Estaba tomando una Inca Kola a pico de botella, con su mochila del colegio sobre las rodillas y sólo ahora advertía la presencia de aquel señor en ese cafecito solitario del Parque de Barranco, no lejos de su casa. Era un caballero de sienes plateadas, ojos risueños, muy delgado, vestido con modestia pero con mucha corrección. Llevaba una chompita morada, con rombos blancos, bajo su saco gris. Tomaba a pequeños sorbos una tacita de café.

—Te he prohibido terminantemente que hables con desconocidos en la calle, Fonchito —le recordó don Rigoberto—. ¿Ya te olvidaste?

—Me llamo Alfonso, no Luzbel —contestó él—. Mis amigos me dicen Foncho.

—Tu papá te lo dice por tu bien, chiquitín —intervino su madrastra—. Nunca se sabe quiénes son esos tipos que andan metiendo cuchara a los escolares en las puertas de los colegios.

—O venden drogas, o son secuestradores o pedófilos. Así que mucho cuidadito.

—Pues deberías llamarte Luzbel —le sonrió el caballero. Su voz lenta y educada pronunciaba cada palabra con la corrección de un profesor de gramática. Su cara larga y huesuda parecía recién rasurada. Tenía unos dedos largos, de uñas recortadas. «Te juro que parecía una persona muy correcta, papá»—. ¿Sabes qué quiere decir Luzbel?

Fonchito negó con la cabeza. «¿Luzbel, eso te dijo?», se interesó don Rigoberto. «¿Luzbel has dicho?»

—El que lleva la luz, el portador de la luz —explicó el señor, calmosamente. «Hablaba como en cámara lenta, papá»—. Es una manera de decir que eres un joven muy apuesto. Cuando crezcas, todas las chicas de Lima se volverán locas por ti. ¿No te enseñaron en el colegio quién era Luzbel?

—Ya lo veo venir, ya me imagino muy bien qué andaba buscando —murmuró Rigoberto, prestando ahora mucha atención a lo que decía su hijo.

Fonchito volvió a negar con la cabeza.

—Yo sabía que tenía que irme cuanto antes, yo me acuerdo muy bien cuántas veces me has dicho que jamás debo ponerme a conversar con desconocidos como ese señor que quería meterme letra, papá —aclaró, accionando—. Pero, pero, te digo, había algo en él, en sus maneras, en su modo de hablar, que no parecía mala gente. Además, me picó la curiosidad. En el Markham, que yo recuerde, nunca nos hablaron de Luzbel.

—Era el más bello de los arcángeles, el preferido de Dios allá arriba —no hacía una broma, hablaba muy en serio, con un asomo de sonrisita benévola en su cara tan bien afeitada; señalaba con un dedo hacia el cielo—. Pero Luzbel, como se sabía tan bello, se envaneció, cometió el pecado de soberbia. Se sintió igual a Dios, nada menos. Imagínate. Entonces, Él lo castigó y, de ser el ángel de la luz, pasó a ser el príncipe de las tinieblas. Así comenzó todo. La historia, la aparición del tiempo y del mal, la vida humana.

—No parecía un cura, papá, ni uno de esos misioneros evangélicos que andan regalando revistas religiosas de casa en casa. Yo se lo pregunté: «¿Es usted un padre, señor?» «No, no, qué voy a ser un cura, Fonchito, no sé por qué se te ocurre semejante cosa.» Y se echó a reír.

—Fue una imprudencia que te pusieras a conversar con él, a lo mejor te ha seguido hasta aquí —lo riñó doña Lucrecia, acariñándole la frente—. Nunca más, nunca más. Prométemelo, chiquitín.

—Tengo que irme, señor —dijo Fonchito, levantándose—. Me están esperando en mi casa.

El caballero no intentó retenerlo. A manera de despedida le sonrió de una manera más abierta, haciéndole una pequeña venia y adiós con la mano.

—¿Sabes muy bien quién era, no? —repitió Rigoberto—. Ya tienes quince años y estás enterado de estas cosas, ¿no? Un pervertido. Un pedófilo. Supongo que entiendes lo que eso significa, no necesito explicártelo. Te estaba cateando, por supuesto. Lucrecia tiene razón. Hiciste muy mal en responderle. Debiste pararte e irte apenas te habló.

—No parecía un maricón, papá —lo tranquilizó Fonchito—. Te lo juro. A los rosquetes que andan buscando chicos yo los capto ahí mismo, por la manera como miran. Antes siquiera de que abran la boca, palabra. Y porque siempre tratan de tocarme. Éste era todo lo contrario, un señor muy educado, muy fino. No parecía que tuviera malas intenciones, de verdad.

—Ésos son los peores, Fonchito —le aseguró doña Lucrecia, francamente alarmada—. Los mosquitas muertas, los que no lo parecen pero son.

—Dime, papá —cambió de tema Fonchito—. ¿Eso que me contó el señor del arcángel Luzbel, es cierto?

—Bueno, es lo que dice la Biblia —vaciló don Rigoberto—. Es cierto para los creyentes, en todo caso. Increíble que en el Colegio Markham no les hagan leer la Biblia, por lo menos como cultura general. Pero, no nos apartemos del asunto. Te lo repito una vez más, hijito. Terminantemente prohibido que aceptes algo de desconocidos. Ni invitaciones, ni conversaciones, ni nada. ¿Lo entiendes, no? ¿O quieres que te prohíba la salida a la calle de una vez por todas?

—Ya estoy grande para eso, papá. Ya tengo quince años, por favor.

—Sí, ya llegaste a la edad de Matusalén —se rió doña Lucrecia. Pero, de inmediato, Rigoberto la oyó suspirar en la oscuridad—. Si hubiéramos sabido adónde iba a llevar todo este asunto. Qué pesadilla, Dios mío. Ya dura como un año, calculo.

—Un año o quizás un poquito más, amor.

Rigoberto olvidó casi de inmediato aquel episodio del desconocido que habló a Fonchito de Luzbel en el cafetín del Parque de Barranco. Pero comenzó a recordarlo y a inquietarse una semana después cuando, según su hijo, al regresar de jugar un partido de fútbol en el Colegio San Agustín, aquel caballero se le volvió a presentar.

—Yo salía de ducharme en los camerinos del San Agustín, estaba yendo a reunirme con el Chato Pezzuolo para tomar juntos el colectivo a Barranco. Y, aunque no te lo creas, ahí estaba él, papá. Era el mismo señor, él.

—Hola, Luzbel —lo saludó el caballero, con la sonrisa afectuosa de la vez pasada—. ¿Te acuerdas de mí?

Estaba sentado en el vestíbulo que separaba la cancha de fútbol de la puerta de salida del Colegio San Agustín. Detrás de él se veía la espesa serpiente de autos, camionetas y ómnibus que avanzaba por la avenida Javier Prado. Algunos vehículos tenían los faros encendidos.

—Sí, sí me acuerdo —dijo Fonchito, incorporándose. Y, con un tono categórico, lo enfrentó—: Mi papá me ha prohibido que hable con desconocidos, perdone.

—Rigoberto ha hecho muy bien —dijo el señor, moviendo la cabeza. Vestía con el mismo terno gris de la vez anterior, pero la chompita morada era otra, sin rombos blancos—. Lima está llena de gente mala. Hay pervertidos y degenerados por doquier. Y los niños buenos mozos como tú son sus blancos preferidos.

Don Rigoberto abrió mucho los ojos:

—¿Me nombró a mí? ¿Te dijo que me conocía?

—¿Usted conoce a mi papá, señor?

—Y también conocí a Eloísa, tu mamá —asintió el caballero, poniéndose muy serio—. Asimismo, conozco a Lucrecia, tu madrastra. No puedo decir que seamos amigos, porque nos hemos visto apenas. Pero los dos me cayeron muy bien y, desde que los vi por primera vez, me parecieron una pareja magnífica. Me alegra saber que te cuidan mucho y se preocupan por ti. Un muchacho tan guapo como tú no está nada seguro en esta Sodoma y Gomorra que es Lima.

—¿Me podrías decir qué es eso de Sodoma y Gomorra, papá? —preguntó Fonchito y Rigoberto notó en sus ojos una lucecita maliciosa.

—Dos ciudades antiguas, muy corrompidas, a las que, por serlo, Dios arrasó —repuso, caviloso—. Es lo que creen los creyentes, al menos. Tendrías que leer un poco la Biblia, hijito. Como cultura general. El Nuevo Testamento siquiera. El mundo en que vivimos está repleto de referencias bíblicas y si no las entiendes vivirás en la confusión y la ignorancia total. Por ejemplo, no entenderás nada del arte clásico, de la historia antigua. ¿Seguro que ese tipo te dijo que nos conocía a Lucrecia y a mí?

—Y que también había conocido a mi mamá —precisó Fonchito—. Hasta me dijo su nombre: Eloísa. Lo decía de una manera que era imposible no creer que decía la verdad, papá.

—¿Te dijo cómo se llama?

—Bueno, eso no —se confundió Fonchito—. Ni se lo pregunté ni le di tiempo siquiera a que me lo dijera. Como me ordenaste que no hablara ni una palabra con él, me escapé corriendo. Pero, seguro que te conoce, que los conoce. Si no, no me hubiera dicho tu nombre, no sabría el de mi mamá y que mi madrastra se llama Lucrecia.

—Si por casualidad te lo vuelves a encontrar, no dejes de preguntarle cómo se llama —dijo Rigoberto, escudriñando con desconfianza al chiquillo: ¿aquello que les contaba podía ser verdad o era otro de sus inventos?—. Eso sí, nada de ponerte a conversar con él, ni mucho menos aceptarle una Coca-Cola ni nada. Cada vez me convenzo más de que es uno de esos viciosos que andan sueltos por

Lima en busca de chiquillos. Qué podía hacer, si no, en el Colegio San Agustín.

—¿Quieres que te diga una cosa, Rigoberto? —le dijo doña Lucrecia, pegándole el cuerpo en las tinieblas, como si le leyera el pensamiento—. A ratos, pienso que todo eso se lo está inventando. Típico de Fonchito y de sus fantasías. Ya nos ha hecho otras veces esa gracia, ¿no? Y me digo que no hay de qué preocuparse, que el tal caballero no existe ni puede existir. Que se lo inventó para hacerse el interesante y tenernos inquietos y pendientes de él. Pero, el problema es que Fonchito es un soberbio embaucador. Porque, cuando nos cuenta sus encuentros, me parece imposible que no sea cierto lo que dice. Habla de una manera tan auténtica, tan inocente, tan persuasiva, en fin, no sé. ¿No te pasa, también?

—Claro que sí, lo mismo que a ti —confesó Rigoberto, abrazando a su mujer, calentándose con su cuerpo y calentándola—. Un gran embaucador, desde luego. Ojalá se haya inventado toda esta historia, Lucrecia. Ojalá, ojalá. Al principio la tomaba a la ligera, pero ya comienzan a obsesionarme estas apariciones. Me pongo a leer y me distrae el tipejo, a escuchar música y ahí está él, a ver mis grabados y lo que veo es su cara, que no es una cara sino un signo de interrogación.

—Con Fonchito una nunca se aburre, la verdad —trató de bromear doña Lucrecia—. Tratemos de dormir un poco. No quiero pasarme la noche en vela una vez más.

Transcurrieron bastantes días sin que el chiquillo volviera a hablarles del desconocido. Rigoberto comenzó a pensar que Lucrecia tenía razón. Todo había sido una fantasía de su hijo para hacerse el interesante y capturar su atención. Hasta que aquella tarde de invierno con friecito y garúa Lucrecia lo recibió con una expresión que lo sobresaltó.

—¿Por qué esa cara? —la besó Rigoberto—. ¿Por mi jubilación anticipada? ¿Te parece mala idea? ¿Tienes terror de verme todo el día metido aquí en la casa?

—Fonchito —Lucrecia le señaló el piso de abajo, donde estaba el cuarto del niño—. Algo le ha pasado en el colegio y no ha querido contarme qué. Me di cuenta apenas entró. Vino muy pálido, temblando. Creí que tenía fiebre. Le puse el termómetro y no, no tenía. Estaba como ido, asustado, apenas podía hablar. «No, no, no tengo nada, madrastra.» Casi ni le salía la voz. Anda a verlo, Rigoberto, está encerrado en su cuarto. Que te diga qué le ha pasado. Tal vez debamos llamar a Alerta Médica, no me gusta la cara que tiene.

«El diablo, otra vez», pensó Rigoberto. Bajó a trancos las escaleras hacia el piso inferior del apartamento. En efecto, era el tipejo, otra vez. Fonchito se resistió un poco al principio —«Para qué te lo cuento si no me vas a creer, papá»—, pero, al final, se rindió a las razones cariñosas de su padre: «Es mejor que te lo saques de encima y lo compartas conmigo, chiquitín. Te hará bien contármelo, verás». En efecto, su hijo estaba pálido y había perdido la naturalidad. Hablaba como si le dictaran las palabras o en cualquier momento fuera a romper a llorar. Rigoberto no lo interrumpió una sola vez; lo escuchó sin moverse, totalmente concentrado en lo que oía.

Había sido durante los treinta minutos de recreo que tenían en el Colegio Markham a media tarde, antes de las últimas clases del día. En vez de ir a jugar a la cancha de fútbol, donde sus compañeros estaban pateando pelota o conversando tirados en el pasto, Fonchito se sentó en una esquina de las tribunas vacías, para repasar la última lección de matemáticas, la materia que le daba más dolores de cabeza. Comenzaba a sumergirse en una complicada ecuación con vectores y raíces al cubo cuando algo, «como un sexto sentido, papá», le hizo sentir que lo observaban. Alzó la vista y ahí estaba el señor, sentado también muy cerca de él en la tribuna desierta. Vestía con la corrección y sencillez de siempre, con corbata y una chompa morada debajo de su saco gris. Llevaba una cartera de documentos bajo el brazo.

—Hola, Fonchito —le dijo, sonriéndole con naturalidad, como si fueran viejos conocidos—. Mientras tus compañeros juegan, tú estudias. Un alumno modelo, ya me lo imaginaba de ti. Como debe ser, pues.

—¿En qué momento había llegado y trepado a la tribuna? ¿Qué hacía ahí ese señor? La verdad es que me puse a temblar y no sé por qué, papá —su hijo había palidecido un poco más y parecía aturdido.

—¿Es usted profesor en el colegio, señor? —le preguntó Fonchito, asustado y sin saber de qué se asustaba.

—Profesor, no, no lo soy —le contestó él, siempre con esa calma y esas maneras tan urbanas que nunca lo abandonaban—. Echo una mano al Colegio Markham de cuando en cuando, en cuestiones prácticas. Le doy consejos al director de orden administrativo. Me gusta venir aquí, si hace buen tiempo, a verlos a ustedes, los alumnos. Me recuerdan mi juventud y, en cierta forma, me rejuvenecen. Pero eso del buen tiempo ya no vale. Qué lástima, se ha puesto a garuar.

—Mi papá quiere saber cómo se llama usted, señor —dijo Fonchito, sorprendido de que le costara tanto esfuerzo hablar y de que le estuviera temblando la voz de esa manera—. Porque usted lo conoce, ¿no? Y también a mi madrastra, ¿no?

—Me llamo Edilberto Torres, pero ni Rigoberto ni Lucrecia se deben acordar de mí, nos conocimos muy de paso —explicó el caballero, con su parsimonia acostumbrada. Pero hoy, a diferencia de otras veces, esa sonrisa educada y esos ojitos amables, penetrantes, en vez de tranquilizarlo hacían sentirse a Fonchito muy saltón.

Rigoberto notó que a su hijo se le cortaba la voz. Le entrechocaban los dientes.

—Tranquilo, chiquitín, no hay ningún apuro. ¿Te sientes mal? ¿Te traigo un vasito de agua? ¿Prefieres seguirme contando esta historia más tarde, o mañana?

Fonchito negó con la cabeza. Las palabras le salían con dificultad, como si se le durmiera la lengua.

—Ya sé que no me lo vas a creer, ya sé que te cuento todo esto por gusto, papá. Pero, pero, es que entonces pasó algo muy raro.

Apartó la vista de su padre y la fijó en el suelo. Estaba sentado a la orilla de la cama, todavía con el uniforme de colegio, medio encogido, con una expresión atormentada. Don Rigoberto sintió una oleada de ternura y de compasión por el chiquillo. Era evidente que estaba sufriendo. Y él no sabía cómo ayudarlo.

—Si tú me dices que es cierto, te creeré —le dijo, pasándole la mano por los cabellos, en una caricia que no era frecuente en él—. Yo sé muy bien que tú nunca me has mentido y que no vas a comenzar ahora, Fonchito.

Don Rigoberto, que había estado de pie, se sentó en la silla del escritorio de su hijo. Veía los esfuerzos que hacía éste para hablar y lo angustiado que estaba, mirando la pared, recorriendo los libros del estante, para evitarle los ojos. Por fin, sacó fuerzas y pudo continuar:

—En eso, mientras conversaba con el señor, vino corriendo el Chato Pezzuolo. Mi amigo, el que tú conoces. Venía gritando:

—¡Qué te pasa, Foncho! Ya terminó el recreo, todos están volviendo a las clases. Apúrate, hombre.

Fonchito se puso de pie de un salto.

—Disculpe, tengo que irme, ya se terminó el recreo —se despidió del señor Edilberto Torres y salió corriendo al encuentro de su amigo.

—El Chato Pezzuolo me recibió haciendo muecas y tocándose la cabeza como si a mí me faltara un tornillo, papá.

—¿Tú estás loco compadre o qué, Foncho? —le preguntó, mientras corrían hacia el edificio de las aulas—. ¿Se puede saber de quién carajo te despedías?

—No sé quién es ese tipo —le explicó Fonchito, acezando—. Se llama Edilberto Torres y dice que ayuda al director del colegio en cosas prácticas. ¿Tú lo has visto antes por aquí alguna vez?

—Pero de qué tipo me hablas, huevón —exclamó el Chato Pezzuolo, jadeando y dejando de correr. Se había vuelto a mirarlo—. Si no estabas con nadie, si hablabas con el vacío, como los que andan mal del coco. ¿No te nos habrás medio chiflado, compadre?

Habían llegado ya a la clase y desde allí no se alcanzaban a ver las tribunas de la cancha de fútbol.

—¿Tú no lo viste? —lo cogió del brazo Fonchito—. ¿Al señor ese, con canas, de terno, corbata y chompa morada, sentado ahí, junto a mí? Júrame que no lo viste, Chato.

—No me jodas, pues —el Chato Pezzuolo se llevó de nuevo un dedo a la sien—. Tú estabas solo como un huevonazo, ahí no había nadie más que tú. O sea, te volviste loco o ves visiones. No friegues, Alfonso. ¿Tú quieres cojudearme, no? Te aseguro que no se va a poder.

—Yo sabía que no ibas a creerme, papá —susurró Fonchito, suspirando. Hizo una pausa y afirmó—: Pero, yo sé muy bien lo que veo y lo que no veo. Puedes estar seguro que no me he vuelto un locumbeta, tampoco. Eso que te cuento es lo que pasó. Pasó tal cual.

—Bueno, bueno —intentó tranquilizarlo Rigoberto—. A lo mejor fue tu amigo Pezzuolo el que no vio al tal Edilberto Torres. Estaría en un ángulo muerto, algún obstáculo le cortaría la visión. No le des más vueltas al asunto. ¿Qué otra explicación puede haber? Tu amigo el Chato no alcanzó a verlo y eso es todo. No vamos a ponernos a creer en fantasmas a estas alturas de la vida, ¿no es cierto, hijito? Olvídate de todo eso y, sobre todo, de Edilberto Torres. Digamos que no existe ni nunca existió. Que ya fue, como dicen ustedes ahora.

—Otra de las imaginaciones afiebradas de este niñito —le comentaría doña Lucrecia, después—. Nunca dejará de sorprendernos. O sea que se le aparece un tipo que sólo ve él, allí, en la cancha de fútbol de su colegio. ¡Qué cabecita desaforada la que tiene, Dios mío!

Pero, luego, fue ella la que incitó a Rigoberto a ir al Markham, sin que Fonchito se enterara, a conversar con Mr. McPherson, el director. La conversación le hizo pasar un mal rato a don Rigoberto.

—Por supuesto, ni conocía ni había oído hablar siquiera de Edilberto Torres —le contó a Lucrecia, llegada la noche, la hora en que acostumbraban conversar—. Además, como era de esperar, el gringo se burló de mí a sus anchas. Que era absolutamente imposible que un desconocido hubiera entrado al colegio y aún menos a la cancha de fútbol. Nadie que no sea profesor o empleado está autorizado a poner los pies allí. Mr. McPherson también cree que se trata de una de esas fantasías a las que son propensos los chiquillos inteligentes y sensibles. Me dijo que no había que dar la menor importancia al asunto. Que a la edad de mi hijo es lo más normal que un niño vea de cuando en cuando a un fantasma, a menos de ser tonto. Quedamos en que ni él ni yo le hablaríamos a Foncho de la entrevista. Tiene razón, me parece. Para qué seguirle la cuerda con algo que no tiene ni pies ni cabeza.

—Mira que si resulta que el diablo existe, que es peruano y que se llama Edilberto Torres —Lucrecia tuvo un súbito ataque de risa. Pero Rigoberto notó que era una risa nerviosa.

Estaban acostados y era evidente que, a estas alturas de la noche, ya no habría historias, fantasías, ni harían el amor. Les ocurría con cierta frecuencia últimamente. En vez de inventarse historias que los fueran incitando, se ponían a conversar y a menudo se entretenían tanto que se les iba pasando el tiempo hasta que los vencía el sueño.

—Me temo que no sea para reírse —se retractó ella misma, un momento después, seria de nuevo—. Este asunto está tomando demasiado vuelo, Rigoberto. Tenemos que hacer algo. No sé qué, pero algo. No podemos mirar al otro lado, como si no pasara nada.

—Por lo menos, ahora sí estoy seguro de que se trata de una fantasía, algo muy típico de él —reflexionó Rigoberto—. Pero, ¿qué busca con estos cuentos? Esas cosas no son gratuitas, tienen fondo, unas raíces en el inconsciente.

—A veces, lo veo tan callado, tan aislado en sí mismo, que me muero de pena, amor. Siento que el chiquito está sufriendo en silencio y me parte el alma. Como sabe que no le creemos las apariciones, ya no nos las cuenta. Y eso es todavía peor.

—Podría tener visiones, alucinaciones —divagó don Rigoberto—. Le ocurre a la gente más normal, vivos o tontos. Cree que ve lo que no ve, lo que está sólo en su mollera.

—Claro que sí, seguro que son invenciones —concluyó doña Lucrecia—. Se supone que el diablo no existe. Yo creía en él cuando te conocí, Rigoberto. En Dios y en el diablo, como cree toda familia católica normal. Tú me convenciste de que eran supersticiones, tonterías de la gente ignorante. Y ahora resulta que el que no existe se nos metió en la familia, qué te parece.

Lanzó otra risita nerviosa y al instante se calló. Rigoberto la notó quieta y pensativa.

—No sé si existe o no, para serte franco —admitió—. De lo único que estoy seguro ahora es de eso que ya dijiste. Pudiera ser que exista, hasta ahí podría llegar. Pero no puedo aceptar que sea peruano, se llame Edilberto Torres y dedique su tiempo a merodear detrás de los alumnos del Colegio Markham. No me jodan, pues.

Le dieron muchas vueltas al asunto y, finalmente, decidieron llevar a Fonchito a que le hiciera una evaluación un psicólogo. Hicieron averiguaciones entre sus amistades. Todas recomendaron a la doctora Augusta Delmira Céspedes. Había estudiado en Francia, era especialista en psicología infantil y quienes le habían encomendado a sus hijos o hijas con problemas, hablaban maravillas de su ciencia y su buen tino. Temieron que Fonchito se resistiera y tomaron mil precauciones para presentarle el asunto con delicadeza. Pero, para su sorpresa, el chiquillo no puso la menor objeción. Aceptó verla, fue varias veces a su consultorio, hizo todas las pruebas a que lo sometió la doctora Céspedes y conversó con ella con la mejor disposición del mundo. Cuando Rigoberto y Lucrecia fueron a su consultorio, la doctora los recibió con una sonrisa tranquilizadora. Era una mujer que debía bordear los sesenta años, algo rellenita, ágil, simpática y dicharachera:

—Fonchito es el niño más normal del mundo —les aseguró—. Una pena, como es tan encantador me hubiera gustado tenerlo a mi cuidado un tiempecito. Cada sesión con él ha sido una delicia. Es inteligente, sensible, y, por eso mismo, se siente a veces algo distante de sus compañeros. Pero, eso sí, normalísimo a más no poder. Si de algo pueden estar totalmente seguros, es que Edilberto Torres no es una fantasía, sino una persona de carne y hueso. Tan real y tan concreto como ustedes dos y como yo. Fonchito no les ha mentido. Coloreado algo las cosas sí, tal vez. Para eso le sirve la imaginación tan rica que tiene. Él nunca ha tomado esos encuentros con ese caballero como apariciones celestiales o diabólicas. ¡Jamás! Qué tontería. Es un chico con los pies muy bien puestos sobre la tierra y la cabecita muy en su sitio. Son ustedes los que se han inventado todo eso, y, por lo mismo, los que de veras necesitan un psicólogo. ¿Les hago una cita? No sólo atiendo a niños, también a los adultos que de pronto se ponen a creer que el diablo existe y pierde su tiempo paseándose por las calles de Lima, Barranco y Miraflores.

La doctora Augusta Delmira Céspedes siguió bromeando mientras los acompañaba hasta la puerta. Al despedirse, le pidió a don Rigoberto que algún día le mostrara su colección de grabados eróticos. «Fonchito me ha dicho que es formidable», fue la broma final. Rigoberto y Lucrecia salieron del consultorio hundidos en un piélago de confusión.

—Te dije que recurrir a un psicólogo era peligrosísimo —le recordó Rigoberto a Lucrecia—. No sé en qué mala hora te hice caso. Un psicólogo puede ser más peligroso que el mismísimo diablo, lo supe desde que leí a Freud.

—Allá tú si crees que hay que tomar este asunto a la broma, como hace la doctora Céspedes —se defendió Lucrecia—. Ojalá no te arrepientas.

—No lo tomo a la broma —repuso él, ahora serio—. Era mejor creer que Edilberto Torres no existía. Si lo que dice la doctora Céspedes es cierto, y ese sujeto existe y anda persiguiendo a Fonchito, dime qué demonios vamos a hacer ahora.

No hicieron nada y, durante un buen tiempo, el chiquillo no volvió a hablarles del asunto. Continuaba su vida normal, yendo y viniendo al colegio a las horas acostumbradas, encerrándose una hora y a veces hasta dos, en las tardes, a hacer las tareas, y saliendo algunos fines de semana con el Chato Pezzuolo. Aunque a regañadientes, empujado por don Rigoberto y doña Lucrecia, salía también a veces con otros chicos del barrio al cine, al estadio, a jugar fútbol o a alguna fiesta. Pero, en sus conversaciones nocturnas, Rigoberto y Lucrecia coincidían en que, aunque aparentara normalidad, no era el mismo de antes.

¿Qué había cambiado en él? No era fácil decirlo, pero ambos estaban seguros de que sí. Y la transformación era profunda. ¿Un problema de edad? Esa difícil transición entre la niñez y la adolescencia, cuando, a la vez que le cambia la voz, enronqueciéndose, y comienza a salirle en la cara un velillo que anuncia la futura barba, el niño empieza a sentir que ya no es niño pero tampoco un hombre todavía, y trata, en la manera de vestirse, de sentarse, de gesticular, de hablar con los amigos y con las chicas, de ser ya el hombre que será más tarde. Se lo veía más lacónico y reconcentrado, mucho más parco para responder a las preguntas, a la hora de las comidas, sobre el colegio y sus amistades.

—Yo sé lo que te pasa a ti, chiquitín —lo desafió Lucrecia, un día—. ¡Te has enamorado! ¿Es eso, Fonchito? ¿Te gusta alguna chica?

Sin ruborizarse lo más mínimo, él negó con la cabeza.

—No tengo tiempo para esas cosas, ahora —contestó, grave, sin pizca de humor—. Pronto vendrán los exámenes y quisiera sacarme buenas notas.

—Así me gusta, Fonchito —aprobó don Rigoberto—. Ya tendrás tiempo de sobra para las chicas, después.

Y, de pronto, la carita rubicunda se iluminó con una sonrisa y en los ojos de Fonchito apareció la picardía maliciosa de tiempos pasados:

—Además, tú sabes que la única mujer que a mí me gusta en el mundo eres tú, madrastra.

—Ay, Dios mío, deja que te dé un beso, chiquitín —aplaudió doña Lucrecia—. ¿Pero qué significan esas manos, esposo?

—Significan que hablar del diablo, de pronto, a mí también me enciende la imaginación y otras cosas, amor mío.

Y, durante un buen rato, gozaron, imaginándose que aquella broma del diablo y Fonchito había pasado a mejor vida. Pero no, no había pasado todavía.

VII

Ocurrió una mañana en que el sargento Lituma y el capitán Silva, distrayéndose éste por un rato de su obsesión por las piuranas y por la señora Josefita en particular, trabajaban con sus cinco sentidos volcados en la tarea, tratando de encontrar algún hilo conductor que orientara la investigación. El coronel Ríos Pardo, alias Rascachucha, jefe policial de la región, había vuelto a reñirlos la víspera, hecho un energúmeno, porque el desafío de Felícito Yanaqué contra los mafiosos en *El Tiempo* había llegado a Lima. El propio ministro del Interior llamó en persona para exigirle que aquello se resolviera de inmediato. La prensa se había hecho eco del asunto y no sólo la policía, el mismo Gobierno estaba quedando en ridículo ante la opinión pública. ¡Echar mano a los chantajistas y hacer un buen escarmiento era la consigna de la superioridad!

—Tenemos que reivindicar a la policía, carajo —bramó, detrás de sus enormes bigotes, los ojazos como brasas, el malhumorado Rascachucha—. Unos cuantos zamarros no pueden reírse de nosotros de esta manera. O los cazan ipso facto o lo lamentarán el resto de su carrera. ¡Lo juro por San Martín de Porres y por Dios!

Lituma y el capitán Silva analizaron con lupa las declaraciones de todos los testigos, hicieron fichas, cotejos, cruzaron informaciones, barajando hipótesis y descartándolas una tras otra. De tanto en tanto, tomándose un respiro, el capitán lanzaba exclamaciones laudatorias, cargadas de fiebre sexual, a las redondeces de la señora Josefita, de la que se había enamorado. Muy serio y con ademanes escabrosos, explicaba a su subordinado que aquellos glúteos no sólo eran grandes, redondos y simétricos, además «daban un respinguito al caminar», algo que a él le removía el corazón y las criadillas al unísono. Por eso, sostenía, «a pesar de sus años, su cara alunada y sus piernas algo chuecas, Josefita es una hembrita de la pitri mitri».

—Más cachable que la ricotona de Mabel, si me obligas a hacer comparaciones, Lituma —precisó, los ojos saltándole de las órbitas como si tuviera allí delante los traseros de las dos damas y los estuviera sopesando—. Reconozco que la querida de don Felícito tiene una linda silueta, tetas belicosas y piernas y brazos bien modelados y carnosos, pero el potito, te habrás fijado, deja bastante que desear. No es muy tocable. No acabó de desarrollarse, no floreció, en algún momento quedó atrofiado. En mi sistema de clasificación, el suyo es un culito tímido, ya me entiendes.

—Por qué no se concentra en la investigación más bien, mi capitán —le pidió Lituma—. Ya vio lo furioso que está el coronel Ríos Pardo. A este ritmo no saldremos nunca de este caso ni volveremos a ascender.

—He podido notar que a ti no te interesa nada el culo de las mujeres, Lituma —sentenció el capitán, compadeciéndolo, poniendo cara de duelo. Pero al instante sonrió y se pasó la lengua por los labios como un micifuz—. Un defecto de tu formación varonil, te lo aseguro. Un buen culo es el don más divino que puso Dios en el cuerpo de las hembras para la felicidad de los machos. Hasta la Biblia lo reconoce, me han dicho.

—Claro que me interesan, mi capitán. Pero en usted no hay sólo interés, sino obsesión y vicio, dicho sea con todo respeto. Volvamos a las arañitas de una vez.

Pasaron muchas horas leyendo, releyendo y examinando palabra por palabra, letra por letra y palote por palote, las cartas y dibujos de los chantajistas. Habían pedido un examen grafológico de los anónimos a la oficina central, pero el especialista estaba en el hospital, operado de hemorroides, y tenía dos semanas de licencia. Fue un día de ésos, mientras cotejaban cartas con las firmas y escritos de delincuentes prontuariados en la fiscalía, que, de pronto, una chispita en la oscuridad, brotó en la cabeza de Lituma aquella sospecha. Un recuerdo, una asociación. El capitán Silva notó que algo le ocurría a su adjunto.

—Te quedaste como alelado de repente. ¿Qué hubo, Lituma?

—Nada, nada, mi capitán —encogió los hombros el sargento—. Una tontería. Es que me acabo de acordar de un tipo que conocí. Andaba dibujando arañitas, si la memoria no me engaña. Una cojudez, seguro.

—Seguro —repitió el capitán, escrutándolo. Le acercó la cara y cambió de tono—. Pero, como no tenemos nada, una cojudez es mejor que nada. ¿Quién era ese tipo? Anda, cuéntame.

—Una historia bastante antigua, mi capitán —el comisario advirtió que la voz y los ojos de su adjunto se cargaban de incomodidad, como si le molestara escarbar en esos recuerdos aunque no pudiera evitarlo—. No tendrá nada que ver con esto, me imagino. Pero, sí, me recuerdo bien, ese concha de su madre andaba haciendo siempre dibujitos, garabatos que tal vez eran arañitas. En papeles, en periódicos. A veces, hasta en la tierra de las chicherías, con un palito.

—¿Y quién era ese tal concha de su madre, Lituma? Dímelo de una vez y no me jodas con tantas vueltas.

—Vamos a tomarnos un juguito y salgamos un rato de este horno, mi capitán —le propuso el sargento—. Es una historia largaza y, si no le aburre, se la contaré. Yo pago los jugos, no se preocupe.

Fueron a La Perla del Chira, un barcito de la calle Libertad junto a un solar en el que, le contó Lituma a su jefe, en su juventud había una gallera donde se apostaba fuerte. Él había venido algunas veces, pero no le gustaban las peleas de gallos, lo entristecía ver cómo se destrozaban a picotazos y navajazos los pobres animales. No había aire acondicionado, pero sí ventiladores que refrescaban el local. Estaba desierto. Pidieron dos jugos de lúcuma con mucho hielo y encendieron cigarrillos.

—El concha de su madre se llamaba Josefino Rojas y era hijo del lanchero Carlos Rojas, el que antaño traía reses de las haciendas al camal, por el río, los meses de avenida —dijo Lituma—. Lo conocí cuando yo era muy joven, un churre todavía. Teníamos nuestra collera. Nos gustaban la juerga, las guitarras, las cervecitas y las hembras. Alguien nos bautizó, o tal vez nosotros mismos, «los inconquistables». Compusimos nuestro himno.

Y, con voz bajita y raspada, Lituma cantó, entonado y risueño:

Somos los inconquistables
que no quieren trabajar:
¡sólo chupar!
¡sólo timbear!
¡sólo culear!

El capitán lo festejó, lanzando una carcajada y aplaudiendo:

—Buena, Lituma. O sea que, por lo menos de joven, también se te paraba.

—Los inconquistables éramos tres, al principio —prosiguió el sargento, nostálgico, sumido en sus recuerdos—. Mis primos, los hermanos León —José y el Mono— y un servidor. Tres mangaches. No sé cómo se nos arrimó Josefino. Él no era de la Mangachería sino de la Gallinacera, ahí por donde estaban el antiguo mercado y el camal. No sé por qué lo metimos al grupo. Entre los dos barrios había entonces una rivalidad terrible. Con trompadas y chavetas. Una guerra que hizo correr mucha sangre en Piura, le digo.

—Pucha, me hablas de la prehistoria de esta ciudad —dijo el capitán—. La Mangachería sé muy bien dónde estaba, ahí por el norte, avenida Sánchez Cerro abajo, por el viejo cementerio de San Teodoro. Pero ¿la Gallinacera?

—Ahí nomás, cerquita de la Plaza de Armas, junto al río, hacia el sur —dijo Lituma, señalando—. Se llamaba la Gallinacera por la cantidad de gallinazos que atraía el camal, cuando beneficiaban las reses. Los mangaches éramos sanchezcerristas y los gallinazos apristas. El concha de su madre de Josefino era gallinazo y decía que había sido aprendiz de matarife, de churre.

—Eran ustedes pandilleros, entonces.

—Palomillas nomás, mi capitán. Hacíamos mataperradas, nada muy serio. Trompeaderas, no pasábamos de ahí. Pero, después, Josefino se volvió cafiche. Conquistaba chicas y las metía de putillas a la Casa Verde. Ése era el nombre del burdel, a la salida a Catacaos, cuando Castilla no se llamaba Castilla todavía sino Tacalá. ¿Llegó a conocer ese bulín? Era fastuoso.

—No, pero he oído mucho sobre la famosa Casa Verde. Todo un mito en Piura. O sea que cafiche. ¿Ése era el que dibujaba las arañitas?

—Ese mismo, mi capitán. Creo que arañitas, pero tal vez la memoria me hace trampas. No estoy muy seguro.

—¿Y por qué lo odias tanto a ese cafiche, Lituma, se puede saber?

—Por muchas razones —la gruesa cara del sargento se le ensombreció y los ojos se le inyectaron de rabia; había comenzado a sobarse la papada muy rápido—. La principal, por lo que me hizo cuando estuve preso. Ya usted sabe esa historia, me encanaron por jugar a la ruleta rusa con un hacendado de aquí. En la Casa Verde, precisamente. Un blanquito borrachín que se apellidaba Seminario y que se voló los sesos en el juego. Aprovechando que yo estaba en la cárcel, Josefino me quitó a mi hembrita. La metió a putear para él en la Casa Verde. Se llamaba Bonifacia. Me la traje del Alto Marañón, de Santa María de Nieva, allá en la Amazonía. Cuando se hizo de la vida, le pusieron la Selvática.

—Ah, bueno, te sobraban razones para odiarlo —admitió el capitán, cabeceando—. O sea que tienes todo un pasado, Lituma. Nadie lo diría, viéndote ahora tan mansito. Si parece que no hubieras matado nunca ni a una mosca. No te imagino jugando a la ruleta rusa, la verdad. Yo jugué una sola vez, con un compañero, una noche de copas. Todavía se me congelan los huevos cuando me acuerdo. ¿Y, a ese Josefino, por qué no lo mataste, se puede saber?

—No por falta de ganas, sino para no ir a chirona otra vez —explicó el sargento, con parsimonia—. Eso sí, le di una paliza que le debe estar doliendo el cuerpo todavía. Le hablo de veinte años atrás, por lo menos, mi capitán.

—¿Estás seguro que el cafiche se las pasaba dibujando arañitas todo el tiempo?

—No sé si eran arañitas —rectificó Lituma una vez más—. Pero dibujaba, sí, todo el tiempo. En servilletas, en el papelito que se le ponía delante. Era su manía. Tal vez no tenga nada que ver con lo que buscamos.

—Piensa y trata de recordar, Lituma. Concéntrate, cierra los ojos, mira hacia atrás. ¿Arañitas como las de las cartas que le mandan a Felícito Yanaqué?

—Mi memoria no da para tanto, mi capitán —se disculpó Lituma—. Le hablo de una punta de años atrás, ya le dije que tal vez unos veinte, quizás más. No sé por qué hice esa asociación. Mejor olvidémonos.

—¿Sabes qué ha sido del cafiche Josefino? —insistió el capitán. Tenía una expresión grave y no apartaba los ojos del sargento.

—Nunca más lo vi, ni tampoco a los otros dos inconquistables, mis primos. Desde que me readmitieron en el cuerpo, he estado en la sierra, en la selva, en Lima. Dándole la vuelta al Perú, se podría decir. Sólo volví a Piura hace poco. Por eso le decía que lo más probable es que sea una tontería lo que se me ocurrió. No estoy seguro de que fueran arañitas, le digo. Dibujaba algo, eso sí. Lo hacía todo el tiempo y los inconquistables nos burlábamos de él.

—Si el cafiche Josefino está vivo, quisiera conocerlo —dijo el comisario, dando un golpecito en la mesa—. Averígualo, Lituma. No sé por qué, pero me huele bien. Tal vez hemos mordido un pedazo de carne. Tiernecita y jugosa. Lo siento en la saliva, en la sangre y en las criadillas. En estas cosas nunca me equivoco. Ya estoy viendo una lucecita al fondo del túnel. Buena, Lituma.

El capitán estaba tan contento que el sargento lamentó haberle comunicado su corazonada. ¿Seguro que, en la época de los inconquistables, Josefino dibujaba sin parar? Ya no lo estaba tanto. Esa noche, al terminar el servicio, cuando, como de costumbre, se iba andando avenida Grau arriba hacia la pensión donde vivía, en el barrio de Buenos Aires, cerca del cuartel Grau, esforzó su memoria tratando de asegurarse de que aquello no era un falso recuerdo. No, no, aunque ahora ya no estuviera tan convencido. A su memoria volvían, por oleadas, imágenes de sus años de churre, en las calles polvorientas de la Mangachería, cuando con el Mono y José se iban al arenal que estaba ahí nomás pegadito a la ciudad, a poner trampas a las iguanas al pie de los algarrobos, a cazar pajaritos con hondas que ellos mismos fabricaban, o, escondidos entre los matorrales y médanos del arenal, a espiar a las lavanderas que, ya cerca de la Atarjea, se metían a lavar la ropa hundidas hasta la cintura en las aguas del río. A veces, con el agua, se les transparentaban los pechos y a ellos se les encendían los ojos y las braguetas de la excitación. ¿Cómo fue que Josefino se juntó al grupo? Ya no se acordaba cómo, cuándo ni por qué. En todo caso, el gallinazo se les unió cuando ya no eran tan churres. Porque entonces ya iban a las chicherías y se gastaban los solcitos que ganaban haciendo trabajos de ocasión, como vender apuestas de las carreras hípicas, en timbas, jaranas y borracheras. Tal vez no eran arañitas, pero dibujitos sí, Josefino los hacía todo el tiempo. Lo recordaba clarito. Mientras conversaba, cantaba o cuando se ponía a cavilar en sus maldades, aislándose del resto. No era un falso recuerdo, tal vez lo que dibujaba eran sapos, culebras, pichulitas. Lo asaltaron las dudas. De repente eran las cruces y los círculos del juego de michi, o caricaturas de la gente que veían en el barcito de la Chunga, una de sus querencias. ¡La Chunga chunguita! ¿Existiría todavía? Imposible. Si estuviera viva, sería ya tan vieja que no tendría las condiciones físicas para administrar un bar. Aunque, quién sabe. Era una mujer de pelo en pecho, no le tenía miedo a nadie, se enfrentaba a los borrachos de igual a igual. Alguna vez le paró los machos al mismísimo Josefino que se las quiso dar de chistoso con ella.

¡Los inconquistables! ¡La Chunga! Puta madre, cómo pasaba el tiempo tan rápido. A lo mejor los León, Josefino y Bonifacia ya estaban muertos y enterrados y no quedaba de ellos sino el recuerdo. Qué tristeza.

Caminaba casi a oscuras porque las luces del alumbrado público, luego de dejar atrás el Club Grau y entrar en el barrio residencial de Buenos Aires, se espaciaban y empobrecían. Iba despacio, tropezando en los huecos del asfalto, entre viviendas que, después de tener jardines y dos pisos, se iban volviendo cada vez más bajas y pobretonas. A medida que se acercaba a su pensión, las casas se tornaban chozas, rústicas construcciones de paredes de adobe, palos de algarrobo y techos de calamina levantadas en calles sin veredas, por las que apenas circulaban automóviles.

Al volver a Piura, después de servir muchos años en Lima y en la sierra, se instaló en un cuartito en la villa militar, donde los guardias tenían derecho a vivir también, igual que los milicos. Pero no le gustó esa promiscuidad con sus compañeros del cuerpo. Era como seguir en el servicio, viendo a las mismas personas y hablando de las mismas cosas. Por eso, a los seis meses se mudó a la casa de los

Calancha, que tenían cinco cuartos para pensionistas. Era muy modesta y el dormitorio de Lituma minúsculo, pero pagaba poco y ahí se sentía más independiente. El matrimonio Calancha estaba viendo televisión cuando llegó. El señor había sido maestro y su esposa empleada municipal. Estaban jubilados hacía tiempo. La pensión sólo incluía el desayuno, pero, si el inquilino quería, los Calancha le hacían traer el almuerzo y la comida de una fondita vecina cuyos potajes eran bastante sustanciosos. El sargento les preguntó si por casualidad se acordaban de un barcito, cerca del viejo estadio, que regentaba una mujer algo hombruna que se llamaba, o le decían, la Chunga. Lo miraron desconcertados, negando con las cabezas.

Esa noche permaneció largo rato desvelado y con cierto malestar en el cuerpo. Maldita la hora en que se le ocurrió hablarle al capitán Silva de Josefino. Ahora ya estaba seguro de que el cafiche no dibujaba arañitas sino otra cosa. Revolver ese pasado no le hacía bien. Le daba pena recordar su juventud, los años que tenía —raspaba los cincuenta ya—, lo solitaria que era su existencia, las desgracias que le habían tocado, aquella tontería de la ruleta rusa con Seminario, los años en la cárcel, la historia de Bonifacia que, cada vez que le volvía a la memoria, le dejaba un sabor amargo en la boca.

Durmió al fin, pero mal, con pesadillas que al despertar le dejaron el recuerdo de unas imágenes descalabradas y terroríficas. Se lavó, tomó desayuno y antes de las siete ya estaba en la calle, rumbo al lugar donde su memoria suponía se hallaba el barcito de la Chunga. No era fácil orientarse. En su recuerdo, aquéllas eran las afueras de la ciudad, ralas cabañitas de barro y caña brava erigidas sobre el arenal. Ahora había calles, cemento, casas de material noble, postes de luz eléctrica, veredas, autos, colegios, gasolineras, tiendas. ¡Qué cambios! La antigua barriada formaba ahora parte de la ciudad y nada se parecía a sus recuerdos. Sus intentos con los vecinos —sólo se acercó a preguntar a personas mayores— fueron inútiles. Nadie recordaba el barcito ni a la Chunga, mucha gente de por aquí ni siquiera era piurana sino bajada de la sierra. Tenía la ingrata sensación de que su memoria le mentía; nada de lo que recordaba había existido, eran fantasmas y lo habían sido siempre, puro producto de su imaginación. Pensar en eso lo asustaba.

A media mañana desistió de continuar la búsqueda y regresó al centro de Piura. Antes de volver a la comisaría, se tomó una gaseosa en la esquina, acalorado. Ya las calles estaban llenas de ruido, automóviles, ómnibus, escolares en uniforme. Vendedores de lotería y baratijas que voceaban sus mercancías a gritos, gentes sudorosas y apresuradas que atestaban las veredas. Y, entonces, la memoria le devolvió el nombre y el número de la calle donde vivían sus primos los León: Morropón, 17. En el corazón mismo de la Mangachería. Entrecerrando los ojos, vio la fachada descolorida de la casita de un solo piso, las ventanas enrejadas, los maceteros con flores de cera, la chichería sobre la que ondeaba, prendida de una caña, una banderita blanca indicando que allí se servía chicha fresca.

Tomó un mototaxi hasta la avenida Sánchez Cerro y, sintiendo las gotas de sudor que le chorreaban por la cara y le mojaban la espalda, se internó a pie en el antiguo dédalo de calles, callejones, medialunas, impases, descampados, que había sido la Mangachería, ese barrio que, se decía, se llamaba así porque lo habían poblado, en la colonia, esclavos malgaches, importados de Madagascar. Todo aquello había cambiado también de forma, gente, textura y color. Las calles de tierra estaban asfaltadas, las casas eran de ladrillo y cemento, había algunos edificios, alumbrado público, no quedaba una sola chichería ni un piajeno por las calles, sólo perros vagabundos. El caos se había vuelto orden, calles rectas y paralelas. Nada se parecía ya a sus recuerdos mangaches. El barrio se había adecentado, vuelto anodino e impersonal. Pero la calle Morropón existía y también el número 17. Sólo que en vez de la casita de sus primos encontró un gran taller de mecánica, con un cartelón que decía: «Se vende repuestos para todas las marcas de autos, camionetas, camiones y ómnibus». Entró y en el vasto y oscuro local que olía a aceite vio carrocerías y motores a medio armar, oyó ruido de soldaduras, observó a tres o cuatro operarios con overoles azules, inclinados sobre sus máquinas. En una radio tocaban una música selvática, *La Contamanina*. Entró a una oficina donde ronroneaba un ventilador. Sentada frente a una computadora, había una mujer muy joven.

—Buenas —dijo Lituma, quitándose el quepis.

—¿En qué puedo servirlo? —lo miraba con esa ligera inquietud con que la gente solía mirar a los policías.

—Estoy haciendo una averiguación sobre una familia que vivía aquí —le explicó Lituma, señalando el local—. Cuando esto no era un taller sino una casita de familia. Se apellidaba León.

—Que recuerde, esto fue siempre un taller de mecánica —dijo la muchacha.

—Usted es muy joven, no puede acordarse —repuso Lituma—. Pero, tal vez el dueño sepa algo.

—Si quiere, puede esperarlo —la chica le señaló una silla. Y, de pronto, se le iluminó la cara—: Ay, qué tonta. ¡Claro! El dueño del taller se llama León, precisamente. Don José León. A lo mejor él puede ayudarlo.

Lituma se dejó caer en la silla. El corazón le latía muy fuerte. Don José León. Puta madre. Era él, era su primo José. Tenía que ser el inconquistable. Quién si no.

Estuvo hecho un ascua de los puros muñecos mientras esperaba. Los minutos le parecieron interminables. Cuando el inconquistable José León apareció por fin en el taller, pese a que era ahora un hombre grueso y panzón, con mechones de canas en sus ralos cabellos, y se vestía como un blanquito, con saco, camisa de cuello y unos zapatos lustrados como espejos, lo reconoció en el acto. Se puso de pie, emocionado, y abrió los brazos. José no lo reconoció y lo examinó acercándole mucho la cara, extrañado.

—Ya veo que no sabes quién soy, primo —dijo Lituma—. ¿Tanto cambié?

A José se le ensanchó la cara en una gran sonrisa.

—¡No me lo creo! —exclamó, abriendo los brazos también—. ¡Lituma! Qué sorpresota, hermano. Después de tantos años, che guá.

Se abrazaron, se palmearon, ante los ojos sorprendidos de la oficinista y los operarios. Se examinaron uno al otro, sonrientes y efusivos.

—¿Tienes tiempo para un cafecito, primo? —le preguntó Lituma—. ¿O prefieres que nos veamos más tarde o mañana?

—Despacho dos o tres cositas y nos vamos a recordar los tiempos de los inconquistables —dijo José, dándole otra palmada—. Siéntate, Lituma. Me libero en un dos por tres. Qué gustazazo, hermano.

Lituma volvió a sentarse en la silla y desde ahí vio a León revisar papeles en el escritorio, consultar algo en unos librotes con la secretaria, salir de la oficina y hacer un recorrido por el taller, pasando revista al trabajo de los mecánicos. Advirtió lo seguro que parecía dando órdenes, recibiendo los saludos de los empleados y la desenvoltura con que dictaba instrucciones o absolvía consultas. «Quién te viera y quién te ve, primo», pensó. Le costaba trabajo identificar al zarrapastroso José de su juventud, corriendo descalzo entre las cabritas y los piajenos de la Mangachería, con este blanquito dueño de un gran taller de mecánica que se vestía con ternos y zapatos de fiesta a mediodía.

Salieron, Lituma tomado del brazo de José, a una cafetería-restaurante llamada Piura Linda. Su primo dijo que este encuentro había que celebrarlo y pidió cervezas. Brindaron por los tiempos idos y estuvieron un buen rato cotejando con nostalgia los recuerdos comunes. El Mono había sido socio de José en el taller cuando éste lo abrió. Pero luego tuvieron diferencias y se apartó del negocio, aunque los dos hermanos seguían siempre muy unidos y viéndose a menudo. El Mono estaba casado y tenía tres hijos. Trabajó unos años en la Municipalidad, luego puso una ladrillera. Le iba bien, lo llamaban muchas constructoras de Piura, sobre todo ahora, un período de vacas gordas en que surgían barrios nuevos. Todos los piuranos soñaban con una casa propia y era formidable que soplaran buenos vientos. José no se podía quejar. Fue difícil al principio, había mucha competencia, pero poco a poco la calidad del servicio se fue imponiendo, y ahora, sin jactancia, su taller era uno de los mejores de la ciudad. Le sobraba trabajo, gracias a Dios.

—O sea, tú y el Mono dejaron de ser inconquistables y mangaches, y se volvieron blanquiñosos y ricos —bromeó Lituma—. Sólo yo sigo pobre de misericordia y seré un cachaco por toda la eternidad.

—¿Cuánto tiempo llevas aquí, Lituma? ¿Por qué no me buscaste antes?

El sargento le mintió que poco tiempo y que las averiguaciones que hizo sobre su paradero no le habían dado resultado, hasta que se le ocurrió venir a darse una vuelta por los antiguos barrios. Así fue que se dio de bruces con Morropón número 17. Nunca pudo imaginarse que aquel arenal con casuchas de mala muerte se hubiera convertido en esto. ¡Y con un taller de mecánica para sacarse el sombrero!

—Los tiempos cambian y, felizmente, para mejor —asintió José—. Ésta es una buena época para Piura y para el Perú, primo. Ojalá nos dure, toquemos madera.

Él se había casado también, con una trujillana, pero el matrimonio fue un desastre. Se llevaban como perro y gato y se habían divorciado. Tenían dos hijas, que vivían con su madre en Trujillo. José iba a verlas de tanto en tanto y ellas venían a pasar las vacaciones con él. Estaban en la universidad, la mayor estudiaba Odontología y la menor Farmacia.

—Te felicito, primo. Serán profesionales las dos, qué suerte.

Y, entonces, cuando Lituma se disponía a introducir en la conversación el nombre del cafiche, José, como leyéndole el pensamiento, se le adelantó:

—¿Te acuerdas de Josefino, primo?

—Cómo me voy a olvidar de semejante concha de su madre —suspiró Lituma. Y, luego de una larga pausa, como para decir algo, preguntó—: ¿Qué ha sido de él?

José encogió los hombros e hizo una mueca despectiva.

—Hace años que no sé nada. Se dio a la mala vida, ya sabes. Vivía de las mujeres, tenía chuchumecas que trabajaban para él. Se fue maleando cada vez más. El Mono y yo nos apartamos. Venía de cuando en cuando a tirarnos un sablazo, contándonos el cuento de las enfermedades y de acreedores que lo amenazaban. Hasta estuvo metido en un asunto feo, con motivo de un crimen. Lo acusaron de cómplice o encubridor. No me extrañaría que un día aparezca asesinado en alguna parte por esos maleantes que tanto le gustaban. Estará pudriéndose en alguna cárcel, quién sabe.

—Cierto, la maldad lo atraía como la miel a las moscas —dijo Lituma—. El puta había nacido para delincuente. No me explico por qué nos juntamos con él, primo. Siendo gallinazo, además, y nosotros mangaches.

Y, en ese momento, Lituma, que había estado mirando sin mirar los movimientos de una de las manos de su primo sobre la mesa, advirtió que, con la uña del dedo gordo, José hacía unas rayitas sobre el tosco tablero lleno de inscripciones, quemaduras y manchas. Perdiendo casi el aliento, fijó mucho la vista y se dijo y repitió que no estaba loco ni obsesionado porque lo que su primo, sin darse cuenta, estaba trazando con la uña eran arañitas. Sí, arañitas, como las de los anónimos amenazantes que recibía Felícito Yanaqué. No soñaba ni veía visiones, carajo. Arañitas, arañitas. Puta madre, puta madre.

—Ahora tenemos un problema de los mil diablos —murmuró, disimulando su nerviosismo y señalando hacia la avenida Sánchez Cerro—. Estarás enterado. Leerías en *El Tiempo* la carta a los chantajistas de Felícito Yanaqué, el dueño de Transportes Narihualá.

—El par de huevos mejor puestos que hay en Piura —exclamó su primo. Le brillaban los ojos de admiración—. Esa carta no sólo la he leído, como todos los piuranos. La he recortado, la he mandado enmarcar y la tengo colgada en la pared de mi escritorio, primo. Felícito Yanaqué es un ejemplo para esos rosquetes de empresarios y comerciantes piuranos que se bajan los pantalones ante las mafias y les pagan cupos. Yo lo conozco a don Felícito hace tiempo. En el taller hacemos reparaciones y afinamientos a los ómnibus y camiones de Transportes Narihualá. Le escribí unas líneas felicitándolo por su cartita en *El Tiempo*.

Le dio un codazo a Lituma, señalándole los galones de las hombreras.

—Ustedes tienen la obligación de proteger a ese tipo, primo. Sería una tragedia que las mafias mandaran un sicario a cargarse a don Felícito. Ya has visto que, por lo pronto, le quemaron su local.

El sargento lo miraba, asintiendo. Tanta indignación y admiración no podían ser fingidas; era él quien se había equivocado, José no había estado dibujando arañitas con la uña sino rayitas. Una coincidencia, una casualidad como hay tantas. Pero, en ese momento, su memoria le dio otro revés, porque, iluminándose para que él lo viera de manera más clara y evidente, le recordó, con una lucidez que lo hacía temblar, que quien en verdad, desde que eran churres, andaba siempre dibujando con lápiz, ramitas o cuchillos esas estrellitas que parecían arañas era su primo José, no el cafiche de Josefino. Por supuesto, por supuesto. Era José. Mucho antes de que conocieran a Josefino, José andaba siempre con los dibujitos. El Mono y él le habían tomado el pelo muchas veces por esa manía que tenía. Puta madre, puta madre.

—Cuándo podemos almorzar o comer juntos, para que veas al Mono, Lituma. ¡Qué gustazazaso le dará verte!

—Y a mí también, José. Mis mejores recuerdos son piuranos, para qué. De la época en que andábamos juntos, la de los inconquistables. La mejor de mi vida, creo. En ese tiempo fui feliz. Después vinieron las desgracias. Además, que yo recuerde, tú y el Mono son los únicos parientes que me quedan en el mundo. Cuando quieras, ustedes me dicen la fecha y yo me adapto.

—Mejor el almuerzo que la comida, entonces —dijo José—. Rita, mi cuñada, es una celosa que no sabes, lo cela al Mono como no te imaginas. Le hace grandes escenas cada vez que sale de noche. Y hasta parecería que le pega.

—Almuerzo, entonces, no hay problema —Lituma se sentía tan agitado que, temiendo que José sospechara lo que le revoloteaba en la cabeza, buscó un pretexto para despedirse.

Regresó a la comisaría sofocado, confuso y aturdido, sin saber muy bien dónde pisaba, al extremo de que el triciclo de un vendedor de fruta estuvo a punto de arrollarlo al cruzar una esquina. Cuando llegó, el capitán Silva, nada más verlo se dio cuenta de su estado de ánimo.

—No me traigas más líos de los que ya tengo encima, Lituma —le advirtió, poniéndose de pie de su escritorio con tanta furia que el cubículo tembló—. ¿Qué mierda te pasa ahora? ¿Quién se te murió?

—Se murió la sospecha de que fuera Josefino Rojas el de las arañitas —balbuceó Lituma, sacándose el quepis y limpiándose el sudor con el pañuelo—. Ahora resulta que el sospechoso no es el cafiche, sino mi primo José León. Uno de los inconquistables de los que le hablé, mi capitán.

—¿Me estás tomando el pelo, Lituma? —exclamó el capitán, desconcertado—. Explícame un poco cómo se come esa cojudez que acabas de decir.

El sargento se sentó, procurando que la brisa del ventilador le diera de lleno en la cara. Con lujo de detalles refirió al comisario todo lo que le había ocurrido en la mañana.

—O sea que ahora es tu primo José el que dibuja arañitas con las uñas —se enojó el capitán—. Y, además, es tan rematadamente bruto que se delata delante de un sargento de la policía, sabiendo muy bien que las arañitas de Felícito Yanaqué y Transportes Narihualá son la comidilla de todo Piura. Veo que tienes un sancochado terrible en la cabeza, Lituma.

—No estoy seguro de que dibujara arañitas con las uñas —se disculpó su subordinado, compungido—. Puedo equivocarme también en eso, le ruego que me disculpe. Ya no estoy seguro de nada, mi capitán, ni siquiera del suelo que piso. Sí, tiene usted razón. Mi cabeza es una olla de grillos.

—Una olla de arañitas, más bien —se rió el capitán—. Y, ahora, mira quién llega. Lo único que nos faltaba. Buenos días, señor Yanaqué. Pase, adelante.

Lituma supo de inmediato por la cara del transportista que ocurría algo grave: ¿otra cartita de la mafia? Felícito estaba lívido, ojeroso, la boca entreabierta en una expresión idiota, los ojos dilatados de espanto. Se acababa de quitar el sombrero y sus pelos estaban revueltos, como si se hubiera olvidado de peinarse. Él, que andaba siempre tan bien puesto, se había abrochado mal el chaleco, el primer botón en el segundo ojal. Tenía una apariencia ridícula, descuidada y payasa. No podía hablar. No contestó el saludo, se limitó a sacar un sobre del bolsillo y se lo alcanzó al capitán con una manito temblorosa. Parecía más pequeño y frágil que nunca, casi un enanito.

—Puta madre —dijo el comisario entre dientes, sacando la carta y empezando a leer en alta voz:

Estimado señor Yanaqué:

Le dijimos que su terquedad y su desafío en *El Tiempo* tendrían consecuencias ingratas. Le dijimos que lamentaría su negativa a ser razonable y entenderse con quienes sólo queremos dar protección a sus negocios y seguridad a su familia. Nosotros siempre cumplimos lo que decimos. Tenemos en nuestro poder a uno de sus seres queridos y lo retendremos hasta que usted dé su brazo a torcer y se ponga de acuerdo con nosotros.

Aunque ya sabemos que tiene la mala costumbre de ir a dar sus quejas a la policía, como si ella sirviera para algo, suponemos que por su bien guardará esta vez la discreción debida. A nadie le conviene que se sepa que tenemos a esa persona, sobre todo si a usted le interesa que ella no sufra a consecuencia de otra imprudencia suya. Esto debe quedar entre nosotros y resolverse con discreción y rapidez.

Ya que le gusta utilizar la prensa, ponga un avisito en *El Tiempo,* agradeciéndole al Señor Cautivo de Ayabaca que le hiciera el milagro que usted le pidió. Así sabremos que está de acuerdo con las condiciones que le planteamos. Y, de inmediato, la personita en cuestión volverá sana y salva a su casa. En caso contrario, puede que no vuelva a saber nunca más de ella.

Dios guarde a usted.

Aunque no la vio, Lituma adivinó la arañita que firmaba aquella carta.

—¿A quién han secuestrado, señor Yanaqué? —preguntó el capitán Silva.

—A Mabel —articuló, ahogándose, el transportista. Lituma vio que los ojos del hombrecito se mojaban y unos lagrimones corrían por sus mejillas.

—Siéntese aquí, don Felícito —el sargento le cedió la silla que ocupaba y lo ayudó a sentarse.

El transportista se sentó y se tapó la cara con las manos. Lloraba despacio, sin ruido. Su enclenque cuerpecito tenía súbitos estremecimientos. Lituma sintió pena por él. Pobre hombre, ahora sí que esos conchas de su madre habían encontrado la manera de ablandarlo. No había derecho, qué injusticia.

—Le puedo asegurar una cosa, don —el capitán parecía también conmovido con lo que le pasaba a Felícito Yanaqué—. A su amiga no le van a tocar un pelo. Ellos quieren asustarlo, nada más. Saben que no les conviene hacerle el menor daño a Mabel. Que tienen en sus manos a alguien intocable.

—Pobre muchacha —balbuceó, entre hipos, Felícito Yanaqué—. Es mi culpa, yo la metí en esto. Qué va a ser de ella, Dios mío, nunca me lo voy a perdonar.

Lituma vio que la cara cachetona y con una sombra de barba del capitán Silva pasaba de la lástima a la rabia y de nuevo a la compasión. Lo vio alargar el brazo, palmear en el hombro a don Felícito y, adelantando la cabeza, decirle con firmeza:

—Le juro por lo más santo que tengo, que es el recuerdo de mi madre, que a Mabel no le va a pasar nada. Se la devolverán sana y salva. Por mi santísima madre que voy a resolver este caso y que esos hijos de puta la van a pagar muy caro. Yo nunca hago estos juramentos, don Felícito. Usted es un hombre de muchos huevos, todo Piura lo dice. No nos flaquee ahora, por lo que más quiera.

Lituma estaba impresionado. Era verdad lo que decía el comisario: nunca hacía juramentos como el que acababa de hacer. Sintió que se le levantaba el ánimo: lo haría, lo harían. Les echarían mano. Esos mierdas lamentarían haberle hecho semejante canallada a este pobre hombre.

—Yo no voy a flaquear ahora ni nunca —balbuceó el transportista, secándose los ojos.

VIII

Miki y Escobita llegaron puntualísimos, a las once en punto de la mañana. Les abrió la puerta la propia Lucrecia, a la que besaron en la mejilla. Luego, cuando estuvieron sentados en la salita, Justiniana vino a preguntarles qué les servía. Miki pidió un cafecito cortado y Escobita un vaso de agua mineral con gas. Era una mañana grisácea y unas nubes bajas sobrevolaban el mar verde oscuro con manchas de espuma de la bahía de Lima. En alta mar se veían algunas barquitas de pescadores. Los hijos de Ismael Carrera llevaban ternos oscuros, corbata, pañuelitos en el bolsillo y aparatosos Rolex brillando en las muñecas. Cuando vieron entrar a Rigoberto se pusieron de pie: «Hola, tío». «Maldita costumbre», pensó el dueño de casa. No sabía por qué, pero le exasperaba la moda, tan extendida entre los jóvenes de Lima desde hacía algunos años, de llamar «tío» o «tía» a todos los conocidos de su familia y a las personas mayores, inventándose un parentesco que no existía. Miki y Escobita le estrechaban la mano, le sonreían, mostrándole una cordialidad demasiado efusiva para ser cierta. «Qué bien se te ve, tío Rigoberto», «La jubilación te sienta, tío», «Desde la última vez que te vimos has rejuvenecido no sé cuántos años».

—Tienes una linda vista desde aquí —dijo por fin Miki, señalando el malecón y el mar de Barranco—. Cuando está despejado verás desde La Punta a Chorrillos, ¿no, tío?

—Y también veo y nos ven todos esos tipos que hacen ala delta y parapente y pasan rozando las ventanas del edificio —asintió Rigoberto—. Cualquier día un golpe de viento nos meterá a uno de esos intrépidos voladores dentro de la casa.

Sus «sobrinos» le festejaron la broma con risas exageradas. «Están más nerviosos que yo», se sorprendió Rigoberto.

Eran mellizos pero no se parecían en nada, salvo en la altura, los cuerpos atléticos y las malas costumbres. ¿Pasarían muchas horas en el gimnasio del Club de Villa o del Regatas haciendo ejercicios y levantando pesas? ¿Cómo se conciliaban esos músculos con la vida bohemia, el trago, la cocaína y las francachelas? Miki tenía una cara redonda y satisfecha, una gruesa boca de dientes carnívoros y unas orejas voladoras. Era muy blanco, casi gringo, de cabellos claros y, de tanto en tanto, sonreía de manera mecánica, como un muñeco articulado. Escobita, en cambio, muy moreno, tenía ojos oscuros penetrantes, una boca sin labios y una vocecita delgada y chillona. Llevaba unas largas patillas de cantaor flamenco o de torero. «¿Cuál será el más tonto?», pensó Rigoberto. «¿Y el más malo?»

—¿No echas de menos la oficina, ahora que tienes todo tu tiempito libre, tío? —preguntó Miki.

—En verdad, no, sobrino. Leo mucho, oigo buena música, me paso horas sumergido en mis libros de arte. La pintura me gustó siempre más que los seguros, como te habrá contado Ismael. Ahora por fin puedo dedicarle mucho tiempo.

—Qué biblioteca la que te gastas, tío —exclamó Escobita, señalando los ordenados estantes del escritorio contiguo—. ¡Cuántos libros, pa su diablo! ¿Te los has leído todos ya?

—Bueno, todos no, todavía —«Éste es el más bruto», decidió—. Algunos son sólo libros de consulta, como los diccionarios y enciclopedias de ese estante del rincón. Pero mi tesis es que hay más posibilidad de leer un libro si lo tienes en casa que si está en una librería.

Los dos hermanos se quedaron mirándolo desconcertados, preguntándose sin duda si había dicho un chiste o hablaba en serio.

—Con tantos libros de arte es como haberte traído aquí a tu escritorio todos los museos del mundo —sentenció Miki, poniendo cara de hombre astuto y sabio. Y concluyó—: Así los puedes visitar sin tener que molestarte en salir de tu casa, qué comodidad.

«Cuando se es tan imbécil como este bípedo, ya se es inteligente», se le ocurrió a Rigoberto. Era imposible saber cuál lo era: empataban. Se había instalado un silencio pesado, interminable, en la salita y, para disimular la tensión, los tres miraban al escritorio. «Llegó la hora», pensó Rigoberto. Tenía un ligero sobresalto, pero estaba curioso por saber qué iba a pasar. Se sentía absurdamente protegido al estar en su propio territorio, rodeado de sus libros y grabados.

—Bueno, tío —dijo Miki, pestañeando muy de prisa, el dedo en el aire rumbo a su boca—, creo que ha llegado el momento de que cojamos al toro por los cuernos. De que pasemos a las cosas tristes.

Escobita seguía bebiendo el agua mineral de su vaso semivacío con un ruido de gárgaras. Se rascaba la frente sin tregua y sus ojitos saltaban de su hermano a Rigoberto.

—¿Tristes? ¿Por qué tristes, Miki? —puso una expresión de sorpresa Rigoberto—. ¿Qué pasa, muchachos? ¿Andamos con problemitas, otra vez?

—Tú sabes de sobra qué pasa, tío —exclamó Escobita con un retintín ofendido en la voz—. No te hagas, por favor.

—¿Te refieres a Ismael? —se hizo el tonto Rigoberto—. ¿De él quieren que hablemos? ¿De su padre?

—Somos el hazmerreír y la comidilla de Lima —puso cara melodramática Miki, mordisqueando su dedo meñique con afán. Hablaba sin quitarse el dedo de la boca y la voz le salía dengosa—. Te habrás dado cuenta, porque hasta las piedras se han dado. No se chismea de otra cosa en esta ciudad y acaso en todo el Perú. Nunca en la vida me imaginé que la familia se vería metida en semejante escándalo.

—Un escándalo que tú hubieras podido evitar, tío Rigoberto —afirmó Escobita, afligido, haciendo una especie de puchero. Sólo ahora pareció advertir que su vaso estaba vacío. Lo colocó en la mesita del centro con unas precauciones exageradas.

«Primero el melodrama y luego las amenazas», calculó Rigoberto. Estaba inquieto, desde luego, pero cada vez más intrigado por lo que estaba pasando. Observaba a los mellizos como a un par de actores incompetentes. Ponía una cara atenta y comedida. No sabía por qué, pero tenía ganas de reírse.

—¿Yo? —se hizo el desconcertado—. No sé qué quieres decirme, sobrino.

—Eres la persona a la que mi papá siempre escuchó —afirmó Escobita, con mucho énfasis—. La única, tal vez, a la que siempre hacía caso. Tú lo sabes muy bien, tío, así que no te hagas. Por favor. No estamos aquí para jugar a las adivinanzas. ¡Por favor!

—Si le hubieras aconsejado, si te hubieras opuesto, si le hubieras hecho ver la barbaridad que iba a hacer, ese matrimonio no hubiera ocurrido —afirmó Miki, dando un golpecito en la mesa. Ahora había ya cambiado, en el fondo de sus ojos claros zigzagueaba una pequeña víbora. Su voz se había caldeado.

Rigoberto escuchó una música allá abajo, en el malecón: era el silbato-flauta del afilador de cuchillos. Siempre la oía a la misma hora. Un hombre puntual ese fulano. Tenía que verle la cara alguna vez.

—Un matrimonio que, por lo demás, no vale para nada, porque es pura basura —corrigió Escobita a su hermano—. Una farsa sin el menor valor jurídico. Eso también lo sabes, tío, porque para algo eres abogado. Así que hablemos a calzón quitado, si te parece. Al pan pan y al vino vino.

«¿Qué está tratando de decir este imbécil?», se preguntó don Rigoberto. «Los dos usan los refranes porque sí, como comodines, sin saber qué significan.»

—Si nos hubieras informado a tiempo lo que estaba tramando mi papá, nosotros parábamos la cosa, aunque fuera con la policía —insistió Miki. Hablaba aún con forzada tristeza, pero no podía evitar que en su tono apuntara ya un amago de cólera. Ahora sus ojitos medio encapotados amenazaban a Rigoberto.

—Pero, tú, en vez de prevenirnos, te prestaste a la mojiganga esa y hasta firmaste como testigo, tío —levantó la mano e hizo un pase furibundo en el aire Escobita—. Firmaste junto a Narciso. Hasta al chofer, un pobre analfabeto, lo embarraron ustedes en esta intriga fea, feísima. Una mala acción, abusar así de un ignorante. La verdad, no esperábamos semejante cosa de ti, tío Rigoberto. No me cabe en la tutuma que te prestaras a esta payasada de lo peor.

—Nos has decepcionado, tío —remató Miki, moviéndose, como si le apretara la ropa—. Ésa es la triste verdad: de-cep-cio-na-do. Como suena. Me da pena decírtelo, pero es así. Te lo digo en tu cara y con la mayor franqueza porque es la triste verdad. Tienes una tremenda responsabilidad en lo que ha pasado, tío. No lo decimos sólo nosotros. Lo dicen también los abogados. Y, para hablarte a calzón quitado, no sabes a lo que te expones. Podría tener muy malas consecuencias en tu vida privada y en la otra.

«¿Cuál es la otra?», pensó don Rigoberto. Ambos habían ido subiendo la voz y la afectuosa cortesía del comienzo se había evaporado, junto con las sonrisas. Los mellizos estaban ahora muy serios; ya no disimulaban el resentimiento que traían. Rigoberto los escuchaba inexpresivo e inmóvil, aparentando una tranquilidad que no sentía. «¿Me ofrecerán plata? ¿Me amenazarán con un sicario? ¿Me sacarán un revólver?» Todo era posible con semejante parejita.

—No hemos venido a hacerte reproches —cambió súbitamente de estrategia Escobita, dulcificando de nuevo la voz. Sonreía, acariciando una de sus patillas, pero en su sonrisa había algo torcido y belicoso.

—A ti te queremos mucho, tío —corroboró Miki, suspirando—. Te hemos visto desde que nacimos, eres como el familiar más cercano. Sólo que...

No pudo terminar la idea y se quedó con la boca abierta y una mirada indecisa, anonadado. Optó por mordisquear de nuevo su dedo meñique, con furia. «Sí, éste es el más bruto», confirmó don Rigoberto.

—El sentimiento es recíproco, sobrinos —aprovechó el silencio para colocar una frase—. Cálmense, por favor. Conversemos como personas racionales y civilizadas.

—Eso es más fácil para ti que para nosotros —le respondió Miki, alzando la voz. «Por supuesto», pensó él. «No sabe lo que dice, pero a veces acierta»—. No es tu padre sino el nuestro el que se ha casado con su sirvienta, una chola ignorante y piojosa, convirtiéndonos en la burla de todas las familias decentes de Lima.

—¡Un matrimonio que además no vale un carajo! —recordó de nuevo Escobita, gesticulando frenético—. Una mojiganga sin el menor valor jurídico. Supongo que te das muy bien cuenta del asunto, tío Rigoberto. Así que deja de hacerte el pelotudo, que no te sienta nada.

—¿De qué debo darme cuenta, sobrino? —preguntó él, muy sereno, con una curiosidad que parecía genuina—. Me gustaría que me explicaras el sentido de esa palabra, pelotudo. ¿Es sinónimo de imbécil, no?

—Quiero decir que te has metido en un gran lío de puro ignorante —estalló Escobita—. Un lío de la puta madre, si me permites la crudeza. Tal vez sin quererlo, creyendo servir a tu buen amigo. Te concedemos las buenas intenciones. Pero eso no importa, porque la ley es la ley para todos y más que nunca en este caso.

—Esto te podría traer graves problemas personales, a ti y a tu familia —se apiadó de él Miki, hablando a la vez que se metía de nuevo el dedo meñique en la boca—. No queremos asustarte, pero las cosas son como son. Nunca debiste firmar ese papel. Te lo digo de una manera objetiva e imparcial. Y con todo cariño, por supuesto.

—Te lo decimos por tu bien, tío Rigoberto —matizó su hermano—. Pensando más en tu propio interés que en el nuestro, aunque no te lo creas. Ojalá no te arrepientas de tu metida de pata.

«Pronto llegarán a la histeria y estos animales son capaces de pegarme», dedujo Rigoberto. Los mellizos iban dejándose arrastrar por la cólera y sus miradas, gestos y ademanes eran cada momento más agresivos. «¿Tendré que defenderme a puñetazos de este par?», pensó. Ya ni siquiera recordaba cuándo se había trompeado la última vez. En el colegio de La Recoleta, seguramente, en algún recreo.

—Hemos hecho todas las consultas, con los mejores abogados de Lima. Sabemos de qué hablamos. Por eso te podemos asegurar que te has metido en un grandísimo lío del carajo, tío. Perdona que te lo diga con palabrotas, pero los hombres debemos mirar la verdad a la cara. Es mejor que estés enterado.

—Por complicidad y encubrimiento —explicó Miki, en tono solemne, deletreando cada palabra muy despacio para darle mayor pugnacidad. Su vocecita desafinaba todo el tiempo y sus ojos eran dos candelas.

—La anulación del matrimonio está en marcha y el fallo no tardará —le informó Escobita—. Por eso, lo mejor que podrías hacer es ayudarnos, tío Rigoberto. Lo mejor para ti, quiero decir.

—Mejor dicho, no queremos que nos ayudes a nosotros sino a mi papá, tío Rigoberto. A tu amigo de toda la vida, a la persona que ha sido un hermano mayor para ti. Y que te ayudes a ti mismo, y salgas de ese berenjenal de las mil putas en que te has metido y nos has metido a nosotros. ¿Te das cuenta?

—Francamente, no, sobrino. No me doy cuenta de nada, sino de que ustedes están muy alterados —Rigoberto los reñía con serenidad, de manera afectuosa, sonriéndoles—. Como hablan los dos a la vez, les confieso que me tienen un poco mareado. No entiendo muy bien de qué se trata. Por qué no se tranquilizan y me explican con calma qué quieren de mí.

¿Se habían creído los mellizos que habían ganado la partida? ¿Era eso lo que pensaban? Porque su actitud se había moderado de pronto. Ahora lo observaban risueños, asintiendo y cambiando entre ellos miraditas cómplices y satisfechas.

—Sí, sí, perdona, nos hemos atropellado un poco —se disculpó Miki—. Tú sabes que a ti te queremos mucho, tío.

«Tiene las orejas tan grandes como las mías», pensaba Rigoberto. «Pero, además, las suyas aletean y las mías, no.»

—Y perdona, sobre todo, si te hemos levantado la voz —encadenó Escobita, siempre manoteando el aire sin ton ni son, como un monito frenético—. Pero, estando las cosas como están, no es para menos, tienes que comprenderlo. Esta locura de viejo chocho de mi papá nos tiene ya cabezones a Miki y a mí.

—Es muy sencillo —explicó Miki—. Comprendemos muy bien que, siendo mi papá tu jefe en la compañía, no pudieras negarte a firmar ese papel como testigo. Igual que el infeliz Narciso, pues. El juez lo va a tomar en cuenta, por supuesto. Servirá como atenuante. A ustedes no les pasará nada. Lo garantizan los abogados.

«En su boca, la palabra abogado es como una varita mágica», pensó Rigoberto, divertido.

—Se equivocan, ni Narciso ni yo aceptamos ser testigos de tu papá porque éramos sus subordinados —lo reconvino, con amabilidad—. Yo lo hice porque Ismael, además de mi jefe, es un amigo de toda la vida. Y Narciso también, por el gran afecto que le ha tenido siempre a tu padre.

—Pues le hiciste un flaquísimo favor a tu amigo querido —se enojó Escobita de nuevo; ahora se le habían subido los colores a la cara, como si tuviera una súbita insolación; sus ojos oscuros lo fulminaban—. El viejo no sabía lo que hacía. Hace tiempo que está chocho. Hace tiempo que ya ni sabe dónde está, ni quién es, y menos lo que hacía dejándose embaucar por esa chola de mierda con la que fue a enchucharse, si me permites la expresión.

«¿Enchucharse?», pensó don Rigoberto. «Debe ser la palabra más fea de la lengua castellana. Una palabra que apesta y tiene pelos.»

—¿Crees que en pleno uso de sus facultades mi papá, que fue siempre un señor, se iba a casar con una sirvienta que, para colmo, debe ser cuarenta años más joven que él? —lo apoyó Miki, abriendo mucho la boca y luciendo sus grandes dientes.

—¿Crees semejante cosa? —ahora, Escobita tenía los ojos enrojecidos y la voz quebrada—. No es posible, tú eres inteligente y culto, no te engañes ni trates de engañarnos. Porque a nosotros ni tú ni nadie nos mete el dedo a la boca, para que lo sepas.

—Si hubiera creído que Ismael no estaba en pleno uso de sus facultades, no hubiera aceptado ser su testigo, sobrino. Les ruego que me dejen hablar. Comprendo que estén muy afectados. No es para menos, desde luego. Pero deben hacer un esfuerzo y aceptar los hechos como son. No es lo que ustedes piensan. A mí me sorprendió mucho el matrimonio de Ismael, también. Lo mismo que a todo el mundo, por supuesto. Pero Ismael sabía muy bien lo que hacía, de eso estoy segurísimo. Tomó la decisión de casarse con toda lucidez, con absoluto conocimiento de lo que iba a hacer. Y de sus consecuencias.

Mientras hablaba, iba advirtiendo cómo aumentaban la indignación y el odio en la cara de los mellizos.

—Supongo que no te atreverás a repetir delante de un juez las cojudeces que estás diciendo —Escobita se levantó del asiento y dio un paso hacia él, enardecido. Ahora ya no estaba congestionado sino lívido y temblaba.

Don Rigoberto no se movió del asiento. Esperaba que lo samaqueara y acaso golpeara, pero el mellizo, conteniéndose, dio media vuelta y volvió a sentarse. Tenía la cara redonda llena de sudor. «Ya llegaron las amenazas. ¿Llegarán los golpes, también?»

—Si quieres asustarme, lo has conseguido, Escobita —reconoció, con invariable calma—. Lo han conseguido ustedes dos, mejor dicho. ¿Quieren saber la verdad? Estoy muerto de miedo, sobrinos. Son ustedes jóvenes, fuertes, impulsivos y con unas credenciales que meterían miedo al más pintado. Yo las conozco muy bien, porque, como recordarán, los he ayudado muchas veces a salir de los enredos y desaguisados en que se andan metiendo desde jovencitos. Como cuando violaron a aquella chiquilla en Pucusana, ¿se acuerdan? Yo me acuerdo hasta de su nombre: Floralisa Roca. Así se llamaba. Y, por supuesto, tampoco he olvidado que tuve que llevarles cincuenta mil dólares a sus padres para que ustedes no fueran a la cárcel por la gracia que hicieron. Sé muy bien que, si se lo proponen, podrían hacerme mazamorra. Eso está clarísimo.

Desconcertados, los mellizos se miraban entre ellos, se ponían serios, trataban de sonreír sin conseguirlo, se agriaban.

—No lo tomes así —dijo por fin Miki, sacándose el dedo meñique de su boca y dándole una palmadita en el brazo—. Estamos entre caballeros, tío.

—Nunca te pondríamos una mano encima a ti —afirmó Escobita, alarmado—. A ti nosotros te queremos, tío, aunque no te lo creas. Pese a lo mal que te has portado con nosotros firmando ese asqueroso papel.

—Déjenme terminar —los apaciguó Rigoberto, moviendo las manos—. Pero, a pesar de mi miedo, si el juez me llama a declarar, le diré la verdad. Que Ismael tomó la decisión de casarse sabiendo perfectamente lo que hacía.

Que no está chocho, ni demente, ni se dejó embaucar por Armida ni por nadie. Porque su padre sigue siendo más despierto que ustedes juntos. Ésa es la estricta verdad, sobrinos.

Otra vez se hizo un silencio denso y cargado de púas en la habitación. Afuera, las nubes se habían ennegrecido y allá, a lo lejos, en el horizonte marino, había unas lucecitas eléctricas que podían ser los reflectores de un barco o los relámpagos de una tempestad. Rigoberto sentía el pecho agitado. Los dos mellizos seguían lívidos y lo miraban de tal modo que, se dijo, debían estar haciendo grandes esfuerzos para no lanzarse sobre él y triturarlo. «Me hiciste un flaco favor metiéndome en esto, Ismael», pensó.

Escobita fue el primero en hablar. Lo hizo bajando la voz, como si fuera a decirle un secreto, y mirándolo fijamente a los ojos con una mirada en la que relampagueaba el desprecio.

—¿Mi papá te pagó por eso? ¿Cuánto te pagó, tío, se puede saber?

La pregunta lo tomó tan de sorpresa que se quedó boquiabierto.

—No tomes a mal esta pregunta —quiso arreglar las cosas Miki, bajando también la voz y moviendo la mano para tranquilizarlo—. No tienes por qué avergonzarte, todo el mundo tiene sus necesidades. Escobita te lo pregunta ya que, si se trata de plata, nosotros también estamos dispuestos a gratificarte. Porque, hablando de verdad, te necesitamos, tío.

—Necesitamos que vayas donde el juez y declares que firmaste como testigo bajo presión y amenazas —explicó Escobita—. Si tú y Narciso declaran eso, todo andará más rápido y el matrimonio se anulará en un dos por tres. Claro que estamos dispuestos a recompensarte, tío. Y de manera generosa.

—Los servicios se pagan y nosotros sabemos muy bien en qué mundo vivimos —añadió Miki—. Y, por supuesto, con la discreción más absoluta.

—Además, le harás un gran favor a mi papá, tío. El pobre debe estar ahora desesperado, sin saber cómo escapar de la trampa en la que se metió en un momento de debilidad. Nosotros lo sacaremos del lío y terminará agradeciéndonos, verás.

Rigoberto los escuchaba sin pestañear ni moverse, petrificado en el asiento, como si estuviera sumido en sesudas reflexiones. Los mellizos esperaban su respuesta, ansiosos. El silencio se prolongó cerca de un minuto. A lo lejos, se oía de cuando en cuando ya muy débil el silbato-flauta del afilador.

—Les voy a pedir que salgan de esta casa y no vuelvan a poner los pies aquí —dijo por fin don Rigoberto, siempre con la misma calma—. La verdad, son ustedes peores de lo que creía, muchachos. Y vaya que si alguien los conoce bien, soy yo, desde que llevaban pantalón corto.

—Nos estás ofendiendo —dijo Miki—. No te equivoques, tío. Respetamos tus canas, pero hasta por ahí nomás.

—No te lo vamos a permitir —afirmó Escobita, golpeando la mesa—. Tienes todas las de perder, para que lo sepas. Tu misma jubilación está en veremos.

—No te olvides quiénes van a ser dueños de la compañía apenas el viejo loco estire la pata —lo amenazó Miki.

—Les he pedido que se vayan —dijo Rigoberto, levantándose y señalando la puerta—. Y, sobre todo, no me vuelvan a asomar por esta casa. No quiero verlos más.

—¿Tú crees que nos vas a echar así nomás de tu casa, pedazo de alcahuete? —dijo Escobita, levantándose también y cerrando los puños.

—Cállate —lo atajó su hermano, sujetándolo del brazo—. Las cosas no pueden degenerar en una pelea. Discúlpate con el tío Rigoberto por insultarlo, Escobita.

—No es necesario. Basta con que se vayan y no vuelvan —dijo Rigoberto.

—Es él quien nos ha ofendido, Miki. Nos está botando de su casa como a dos perros sarnosos. ¿No lo has oído, acaso?

—Discúlpate, carajo —ordenó Miki, poniéndose de pie también—. Ahora mismo. Pídele disculpas.

—Está bien —cedió Escobita; temblaba como una hoja de papel—. Te pido disculpas por lo que te dije, tío.

—Estás disculpado —asintió Rigoberto—. Esta conversación ha terminado. Gracias por su visita, muchachos. Buenos días.

—Ya conversaremos otra vez, más tranquilos —se despidió Miki—. Siento que esto haya terminado así, tío Rigoberto. Nosotros queríamos llegar a un acuerdo amistoso contigo. En vista de tu intransigencia, el asunto tendrá que pasar por el Poder Judicial.

—No es algo que te convenga y te lo digo muy de a buenas porque lo lamentarás —dijo Escobita—. Así que mejor piénsatelo dos veces.

—Vamos, hermano, ya cállate —Miki tomó del brazo a su hermano y lo arrastró hacia la puerta de calle.

Apenas los mellizos salieron de la casa, Rigoberto vio aparecer a Lucrecia y Justiniana con las caras alarmadas. Esta última tenía en sus manos, como un arma contundente, el compacto mazo de amasar harina.

—Lo oímos todo —dijo Lucrecia, cogiendo a su marido del brazo—. Si te hubieran hecho cualquier cosa, estábamos listas para intervenir y lanzarnos sobre las hienas.

—Ah, para eso es el amasador —preguntó Rigoberto y Justiniana asintió, muy seria, haciendo revolear en el aire su improvisado garrote.

—Yo tenía en la mano el fierro de la chimenea —dijo Lucrecia—. Les hubiéramos sacado los ojos a esos forajidos. Te lo juro, amor.

—¿Me porté bastante bien, no? —sacó pecho Rigoberto—. No me dejé amedrentar en ningún momento por esa pareja de subnormales.

—Te portaste como un gran señor —dijo Lucrecia—. Y, al menos por esta vez, la inteligencia derrotó a la fuerza bruta.

—Como un hombre de pelo en pecho, señor —le hizo eco Justiniana.

—Ni una palabra de todo esto a Fonchito —ordenó Rigoberto—. El chico ya tiene bastantes dolores de cabeza para darle más.

Ellas asintieron y, de pronto, al mismo tiempo, los tres se echaron a reír.

IX

Seis días después de publicado el segundo aviso de don Felícito Yanaqué en *El Tiempo* (anónimo, a diferencia del primero), los secuestradores no daban señales de vida. El sargento Lituma y el capitán Silva, pese a sus esfuerzos, no habían encontrado rastro alguno de Mabel. La noticia del secuestro no había llegado a la prensa y el capitán Silva decía que semejante milagro no duraría; era imposible que, con el interés que despertaba en todo Piura el caso del dueño de Transportes Narihualá, un hecho de esa importancia no ocupara muy pronto las primeras planas de los diarios, la radio y la televisión. En cualquier momento todo se sabría y el coronel Rascachucha tendría otra rabieta de padre y señor mío, con bronca, lisuras y pataleo.

Lituma conocía lo bastante a su jefe para saber lo inquieto que estaba el comisario, aunque no lo dijera, aparentara seguridad y siguiera haciendo los comentarios cínicos y sicalípticos de siempre. Sin duda se preguntaba, como él mismo, si a la mafia de la arañita no se le habría pasado la mano y esa linda morochita, la amante de don Felícito, no estaría ya muerta y enterrada en algún basural de las afueras. Cada vez que se reunían con el transportista, al que esta desgracia estaba consumiendo, el sargento y el capitán quedaban impresionados con sus ojeras, el temblor de sus manos, cómo se le cortaba la voz en medio de una frase y quedaba alelado, mirando el vacío con terror, mudo y presa de un parpadeo frenético en sus ojitos aguanosos. «En cualquier momento le dará un ataque al corazón y se nos quedará tieso», temía Lituma. Su jefe fumaba ahora el doble de cigarrillos que antes, reteniendo los puchos entre los labios y mordisqueándolos, algo que sólo hacía en los períodos de gran preocupación.

—Qué vamos a hacer si la señora Mabel no aparece, mi capitán. Le digo que este asunto me desvela todas las noches.

—Suicidarnos, Lituma —trataba de bromear el comisario—. Jugaremos a la ruleta rusa y así nos iremos de este mundo con los huevos bien puestos, como el Seminario de tu apuesta. Pero aparecerá, no seas tan pesimista. Ellos saben por el avisito en *El Tiempo,* o se lo creen al menos, que a Yanaqué por fin lo han quebrado. Ahora lo están haciendo sufrir un poco para remachar bien el trabajo. No es eso lo que me tiene en pindingas, Lituma. ¿Sabes qué, en cambio? Que don Felícito pierda la cabeza y de repente se le ocurra poner otro avisito dando marcha atrás y arruinándonos el plan.

No había sido fácil convencerlo. Al capitán le costó varias horas hacerlo ceder, dándole todos los argumentos posibles para que llevara el aviso a *El Tiempo* aquel mismo día. Le habló primero en la comisaría y luego en El Pie Ajeno, un barcito donde él y Lituma lo llevaron casi a rastras. Lo vieron tomarse, uno tras otro, media docena de coctelitos de algarrobina, pese a que, como les repitió varias veces, él nunca chupaba. El alcohol le hacía daño al estómago, le daba ardores y diarreas. Pero ahora era distinto. Había sufrido un quebranto terrible, el más doloroso de su vida y el alcohol le contendría las ganas de otra lloradera.

—Le ruego que me crea, don Felícito —le explicaba el comisario, haciendo alarde de paciencia—. No le estoy pidiendo que se rinda ante la mafia, entiéndalo. No se me ocurriría aconsejarle que les pague los cupos que le piden.

—Eso yo no lo haría nunca —repetía, trémulo y tajante, el transportista—. Aunque mataran a Mabel y tuviera que suicidarme para no vivir con ese remordimiento en mi conciencia.

—Sólo le pido que aparente, nada más. Hágales creer que acepta sus condiciones —insistía el capitán—. No tendrá que aflojarles ni un centavo, se lo juro por mi madre. Y por Josefita, ese pimpollo. Necesitamos que suelten a la chica, eso nos pondrá sobre sus huellas. Sé muy bien lo que le digo, créame. Ésta es mi profesión y conozco al dedillo cómo actúan esos carajos. No sea terco, don Felícito.

—No lo hago por terquedad, capitán —el transportista se había serenado y tenía ahora una expresión tragicómica porque un mechón de pelo se le había descolgado sobre la frente y le tapaba parte del ojo derecho; él no parecía notarlo—. Yo, a Mabel, la quiero mucho, la amo. Me desgarra el corazón que una persona como ella, que no tiene nada que ver con este asunto, sea víctima de la codicia y la maldad de esos criminales. Pero no puedo darles gusto. No es por mí, entiéndalo usted, capitán. No puedo faltarle a la memoria de mi padre.

Estuvo un rato callado, observando su copita vacía de algarrobina y Lituma pensó que se pondría a lloriquear otra vez. Pero no lo hizo. Más bien, cabizbajo, sin mirarlos, como si no se dirigiera a ellos sino hablara consigo mismo, el menudo hombrecito apretado dentro de su saco y chaleco color ceniza se puso a recordar a su progenitor. Unas moscas azules revoloteaban zumbando alrededor de sus cabezas y a lo lejos se escuchaba una discusión altisonante de dos hombres por un accidente de tránsito. Felícito hablaba de manera pausada, buscando las palabras para dar el énfasis debido a aquello que contaba y dejándose ganar a ratos por el sentimiento. Lituma y el capitán Silva pronto comprendieron que el yanacón Aliño Yanaqué, de la Hacienda Yapatera, en Chulucanas, era la persona que Felícito más había querido en la vida. Y no sólo por llevar su misma sangre en las venas. Sino porque gracias a su padre había podido levantarse desde la pobreza, mejor dicho, desde la miseria en que nació y pasó su infancia —una miseria que ellos no podían imaginar siquiera— hasta ser un empresario, dueño de una flota de muchos automóviles, camiones y ómnibus, de una acreditada compañía de transportes que daba lustre a su humilde apellido. Él se había ganado el respeto de la gente; los que lo conocían sabían que era decente y honorable. Había podido dar una buena educación a sus hijos, una vida digna, una profesión, y les iba a dejar Transportes Narihualá, una empresa bien considerada por sus clientes y sus competidores. Todo eso se debía, más que a su esfuerzo, a los sacrificios de Aliño Yanaqué. No había sido sólo su padre, también su madre y su familia, porque a la mujer que lo trajo al mundo Felícito nunca la conoció, ni tampoco a ningún otro pariente. Ni siquiera sabía por qué había nacido él en Yapatera, un pueblo de negros y mulatos, donde los Yanaqué, siendo criollos, es decir cholos, parecían forasteros. Hacían una vida bien aislada, porque los morenos de Yapatera no se amigaban con Aliño y su hijo. O porque no tenían familia o porque su padre no quiso que Felícito supiera quiénes eran y dónde andaban sus tíos y primos, habían vivido siempre solos. Él no lo recordaba, era muy churre cuando aquello ocurrió, pero sabía que, a poco de nacer él, un día su madre se largó, vaya usted a saber adónde y con quién. Nunca más apareció. Desde que su cabeza tenía memoria, recordaba a su padre trabajando como una mula, en la chacrita que le daba el patrón y en la hacienda de éste, sin domingos ni fiestas, todos los días de la semana y todos los meses del año. Aliño Yanaqué se gastaba todo lo que recibía, que era poco, en que Felícito comiera, fuera al colegio, tuviera zapatos, ropa, cuadernos y lápices. A veces, le regalaba algún juguete en la Navidad o le daba una moneda para que se comprara un chupete o una melcocha. No era de esos padres que andan todo el tiempo besuqueando y engriendo a sus hijos. Era parco, austero, nunca le dio un beso ni un abrazo, ni le contó chistes para hacerlo reír. Pero se privó de todo para que su hijo no fuera de grande un yanacón analfabeto como él. En esa época, Yapatera ni siquiera tenía una escuelita. Felícito debía caminar desde su casa a la escuela fiscal de Chulucanas unos cinco kilómetros de ida y otros cinco de vuelta, y no siempre encontraba un chofer caritativo que lo subiera a su camión y le ahorrara la caminata. No recordaba haber faltado un solo día al colegio. Había sacado siempre buenas notas. Como su padre no sabía leer, él mismo tenía que leerle lo que decía la libreta y Felícito se sentía feliz cuando veía a Aliño ponerse como un pavo real oyendo los comentarios elogiosos de los profesores. Para que Felícito pudiera hacer estudios de secundaria, como no había sitio en el único colegio de enseñanza media de Chulucanas, tuvieron que venirse a Piura. Para felicidad de Aliño, Felícito fue aceptado en la Unidad Escolar San Miguel de Piura, el colegio nacional más prestigioso de la ciudad. A sus compañeros y maestros, Felícito, por órdenes de su padre, les ocultó que éste se ganaba la vida cargando y descargando mercancías en el Mercado Central, allí por la Gallinacera, y que, en las noches, recogía basuras en los camiones de la Municipalidad. Todo ese esfuerzo para que su hijo estudiara y, de grande, no fuera yanacón, ni cargador ni basurero. El consejo que le dio Aliño antes de morir, «Nunca te dejes pisotear por nadie, hijito», había sido la divisa de su vida. Tampoco iba a dejarse pisotear ahora por esos ladrones, incendiarios y secuestradores hijos de siete leches.

—Mi padre nunca pidió limosna ni dejó que nadie lo humillara —concluyó.

—Su padre debió ser una persona tan respetable como usted, don Felícito —lo halagó el comisario—. Yo nunca le pediría que lo traicionara, se lo juro. Sólo le pido que haga una finta, un embauque, poniendo ese avisito en *El Tiempo* que le piden. Se creerán que lo han quebrado y soltarán a Mabel. Eso es ahora lo que más importa. Se dejarán ver y podremos echarles el guante.

Finalmente, don Felícito aceptó. Entre él y el capitán redactaron el texto que saldría publicado al día siguiente en el diario:

AGRADECIMIENTO AL SEÑOR CAUTIVO DE AYABACA

Agradezco con toda el alma al divino Señor Cautivo de Ayabaca que, en su infinita bondad, me hiciera el milagro que le pedí. Estaré siempre agradecido y presto a seguir todos los pasos que en su gran sabiduría y misericordia me quiera señalar.

Un devoto

En esos días, mientras esperaban alguna señal de los mafiosos de la arañita, Lituma recibió un mensaje de los hermanos León. Habían convencido a Rita, la mujer del Mono, que lo dejara salir en la noche, de modo que en vez de almuerzo tendrían una comida, el sábado. Se encontraron en un chifa, cerca del convento de las monjas del Colegio Lourdes. Lituma dejó el uniforme en la pensión de los Calancha y fue de paisano, con el único terno que tenía. Lo llevó antes a la lavandería para que lo lavaran y plancharan. No se puso corbata, pero se compró una camisa en una tienda que remataba sus existencias. Lustró sus zapatos donde un canillita y se dio una ducha en un baño público antes de concurrir a la cita con sus primos.

Le costó más trabajo reconocer al Mono que a José. Aquél sí que había cambiado. No sólo físicamente, aunque estaba mucho más gordo que de joven, con poco pelo, unas bolsas violáceas debajo de los ojos y arruguitas en las patillas, alrededor de la boca y en el cuello. Vestía de sport, con ropas elegantes y calzaba unos mocasines de blanquiñoso. Llevaba una cadenita en la muñeca y otra en el pecho. Pero su cambio mayor eran sus maneras reposadas, serenas, de persona que tiene gran seguridad en sí misma porque ha descubierto el secreto de la existencia y la manera de llevarse bien con todo el mundo. No quedaba rastro en él de las monerías y payasadas que hacía de muchacho y por las que se había ganado su apodo.

Lo abrazó con mucho cariño: «¡Qué gran cosa verte de nuevo, Lituma!».

—Sólo falta que cantemos el himno de los inconquistables —exclamó José. Y dando palmadas pidió al chino que bajara un par de cervezas cusqueñas bien heladas.

La reunión fue algo estirada y difícil al principio, porque, luego de cotejar los recuerdos compartidos, se producían grandes paréntesis de silencio, acompañados de risitas forzadas y miradas nerviosas. Había corrido mucho tiempo, cada cual había vivido su vida, no era fácil resucitar la camaradería de antaño. Lituma se removía incómodo en el asiento, diciéndose que tal vez hubiera sido preferible evitar este reencuentro. Se acordaba de Bonifacia, de Josefino y algo se le encogía en el estómago. Sin embargo, a medida que las botellas de cerveza con que acompañaban las fuentes de arroz chaufa, los tallarines chinos, el pato laqueado, la sopa wantán, los camarones arrebosados, se iban vaciando, la sangre se les animaba y se les soltaba la lengua. Empezaron a sentirse más distendidos y cómodos. José y el Mono contaron chistes y Lituma incitó a su primo a que hiciera algunas de las imitaciones que eran su plato fuerte de joven. Por ejemplo, los sermones del padre García en su parroquia de la Virgen del Carmen, en la Plaza Merino. El Mono remoloneó al principio, pero de pronto se animó y comenzó a predicar y a lanzar las fulminaciones bíblicas del viejo curita español, filatelista y cascarrabias, sobre el que corría la leyenda de haber quemado con una turbamulta de beatas el primer burdel de la historia de Piura, el que estaba en pleno arenal, en el rumbo de Catacaos y que regentaba el papá de la Chunga chunguita. ¡Pobre padre García! ¡Cómo le habían amargado la vida los inconquistables gritándole por las calles «¡Quemador! ¡Quemador!»! Habían convertido en un calvario los últimos años del viejo cascarrabias. Él, cada vez que se los cruzaba en la calle, les lanzaba improperios a voz en cuello: «¡Vagos! ¡Borrachines! ¡Degenerados!». Ay, qué risa. Qué tiempos aquellos que, como decía el tango, se fueron para no volver.

Cuando ya habían rematado la comida con un postre de manzanitas chinas, pero seguían tomando, la cabeza de Lituma era un remolino suave y agradable. Todo giraba y le venían de rato en rato unos incontenibles bostezos que estaban a punto de zafarle la mandíbula. De pronto, en esa especie de duermevela semilúcida, advirtió que el Mono se había puesto a hablar de Felícito Yanaqué. Le estaba preguntando algo. Sintió que ese comienzo de borrachera se le evaporaba y recuperó el control de su conciencia.

—¿Qué pasa con el pobre don Felícito, primo? —repitió el Mono—. Tú debes saber algo. ¿Sigue empeñado en no pagar los cupos que le piden? Miguelito y Tiburcio están muy preocupados, esta vaina los tiene recontrajodidos a los dos. Porque, aunque haya sido muy duro con ellos como padre, lo quieren a su viejo. Tienen miedo de que lo maten los mafiosos.

—¿Tú conoces a los hijos de don Felícito? —preguntó Lituma.

—¿No te contó José? —replicó el Mono—. Los conocemos hace tiempazo.

—Venían al taller trayendo los vehículos de Transportes Narihualá, para reparaciones y afinamientos —José parecía molesto por la confidencia del Mono—. Son buena gente los dos. No es que seamos muy amigos. Conocidos, nomás.

—Hemos timbeado con ellos muchas veces —añadió el Mono—. Tiburcio es buenazazo con los dados.

—Cuéntenme algo más de ese par —insistió Lituma—. Sólo los vi unas dos veces, cuando vinieron a prestar sus declaraciones a la comisaría.

—Buenísimas personas —afirmó el Mono—. Sufren mucho con lo que le está pasando a su padre. A pesar de que el viejo ha sido con ellos un autócrata, parece. Los ha hecho hacer de todo en su empresa, empezando por lo más bajo. Todavía los tiene de choferes, dizque pagándoles lo mismo que a los otros. No hace preferencias, a pesar de ser sus hijos. No les paga ni un cobre de más, ni les concede más permisos. Y, como sabrás, a Miguelito lo metió al Ejército, dizque para enderezarlo, porque se le andaba torciendo. ¡Qué viejo de ñeque!

—Don Felícito es uno de esos tipos raros que sólo aparecen de cuando en cuando en la vida —sentenció Lituma—. La persona más recta que he conocido. Cualquier otro empresario ya estaría pagando los cupos y se hubiera sacudido esa pesadilla de encima.

—Bueno, de todos modos, Miguelito y Tiburcio heredarán Transportes Narihualá y saldrán de pobres —José trató de cambiar de tema—: ¿Y usted qué tal, primo? Quiero decir, en cuestiones de hembraje, por ejemplo. ¿Tienes mujer, querida, queridas? ¿O sólo las polillas?

—No te pases, José —gesticuló el Mono, exagerando como antaño—. Mira cómo lo has confundido al primo con esa curiosidad de malpensado que te gastas.

—¿No seguirás extrañando a esa a la que Josefino volvió polilla, primo? —se rió José—. ¿Le decían Selvática, no?

—Ya ni me acuerdo quién es —aseguró Lituma, mirando al techo.

—No le resucites cosas tristes al primo, che guá, José.

—Hablemos más bien de don Felícito —les propuso Lituma—. La verdad, qué hombre de carácter y qué huevos. A mí me tiene impresionado.

—A quién no, se ha vuelto el héroe de Piura, casi tan famoso como el almirante Grau —dijo el Mono—. Tal vez, ahora que se ha convertido en una persona tan popular la mafia no se atreva a cargárselo.

—Al contrario, precisamente tratarán de cargárselo por lo famoso que es; los ha puesto en ridículo y eso no pueden permitirlo —alegó José—. El honor de los mafiosos está en juego, hermano. Si don Felícito se saliera con la suya, todos los empresarios que pagan cupos dejarían de pagarlos mañana mismo y la mafia quebraría. ¿Creen que van a aguantar eso?

¿Se había puesto nervioso su primo José? Lituma, entre bostezos, advirtió que José empezaba otra vez a hacer rayitas sobre el tablero de la mesa con la punta de la uña. No fijó la vista, para no autosugestionarse como el otro día creyendo que dibujaba arañitas.

—¿Y por qué no hacen algo ustedes, primo? —protestó el Mono—. La Guardia Civil, quiero decir. No te ofendas, Lituma, pero la policía, aquí en Piura por lo menos, es la carabina de Ambrosio. No hace nada de nada y sólo sirve para pedir coimas.

—No sólo en Piura —le siguió la cuerda Lituma—. Somos una carabina de Ambrosio en todo el Perú, primo. Eso sí, te advierto que, yo por lo menos, en todos los años que llevo puesto este uniforme, todavía no le he pedido una sola coima a nadie. Y por eso vivo más pobre que un mendigo. Volviendo a don Felícito, la verdad es que la cosa no avanza porque contamos con pocos medios técnicos. El grafólogo que tendría que ayudarnos está con licencia porque lo operaron de hemorroides. Toda la investigación parada por el culo lastimado de ese señor, imagínense.

—¿Quieres decir que no tienen todavía ni la menor pista de los mafiosos? —insistió el Mono. Lituma hubiera jurado que José estaba rogándole con los ojos a su hermano que no siguiera con el mismo tema.

—Tenemos algunas pistas, pero ninguna muy segura —matizó el sargento—. Pero tarde o temprano darán un paso en falso. El problema es que ahora, en Piura, no opera una mafia, sino varias. Pero caerán. Siempre meten la pata y terminan delatándose. Desgraciadamente, hasta ahora no han cometido ningún error.

Volvió a hacerles preguntas sobre Tiburcio y Miguelito, los hijos del transportista, y de nuevo le pareció que a José no le gustaba ese tema. En un momento dado, surgió una contradicción entre los dos hermanos:

—En realidad, los hemos conocido hace muy poco —insistía José de rato en rato.

—Cómo que poco, si hace seis años por lo menos —lo corrigió el Mono—. ¿Ya no te acuerdas de esa vez que Tiburcio nos llevó a Chiclayo en una de sus camionetas? ¿Cuánto hace de eso? Un montón de tiempo. Cuando intentábamos ese negocito que no resultó.

—¿Qué negocito era ése, primo?

—Vender maquinaria agrícola a las comunidades y cooperativas del norte —dijo José—. Los putas nunca pagaban. Se hacían protestar todas las letras. Perdimos casi toda la inversión.

Lituma no insistió. Aquella noche, después de despedirse del Mono y José, agradecerles el chifa, tomar un colectivo hasta su pensión y meterse en la cama, estuvo mucho rato despierto, pensando en sus primos. Sobre todo, José. ¿Por qué maliciaba tanto de él? ¿Por los dibujitos que hacía con la uña en la mesa, solamente? ¿O, de veras, había algo sospechoso en su comportamiento? Se ponía raro, como saltón, cada vez que en la conversación salían los hijos de don Felícito. ¿O eran puras aprensiones suyas por lo perdidos que estaban en la búsqueda? ¿Participaría estas dudas al capitán Silva? Mejor esperar a que todo aquello fuera menos gaseoso y tomara forma.

Sin embargo, lo primero que hizo a la mañana siguiente fue contárselo todo a su jefe. El capitán Silva lo escuchó con atención, sin interrumpirlo, tomando notas en una libreta diminuta con un lápiz tan chiquito que desaparecía entre sus dedos. Al final, murmuró: «Aquí no me parece que haya nada serio. Ninguna pista que seguir,

Lituma. Tus primos León parecen limpios de polvo y paja». Pero se quedó cavilando, callado, mordisqueando su lápiz como si fuera un pucho. De pronto, tomó una decisión:

—¿Sabes una cosa, Lituma? Vamos a conversar de nuevo con los hijos de don Felícito. Por lo que me contaste, parecería que a ese par todavía no les hemos sacado todo el jugo. Hay que exprimirlos un poquito más. Cítalos para mañana y, por separado, por supuesto.

En ese momento, el guardia de la entrada tocó la puerta del cubículo y asomó su cara jovencita y lampiña por el hueco: llamaba por teléfono el señor Felícito Yanaqué, mi capitán. Era urgentisísimo. Lituma vio al comisario descolgar el viejo aparato, lo oyó murmurar «Buenos días, don». Y vio que se le iluminaba la cara como si acabaran de anunciarle que se había sacado el premio gordo de la lotería. «Vamos para allá», chilló y colgó.

—Apareció Mabel, Lituma. Está en su casa chiquita de Castilla. Vamos, corre. ¿No te lo dije? ¡Se tragaron el cuento! ¡La soltaron!

Estaba tan feliz como si ya hubieran echado el guante a los mafiosos de la arañita.

X

—Ésta sí que es una sorpresa —exclamó el padre O'Donovan cuando vio aparecer a Rigoberto en la sacristía donde se acababa de quitar la casulla con que celebró la misa de las ocho—. ¿Tú aquí, Orejitas? Después de tanto tiempo. No me lo creo.

Era un hombre alto, grueso, jovial, con unos ojitos amables que chispeaban detrás de los anteojos de carey y una calvicie avanzada. Parecía ocupar todo el espacio de ese pequeño local de paredes raídas, despintadas y de suelo desportillado, al que llegaba la luz del día a través de una ventana teatina de la que colgaban telarañas.

Se abrazaron con la vieja cordialidad; no se habían visto hacía meses, tal vez un año. En el colegio de La Recoleta, que cursaron juntos desde el primero de primaria hasta el quinto de media, habían sido muy amigos y, algún año, hasta compañeros de carpeta. Luego, al entrar ambos a la Universidad Católica a estudiar Derecho, siguieron viéndose mucho. Militaban en la Acción Católica, tomaban los mismos cursos, estudiaban juntos. Hasta que un buen día Pepín O'Donovan le dio a su amigo Rigoberto la sorpresa de su vida.

—No me digas que tu aparición por acá se debe a que te has convertido y vienes a que te confiese, Orejas —se burló el padre O'Donovan, llevándolo del brazo hacia el pequeño despacho que tenía en la parroquia. Le ofreció una silla. Había estantes, libros, folletos, un crucifijo, una foto del Papa y otra de los padres de Pepín. Un pedazo del techo se había hundido, mostrando la mezcla de caña brava y barro con que estaba construido. ¿Era esta iglesita una reliquia colonial? Estaba en ruinas y podía venirse abajo en cualquier momento.

—He venido a verte porque necesito tu ayuda, así de simple —Rigoberto se dejó caer en el asiento que crujió al recibir su peso y respiró, abrumado. Pepín era la única persona que todavía lo llamaba con el apodo del colegio: Orejas, Orejitas. En su adolescencia, lo acomplejaba un poco. Ahora, ya no.

Cuando, aquella mañana, en la cafetería de la Universidad Católica, al comenzar el segundo año de Derecho, Pepín O'Donovan le anunció de pronto, con la naturalidad con que le habría comentado una clase de Derecho Civil/Instituciones o el último clásico entre el Alianza y la U, que dejarían de verse un tiempo porque estaba partiendo esa noche a Santiago de Chile a iniciar su noviciado, Rigoberto creyó que su amigo le gastaba una broma. «¿Quieres decir que te vas a meter de cura? No juegues, hombre.» Cierto, ambos habían militado en la Acción Católica, pero Pepín jamás insinuó siquiera a su amigo Orejas que había sentido el llamado. Lo que ahora le decía no era broma ni mucho menos, sino una decisión profundamente sopesada, en la soledad y en el silencio, durante años. Luego, Rigoberto supo que Pepín había tenido muchos problemas con sus padres, porque su familia trató por todos los medios de disuadirlo de entrar al seminario.

—Sí, hombre, claro —dijo el padre O'Donovan—. Si puedo echarte una mano, encantado, Rigoberto, no faltaba más.

Pepín no había sido nunca uno de esos chicos beatitos que comulgaban en todas las misas del colegio, a los que los curas engreían y trataban de convencer de que tenían vocación, que Dios los había elegido para el sacerdocio. Era el chico más normal del mundo, deportista, fiestero, palomilla y hasta había tenido por un tiempo una enamorada, Julieta Mayer, una pecosita voleibolista que estudiaba en el Santa Úrsula. Cumplía con ir a misa, como todos los alumnos de La Recoleta y en la Acción Católica había sido un miembro bastante diligente, pero, que Rigoberto recordara, no más devoto que los otros, ni especialmente interesado en las charlas dedicadas a las vocaciones religiosas. Ni siquiera frecuentaba los retiros que de tanto en tanto organizaban los curas en una casa-quinta que tenían en Chosica. No, no era una broma, sino una decisión irreversible. Había sentido el llamado desde niño y lo había pensado mucho, sin contárselo a nadie, antes de decidirse a dar el gran paso. Ahora, ya no cabía marcha atrás. Esa misma noche partió a Chile. La vez siguiente que se vieron, un buen número de años más tarde, Pepín era ya el padre O'Donovan, vestía de cura, llevaba anteojos, mostraba una calvicie precoz y comenzaba su carrera de empedernido ciclista. Seguía siendo una persona sencilla y simpática, tanto que cada vez que se veían se había convertido en una especie de *leitmotiv* para Rigoberto decirle: «Menos mal que no has cambiado, Pepín, menos mal que, aunque lo seas, no pareces un cura». A lo que éste respondía siempre tomándole el pelo con el apodo de la juventud: «Y a ti te siguen creciendo esos adminículos de burro, Orejitas. ¿Por qué será?».

—No se trata de mí —le explicó Rigoberto—. Sino de Fonchito. Lucrecia y yo ya no sabemos qué hacer con este chiquillo, Pepín. Nos está sacando canas verdes, la verdad.

Se habían seguido viendo con cierta frecuencia. El padre O'Donovan casó a Rigoberto con Eloísa, su primera mujer, la difunta madre de Fonchito, y, una vez que enviudó, también lo casó con Lucrecia, en una ceremonia íntima de sólo un puñadito de amigos. Él había bautizado a Fonchito e iba muy de tanto en tanto a almorzar y a oír música al departamento de Barranco, donde lo recibían con gran cariño. Rigoberto lo había ayudado algunas veces con donativos (suyos y de la compañía de seguros) para las obras caritativas de la parroquia. Cuando se veían, solían hablar sobre todo de música, que a Pepín O'Donovan siempre le gustó mucho. Alguna que otra vez Rigoberto y Lucrecia lo invitaban a los conciertos que la Sociedad Filarmónica de Lima auspiciaba en el auditorio del Santa Úrsula.

—No te preocupes, hombre, no será nada —dijo el padre O'Donovan—. Todos los jóvenes del mundo a los quince años tienen y dan problemas. Y si no los tienen, son tontos. Es lo normal.

—Lo normal sería que le hubiera dado por emborracharse, irse con las fulanas, fumarse un pito de marihuana, hacer las barrabasadas que hacíamos tú y yo cuando estábamos en la edad del pato —dijo Rigoberto, apesadumbrado—. No, viejo, a Fonchito no le ha dado por ahí. Sino, en fin, ya sé que te vas a reír, pero, desde hace algún tiempo, se le ha metido en la cabeza que se le aparece el diablo.

El padre O'Donovan trató de contenerse, pero no pudo y soltó una sonora carcajada.

—No me río de Fonchito, sino de ti —aclaró, siempre entre risas—. De que tú, Orejitas, hables del diablo. Ese personaje suena rarísimo en tu boca. Desentona.

—No sé si es el diablo, nunca te he dicho que lo sea, nunca he usado esa palabra, no sé por qué la usas tú, papá —protestó Fonchito, con un hilo de voz, tanto que su padre, para no perder palabra de lo que el chico decía, tuvo que inclinarse y acercarle la cabeza.

—Está bien, perdona, hijo —se disculpó—. Sólo te pido que me digas una cosa. Te hablo muy en serio, Fonchito. ¿Sientes frío cada vez que se te aparece Edilberto Torres? ¿Como si con él llegara a donde tú estás un ventarrón helado?

—Qué tonterías dices, papá —abrió mucho los ojos Fonchito, dudando entre reírse o seguir serio—. ¿Me estás tomando el pelo o qué?

—¿Se le aparece como se le aparecía el diablo al famoso padre Urraca, en forma de señora calata? —volvió a reírse el padre O'Donovan—. Supongo que habrás leído esa tradición de Ricardo Palma, Orejitas, es una de las más divertidas.

—Está bien, está bien —se excusó de nuevo Rigoberto—. Tienes razón, tú nunca me has dicho que el tal Edilberto Torres sea el diablo. Te pido perdón, ya sé que no debo bromear con este asunto. Eso del frío es por una novela de Thomas Mann, en la que el diablo se le aparece al personaje principal, un compositor. Olvídate de mi pregunta. Es que no sé cómo llamarlo a ese sujeto, hijito. Una persona que se te aparece y desaparece así, que se corporiza en los lugares más inesperados, no puede ser de carne y hueso, alguien como tú y como yo. ¿No es cierto? Te juro que no me estoy burlando de ti. Te hablo con el corazón en la mano. Si no es el diablo, será un ángel, entonces.

—Claro que te estás burlando, papá, ¿no ves? —protestó Fonchito—. No he dicho que sea el diablo ni tampoco un ángel. A mí ese señor me da la impresión de ser una persona como tú y como yo, de carne y hueso, por supuesto, y muy normal. Si quieres, cortamos la conversación y ya no hablamos nunca más del señor Edilberto Torres.

—No es un juego, no lo parece —dijo Rigoberto, muy serio. El padre O'Donovan había dejado de reír y ahora lo escuchaba con atención—. El chiquito, aunque no nos lo diga, está completamente alterado con este asunto. Es otra persona, Pepín. Siempre tuvo muy buen apetito, nunca dio problemas con la comida y ahora casi no prueba bocado. Ha dejado de hacer deportes, sus amigos van a buscarlo y se inventa pretextos. Lucrecia y yo tenemos que empujarlo para que se anime a salir. Se ha vuelto lacónico, introvertido, huraño, él que era tan sociable y locuaz. Anda día y noche encerrado en sí mismo, como si una gran preocupación lo devorara por dentro. Ya no reconozco a mi hijo. Lo llevamos donde una psicóloga, que le hizo toda clase de pruebas. Y diagnosticó que no le pasaba nada, que era el niño más normal del mundo. Te juro que ya no sabemos qué hacer, Pepín.

—Si te contara la cantidad de gente que cree ver apariciones, Rigoberto, te caerías de espaldas —trató de tranquilizarlo el padre O'Donovan—. Generalmente son mujeres ancianas. Niños, es más raro. Ellos tienen malos pensamientos, sobre todo.

—¿No podrías hablarle, viejo? —Rigoberto no estaba para bromas—. ¿Aconsejarlo? En fin, no sé. Se le ha ocurrido a Lucrecia, no a mí. Piensa que contigo podría tal vez abrirse más que con nosotros.

—La última vez fue en los cines de Larcomar, papá —Fonchito había bajado los ojos y vacilaba al hablar—. La noche del viernes, cuando fuimos con el Chato Pezzuolo a ver la última de James Bond. Yo estaba metido a fondo en la película, pasándola bacán, y de repente, de repente...

—¿De repente qué? —lo apuró don Rigoberto.

—De repente lo vi, ahí, sentado a mi lado —dijo Fonchito, cabizbajo y respirando hondo—. Era él, no había la menor duda. Te lo juro, papá, ahí estaba. El señor Edilberto Torres. Le brillaban los ojos y, entonces, vi que le corrían unas lagrimitas por las mejillas. No podía ser por la película, papá, en la pantalla no pasaba nada triste, todo era pura trompeadera, besos y aventuras. O sea que lloraba por otra cosa. Y, entonces, no sé cómo decírtelo, pero se me ocurrió que era por mí que estaba tan triste. Que lloraba por mí, quiero decir.

—¿Por ti? —articuló con dificultad Rigoberto—. ¿Y por qué iba a llorar ese señor por ti, Fonchito? ¿De qué te podía compadecer él a ti?

—Eso no lo sé, papá, sólo estoy adivinando. Pero ¿por qué crees que iba a llorar si no, sentado ahí a mi lado?

—¿Y cuando terminó la película y prendieron las luces, Edilberto Torres seguía en el asiento contiguo al tuyo? —preguntó Rigoberto, sabiendo perfectamente la respuesta.

—No, papá. Se había ido. No sé en qué momento se levantaría y se iría. No lo vi.

—Bueno, bueno, claro que sí —dijo el padre O'Donovan—. Hablaré con él, siempre que Fonchito quiera hablar conmigo. Sobre todo, no trates de forzarlo. No se te ocurra obligarlo a venir. Nada de eso. Que venga de buena gana, si se le antoja. A conversar los dos como un par de amigos, díselo así. No le des tanta importancia, Rigoberto. Te apuesto que es una tontería de chiquillo, nada más.

—Yo no se la daba, al principio —asintió Rigoberto—. Con Lucrecia creíamos que, como es un chico con mucha fantasía, se inventaba esa historia para darse importancia, para tenernos pendientes de él.

—¿Pero el tal Edilberto Torres existe o es una pura invención de él? —preguntó el padre O'Donovan.

—Eso es lo que me gustaría descubrir, Pepín, por eso he venido a verte. Hasta ahora no consigo saberlo. Un día creo que sí y al siguiente que no. A ratos, me parece que el chiquito me dice la verdad. Y, a ratos, que juega con nosotros, que nos hace trampas.

Rigoberto nunca había entendido por qué el padre O'Donovan, en vez de orientarse hacia la enseñanza y hacer, dentro de la Iglesia, una carrera intelectual de estudioso y teólogo —era culto, sensible, amaba las ideas y las artes, leía mucho—, se había confinado con empecinamiento en esa tarea pastoral, en esa modestísima parroquia de Bajo el Puente cuyos vecinos debían ser gentes con muy poca instrucción, un mundo en el que su talento estaba como desperdiciado. Alguna vez se había atrevido a hablarle de eso. ¿Por qué no escribías o dabas conferencias, Pepín? ¿Por qué no enseñabas en la Universidad, por ejemplo? Si había alguien, entre sus conocidos, que parecía tener una clara vocación intelectual, una pasión por las ideas, eras tú, Pepín.

—Porque donde hago más falta es en mi parroquia de Bajo el Puente —se limitó a encogerse de hombros Pepín O'Donovan—. Hacen falta pastores; los intelectuales sobran más bien, Orejitas. Te equivocas si crees que me cuesta hacer lo que hago. El trabajo de la parroquia me estimula mucho, me mete de pies y cabeza en la vida real. En las bibliotecas, a veces uno se aísla demasiado del mundo de todos los días, de la gente común. Yo no creo en tus espacios de civilización, que te apartan de los demás y te convierten en un anacoreta, ya hemos discutido mucho de eso.

No parecía un cura porque nunca tocaba temas religiosos con su viejo compañero de colegio; sabía que Rigoberto había dejado de ser creyente en sus años universitarios y no parecía incomodarle lo más mínimo alternar con un agnóstico. Las raras veces que iba a almorzar a la casa de Barranco, después de levantarse de la mesa, él y Rigoberto solían encerrarse en el escritorio y poner un disco compacto, generalmente de Bach, por cuya música de órgano Pepín O'Donovan tenía predilección.

—Yo estaba convencido que todas esas apariciones eran un invento de él —precisó Rigoberto—. Pero esta psicóloga que vio a Fonchito, la doctora Augusta Delmira Céspedes, habrás oído hablar de ella, ¿no?, parece que es muy conocida, me ha hecho volver a dudar. Nos dijo a Lucrecia y a mí de manera terminante que Fonchito no mentía, que decía la verdad. Que Edilberto Torres existe. Nos ha dejado muy confundidos, como te podrás imaginar.

Rigoberto le contó al padre O'Donovan que, después de dudarlo mucho, él y Lucrecia habían decidido buscar una agencia especializada («¿De esas que contratan los maridos celosos para hacer espiar a sus esposas traviesas?», se burló el cura y Rigoberto asintió: «Esas mismas») para que durante una semana siguiera los pasos de Fonchito todas las veces que salía a la calle, solo o con amigos. El informe de la agencia —«que, dicho sea de paso, me costó un platal»— había sido elocuente y contradictorio: en ningún momento, en ninguna parte, el chiquillo había tenido el menor contacto con señores mayores, ni en el cine, ni en la fiesta de la familia Argüelles, ni cuando iba al colegio ni a la salida, ni tampoco en su fugaz visita con su amigo Pezzuolo a una discoteca de San Isidro. Sin embargo, en esa discoteca Fonchito al entrar al baño a hacer pipí, tuvo un encuentro inesperado: ahí estaba el caballero de marras, lavándose las manos. (Claro que esto no lo decía el informe de la agencia.)

—Hola, Fonchito —dijo Edilberto Torres.

—¿En la discoteca? —preguntó Rigoberto.

—En el baño de la discoteca, papá —precisó Fonchito. Hablaba con seguridad, pero parecía que le pesara la lengua y cada palabra le costara gran esfuerzo.

—¿Te estás divirtiendo aquí, con tu amigo Pezzuolo? —el caballero parecía desolado. Se había lavado las manos y ahora se las secaba con un pedazo de papel que acababa de arrancar del pequeño buzón colgado en la pared. Tenía la chompita morada de otras veces, pero no el terno gris sino uno azul.

—¿Por qué está usted llorando, señor? —se atrevió a preguntarle Fonchito.

—¿Edilberto Torres estaba llorando también ahí, en el baño de una discoteca? —respingó don Rigoberto—. ¿Como el día que lo viste en el cine de Larcomar, sentado a tu lado?

—En el cine lo vi a oscuras y pude equivocarme —contestó Fonchito, sin vacilar—. En el baño de la discoteca, no. Había bastante luz. Estaba llorando. Las lágrimas le salían por los ojos, le bajaban por la cara. Era, era, no sé cómo decirlo, papá. Triste, tristísimo, te lo juro. Verlo llorar en silencio, sin decir nada, mirándome con tanta pena. Parecía sufrir mucho y me hacía sentir mal.

—Perdone, pero tengo que irme, señor —balbuceó Fonchito—. Me está esperando mi amigo el Chato Pezzuolo, allí afuera. Me da no sé qué verlo llorar así, señor.

—O sea que, ya ves, Pepín, no es para tomarlo a la broma —concluyó Rigoberto—. ¿Nos cuenta el cuento?

¿Delira? ¿Ve visiones? Salvo por ese tema, el chico parece muy normal cuando habla de otras cosas. Las notas del colegio, este mes, han sido tan buenas como de costumbre. Ni Lucrecia ni yo sabemos ya qué pensar. ¿Se está volviendo loco? ¿Es una crisis nerviosa de adolescencia, algo pasajero? ¿Sólo quiere asustarnos y tenernos pendientes de él? Por eso he venido, viejo, por eso hemos pensado en ti. Te agradecería tanto que nos echaras una mano. Se le ocurrió a Lucrecia, ya te dije: «El padre O'Donovan puede ser la solución». Ella es creyente, como sabes.

—Claro que sí, no faltaría más, Rigoberto —volvió a asegurarle su amigo—. Siempre que acepte hablar conmigo. Ésa es mi única condición. Puedo ir a verlo a tu casa. Puede venir aquí a la parroquia. O puedo reunirme con él en otra parte. Cualquier día de esta semana. Ya me doy cuenta que es muy importante para ustedes. Te prometo hacer todo lo que pueda. Lo único, eso sí, no lo obligues. Propónselo y que él decida si quiere conversar conmigo o no.

—Si me sacas de esto, hasta me convierto, Pepín.

—Ni hablar —le hizo vade retro el padre O'Donovan—. En la Iglesia no queremos pecadores tan refinados como tú, Orejitas.

No sabían cómo presentarle el asunto a Fonchito. Fue Lucrecia quien se atrevió a hablarle. El chiquillo se desconcertó un poco al principio y lo tomó a chacota. «Pero, cómo, madrastra, ¿mi papá no era un agnóstico? ¿A él se le ha ocurrido que hable con un cura? ¿Quiere que me confiese?» Ella le explicó que el padre O'Donovan era un hombre con una gran experiencia de la vida, una persona llena de sabiduría, fuera o no fuera sacerdote. «¿Y si me convence de que me meta al seminario y me haga cura, qué dirían tú y mi papá?», siguió bromeando el niño. «Eso sí que no, Fonchito, no lo digas ni en juego. ¿Tú, sacerdote? ¡Dios nos libre!»

El chico aceptó, como había aceptado ver a la doctora Delmira Céspedes, y dijo que prefería ir a la parroquia de Bajo el Puente. El propio Rigoberto lo llevó en su auto. Lo dejó allí y fue a recogerlo un par de horas después.

—Es un tipo muy simpático, tu amigo —se limitó a comentar Fonchito.

—¿O sea que la conversación valió la pena? —exploró el terreno don Rigoberto.

—Fue muy buena, papá. Tuviste una gran idea. He aprendido un montón de cosas hablando con el padre O'Donovan. No parece cura, no te da consejos, te escucha. Tenías razón.

Pero no quiso dar ninguna otra explicación ni a él ni a su madrastra, pese a los ruegos de los dos. Se limitaba a generalidades, como el olor a orines de gato que impregnaba la parroquia («¿no te fijaste, papá?»), pese a que el párroco le aseguró que no tenía ni había tenido nunca un micifuz y que, más bien, aparecían a veces ratoncitos por la sacristía.

Rigoberto dedujo pronto que algo extraño, acaso grave, había ocurrido en ese par de horas en que Pepín y Fonchito estuvieron conversando. Si no, por qué el padre O'Donovan habría estado a lo largo de cuatro días escabulléndosele con toda clase de pretextos, como si temiera reunirse con él a contarle su charla con el chiquillo. Tenía citas, obligaciones en la parroquia, reunión con el obispo, ir donde el médico para un examen de no sé qué. Tonterías por el estilo, para evitar encontrarse con él.

—¿Estás buscando pretextos para no contarme cómo fue tu conversación con Fonchito? —lo encaró al quinto día, cuando el sacerdote se dignó contestarle el teléfono.

Hubo un silencio de varios segundos en el auricular y, por fin, Rigoberto oyó decir al cura algo que lo dejó estupefacto:

—Sí, Rigoberto. La verdad, sí. Te he estado quitando el cuerpo. Lo que tengo que decirte es algo que no te esperas —afirmó misteriosamente el padre O'Donovan—.

Pero, como no hay más remedio, hablemos del asunto, pues. Iré a almorzar a tu casa el sábado o el domingo. ¿Qué día les va mejor?

—El sábado, ese día Fonchito suele almorzar en casa de su amigo Pezzuolo —dijo Rigoberto—. Lo que me has dicho me va a dejar desvelado hasta el sábado, Pepín. Y peor todavía a Lucrecia.

—Así me he quedado yo desde que tuviste la ocurrencia de que hablara con tu hijito —dijo secamente el sacerdote—. Hasta el sábado, entonces, Orejitas.

El padre O'Donovan debía ser el único religioso que se desplazaba por la vasta Lima no en ómnibus ni colectivos, sino en bicicleta. Decía que era el único ejercicio que hacía, pero que lo practicaba de manera tan asidua que lo mantenía en excelente estado físico. Por lo demás, le gustaba pedalear. Mientras lo hacía pensaba, preparaba sus sermones, escribía cartas, programaba los quehaceres del día. Eso sí, había que estar todo el tiempo muy alerta, sobre todo en las esquinas y en los semáforos que en esta ciudad nadie respetaba, y donde los automovilistas manejaban más con la intención de atropellar a los peatones y a los ciclistas que la de llevar su vehículo a buen puerto. Pese a ello, él había tenido suerte, pues, en más de veinte años que llevaba recorriendo toda la ciudad en dos ruedas, apenas lo habían atropellado una vez, sin mayores consecuencias, y sólo le habían robado una bicicleta. ¡Excelente balance!

El sábado, a eso del mediodía, Rigoberto y Lucrecia, que espiaban la calle desde la terraza del penthouse donde vivían, vieron aparecer al padre O'Donovan pedaleando furiosamente por el malecón Paul Harris de Barranco. Sintieron gran alivio. Les parecía tan raro que el religioso hubiera demorado tanto la cita para darles cuenta de su conversación con Fonchito que, incluso, temieron que se inventara una excusa de último momento para no venir. ¿Qué podía haber pasado en esa conversación para que se mostrara tan reticente a contársela?

Justiniana bajó a la calle a decirle al portero que permitiera al padre O'Donovan meter su bicicleta al edificio para ponerla a salvo de los ladrones y lo acompañó en el ascensor. Pepín abrazó a Rigoberto, besó a Lucrecia en la mejilla, y pidió permiso para ir al baño a lavarse las manos y la cara pues venía sudando.

—¿Cuánto te demoraste en tu bicicleta desde Bajo el Puente? —le preguntó Lucrecia.

—Apenas media hora —dijo él—. Con los embotellamientos que hay ahora en Lima, en bicicleta se va más rápido que en un auto.

Pidió un jugo de fruta como aperitivo y los miró a los dos, despacio, sonriéndoles.

—Ya sé que deben haber estado hablando pestes de mí, por no haberles contado cómo me fue —dijo.

—Sí, Pepín, exactamente, pestes y sapos y culebras también. Tú sabes lo alarmados que nos tiene este asunto. Eres un sádico.

—¿Cómo fue la cosa? —preguntó con ansiedad doña Lucrecia—. ¿Te habló con franqueza? ¿Te contó todo? ¿Cuál es tu opinión?

El padre O'Donovan, ahora muy serio, respiró hondo. Ronroneó que esa media hora de pedaleo lo había cansado más de lo que quería admitir. E hizo una larga pausa.

—¿Quieren que les diga una cosa? —los miró con una cara entre afligida y desafiante—. La verdad, no me siento nada cómodo con la conversación que vamos a tener.

—Yo tampoco, padre —dijo Fonchito—. No tenemos por qué tenerla. Yo sé muy bien que mi papá está con los nervios de punta por mi culpa. Si usted quiere, póngase a hacer lo que tenga que hacer y a mí me presta una revista, aunque sea de religión. Después, le decimos a mi papá y a mi madrastra que ya conversamos y usted se inventa cualquier cosa que pueda tranquilizarlos. Y ya está.

—Vaya, vaya —dijo el padre O'Donovan—. De tal palo tal astilla, Fonchito. ¿Sabes que a tu edad, en La Recoleta, tu padre era un gran embaucador?

—¿Llegaste a hablar con él del asunto? —preguntó Rigoberto, sin ocultar su ansiedad—. ¿Se abrió contigo?

—La verdad es que no lo sé —dijo el padre O'Donovan—. Este chiquillo es como el azogue, me pareció que se me escurría todo el tiempo. Pero, quédense tranquilos. Por lo menos de una cosa estoy seguro. Ni está loco, ni delira, ni les toma el pelo. Me pareció la criatura más sana y centrada del mundo. Esa psicóloga que lo vio les dijo la más estricta verdad: no tiene problema psíquico alguno. Hasta donde puedo juzgar yo, claro, que no soy ni psiquiatra ni psicólogo.

—Pero, entonces, las apariciones de ese tipo —lo interrumpió Lucrecia—. ¿Sacaste algo en claro? ¿Existe o no existe Edilberto Torres?

—Aunque eso de normal quizás tampoco sea lo más justo —se corrigió a sí mismo el padre O'Donovan, esquivando la pregunta—. Porque ese niño tiene algo excepcional, algo que lo diferencia de los otros. No me refiero sólo a que sea inteligente. Lo es, sí. No exagero un ápice, Rigoberto, ni lo digo por halagarte. Pero, además, el chico tiene en la mente, en el espíritu, algo que llama la atención. Una sensibilidad muy especial, muy suya, que, pienso, no tenemos el común de los mortales. Como lo oyen. No sé si es para alegrarse o asustarse, por lo demás. Tampoco descarto que haya querido darme esa impresión y que lo haya conseguido, como lo haría un consumado actor. He dudado mucho en venir a decirles esto. Pero creo que era mejor que lo hiciera.

—¿Podemos ir al grano, Pepín? —se impacientó don Rigoberto—. Déjate de escamotear el asunto. Para decirlo claramente, no sigas con tanta cojudez y vamos al meollo del problema. Habla claro y deja de quitarle el poto a la jeringa, por favor.

—Qué son esas palabrotas, Rigoberto —lo reprendió Lucrecia—. Es que estamos tan angustiados, Pepín. Discúlpalo. Creo que es la primera vez que oigo a tu amigo Orejitas hablando como un carretero.

—Bueno, perdona, Pepín, pero dímelo de una vez, viejo —insistió Rigoberto—. ¿Existe el ubicuo Edilberto Torres? ¿Se le aparece en los cines, en los baños de las discotecas, en los estadios de los colegios? ¿Puede ser cierto tanto disparate?

El padre O'Donovan se había puesto a sudar de nuevo, copiosamente, y ahora no era por la bicicleta, pensó Rigoberto, sino por la tensión que le causaba tener que dar un veredicto sobre este tema. Pero ¿qué demonios era esto? ¿Qué le pasaba?

—Pongámoslo así, Rigoberto —dijo el sacerdote, tratando las palabras con un cuidado extremo, como si tuvieran espinas—. Fonchito cree que lo ve y que habla con él. Eso me parece incuestionable. Bueno, yo creo que él lo cree firmemente, así como cree que no te miente cuando te dice que lo ha visto y hablado con él. Aunque esas apariciones y desapariciones parezcan absurdas y lo sean. ¿Entienden lo que trato de decirles?

Rigoberto y Lucrecia se miraron y luego miraron en silencio al padre O'Donovan. El sacerdote parecía ahora tan confundido como ellos. Se había entristecido y se notaba que tampoco él estaba contento con su respuesta. Pero era también evidente que no tenía otra, que no sabía ni podía explicarlo mejor.

—Entiendo, claro que sí, pero eso que me dices no quiere decir nada, Pepín —se quejó Rigoberto—. Que Fonchito no está tratando de engañarnos era una de las hipótesis, por supuesto. Que estuviera engañándose a sí mismo, autosugestionándose. ¿Es eso lo que crees?

—Ya sé que lo que les digo los decepciona, que ustedes esperaban algo más definitivo, más tajante —continuó el padre O'Donovan—. Lo siento, pero no puedo ser más concreto, Orejitas. No lo puedo. Eso es todo lo que he podido sacar en claro. Que el chiquillo no miente. Cree que ve a ese señor y, acaso, acaso, es posible que lo vea. Y que sólo él lo vea y no los demás. No puedo ir más allá de eso. Es una simple conjetura. Te repito que tampoco excluyo que tu hijo me haya metido el dedo a la boca. En otras palabras, que sea más astuto y hábil que yo. Quizás haya salido a ti, Orejitas. ¿Recuerdas que en La Recoleta el padre Lagnier te decía mitómano?

—Pero, entonces, lo que has sacado no es nada claro sino muy oscuro, Pepín —murmuró Rigoberto.

—¿Se trata de visiones? ¿De alucinaciones? —intentó concretar Lucrecia.

—Pueden llamarlas así, pero no si asocian esas palabras a un desequilibrio, a una enfermedad mental —afirmó el sacerdote—. Mi impresión es que Fonchito tiene control total sobre su mente y sus nervios. Es un niño equilibrado, distingue con lucidez lo real de lo fantástico. Eso sí que lo puedo asegurar, metiendo mis manos al fuego por su cordura. En otras palabras, éste no es un asunto que pueda resolver un psiquiatra.

—Supongo que no estás hablando de milagros —dijo Rigoberto, irritado y burlón—. Porque si Fonchito es la única persona que ve a Edilberto Torres y habla con él, me estás hablando de poderes milagrosos. ¿Hemos caído tan bajo, Pepín?

—Claro que no estoy hablando de milagros, Orejas, y Fonchito tampoco —se irritó a su vez el sacerdote—. Estoy hablando de algo que no sé cómo llamarlo, simplemente. Ese niño está viviendo una experiencia muy especial. Una experiencia, no diré religiosa porque tú no sabes ni quieres saber lo que es eso, pero, transemos en esa palabra, espiritual. De sensibilidad, de sentimiento exacerbado. Algo que sólo muy indirectamente tiene que ver con el mundo material y racional en el que nos movemos. Edilberto Torres simboliza para él todo el sufrimiento humano. Ya sé que no me entiendes. Por eso temía tanto venir a darles cuenta de mi charla con Fonchito.

—¿Una experiencia espiritual? —repitió doña Lucrecia—. ¿Qué quiere decir, exactamente? ¿Nos lo puedes explicar, Pepín?

—Quiere decir que se le aparece el diablo, que se llama Edilberto Torres y que resultó ser peruano —resumió, sarcástico y enojado Rigoberto—. En el fondo, eso es lo que nos estás diciendo con toda esa palabrería insulsa de curita milagrero, Pepín.

—El almuerzo está servido —dijo la oportuna Justiniana, desde la puerta—. Pueden pasar a la mesa cuando quieran.

—Al principio no me molestaba, sólo me sorprendía —dijo Fonchito—. Pero ahora sí. Aunque, molestar no sea la palabra justa, padre. Me angustia, más bien, me hace pasar un mal rato, me da tristeza. Desde que lo veo llorar, ¿se da usted cuenta? Las primeras veces no lloraba, sólo quería conversar. Y, aunque no me dice por qué llora, yo siento que llora por todo lo malo que pasa. Y también por mí. Eso es lo que me da más pena.

Hubo una larga pausa y por fin el padre O'Donovan dijo que los camarones estaban deliciosos y que se notaba que venían del río Majes. ¿Había que felicitar a Lucrecia o a Justiniana por ese manjar?

—A ninguna de las dos, sino a la cocinera —respondió Lucrecia—. Se llama Natividad y es arequipeña, por supuesto.

—¿Cuándo fue la última vez que lo viste a ese señor? —preguntó el sacerdote. Había perdido el aire confiado y seguro que conservaba hasta ahora y se lo notaba algo nervioso. Hizo la pregunta con profunda humildad.

—Ayer, cruzando el Puente de los Suspiros, en Barranco, padre —contestó Fonchito al instante—. Yo estaba caminando por el puente y había otras tres personas alrededor, calculo. Y, de repente, sentado en la baranda, ahí estaba él.

—¿Siempre llorando? —preguntó el padre O'Donovan.

—No lo sé, lo vi sólo un momento, al pasar. No me paré, me seguí de largo, apurando el paso —aclaró el chiquillo y ahora parecía asustado—. No sé si lloraba. Pero sí tenía esa cara de tanta tristeza. No sé cómo decirlo, padre. La tristeza del señor Torres no se la he visto nunca a nadie, le juro. Me contagia, me quedo descompuesto mucho rato, muerto de pena, sin saber qué hacer. Me gustaría saber por qué llora. Me gustaría saber qué quiere que yo haga. A veces me digo que llora por toda la gente que sufre. Por los enfermos, por los ciegos, por los que piden limosna por las calles. Bueno, no sé, se me pasan muchas cosas por la cabeza cada vez que lo veo. Sólo que no sé cómo explicarlas, padre.

—Las explicas muy bien, Fonchito —reconoció el padre O'Donovan—. No te preocupes por eso.

—Pero, entonces, ¿qué debemos hacer? —preguntó Lucrecia.

—Aconséjanos, Pepín —añadió Rigoberto—. Estoy completamente paralizado. Si es como tú dices, ese niño tiene una especie de don, una hipersensibilidad, ve lo que nadie más ve. ¿Es eso, no? ¿Debo hablarle del asunto? ¿Debo callarme? Me preocupa, me asusta. No sé qué hacer.

—Darle cariño y dejarlo en paz —dijo el padre O'Donovan—. Lo seguro es que ese personaje, exista o no exista, no es ningún pervertido ni quiere hacerle el menor daño a tu hijo. Exista o no exista, tiene que ver más con el alma, bueno, con el espíritu si prefieres, que con el cuerpo de Fonchito.

—¿Una cosa mística? —intervino Lucrecia—. ¿Eso sería? Pero Fonchito nunca ha sido muy religioso. Todo lo contrario, diría yo.

—Quisiera poder ser más preciso, pero no puedo —confesó una vez más el padre O'Donovan, con una expresión de derrota—. Algo le pasa a ese chiquillo que no tiene una explicación racional. No sabemos todo lo que hay en nosotros mismos, Orejitas. Los seres humanos, cada persona, somos abismos llenos de sombras. Algunos hombres, algunas mujeres, tienen una sensibilidad más intensa que otros, sienten y perciben cosas que a los demás nos pasan desapercibidas. ¿Podría ser un puro producto de su imaginación? Sí, tal vez. Pero podría ser también otra cosa a la que no me atrevo a ponerle nombre, Rigoberto. Tu hijo vive esta experiencia con tanta fuerza, con tanta autenticidad, que me resisto a creer que se trate de algo puramente imaginario. Y no quiero ni voy a decir más que eso.

Se calló y se quedó mirando el plato con la corvina y el arroz con una especie de sentimiento híbrido, de alelamiento y ternura. Ni Lucrecia ni Rigoberto habían probado bocado.

—Siento no haberles servido de mucho —añadió el sacerdote, apenado—. En vez de ayudarlos a salir de este enredo, me he quedado enredado yo también en él.

Hizo una larga pausa y los miró a uno y a otro con ansiedad.

—No exagero si les digo que es la primera vez en mi vida que enfrento algo para lo que no estaba preparado —murmuró, muy serio—. Algo que, para mí, no tiene una explicación racional. Ya les dije que tampoco descarto que el chiquitín tenga una capacidad de disimulación excepcional y me haya hecho tragar un soberbio cuentanazo. No es imposible. He pensado mucho en eso. Pero no, no lo creo. Pienso que es muy sincero.

—No nos vas a dejar muy tranquilos sabiendo que mi hijo tiene comercio cotidiano con el más allá —dijo Rigoberto, encogiendo los hombros—. Que Fonchito es algo parecido a la pastorcita de Lourdes. ¿Era una pastorcita, no?

—Tú te vas a reír, ustedes dos se van a reír —dijo el padre O'Donovan, jugueteando con el tenedor y sin atacar la corvina—. Pero, en estos días no he dejado de pensar un solo momento en este niño. Entre todas las personas que he conocido en mi vida, y son muchas, creo que Fonchito es la que está más cerca de eso que nosotros, los creyentes, llamamos un ser puro. Y no sólo por lo apuesto que es.

—Ya te salió el cura, Pepín —se indignó Rigoberto—. ¿Estás sugiriendo que mi hijo podría ser un ángel?

—Un ángel sin alitas en todo caso —se reía Lucrecia, ahora sí con franca alegría y los ojos ardiendo de malicia.

—Lo digo y lo repito aunque a ustedes les dé risa —afirmó el padre O'Donovan, riéndose también—. Sí, Orejitas, sí, Lucrecia, como lo oyen. Y aunque a ustedes les haga gracia. Un angelito, por qué no.

XI

Cuando llegaron a la casita de Castilla, al otro lado del río, donde vivía Mabel, el sargento Lituma y el capitán Silva sudaban la gota gorda. El sol golpeaba fuerte desde un cielo sin nubes en el que trazaban círculos algunos gallinazos y no había siquiera una leve brisa que atenuara el calor. A lo largo de todo el recorrido desde la comisaría, Lituma estuvo haciéndose preguntas. ¿En qué estado encontrarían a la linda morochita? ¿Habrían maltratado esos cabrones a la amante de Felícito Yanaqué? ¿Se la habrían paleteado? ¿La habrían violado? Muy posible, considerando lo buena moza que era, cómo no iban a aprovecharse teniéndola día y noche a su merced.

Les abrió la puerta de la casita de Mabel el mismo Felícito. Estaba eufórico, aliviado, feliz. Le había cambiado la cara adusta que Lituma le vio siempre, desaparecido la expresión tragicómica de los últimos días. Ahora sonreía de oreja a oreja y los ojitos le brillaban de contento. Parecía rejuvenecido. Estaba sin saco y con el chaleco desabotonado. Qué enclenque era, su pecho y su espalda casi se tocaban, y qué renacuajo, a Lituma le pareció casi un enano. Apenas vio a los dos policías, hizo algo insólito en un hombre tan poco dado a manifestaciones emotivas: abrió los brazos y estrechó al capitán Silva.

—Ocurrió como usted dijo, capitán —lo palmeaba, efusivo—. La soltaron, la soltaron. Tenía razón, señor comisario. Me faltan las palabras para agradecerle. Estoy viviendo de nuevo gracias a usted. Y también a usted, sargento. Muchas gracias, muchas gracias a los dos.

Tenía los ojitos húmedos de la emoción. Mabel estaba duchándose, ahorita vendría. Los hizo sentar en la salita, debajo de la imagen del Corazón de Jesús, frente a la pequeña mesa donde había una llamita de cartón y una bandera peruana. El ventilador encendido chirriaba de manera sincrónica y la corriente de aire hamacaba las flores de plástico. A las preguntas del oficial, el transportista asentía, expansivo y alegre: sí, sí, ella estaba bien, había sido un gran susto, por supuesto, pero felizmente no le habían pegado, ni vejado, gracias a Dios. La tuvieron con los ojos vendados y las manos amarradas todos estos días, qué gente tan desalmada, tan cruel. La misma Mabel les daría todos los detalles ahorita que saliera. Y, de tanto en tanto, Felícito elevaba las manos al cielo: «Si le hubiera pasado algo, nunca me lo perdonaría. ¡Pobrecita! Todo este vía crucis por mi culpa. Nunca he sido muy devoto, pero le prometí a Dios que a partir de ahora iré a misa sin falta todos los domingos». «Está templado de ella hasta los tuétanos», pensaba Lituma. Seguro que se la cacharía riquisisísimo. Esta idea le recordó su soledad, el largo tiempo que llevaba sin mujer. Envidió a don Felícito y sintió cólera contra sí mismo.

Mabel salió a saludarlos en una bata floreada, en sandalias y una toalla a modo de turbante en la cabeza. Así, sin maquillaje, paliducha, los ojitos todavía asustados, le pareció a Lituma menos agraciada que el día que fue a la comisaría a prestar su declaración. Pero le gustó cómo aleteaban las ventanillas de su naricita respingada, sus tobillos delicados, la curva de sus empeines. La piel de sus piernas era más clara que la de sus manos y sus brazos.

—Siento no poder ofrecerles nada —dijo, indicándoles que se sentaran. Y todavía intentó hacerles un chiste—: Como se imaginarán, estos días no pude hacer las compras y en la nevera no me queda ni una Coca-Cola.

—Sentimos mucho lo que le ha ocurrido, señora —le hizo una reverencia el capitán Silva, muy ceremonioso—. El señor Yanaqué nos decía que no la maltrataron. ¿Cierto?

Mabel hizo una extraña mueca, medio sonrisa medio puchero.

—Bueno, hasta por ahí, nomás. No me pegaron ni me violaron, por suerte. Pero no diría que no me maltrataron. Nunca he tenido tanto terror en mi vida, señor. Nunca había dormido tantas noches en el suelo, sin colchón y sin almohada. Con los ojos vendados y las manos amarradas como un equeco, además. Creo que los huesos me dolerán el resto de la vida. ¿No son maltratos ésos? En fin, por lo menos estoy viva, eso sí.

Le temblaba la voz y por instantes asomaba en el fondo de sus ojos negros un miedo profundo, que ella hacía esfuerzos por dominar. «Malditos conchas de su madre», pensó Lituma. Sentía pena y cólera por lo que había pasado Mabel. «Tendrán que pagarlo, carajo.»

—No sabe cuánto lamentamos venir a molestarla en estos momentos, usted querrá descansar —se disculpó el capitán Silva, jugando con su quepis—. Pero, espero que nos comprenda. Es que no podemos perder tiempo, señora. ¿Le importaría que le hiciéramos algunas preguntitas? Es indispensable, antes que esos sujetos se hagan humo.

—Claro, claro, lo entiendo muy bien —asintió Mabel, poniendo buena cara, pero sin ocultar del todo su contrariedad—. Pregúnteme nomás, señor.

Lituma estaba impresionado con las demostraciones de cariño que le hacía Felícito Yanaqué a su hembrita. Le pasaba la mano por la cara con dulzura, como si fuera su perrita engreída, le apartaba los cabellos sueltos de la frente y los deslizaba bajo la toalla que hacía de turbante, espantaba los moscardones que se le acercaban. La miraba con ternura y no le quitaba la vista. Le había cogido una mano y la retenía entre las suyas.

—¿Les llegó a ver la cara? —preguntó el capitán—. ¿Los reconocería si los viera de nuevo?

—Creo que no —Mabel negaba con la cabeza, pero no parecía muy segura de lo que decía—. Sólo vi a uno de ellos, y apenitas. El que estaba junto al árbol, esa ponciana que da flores rojas, cuando llegué a la casa esa noche. Apenas si me fijé en él. Estaba medio de lado, me parece, y en la oscuridad. Justo cuando se volteó a decirme algo y lo pude mirar, me echaron una frazada encima de la cabeza. Me ahogaba. Y ya no volví a ver nada más hasta esta mañana, en que...

Se interrumpió, con la cara descompuesta y Lituma comprendió que hacía grandes esfuerzos para no romper a llorar. Trataba de seguir hablando pero no le salía la voz. Felícito les imploraba con los ojos que tuvieran compasión de Mabel.

—Cálmese, cálmese —la consoló el capitán Silva—. Es usted muy valiente, señora. Ha tenido una experiencia terrible y no la han quebrado. Sólo le pido un último esfuercito, por favor. Por supuesto que preferiríamos no tener que hablar de esto, ayudarla a enterrar esos malos recuerdos. Pero, los zamarros que la secuestraron tienen que estar entre rejas, ser castigados por lo que le han hecho. Usted es la única que puede ayudarnos a llegar hasta ellos.

Mabel asintió, con una sonrisa afligida. Sobreponiéndose, continuó. Su relato le pareció a Lituma coherente y fluido, aunque a ratos la sacudían esos ramalazos de miedo que la hacían quedarse callada unos segundos, temblando. Palidecía, le chocaban los dientes. ¿Revivía los instantes de pesadilla, el miedo cerval que debió sentir día y noche a lo largo de la semana que estuvo en poder de la mafia? Pero, luego, volvía a retomar su historia, interrumpida de tanto en tanto por el capitán Silva, que («con qué modales tan educados», pensaba Lituma, sorprendido) le pedía alguna precisión sobre lo que contaba.

El secuestro había tenido lugar hacía siete días, luego del concierto de un coro marista en la iglesia de San

Francisco, en la calle Lima, al que Mabel asistió con su amiga Flora Díaz, esa que tenía una tienda de ropa en la calle Junín llamada Creaciones Florita. Eran amigas hacía tiempo y a veces salían juntas al cine, a tomar lonche y hacer compras. Los viernes por la tarde solían ir a la iglesia de San Francisco, donde se proclamó la Independencia de Piura, pues había funciones de música, conciertos, coros, bailes y presentación de conjuntos profesionales. Ese viernes el Coro de los Maristas cantaba himnos religiosos, muchos en latín, o así parecía. Como Flora y Mabel se aburrían, se salieron antes de que terminara la función. Se despidieron al comenzar el Puente Colgante y Mabel regresó a su casa caminando ya que estaba tan cerquita. No notó nada extraño durante su caminata, ni que un peatón o algún auto la siguieran. Nada de nada. Sólo los perros callejeros, las nubes de churres metiendo vicio, la gente tomando el fresco y platicando en sillas y mecedoras que habían sacado a las puertas de las casas, las cantinas, tiendas y restaurantes ya con clientes y sus radiolas a todo volumen con sus músicas que se mezclaban llenando el ambiente de un ruido ensordecedor. («¿Había luna?», preguntó el capitán Silva y, por un instante, Mabel se desconcertó: «¿Había? Disculpe, no me acuerdo».)

La callecita de su casa estaba desierta, creía recordar. Apenas notó esa silueta masculina medio recostada en la ponciana. Tenía la llave en la mano y, si el tipo hubiera hecho el intento de acercársele, se hubiera alarmado, pedido socorro, echado a correr. Pero no notó que hiciera el menor movimiento. Metió la llave en la cerradura y tuvo que forcejear algo —«Felícito les habrá contado que siempre se atraca algo»— cuando sintió unas siluetas que se le acercaban. No tuvo tiempo de reaccionar. Sintió que le echaban una manta por la cabeza y que varios brazos la cogían, todo al mismo tiempo. («¿Cuántos brazos?», «Cuatro, seis, quién sabe».) La cargaron en peso, le taparon la boca sofocando sus chillidos. Le pareció que todo ocurría en un segundo, había un terremoto y ella estaba en el centro del sismo. Pese al pánico tan grande trató de dar patadas y de mover los brazos, hasta que sintió que la tumbaban en una camioneta, un auto o un camión y que los tipos la inmovilizaban, sujetándola de los pies, las manos y la cabeza. Entonces, oyó esa frase que todavía le resonaba en los oídos: «Quieta y calladita si quieres seguir viva». Sintió que le pasaban algo frío por la cara, quizás un cuchillo, quizás la cacha o el cañón de un revólver. El vehículo arrancó; con el zangoloteo se iba golpeando contra el suelo. Entonces se encogió y se quedó muda, pensando: «Voy a morir». Ni siquiera tenía ánimos para rezar. Sin quejarse ni resistir, dejó que le vendaran los ojos, le pusieran encima una capucha y le amarraran las manos. No les vio las caras porque todo eso lo hicieron a oscuras, mientras circulaban probablemente por la carretera. No había luces eléctricas y alrededor todo era noche cerrada. Estaría nublado, no habría luna, pues. Dieron vueltas y vueltas durante un tiempo que le parecieron horas, siglos y acaso fueran sólo unos minutos. Con la cara vendada, las manos atadas y el miedo perdió la noción del tiempo. Desde entonces, nunca llegó a saber en qué día estaba, si era de noche, si había gente vigilándola o la habían dejado sola en el cuarto. El suelo donde la tendieron era muy duro. A veces sentía insectos que le caminaban por las piernas, tal vez esas horribles cucarachas que ella detestaba más que a las arañas y a los ratones. La hicieron bajar de la camioneta cogiéndola de los brazos y caminar a tientas, tropezando, entrar a una casa donde una radio tocaba música criolla, bajar escaleras. Después de tenderla en el suelo sobre una estera, se largaron. Se quedó allí, en la oscuridad, temblando. Ahora sí pudo rezar. Les rogaba a la Virgen y a todos los santos que recordaba, a Santa Rosa de Lima y al Señor Cautivo de Ayabaca por supuesto, que la ampararan. Que no la dejaran morir así, que cesara ese suplicio.

Durante los siete días que estuvo secuestrada no tuvo una sola conversación con los secuestradores. Nunca la sacaron de esa habitación. Nunca volvió a ver la luz, porque nunca le quitaron la venda de los ojos. Había un recipiente o balde donde podía hacer sus necesidades, a tientas, dos veces al día. Alguien se lo llevaba y lo volvía a traer limpio, sin dirigirle la palabra. Dos veces al día, la misma u otra persona, siempre muda, le traía un plato de arroz con menestras y una sopa, una gaseosa medio caliente o una botellita de agua mineral. Para que pudiera comer le quitaban la capucha y le soltaban las manos, pero nunca le retiraron la venda de los ojos. Cada vez que Mabel les rogaba, les imploraba que le dijeran qué iban a hacer con ella, por qué la habían secuestrado, le respondía siempre la misma voz fuerte y mandona: «¡Chitón! Te juegas la vida preguntando». Nunca pudo bañarse, ni siquiera lavarse. Por eso, cuando recobró la libertad lo primero que hizo fue meterse a la ducha un largo rato y jabonarse con la esponja hasta sacarse ronchas. Y, lo segundo, botar toda la ropa, hasta los zapatos, que había tenido puesta estos horribles siete días. Haría un paquete con todo eso y lo regalaría a los pobres de San Juan de Dios.

Esta mañana, de pronto, habían entrado a su habitación-cárcel, varios, a juzgar por las pisadas. Siempre sin decirle nada, la levantaron en peso, la hicieron caminar, subir unas gradas y volvieron a tenderla en un vehículo que debía ser la misma camioneta, auto o camión en que la secuestraron. Estuvo dando vueltas y más vueltas un montón de tiempo, machucándose todos los huesos del cuerpo con el zangoloteo, hasta que el carro frenó. Le desamarraron las manos y le ordenaron: «Cuenta hasta cien antes de quitarte la venda. Si te la quitas antes, te tumbará un balazo». Ella obedeció. Cuando se quitó la venda descubrió que la habían dejado en pleno arenal, cerca de La Legua. Caminó más de una hora hasta alcanzar las primeras casitas de Castilla. Allí consiguió el taxi que la trajo hasta aquí.

Mientras Mabel contaba su odisea, Lituma seguía muy atento su relato, pero sin descuidar las demostraciones de cariño que le hacía don Felícito a su amante. Había algo infantil, adolescente, angélico, en la manera como el transportista le pasaba la mano por la frente, mirándola con devoción religiosa, murmurando «pobrecita, pobrecita, mi amor». A Lituma a ratos lo incomodaban esas manifestaciones, le parecían exageradas y algo ridículas, a su edad. «Le debe llevar hasta treinta años», pensaba. «Esta chica podría ser su hijita». Estaba templado hasta las cachas el vejete. ¿Sería la Mabelita de las fogosas o de las frías? De las fogosas, por supuesto.

—Le he propuesto que se vaya de aquí, por un tiempo —dijo a los policías Felícito Yanaqué—. A Chiclayo, a Trujillo, a Lima. A cualquier parte. Hasta que este asunto se termine. No quiero que vuelva a pasarle nada. ¿No le parece una buena idea, capitán?

El oficial encogió los hombros.

—No creo que le pase nada quedándose aquí —dijo, cavilando—. Los bandidos saben que ahora estará protegida y no serían tan locos de acercarse a ella sabiendo a lo que se exponen. Mucho le agradezco su testimonio, señora. Nos va a servir bastante, le aseguro. ¿Le importaría que le haga algunas preguntitas más?

—Ella está muy cansada —protestó don Felícito—. ¿Por qué no la deja tranquila por ahora, capitán? Interróguela mañana, o pasado mañana. Quiero llevarla al médico, internarla todo un día en el hospital para que le hagan un chequeo completo.

—No te preocupes, viejito, ya descansaré más tarde —intervino Mabel—. Pregúnteme nomás lo que quiera, señor.

Diez minutos después, Lituma se dijo que su superior exageraba. El transportista tenía razón; la pobre mujer había sufrido una experiencia terrible, había creído morir, esos siete días habían sido para ella un calvario. ¿Cómo quería el capitán que Mabel recordara esos detalles insignificantes, tan estúpidos, sobre los que la acosaba a preguntas?

No entendía. ¿Para qué quería saber su jefe si ella había oído en su encierro cacarear a los gallos o gallinas, maullar gatos, ladrar a los perros? ¿Y cómo iba a calcular Mabel por las voces cuántos eran sus secuestradores y si eran todos piuranos o si alguno hablaba como limeño, como serrano o como charapa? Mabel hacía lo que podía, se frotaba las manos, dudaba, normal que a veces se confundiera y pusiera cara de asombro. De eso no se acordaba, señor, en eso no se había fijado, ay qué lástima. Y se disculpaba, encogiendo los hombros, frotándose las manos: «Qué tonta fui, debí pensar en esas cosas, tratar de darme cuenta y de recordar. Pero, es que estaba tan atolondrada, señor».

—No se preocupe, es normal que no tuviera cabeza, imposible que lo guardara todo en la memoria —la alentaba el capitán Silva—. Pero, sin embargo, haga un último esfuercito. Todo lo que recuerde nos será utilísimo, señora. Algunas de mis preguntas le parecerán superfluas, pero, no crea, a veces de una de esas tonterías sin importancia arranca el hilo que nos lleva hasta el objetivo.

Lo que le pareció más raro a Lituma fue que el capitán Silva insistiera tanto en que Mabel recordara las circunstancias y detalles de la noche en que fue secuestrada. ¿Seguro que no había ninguno de sus vecinos tomando el fresco de la noche en plena calle? ¿Ni una sola vecinita con medio cuerpo afuera de una ventana oyendo una serenata o conversando con su enamorado? Mabel creía que no, pero tal vez sí, no, no, no había nadie en ese rincón de la calle cuando regresó del concierto de los maristas. En fin, tal vez había alguien, era posible, sólo que ella no se fijó, no se dio cuenta, qué tonta. Lituma y el capitán sabían de sobra que no había testigo alguno del secuestro pues habían interrogado a todo el vecindario. Nadie había visto nada, nadie había oído nada extraño aquella noche. Tal vez era cierto o, quizás, como el capitán había dicho, nadie quería comprometerse. «Todo el mundo tiembla ante la mafia. Por eso, prefieren no ver ni saber nada, así es esa gentuza de rosquetona.»

Por fin, el comisario dio un respiro a la querida del transportista y pasó a una pregunta banal.

—¿Qué cree, señora, que los secuestradores hubieran hecho con usted si don Felícito no les hacía saber que pagaría el rescate?

Mabel abrió mucho los ojos y, en vez de responder al oficial, se volvió a su amante:

—¿Te pidieron un rescate por mí? No me contaste, viejito.

—No me pidieron un rescate por ti —aclaró él, besándole otra vez la mano—. Te secuestraron para obligarme a que les pague el cupo que piden por Transportes Narihualá. Te soltaron porque les hice creer que aceptaba su chantaje. Tuve que publicar un aviso en *El Tiempo,* agradeciéndole un milagro al Señor Cautivo de Ayabaca. Era la señal que esperaban. Por eso te han soltado.

Lituma vio que Mabel palidecía mucho de nuevo. Temblaba y le castañeteaban los dientes otra vez.

—¿Quiere decir que les vas a pagar esos cupos? —balbuceó.

—Ni muerto, amorcito —roncó don Felícito, negando con la cabeza y las manos, muy enérgico—. Eso, nunca.

—Me van a matar, entonces —susurró Mabel—. Y a ti también, viejito. ¿Qué nos va a pasar ahora, señor? ¿Nos matarán a los dos?

Soltó un sollozo, llevándose las manos a la cara.

—No se preocupe, señora. Usted tendrá protección las veinticuatro horas del día. No por mucho tiempo, no será necesario, ya lo verá. Estos forajidos tienen los días contados, le juro.

—No llores, no llores, amorcito —la consolaba don Felícito, acariñándola, abrazándola—. Te juro que no te volverá a pasar nada malo. Nunca más. Te lo juro, mi vida, tienes que creerme. Lo mejor será que salgas por un tiempito de esta ciudad como te he pedido, hazme caso.

El capitán Silva se puso de pie y Lituma lo imitó. «Le pondremos protección permanente», volvió a asegurarles el comisario a manera de despedida. «Quédese tranquila, señora.» Ni Mabel ni don Felícito los acompañaron hasta la puerta; permanecieron en la salita, ella lloriqueando y él consolándola.

Afuera los esperaba un sol tórrido y el espectáculo de costumbre; churres desarrapados pateando pelota, perros famélicos ladrando, altos de basura en las esquinas, vendedores ambulantes y una hilera de carros, camiones, motos y bicicletas disputándose la pista. No sólo en el cielo había gallinazos; dos de esos pajarracos habían aterrizado y escarbaban las basuras.

—¿Qué le pareció, mi capitán?

Su jefe sacó una cajetilla de cigarrillos negros, ofreció uno al sargento, tomó otro para él y encendió ambos con un viejo mechero verdinegro. Dio una larga chupada y arrojó el humo haciendo argollas. Tenía una expresión muy satisfecha.

—Se jodieron, Lituma —dijo, dándole un falso puñete a su adjunto—. Los huevones cometieron su primer error, lo que yo estaba esperando. ¡Y se jodieron! Vámonos a El Chalán, te invito un buen jugo de frutas con mucho hielo para festejarlo.

Sonreía de oreja a oreja y se frotaba las manos como cuando ganaba una mano en el póquer, en los dados o en una partida de damas.

—La confesión de esa hembrita es oro en polvo, Lituma —añadió, fumando y arrojando el humo con delectación—. Te darías cuenta, supongo.

—No me di cuenta de nada, mi capitán —confesó Lituma, desconcertado—. ¿Está usted hablando en serio o me quiere tomar el pelo? Si la pobre mujer ni siquiera les vio las caras, pues.

—Puta, qué mal policía eres, Lituma, y peor psicólogo todavía —se burló el capitán, mirándolo de arriba abajo y riéndose a sus anchas—. No sé cómo has podido llegar a sargento, carajo. Y menos a ser mi adjunto, lo que es mucho decir.

Murmuró de nuevo, para sí: «Oro en polvo, sí señor». Estaban cruzando el Puente Colgante y Lituma vio que un grupo de churres se bañaban, chapoteando y haciendo alharaca en las orillas arenosas del río. Esas mismas cosas habían hecho él con sus primos León, un chuchunal de años atrás.

—No me digas que no te diste cuenta que la sabida esa de la Mabelita no dijo una sola palabra que fuera verdad, Lituma —añadió el capitán, poniéndose muy serio. Chupaba el cigarro, botaba el humo como desafiando al cielo y había en su voz y en sus ojos una sensación de triunfo—. Que no hizo más que contradecirse y contarnos un cuento del carajo. Que quiso meternos el dedo a la boca. Y al trasero también. Como si tú y yo fuéramos un par de cojudos a la vela, Lituma.

El sargento se paró en seco, estupefacto.

—¿Eso que dice me lo está diciendo en serio, mi capitán, o me está haciendo su cholito?

—No me digas que no te diste cuenta de lo más obvio y evidente, Lituma —el sargento comprendió que su jefe hablaba muy en serio, con absoluta convicción. Lo hacía mirando al cielo, pestañeando sin tregua por la resolana, exaltado y feliz—. No me digas que no te diste cuenta que la Mabelita del potito triste nunca estuvo secuestrada. Que es cómplice de los chantajistas y se prestó a la farsa del secuestro para ablandar al pobre don Felícito, al que también ella querrá desplumar. No me digas que no te diste cuenta que, gracias a la metida de pata de esos conchas de su madre, el caso está prácticamente resuelto, Lituma. Rascachucha ya puede dormir tranquilo y dejar de jodernos la paciencia. La camita está tendida y ahora sólo nos falta caerles encima y empujársela hasta la garganta.

Echó el pucho al río y empezó a reírse a carcajadas, rascándose las axilas.

Lituma se había sacado el quepis y se alisaba los cabellos.

—O soy más bruto de lo que parezco o es usted un genio, mi capitán —afirmó, desmoralizado—. O está usted más loco que una cabra, dicho sea con perdón.

—Soy un genio, Lituma, convéncete, y además domino la psicología de la gente —aseguró el capitán, exultante—. Te hago un pronóstico, si quieres. El día que echemos el guante a esos zamarros, lo que será muy prontito, como que hay Dios que le rompo el culo a la señora Josefita de mi alma y la tengo chillando toda una noche. ¡Viva la vida, carajo!

XII

—¿Lo encontraste al pobre Narciso? —preguntó la señora Lucrecia—. ¿Qué ha sido de él?

Don Rigoberto asintió y se desplomó en el asiento de la sala de su casa, extenuado.

—Una verdadera odisea —suspiró—. Vaya flaco favor nos hizo Ismael metiéndonos en sus líos de cama y de hijos, amor.

Los parientes de Narciso, el chofer de Ismael Carrera, le habían dado cita en el primer grifo a la entrada de Chincha y Rigoberto manejó hasta allí las dos horas de carretera, pero al llegar no había nadie esperándolo en la gasolinera señalada. Después de asolearse un buen rato viendo pasar camiones y ómnibus y de tragar el polvo que un vientecito caliente bajado de la sierra le aventaba contra la cara, cuando harto y cansado estaba a punto de emprender el regreso a Lima se apareció un chiquillo que le dijo ser sobrino de Narciso. Era un negrito chillo y descalzo, de grandes ojos locuaces y conspiratorios. Le hablaba tomando tantas precauciones que don Rigoberto apenas entendía lo que intentaba decirle. Por fin quedó claro que había habido cambio de planes; su tío Narciso lo esperaba más bien en Grocio Prado, en la puerta de la misma casa donde vivió, hizo milagros y murió la Beata Melchorita (el chiquillo se persignó al nombrarla). Otra media hora de auto por una carretera llena de polvo y huecos, entre viñedos y chacras de frutas para la exportación. En la puerta de la casa-museo-santuario de la Beatita, en la Plaza de Grocio Prado, apareció finalmente el chofer de Ismael.

—Medio disfrazado, con una especie de poncho y una capucha de penitente para que nadie lo reconociera y, por supuesto, muerto de miedo —recordó don Rigoberto, sonriendo—. El negro estaba blanco del pánico, Lucrecia. No es para menos, la verdad. Las hienas lo acosan día y noche, más de lo que yo suponía.

Le habían mandado primero un abogado, un tinterillo palabrero más bien, a tratar de sobornarlo. Si se presentaba donde el juez a decir que había sido coaccionado para hacer de testigo en el matrimonio de su patrón y que, a su juicio, el señor Ismael Carrera no estaba en sus cabales el día que se casó, le entregarían una gratificación de veinte mil soles. Cuando el negro le respondió que iba a pensarlo, pero que, en principio, prefería no tener tratos con el Poder Judicial ni nadie del Gobierno, se apareció la policía en la casa de su familia, en Chincha, a citarlo a la comisaría. Los mellizos habían sentado una denuncia contra él por complicidad con varios delitos, entre ellos ¡conspiración y secuestro de su jefe!

—No le quedó más remedio que esconderse de nuevo —añadió Rigoberto—. Felizmente, Narciso tiene amigos y parientes por todo Chincha. Y suerte para Ismael que ese negro sea el tipo más íntegro y más leal del mundo. Pese al susto que tiene, dudo que ese par de zamarros lo vayan a quebrar. Le pagué su sueldo y le dejé algo más de dinero, por si acaso, para algún imprevisto. Este asunto se va enredando cada día más, amor mío.

Don Rigoberto se estiró y bostezó en el sillón de la salita y, mientras doña Lucrecia le preparaba una limonada, contempló largamente el mar de Barranco. Era una tarde sin viento y había en el aire varios voladores haciendo parapente. Uno pasó a tan poca distancia que pudo verle clarito la cabeza sumida en un casco. Maldito asunto. Que justo cayera ahora, cuando empezaba una jubilación que él creyó sería de descanso, arte y viajes, es decir, de puro placer. Las cosas nunca salían como se planeaban:

era una regla sin excepciones. «Nunca imaginé que la amistad con Ismael me resultara tan onerosa», pensó. «Ni mucho menos que tuviera que sacrificar por ella mi pequeño espacio de civilización.» Si hubiera habido sol, ésta sería la hora mágica de Lima. Unos minutos de belleza absoluta. La bola de fuego se hundiría en el mar allá en el horizonte detrás de las islas de San Lorenzo y El Frontón, incendiando el cielo, sonrosando las nubes y representando, por unos minutos, ese espectáculo entre sereno y apocalíptico que anunciaba el comienzo de la noche.

—¿Qué le dijiste? —le preguntó doña Lucrecia, sentándose a su lado—. Pobre Narciso, en la que se ha metido por ser tan buena gente con su patrón.

—Traté de tranquilizarlo —contó don Rigoberto, paladeando la limonada con fruición—. Que no se asustara, ni a él ni a mí nos iba a pasar nada por haber sido testigos de la boda. Que no había delito alguno en lo que hicimos. Que, además, Ismael saldrá victorioso en esta pelea con las hienas. Que la campaña y la alharaca de Escobita y Miki no tienen la menor base jurídica. Que, si quería estar más tranquilo, consultara su caso con un abogado de Chincha de su confianza y me mandara la factura. En fin, hice todo lo que pude. Es un hombre muy entero y te repito que esos zamarros no podrán con él. Pero le están haciendo pasar muy malos ratos, eso sí.

—¿Y a nosotros, no? —se quejó doña Lucrecia—. Te digo que, desde que empezó esta broma, hasta me da miedo salir a la calle. Todo el mundo me pregunta por la parejita, como si nada más importara a los limeños. Veo a toda la gente con cara de periodista. No sabes cómo los odio cuando oigo y leo todas esas estupideces y falsedades que escriben.

«También está asustada», pensó don Rigoberto. Su mujer le sonreía pero él podía advertir esa lucecita huidiza que asomaba en sus ojos y la manera inquieta como se frotaba las manos todo el tiempo. Pobre Lucrecia. No sólo se le había frustrado el viaje a Europa que le hacía tanta ilusión. Encima, este escándalo. Y el vejete de Ismael seguía en su luna de miel por Europa sin dar señales de vida, mientras en Lima sus hijitos les hacían la vida imposible a Narciso, a él y a Lucrecia, y tenían en efervescencia a la misma compañía de seguros.

—Qué te pasa, Rigoberto —se sorprendió Lucrecia—. Quien a solas se ríe, de sus maldades se acuerda.

—Me río de Ismael —explicó Rigoberto—. Va a cumplir un mes de luna de miel. ¡Con más de ochenta cumplidos! Ya lo confirmé, no es septuagenario sino octogenario. *¡Chapeau!* ¿Te das cuenta, Lucrecia? Con tanto Viagra, se le va a desaguar el cerebro y la denuncia de las hienas de que está reblandecido resultará cierta. Armida debe ser una fierecilla. ¡Lo estará secando!

—No seas vulgar, Rigoberto —simuló censurarlo su mujer, riéndose.

«Sabe poner buena cara al mal tiempo», pensó Rigoberto, enternecido. Lucrecia no había mostrado en estos días, mientras la campaña intimidatoria de los mellizos les llenaba la casa de citaciones judiciales y policiales y de malas noticias —la peor: habían conseguido trabar el trámite de jubilación en la compañía de seguros mediante una triquiñuela legal—, el menor síntoma de debilidad. Lo había apoyado en cuerpo y alma en su decisión de no ceder al chantaje de las hienas y mantenerse leal a su jefe y amigo.

—Lo único que me molesta —dijo Lucrecia, leyéndole el pensamiento—, es que Ismael ni siquiera telefonee o nos ponga unas líneas. ¿No te llama la atención? ¿Estará realmente enterado de los dolores de cabeza que nos da? ¿Sabrá las que pasa el pobre Narciso?

—Lo sabe todo —aseguró Rigoberto—. Arnillas está en contacto con él y lo tiene al corriente. Hablan cada día, me ha dicho.

El doctor Claudio Arnillas, abogado de Ismael Carrera desde hacía muchos años, era ahora el intermediario de Rigoberto con su ex jefe. Según él, Ismael y Armida viajaban por Europa y muy pronto regresarían a Lima. Aseguraba que toda la estrategia de los hijos de Ismael Carrera para anular el matrimonio y conseguir un interdicto en la compañía de seguros por incapacidad y demencia senil estaba condenada al más estrepitoso fracaso. Bastaría que Ismael se presentara, se sometiera a los exámenes médicos y psicológicos correspondientes y la denuncia caería por su propio peso.

—Pero, entonces, no entiendo por qué no lo hace de una vez, doctor Arnillas —exclamó don Rigoberto—. Para Ismael este escándalo tiene que ser todavía más penoso que para nosotros.

—¿Sabe usted por qué? —explicó el doctor Arnillas, adoptando una expresión maquiavélica y con los dedos pulgares metidos en los tirantes de aparatoso color psicodélico que le sujetaban el pantalón—. Porque quiere que los mellizos sigan gastando lo que no tienen. La plata que deben estar prestándose de aquí y de allá para pagar a ese ejército de tinterillos y las coimas que andan aflojando en la policía y el juzgado. Los estarán despellejando vivos, es lo más probable y él quiere que se arruinen del todo. Es algo que el señor Carrera ha planeado con toda minucia. ¿Se da usted cuenta?

Don Rigoberto se daba muy bien cuenta ahora de que el rencor de Ismael Carrera hacia las hienas desde el día en que descubrió que esperaban impacientes su muerte, ansiosos de heredarlo, era enfermizo e irreversible. Nunca hubiera imaginado al apacible Ismael capaz de un odio vengativo de esa magnitud y menos con sus propios hijos. ¿Llegaría alguna vez Fonchito a desear su muerte? A propósito, dónde andaba el chiquillo.

—Ha salido con su amigo Pezzuolo, creo que al cine —le informó Lucrecia—. ¿No has notado que desde hace algunos días parece mejor? Como si se hubiera olvidado de Edilberto Torres.

Sí, hacía por lo menos una semana que no había vuelto a ver al misterioso personaje. En todo caso, era lo que les había dicho y, hasta ahora, don Rigoberto nunca le había pescado a su hijo una mentira.

—Todo este embrollo nos reventó el viaje tan planeado —suspiró doña Lucrecia, entristeciéndose de pronto—. España, Italia, Francia. Qué pena, Rigoberto. Soñaba con hacerlo. ¿Y sabes por qué? Tú tienes la culpa. Por la manera tan detallada, tan maniática, como me lo fuiste contando. Las visitas a los museos, los conciertos, los teatros, los restaurantes. En fin, qué le vamos a hacer, paciencia.

Rigoberto asintió:

—Es sólo un aplazamiento, amor mío —la consoló, besándola en los cabellos—. Ya que no podemos ir en primavera, iremos en otoño. Una época muy linda también, con los árboles dorados y las hojas alfombrando las calles. Para óperas y conciertos, es la mejor del año.

—¿Crees que para octubre el lío de las hienas habrá terminado?

—Ellos no tienen dinero y se están gastando lo poco que les queda tratando de anular ese matrimonio y hacer declarar interdicto a su padre —afirmó Rigoberto—. No lo van a conseguir y se arruinarán. ¿Sabes una cosa? Nunca me imaginé que Ismael fuera capaz de hacer lo que está haciendo. Primero, casarse con Armida. Y, segundo, planear una venganza tan implacable con Miki y Escobita. Es verdad que es imposible conocer a fondo a las personas, todas son insondables.

Estuvieron conversando un buen rato, mientras oscurecía y se encendían las luces de la ciudad. Dejaron de ver el mar, el cielo y la noche se llenó de lucecitas que parecían luciérnagas. Lucrecia le contó a Rigoberto que había leído una composición de Fonchito para el colegio que la tenía impresionada. No podía quitársela de la cabeza.

—¿Te la mostró él mismo? —la provocó Rigoberto—. ¿O estuviste rebuscando en su escritorio?

—Bueno, estaba ahí, a la vista, y me dio curiosidad. Por eso la leí.

—Mal hecho que leas sus cosas sin su permiso y a sus espaldas —aparentó reñirla Rigoberto.

—Me dejó pensando —prosiguió ella, sin hacerle caso—. Es un texto medio filosófico, medio religioso. Sobre la libertad y el mal.

—¿Lo tienes a la mano? —se interesó Rigoberto—. Me gustaría echarle una ojeada yo también.

—Le saqué una copia, señor chismoso —dijo Lucrecia—. Te la dejé en el escritorio.

Don Rigoberto se encerró entre sus libros, discos y grabados a leer la composición de Fonchito. «La libertad y el mal» era muy corta. Sostenía que probablemente Dios, al crear al hombre, había decidido que no fuera un autómata, con una vida programada desde el nacimiento hasta la muerte, como la de las plantas y los animales, sino un ser dotado de libre albedrío, capaz de decidir sus acciones por cuenta propia. De este modo había nacido la libertad. Pero esa facultad con que el hombre fue dotado le permitió al ser humano elegir el mal, y, acaso, crearlo, haciendo cosas que contradecían todo aquello que emanaba de Dios y que, más bien, representaban la razón de ser del diablo, el fundamento de su existencia. Así, pues, el mal era un hijo de la libertad, una creación humana. Lo cual no significaba que la libertad fuera mala en sí misma; no, era un don que había permitido grandes descubrimientos científicos y técnicos, el progreso social, la desaparición de la esclavitud y del colonialismo, los derechos humanos, etcétera. Pero también era el origen de crueldades y sufrimientos terribles que nunca cesaban y más bien acompañaban al progreso como su sombra.

Don Rigoberto se quedó preocupado. Se le ocurrió que todas las ideas de este trabajo se asociaban de alguna manera con las apariciones de Edilberto Torres y sus lloraderas. ¿O ese ensayo era consecuencia de la conversación de Fonchito con el padre O'Donovan? ¿Habría vuelto a ver su hijo a Pepín? En eso, Justiniana irrumpió en el escritorio muy excitada. Venía a decirle que el «recién casado» lo llamaba por teléfono.

—Así dijo que lo anunciara, don Rigoberto —explicó la muchacha—. «Dígale que lo llama el recién casado, Justiniana.»

—¡Ismael! —saltó de su escritorio don Rigoberto—. ¿Aló? ¿Aló? ¿Eres tú? ¿Ya estás en Lima? ¿Cuándo volviste?

—Todavía no volví, Rigoberto —dijo una voz juguetona, que reconoció como la de su jefe—. Te llamo desde un sitio que por supuesto no te voy a decir cuál es, porque un pajarito me ha dicho que tienes el teléfono interceptado por quienes ya sabemos. Un lugar bellísimo, así que muérete de envidia.

Soltó una risa de gran felicidad y Rigoberto, alarmado, tuvo de pronto la sospecha de que, de repente, sí, su ex jefe y amigo estaba gagá, rematadamente chocho. ¿Serían capaces las hienas de haber encargado a una de esas agencias de espionaje que le intervinieran el teléfono? Imposible, la materia gris no les daba para tanto. ¿O tal vez sí?

—Bueno, bueno, qué más quieres —le repuso—. Mejor para ti, Ismael. Veo que la luna de miel va viento en popa y que todavía te queda algo de fuelle. O sea que, por lo menos, sigues vivo. Me alegro, viejo.

—Estoy en plena forma, Rigoberto. Déjame que te diga una cosa. Nunca me he sentido mejor ni más feliz que en estos días. Como lo oyes.

—Formidable, entonces —repitió Rigoberto—. Bueno, no quisiera darte malas noticias y menos por teléfono. Pero, supongo que estarás enterado de la que has armado aquí. De lo que está lloviendo sobre nosotros.

—Claudio Arnillas me tiene al tanto con lujo de detalles y me manda los recortes de la prensa. Me divierto mucho leyendo que he sido secuestrado y que padezco demencia senil. Parece que tú y Narciso han sido cómplices de mi secuestro, ¿no?

Lanzó otra carcajada, larga, sonora, muy sarcástica.

—Qué bien que lo tomes con tanto buen humor —rezongó Rigoberto—. Narciso y yo no nos divertimos tanto, como te imaginarás. Los hermanitos tienen a tu chofer medio loco con sus intrigas y amenazas. Y a nosotros otro tanto.

—Siento mucho las molestias que les estoy causando, hermano —trató de arreglarlas Ismael, poniéndose muy serio—. Que te hayan trabado la jubilación, que hayas cancelado el viaje a Europa. Lo sé todo, Rigoberto. Mil perdones a ti y a Lucrecia por estos problemitas. No será por mucho tiempo más, te lo juro.

—Qué importan una jubilación y un viaje a Europa comparados con la amistad de un tipazo como tú —ironizó don Rigoberto—. Y mejor no te cuento las citaciones al juzgado para declarar como presunto cómplice de encubrimiento y secuestro, para no estropearte esa linda luna de miel. En fin, espero que todo esto quede pronto sólo para reírnos y contar anécdotas.

Ismael soltó otra carcajada, como si todo aquello no tuviera que ver mucho con él.

—Eres un amigo de esos que ya no existen, Rigoberto. Siempre lo supe.

—Arnillas te habrá dicho que tu chofer ha tenido que esconderse. Los mellizos le han mandado la policía y no me extrañaría que, con lo desquiciados que están, le manden también un par de sicarios a cortarle lo que ya sabes.

—Son muy capaces —reconoció Ismael—. Ese negro vale su peso en oro. Tranquilízalo, que no se preocupe. Dile que su lealtad tendrá su recompensa, Rigoberto.

—¿Volverás pronto o vas a seguir en luna de miel hasta que te reviente el corazón y estires la pata?

—Estoy terminando un asuntito que te dejará maravillado, Rigoberto. Apenas lo liquide, regresaré a Lima a poner las cosas en orden. Verás que este lío se desinfla en un dos por tres. Siento de veras los dolores de cabeza que te doy. Para eso te llamaba, nada más. Nos veremos prontito. Besos a Lucrecia y un gran abrazo para ti.

—Otro para ti y besos a Armida —se despidió don Rigoberto.

Cuando colgó, se quedó contemplando el aparato. ¿Venecia? ¿La Costa Azul? ¿Capri? ¿Dónde estarían los tortolitos? ¿En algún lugar exótico como Indonesia o Tailandia? ¿Sería Ismael tan feliz como decía? Sí, sin duda, a juzgar por sus juveniles carcajadas. A los ochenta había descubierto que la vida podía ser no sólo trabajar, también hacer locuras. Desbocarse, saborear los placeres del sexo y la venganza. Mejor para él. En eso entró Lucrecia a su escritorio, impaciente:

—¿Qué pasó? ¿Qué te dijo Ismael? Cuenta, cuenta.

—Parece contentísimo. Toma todo esto a risa, qué te parece —le resumió. Y, en eso, volvió a asaltarlo la sospecha—: ¿Sabes una cosa, Lucrecia? ¿Y si verdaderamente se hubiera vuelto chocho? ¿Si ni siquiera se diera cuenta de las locuras que está haciendo?

—¿Hablas en serio o bromeas, Rigoberto?

—Hasta ahora me parecía absolutamente lúcido y dueño de sí mismo —dudó él—. Pero, mientras oía sus carcajadas en el teléfono, me puse a pensar. Porque se divertía a mares con todo lo que pasa aquí, como si le importara un pito el escándalo y el lío en que nos ha metido. En fin, no sé, será que estoy un poco susceptible. ¿Te das cuenta en qué situación quedaríamos si resulta que a Ismael le cayó la demencia senil de la noche a la mañana?

—En mala hora me metes esa idea en la cabeza, Rigoberto. Ya no se me quitará toda la noche. Peor para ti si me desvelo, te lo advierto.

—Son tonterías, no me hagas caso, son conjuros para que no ocurra lo que digo que puede ocurrir —la tranquilizó Rigoberto—. Pero, la verdad, no me esperaba verlo tan despreocupado. Como si todo esto no fuera con él. Perdona, perdona. Ya sé lo que le pasa. Está feliz. Ésa es la clave de todo. Por primera vez en su vida Ismael sabe lo que es tirarse un polvo de verdad, Lucrecia. Los que tenía con Clotilde eran pasatiempos conyugales. Con Armida hay pecado de por medio y la cosa funciona mejor.

—Otra vez con tus cochinadas —protestó su mujer—. Además, no sé qué tienes contra los pasatiempos conyugales. Yo creo que los nuestros funcionan de lo más bien.

—Por supuesto, amor mío, funcionan de maravilla —dijo él, besando a Lucrecia en la mano y en la oreja—. Lo mejor es hacer como él, no darle importancia al asunto. Cargarse de paciencia y esperar que pase el ventarrón.

—¿No quieres que salgamos, Rigoberto? Vayamos al cine y a comer algo a la calle.

—Veamos una película aquí, más bien —le respondió su marido—. La sola idea de que aparezca uno de esos con su grabadorcita a tomarme fotos y preguntarme por Ismael y los mellizos me suelta el estómago.

Porque, desde que el periodismo se había apoderado de la noticia de la boda de Ismael con Armida, y de las acciones policiales y judiciales de sus hijos para anular el matrimonio y declararlo interdicto, no se hablaba de otra cosa en periódicos, radios y programas televisivos, así como en las redes sociales y los blogs. Los hechos desaparecían bajo un chisporroteo frenético de exageraciones, invenciones, chismografías, calumnias y vilezas, donde parecía salir a flote toda la maldad, la incultura, las perversiones, resentimientos, rencores y complejos de la gente. Si no se hubiera visto él mismo arrastrado a formar parte de ese maremagno periodístico, a ser constantemente requerido por gacetilleros que compensaban su ignorancia con su morbo y su insolencia, don Rigoberto se decía que este espectáculo en que Ismael Carrera y Armida habían pasado a ser el gran entretenimiento de la ciudad, en que eran bañados en mugre impresa, radial y televisiva y chamuscados sin tregua en la hoguera que Miki y Escobita habían encendido y atizaban a diario con declaraciones, entrevistas, sueltos, fantasías y delirios, habría sido algo entretenido para él, además de instructivo y aleccionador. Sobre este país, esta ciudad y sobre el alma humana en general. Y sobre ese mismo mal que ahora preocupaba a Fonchito a juzgar por su composición. «Instructivo y aleccionador, sí», pensó de nuevo. Sobre muchas cosas. La función del periodismo en este tiempo, o, por lo menos, en esta sociedad, no era informar, sino hacer desaparecer toda forma de discernimiento entre la mentira y la verdad, sustituir la realidad por una ficción en la que se manifestaba la oceánica masa de complejos, frustraciones, odios y traumas de un público roído por el resentimiento y la envidia. Otra prueba de que los pequeños espacios de civilización nunca prevalecerían sobre la inconmensurable barbarie.

La conversación por teléfono con su ex jefe y amigo lo dejó deprimido. No lamentaba haberle echado una mano sirviéndole de testigo en su matrimonio. Pero comenzaban a abrumarlo las consecuencias de esa firma. No era tanto el enredo judicial y policial, ni la demora en el trámite de jubilación porque pensaba (tocando madera, todo podía pasar) que esto, mal que mal, se arreglaría. Y Lucrecia y él podrían hacer el viaje a Europa. Lo peor era ese escándalo en el que se veía arrastrado, apareciendo ahora casi a diario en esas hojas de un periodismo de cloaca, enfangado en un amarillismo pestilencial. Con amargura, se preguntó: «¿De qué te ha servido este pequeño refugio de libros, grabados, discos, todas estas cosas bellas, refinadas, sutiles, inteligentes, coleccionadas con tanto afán creyendo que en este minúsculo espacio de civilización estarías defendido contra la incultura, la frivolidad, la estupidez y el vacío?». Su vieja idea de que había que erigir esas islas o fortines de cultura en medio de la tormenta, invulnerables a la barbarie del entorno, no funcionaba. El escándalo que habían provocado su amigo Ismael y las hienas había infiltrado sus ácidos, su pus, sus venenos, en su mismo escritorio, este territorio donde, desde hacía ya tantos años —¿veinte, veinticinco, treinta?—, se retiraba para vivir la verdadera vida. La vida que lo desagraviaba de las pólizas y los contratos de la compañía, de las intrigas y menudencias de la política local, de la mendacidad y el cretinismo de la gente con la que estaba obligado a tratar a diario. Ahora, con el escándalo, de nada le valía buscar la soledad del escritorio. La víspera lo había hecho. Puso en el tocadiscos una hermosa grabación, el oratorio de Arthur Honegger, *El rey David,* hecha en la misma catedral de Notre Dame de París, que siempre lo había emocionado. Esta vez, no había podido concentrarse en la música ni un solo momento. Se distraía, su memoria le devolvía las imágenes y preocupaciones de los últimos días, el sobresalto, el desagrado bilioso cada vez que descubría su nombre en las informaciones que, aunque él no comprara esos periódicos, le hacían llegar las amistades o se las comentaban de manera inflexible, envenenándoles la vida a él y a Lucrecia. Tuvo que apagar el aparato y permanecer quieto, con los ojos cerrados, escuchando los latidos de su corazón, con un sabor salobre en la boca. «En este país no se puede construir un espacio de civilización ni siquiera minúsculo», concluyó. «La barbarie termina por arrasarlo todo.» Y una vez más se dijo, como siempre que se sentía deprimido, qué equivocado estuvo en su juventud cuando decidió no emigrar y quedarse aquí, en Lima la Horrible, convencido de que podría organizar su vida de manera que, aunque por razones de trabajo alimenticio tuviera que pasar muchas horas del día sumido en el mundanal ruido de los peruanos de clase alta, viviría de verdad en ese enclave puro, bello, elevado, hecho de cosas sublimes, que él se fabricaría como alternativa a la coyunda cotidiana. Fue entonces cuando tuvo la idea de los espacios salvadores, la idea de que la civilización no era, no había sido nunca un movimiento, un estado de cosas general, un ambiente que abrazara al conjunto de la sociedad, sino diminutas ciudadelas levantadas a lo largo del tiempo y el espacio que resistían el asalto permanente de esa fuerza instintiva, violenta, obtusa, fea, destructora y bestial que dominaba el mundo y que ahora se había metido en su propio hogar.

Esa noche, después de la comida, preguntó a Fonchito si estaba cansado.

—No —repuso su hijo—. ¿Por qué, papá?

—Me gustaría conversar contigo un momento, si no te importa.

—Siempre que no sea de Edilberto Torres, encantado —dijo Fonchito, con picardía—. No lo he vuelto a ver, así que tranquilízate.

—Te prometo que no hablaremos de él —respondió don Rigoberto. Y, como solía hacer de niño, puso dos dedos en cruz y juró, besándolos—: Por Dios.

—No uses el nombre de Dios en vano que yo sí soy creyente —lo amonestó doña Lucrecia—. Váyanse al escritorio. Le diré a Justiniana que les lleve los helados allá.

En el escritorio, mientras saboreaban el helado de lúcuma, don Rigoberto, entre bocado y bocado, espiaba a Fonchito. Sentado frente a él con las piernas cruzadas, tomaba su helado a cucharadas lentas y parecía absorbido en algún pensamiento remoto. Ya no era un niño. ¿Hacía cuánto tiempo que se afeitaba? Llevaba la tez rasurada y los cabellos revueltos; no hacía mucho deporte pero parecía que sí, porque tenía un cuerpo delgado y atlético. Era un chico muy buen mozo, por el que debían morirse las chicas. Todos lo decían. Pero su hijo no parecía interesarse en esas cosas y más bien andaba metido en alucinaciones y preocupaciones religiosas. ¿Era bueno o malo eso? ¿Hubiera preferido que Fonchito fuera un chico normal?

«Normal», pensó, imaginándose a su hijo hablando en la jerga sincopada y simiesca de los jóvenes de su generación, emborrachándose los fines de semana, fumando pitos de marihuana, jalando coca o tragando pastillas de éxtasis en las discotecas del balneario de Asia, en el kilómetro cien de la Panamericana, como tantos niñitos bien de Lima. Un escalofrío le corrió por el cuerpo. Mil veces preferible que viera fantasmas o al mismísimo diablo y escribiera ensayos sobre la maldad.

—Leí lo que escribiste sobre la libertad y el mal —le dijo—. Estaba ahí, en tu mesa de trabajo y me dio curiosidad. Espero que no te importe. Me impresionó mucho, la verdad. Está muy bien escrito y lleno de ideas muy personales. ¿Para qué curso es?

—El de Lenguaje —dijo Fonchito, sin darle importancia al asunto—. El profesor Iturriaga nos pidió una composición libre. Se me ocurrió ese tema. Pero es sólo un borrador. Tengo que corregirlo todavía.

—Me sorprendió, porque no sabía que te interesara tanto la religión.

—¿Te pareció un texto religioso? —se extrañó Fonchito—. Yo creo que es más bien filosófico. Bueno, no sé, filosofía y religión se mezclan, cierto. ¿A ti no te interesó nunca la religión, papá?

—Estudié en La Recoleta, un colegio de curas —dijo don Rigoberto—. Después, en la Universidad Católica. Y hasta fui dirigente de Acción Católica, con Pepín O'Donovan, por un tiempo. Claro que me interesó mucho, de joven. Pero un día perdí la fe y nunca más la he recobrado. Creo que la perdí apenas empecé a pensar. Para ser creyente no conviene pensar mucho.

—O sea, eres ateo. Crees que no hay nada antes ni después de esta vida. ¿Eso es ser ateo, no?

—Nos estamos metiendo en honduras —exclamó don Rigoberto—. No soy un ateo, un ateo es también un creyente. Cree que Dios no existe, ¿no es cierto? Soy un agnóstico, más bien, si es que soy algo. Alguien que se declara perplejo, incapaz de creer que Dios exista o que Dios no exista.

—Ni chicha ni limonada —se rió Fonchito—. Es una manera muy cómoda de sacarle el bulto al problema, papá.

Tenía una risa fresca, sana, y don Rigoberto pensó que era un buen chico. Estaba pasando una crisis de adolescencia, sufriendo con dudas e incertidumbres sobre el más allá y el más acá, lo que hablaba bien de él. Cuánto hubiera querido ayudarlo. Pero cómo, cómo hacerlo.

—Algo así, aunque la burla está de más —asintió—. ¿Quieres que te diga una cosa, Fonchito? Yo envidio a los creyentes. No a los fanáticos, desde luego, que me producen horror. A los verdaderos creyentes. A quienes tienen una fe y tratan de organizar su vida de acuerdo a sus creencias. Con sobriedad, sin alharacas ni payasadas. No conozco muchos, pero algunos sí. Y ellos me parecen envidiables. A propósito, ¿tú eres creyente?

Fonchito se puso serio y reflexionó un momento antes de contestar.

—Me gustaría saber algo más de religión, pues nunca me enseñaron —evadió la respuesta, con un tonito de reproche—. Por eso nos hemos metido, con el Chato Pezzuolo, en un grupo de lectura de la Biblia. Nos reunimos los viernes, después de las clases.

—Excelente idea —se alegró don Rigoberto—. La Biblia es un libro maravilloso, que debería leer todo el mundo, creyentes y no creyentes. Por cultura general, ante todo. Pero, también, para entender mejor el mundo en que vivimos. Muchas cosas que ocurren a nuestro alrededor vienen directa o indirectamente de la Biblia.

—¿De eso querías que habláramos, papá?

—En realidad, no —dijo don Rigoberto—. Quería hablarte de Ismael y del escándalo en que andamos. También a tu colegio habrá llegado este asunto.

Fonchito volvió a reírse.

—Me han preguntado mil veces si era verdad que tú lo ayudaste a casarse con su cocinera, como dicen los periódicos. En los blogs apareces todo el tiempo mezclado en ese enredo.

—Armida nunca fue su cocinera —aclaró don Rigoberto—. Su ama de llaves, más bien. Se ocupaba de la limpieza y el manejo de la casa, sobre todo desde que Ismael enviudó.

—Yo he estado dos o tres veces en su casa y no me acuerdo para nada de ella —dijo Fonchito—. ¿Es bonita, por lo menos?

—Presentable, digamos —concedió don Rigoberto, de manera salomónica—. Mucho más joven que Ismael, por cierto. No vayas a creer todas las estupideces que dice la prensa. Que fue secuestrado, que está chocho, que no supo lo que hacía. Ismael está en sus cabales y por eso acepté ser su testigo. Claro que sin sospechar que el lío sería tan mayúsculo. En fin, ya pasará. Quería contarte que me han trancado la jubilación en la compañía. Los mellizos me han denunciado por supuesta complicidad en un secuestro que nunca existió. Así que por ahora estoy amarrado aquí, en Lima, con citaciones y abogados. De eso se trata. Pasamos un período difícil y, hasta que esto se resuelva, tendremos que ajustarnos un poco el cinturón. Porque tampoco conviene liquidar todos los ahorros de los que depende el futuro de nosotros tres. Y sobre todo el tuyo. Quería tenerte al corriente.

—Claro que sí, papá —dijo Fonchito, animándolo—. No te preocupes. Si es necesario me puedes suspender las propinas hasta que esto pase.

—No es para tanto —sonrió don Rigoberto—. Para tus propinas, alcanza y sobra. En tu colegio, entre profesores y alumnos, qué se dice de este asunto.

—La inmensa mayoría está con los mellizos, por supuesto.

—¿Con las hienas? Se nota que no los conocen.

—Lo que pasa es que son racistas —afirmó Fonchito—. No le perdonan al señor Ismael que se casara con una chola. Creen que nadie en su sano juicio haría eso y que lo único que quiere Armida es quedarse con su plata. No sabes con cuántos me he peleado defendiendo el matrimonio de tu amigo, papá. Sólo Pezzuolo me apoya, pero más por amistad que porque crea que tengo la razón.

—Defiendes una buena causa, hijito —lo palmeó don Rigoberto en la rodilla—. Porque, aunque nadie se lo crea, el de Ismael ha sido un matrimonio por amor.

—¿Podría hacerte una pregunta, papá? —dijo de pronto el chiquillo, cuando parecía que se disponía a salir del escritorio.

—Claro que sí, hijo. La que quieras.

—Es que hay algo que no entiendo —aventuró Fonchito, incómodo—. Sobre ti, papá. Siempre te gustó el arte, la pintura, la música, los libros. Es de lo único que hablas con tanta pasión. ¿Y, entonces, por qué te hiciste abogado? ¿Por qué has dedicado toda tu vida a trabajar en una compañía de seguros? Debiste hacerte un pintor, un músico, en fin, no sé. ¿Por qué no seguiste tu vocación?

Don Rigoberto asintió y reflexionó un momento antes de responder.

—Por cobarde, hijito —murmuró al fin—. Por falta de fe en mí mismo. Nunca creí que tuviera talento para ser un artista de verdad. Pero tal vez eso era un pretexto para no intentarlo. Decidí no ser un creador, sólo un mero consumidor de arte, un diletante de la cultura. Fue por cobarde, es la triste verdad. Así que, ya lo sabes. No vayas a seguir mi ejemplo. Cualquiera que sea tu vocación, síguela a fondo y no hagas como yo, no la traiciones.

—Espero que no te hayas molestado, papá. Era una pregunta que quería hacerte hace tiempo.

—Es una pregunta que yo también me hago hace muchos años, Fonchito. Me has obligado a responderla y te lo agradezco. Anda, nomás, buenas noches.

Se fue a acostar de mejor ánimo luego de la conversación con Fonchito. Contó a doña Lucrecia lo bien que le había hecho oír a su hijo, tan juicioso, después del mal humor y la pesadumbre en que había estado sumido toda la tarde. Pero omitió contarle la última parte de la charla con su hijo.

—Me ha dado gusto verlo tan sereno, tan maduro, Lucrecia. Metido en un grupo para leer la Biblia, imagínate. ¿Cuántos chicos de su edad harían una cosa así? Poquísimos. ¿Tú has leído la Biblia? Te confieso que yo sólo partes y hace de eso bastantes años. ¿No quieres que, como jugando, nos pongamos también a leerla y a comentarla? Es un libro muy hermoso.

—Yo encantada, tal vez así te reconviertas y vuelvas a la Iglesia —dijo Lucrecia, añadiendo, tras unos segundos de reflexión—: Espero que leer la Biblia no sea incompatible con hacer el amor, Orejitas.

Sintió la risa maliciosa de su marido y, casi al mismo tiempo, sus manos ávidas, recorriéndole el cuerpo.

—La Biblia es el libro más erótico del mundo —lo oyó decir, afanoso—. Ya verás, cuando leamos el *Cantar de los Cantares* y las barbaridades que hace Sansón con Dalila y Dalila con Sansón, ya verás.

XIII

—Aunque estamos de uniforme, ésta no es una visita oficial —dijo el capitán Silva, haciendo una venia cortesana que hinchó su barriga y arrugó la camisa caqui de su uniforme—. Es una visita de amigos, señora.

—Claro, muy bien —dijo Mabel, abriéndoles la puerta. Miraba a los policías sorprendida y asustada, pestañeando—. Pasen, pasen, por favor.

El capitán y el sargento llegaron de improviso cuando ella, pensativa, reconocía una vez más que estaba conmovida con las demostraciones sentimentales del viejito. Siempre había tenido cariño a Felícito Yanaqué, o, por lo menos, pese a estar ya ocho años de amante suya, nunca había llegado a sentir hacia él la fobia, el desagrado físico y moral que, en el pasado, la llevaron a romper bruscamente con amantes y protectores transeúntes que le daban muchos dolores de cabeza por sus celos, exigencias y caprichos, o por su resentimiento y despecho. Algunas rupturas le significaron un grave quebranto económico. Pero era más fuerte que ella. Cuando llegaba a estar harta de un hombre, no podía seguir acostándose con él. Le venía alergia, dolores de cabeza, escalofríos, empezaba a acordarse de su padrastro, apenas aguantaba las ganas de vomitar cada vez que tenía que desnudarse para él y prestarse a sus deseos en la cama. Por eso, se decía, aunque se hubiera acostado con muchos hombres desde que era churre —había huido de su casa a los trece años donde unos tíos, cuando ocurrió aquella historia con su padrastro—, no era ni sería nunca lo que llaman una puta. Porque las putas sabían fingir a la hora de encamarse con sus clientes y ella no. Mabel, para acostarse, tenía que sentir al menos alguna simpatía por el hombre, y, además, rodear el cache, como decían los piuranos en vulgar, de ciertas formas: invitaciones, salidas, regalitos, gestos y maneras que adecentaran la acostada, dándole la apariencia de una relación sentimental.

—Gracias, señora —dijo el capitán Silva, llevándose la mano a la visera en un simulacro de saludo militar—. Procuraremos no quitarle mucho tiempo.

El sargento Lituma le hizo eco: «Gracias, señora».

Mabel los hizo sentar en la sala y les trajo dos botellitas frescas de Inca Kola. Para disimular sus nervios, procuraba no hablar; se limitaba a sonreírles, esperando. Los policías se quitaron los quepis, se acomodaron en los sillones y Mabel advirtió que los dos tenían las frentes y los pelos empapados de sudor. Pensó que debería prender el ventilador pero no lo hizo; temía que si se levantaba del sillón el capitán y el sargento notarían el temblor que había empezado a sacudirle las piernas y las manos. ¿Qué explicación les daría si también los dientes le empezaban a chocar? «Estoy medio enferma y con un poco de fiebre, a consecuencia de, en fin, de eso que tenemos las mujeres, ustedes ya sabrán a qué me refiero.» ¿Le creerían?

—Lo que queremos, señora —el capitán Silva acarameló un poco la voz—, no es interrogarla, sino tener una conversación amistosa. Son cosas muy distintas, usted me entiende. He dicho amistosa y lo repito.

En esos ocho años nunca había llegado a sentir alergia por Felícito. Sin duda porque el viejo era tan buena gente. Si, el día de su visita, ella se sentía algo indispuesta, con la regla o simplemente sin ganas de tener que abrirle las piernas al señor, el dueño de Transportes Narihualá no le insistía. Todo lo contrario; se preocupaba, quería llevarla al médico, ir a la botica a comprarle remedios, le alcanzaba el termómetro. ¿Estaba muy enamorado de ella? Mabel había pensado mil veces que sí. En todo caso, el viejito no le pagaba las mensualidades de esta casa y le daba unos cuantos miles de soles al mes sólo para acostarse con ella una o dos veces por semana. Además de cumplir con sus obligaciones, todo el tiempo le hacía regalitos, en su cumpleaños y en las Navidades, y también en fechas en que nadie regalaba nada como las Fiestas Patrias, o en octubre, durante la Semana de Piura. Hasta en su manera de acostarse con ella le demostraba cada vez que no era sólo el sexo lo que le importaba. Le decía al oído cosas de enamorados, la besaba con ternura, se quedaba mirándola arrobado, con gratitud, como si fuera un jovencito imberbe. ¿No era eso amor? Mabel pensó muchas veces que, si ella se empeñaba, podía conseguir que Felícito dejara a su mujer, esa chola rechoncha que parecía más un cuco que un ser humano, y se casara con ella. Hubiera sido facilísimo. Bastaba hacerse embarazar, por ejemplo, soltar el llanto y ponerlo en el disparadero: «Supongo que no querrás que tu hijo sea un bastardo, ¿no, viejito?». Pero nunca lo intentó ni lo intentaría porque Mabel valoraba mucho su libertad, su independencia. No iba a sacrificarlas a cambio de una relativa seguridad; además, tampoco le hacía gracia convertirse dentro de pocos años en enfermera y cuidante de un anciano al que habría que limpiarle las babas y las sábanas en las que se haría el pipí dormido.

—Mi palabra que no le quitaremos mucho rato, señora —repitió el capitán Silva, dando rodeos, sin animarse a explicarle claramente la razón de esa intempestiva visita. La miraba de una manera, pensó Mabel, que desmentía sus buenos modales—. Además, en el momento que se canse de nosotros, nos lo dice con toda franqueza y nos largamos con la música a otra parte.

¿Por qué el policía exageraba la cortesía hasta esos extremos ridículos? ¿Qué se traía entre manos? Quería tranquilizarla, por supuesto, pero sus dengues y moditos almibarados y sus sonrisitas fingidas aumentaron la desconfianza de Mabel. ¿Qué se proponía este par? A diferencia del oficial, su adjunto, el sargento, no podía disimular que estaba un poco saltón. La observaba de manera rara, intranquila y con trastienda, como si tuviera algo de susto por lo que pudiera pasar y se sobaba la papada sin parar, con un movimiento de los dedos casi frenético.

—Como usted puede ver con sus propios ojos, no traemos grabadora —añadió el capitán Silva, abriendo las manos y palmeándose los bolsillos de manera teatral—. Ni siquiera papel y lápiz. De modo que puede estar tranquila: no quedará la menor huella de lo que digamos aquí. Será confidencial. Entre usted y nosotros. Y nadie más.

Los días que siguieron a la semana del secuestro, Felícito se mostró tan increíblemente cariñoso y solícito que Mabel se sentía abrumada. Recibió un gran ramo de rosas rojas envueltas en papel celofán con una tarjeta de su puño y letra que decía: «Con todo mi amor y mi pena por la dura prueba que te he hecho pasar, Mabelita querida, te envía estas flores el hombre que te adora: tu Felícito». Era el ramo de flores más grande que había visto en su vida. Al leer la tarjeta se le humedecieron los ojos y se le mojaron las manos, algo que le ocurría sólo cuando tenía pesadillas. ¿Aceptaría la oferta del viejito de irse de Piura hasta que pasara todo este lío? Tenía dudas. Más que una oferta, era una exigencia. Felícito estaba asustado, creía que le podían hacer daño y le rogaba que partiera a Trujillo, a Chiclayo, a Lima, a conocer el Cusco si prefería, a donde quisiera con tal de ponerse lejos de los malditos chantajistas de la arañita. Le prometía el oro y el moro: no le faltaría nada, gozaría de todas las comodidades mientras durase su viaje. Pero no se decidía. No es que no tuviera miedo, nada de eso. Miedo era algo que, a diferencia de tanta gente miedosa que conocía, Mabel había sentido sólo una vez antes de ahora, de churre, cuando, aprovechando que su madre había ido al mercado, su padrastro se metió a su cuarto, la empujó a la cama y trató de desnudarla. Ella se defendió, lo rasguñó y, medio desnuda, salió corriendo a la calle dando gritos. Esa vez sí conoció lo que era de verdad el susto. Después, nunca volvió a experimentar algo así. Hasta ahora. Porque, en estos días, el miedo, un pánico cerval, profundo, constante, se instaló de nuevo en su vida. Las veinticuatro horas. De día y de noche, de tarde y de mañana, dormida y despierta. Mabel pensaba que nunca más se lo sacaría de encima, hasta su muerte. Cuando salía a la calle sentía la desagradable sensación de estar vigilada; incluso en casa, encerrada bajo cuatro llaves, le venían sobresaltos que helaban su cuerpo y le cortaban la respiración. Tenía entonces la idea de que su sangre había dejado de circular por sus venas. Pese a saber que estaba protegida y acaso por eso. ¿Lo estaba? Se lo había asegurado Felícito, después de hablar con el capitán Silva. Cierto, frente a su casa había un guardia y, cuando salía a la calle, dos policías de civil, un hombre y una mujer, la seguían a cierta distancia, sin hacerse notar. Pero era precisamente esa vigilancia de veinticuatro horas al día lo que aumentaba su nerviosismo, así como la seguridad del capitán Silva de que los secuestradores no serían tan imprudentes ni tan estúpidos de intentar otro ataque contra ella sabiendo que la policía la rondaba día y noche. Pese a ello, el viejito no la creía a salvo de peligro. Según él, cuando los secuestradores comprendieran que les había mentido, que el aviso en *El Tiempo* agradeciendo el milagro al Señor Cautivo de Ayabaca lo había puesto sólo para que la liberaran y que no pensaba pagarles el cupo, se pondrían furiosos y tratarían de vengarse en alguno de sus seres queridos. Y, como sabían tantas cosas de él, sabrían también que el ser más querido en el mundo para Felícito era Mabel. Debía salir de Piura, desaparecer por un tiempito, él nunca se perdonaría si esos miserables le hacían una nueva maldad.

Sintiendo que el corazón se le salía, Mabel permanecía callada. Por sobre las cabezas de los dos policías y al pie del Corazón de Jesús vio su cara reflejada en el espejo y se sorprendió de su palidez. Estaba tan blanca como uno de esos fantasmas de las películas de terror.

—Le voy a rogar que me escuche sin ponerse nerviosa ni asustarse —añadió el capitán Silva, después de una larga pausa. Hablaba suavemente, bajando mucho la voz como si fuera a confiarle un secreto—. Porque, aunque no lo parezca, esta gestión privada que venimos a hacer, privada, le repito, es por su bien.

—Dígame de una vez qué pasa, qué quiere —alcanzó a decir Mabel, ahogándose. La irritaban los rodeos y miramientos hipócritas del capitán—. Dígame lo que ha venido a decirme. Yo no soy ninguna tonta. No perdamos tanto tiempo, señor.

—Al grano, pues, Mabel —dijo el comisario, transformándose. De golpe, desaparecieron sus buenas maneras y su talante respetuoso. Había levantado la voz y la miraba ahora muy serio, con aire impertinente y superior. Para colmo, la tuteó—: Lo siento mucho por ti, pero lo sabemos todo. Como lo oyes, Mabelita. Todo, todito, toditito. Por ejemplo, sabemos que desde hace un buen tiempo no sólo tienes a don Felícito Yanaqué de amante, sino a otra personita. Más buen mozo y más joven que el viejito del sombrero y el chaleco que te paga esta casita.

—¡Cómo se atreve usted! —protestó Mabel, enrojeciendo violentamente—. ¡No se lo permito! ¡Semejante calumnia!

—Mejor me dejas terminar, sin ponerte tan respondona —la cortaron en seco la enérgica voz y el ademán amenazador del capitán Silva—. Después, dirás todo lo que se te antoje y podrás llorar a tu gusto y patalear, si te provoca. Por el momento, chitón. Soy yo quien tiene la palabra y tú cierras el pico. ¿Entendido, Mabelita?

Tendría que irse de Piura, tal vez. Pero la idea de vivir sola, en una ciudad desconocida —sólo había salido de esta ciudad para ir a Sullana, a Lobitos, a Paita y Yacila, nunca cruzó los límites del departamento ni hacia el norte ni hacia el sur ni trepó a la sierra—, la desmoralizaba. ¿Qué iba a hacer sola su alma en un lugar sin parientes ni amigas?

Allá tendría menos protección que acá. ¿Se pasaría el tiempo esperando que Felícito viniera a visitarla? Viviría en un hotel, se aburriría mañana y tarde, su única ocupación sería ver la televisión, si es que había televisión, y esperar, esperar. Tampoco le gustaba la idea de sentir que día y noche un policía, hombre o mujer, controlaba sus pasos, anotaba con quién conversaba, a quién saludaba, quién se le acercaba. Más que protegida, se sentía espiada y esa sensación, en vez de tranquilizarla, la ponía tensa e insegura.

El capitán Silva calló un momento para encender calmosamente un cigarrillo. Sin prisa, echó una larga bocanada de humo que vagabundeó por el aire e impregnó la salita de olor a tabaco picante.

—Tú dirás, Mabel, que a la policía no le interesa tu vida privada y con mucha razón —prosiguió el comisario, echando la ceniza al suelo y adoptando un aire entre filosófico y matón—. Pero, no es que tengas dos o diez amantes lo que nos preocupa. Sino que hayas cometido la locura de aconchabarte con uno de ellos para chantajear a don Felícito Yanaqué, el pobre viejo que, además, te quiere tanto. ¡Qué malagradecida resultaste ser, Mabelita!

—¡Qué dice! ¡Qué dice! —ella se puso de pie y ahora, vibrante, indignada, también alzó la voz, un puño—. No diré una palabra más sin tener a mi lado a un abogado. Sepa que yo conozco mis derechos. Yo...

¡Qué testarudez la de Felícito! Mabel nunca se hubiera imaginado que el viejito estuviera dispuesto a morir antes que darles el cupo a los chantajistas. Parecía tan blando, tan comprensivo y, de pronto, demostró ante todo Piura una voluntad de fierro. Al día siguiente de quedar libre, ella y Felícito tuvieron una larga conversación. En un momento, Mabel, de improviso, le preguntó a boca de jarro:

—¿Si los secuestradores te decían que me mataban si no les dabas los cupos, hubieras dejado que me maten?

—Ya ves que no fue así, amor —balbuceó el transportista, incomodísimo.

—Respóndeme con franqueza, Felícito —insistió ella—. ¿Hubieras dejado que me maten?

—Y después me hubiera matado yo —concedió él, con la voz desgarrada y poniendo una expresión tan patética que ella se apiadó de él—. Perdóname, Mabel. Pero yo nunca pagaré un cupo a un chantajista. Ni aunque me mataran o maten a lo que más quiero en este mundo, que eres tú.

—Pero tú mismo me has dicho que todos tus colegas lo hacen en Piura —replicó Mabel.

—Y muchos comerciantes y empresarios también, así parece —reconoció Felícito—. Cierto, me he enterado de eso ahora por Vignolo. Allá ellos. No los critico. Cada cual sabe lo que hace y cómo defiende sus intereses. Pero yo no soy como ellos, Mabel. No puedo hacer eso. Yo no puedo traicionar la memoria de mi padre.

Y, entonces, el transportista, con lágrimas en los ojos, se puso a hablar de su padre ante una Mabel sobrecogida. Nunca, en los años que llevaban juntos, lo había oído referirse de esa manera tan sentida a su progenitor. Con emoción, con delicadeza, tal como en la intimidad le decía a ella cosas tiernas mientras le hacía cariños. Había sido un hombre muy humilde, un yanacón, un chulucano de campo, y después, aquí en Piura, un cargador, un basurero municipal. Nunca aprendió a leer ni a escribir, la mayor parte de su vida anduvo sin zapatos, algo que se notaba cuando dejaron Chulucanas y se vinieron a la ciudad para que Felícito pudiera ir al colegio. Entonces tuvo que ponérselos y se notaba lo raro que se sentía al caminar y que los pies le dolían por tenerlos enzapatados. No era un hombre que manifestara su afecto dando abrazos y besos a su hijo, ni diciéndole esas cosas afectuosas que dicen los padres a sus churres. Era severo, duro y hasta mano larga cuando se enfurecía. Pero le había demostrado que lo quería haciéndolo estudiar, vistiéndolo, alimentándolo, aunque él no tuviera qué ponerse o qué llevarse a la boca, metiéndolo a una academia de choferes para que Felícito aprendiera a manejar y sacara su brevete. Gracias a ese yanacón analfabeto existía Transportes Narihualá. Su padre sería pobre pero era grande por su rectitud de alma, porque nunca hizo daño a nadie, ni faltó a las leyes, ni guardó rencor a la mujer que lo abandonó dejándole a un niñito recién nacido para que lo criara. Si era cierto aquello del pecado y la maldad y la otra vida, debería estar ahora en el cielo. No tuvo siquiera tiempo para hacer el mal, su vida fue trabajar como un animal en los trabajos peor pagados. Felícito recordaba haberlo visto caer muerto de fatiga en las noches. Eso sí, nunca dejó que nadie lo pisoteara. Era, según él, lo que hacía que un hombre valiera algo o fuera un trapo. Ése había sido el consejo que le dio antes de morir en una cama sin colchón del Hospital Obrero: «Nunca te dejes pisotear, hijito». Felícito había seguido el consejo de ese padre al que, por falta de dinero, ni siquiera pudo enterrar en un nicho ni impedir que lo echaran a la fosa común.

—¿Ves, Mabel? No son los quinientos dólares que me piden los mafiosos. No se trata de eso. Si se los doy, ellos me estarían pisoteando, convirtiéndome en un trapo. Dime que lo entiendes, amorcito.

Mabel no lo acababa de entender, pero, oyéndole decir esas cosas, se impresionaba. Sólo ahora, después de estar tanto tiempo con él, se daba cuenta de que bajo su apariencia de hombrecito poca cosa, tan flaquito, tan chiquito, había en Felícito un carácter recio y una voluntad a prueba de balas. Era cierto, dejaría que lo mataran antes de dar su brazo a torcer.

—Cállate y siéntate —ordenó el oficial y Mabel se calló y se dejó caer de nuevo en el asiento, derrotada—. No necesitas ningún abogado *todavía*. No estás detenida *todavía*. No te estamos interrogando *todavía*. Ésta es una conversación amistosa y confidencial, ya te previne. Y mejor que se te meta en la mollera de una vez por todas. Así que déjame hablar, Mabelita, y asimila muy bien lo que te voy a decir.

Pero, antes de proseguir, dio otra larga chupada a su cigarro y volvió a expulsar el humo despacio, haciendo argollas. «Quiere martirizarme, a eso vino», pensó Mabel. Se sentía extenuada y con sueño, como si en cualquier momento pudiera quedarse dormida. En el sillón, algo inclinado hacia adelante como para no perder una sílaba de lo que decía su jefe, el sargento Lituma no hablaba ni se movía. Tampoco le quitaba la vista un solo segundo.

—Los cargos son varios y de bulto —prosiguió el capitán, mirándola a los ojos como si quisiera hipnotizarla—. Pretendiste hacernos creer que habías sido secuestrada y todo fue una farsa, urdida por ti y tu compinche para coaccionar a don Felícito, el caballero que se muere por ti. No les resultó, porque no contaban con la determinación de este señor de no dejarse chantajear. Entonces, ustedes, para ablandarlo le quemaron el local de Transportes Narihualá en la avenida Sánchez Cerro. Pero tampoco les resultó.

—¿Yo se lo quemé? ¿De eso me acusa? ¿De incendiaria también? —protestó Mabel, intentando en vano ponerse de nuevo de pie, pero la debilidad o la mirada beligerante y el gesto agresivo del capitán se lo impidieron. Se dejó caer de nuevo en el sillón y se encogió, cruzando los brazos. Ahora, además de sueño, tenía calor y se había puesto a transpirar. Sentía las manos chorreando de miedo y de sudor—. ¿Así que fui yo la que quemé el local de Transportes Narihualá?

—Tenemos otros detalles, pero éstos son los más graves en lo que a ti te concierne —dijo el capitán, volviéndose tranquilamente a su subordinado—. A ver, sargento, infórmale a la señora por qué delitos podría ser juzgada y qué pena podría recibir.

Lituma se animó, se movió en el asiento, se humedeció los labios con la lengua, sacó un papelito del bolsillo de su camisa, lo desdobló, carraspeó. Y leyó como un escolar recitando una lección ante un maestro:

—Asociación ilícita para delinquir en un plan de secuestro con envío de anónimos y amenazas de extorsión. Asociación ilícita para destruir mediante explosivos un local comercial, con agravante de riesgo para casas, locales y personas del vecindario. Participación activa en un falso secuestro para amedrentar y coaccionar a un empresario a fin de que pague los cupos requeridos. Disimulo, falsía y engaño ante la autoridad durante la investigación del falso secuestro —se guardó el papelito en el bolsillo y añadió—: Ésos serían los principales cargos contra la señora, mi capitán. La fiscalía podría añadir otros, menos graves, como la práctica clandestina de la prostitución.

—¿Y a cuánto podría ascender la pena si la señora es condenada, Lituma? —preguntó el capitán, sus ojos burlones clavados en Mabel.

—Entre ocho y diez años de cárcel —respondió el sargento—. Dependería de los agravantes y atenuantes, por supuesto.

—Ustedes están tratando de meterme miedo, pero se equivocan —murmuró Mabel, haciendo un enorme esfuerzo para que esa lengua seca y áspera como la de una iguana se dignara hablar—. No responderé a ninguna de esas mentiras mientras no esté presente un abogado.

—Nadie te está haciendo preguntas *todavía* —ironizó el capitán Silva—. Por ahora, lo único que se te pide es escuchar. ¿Entendido, Mabelita?

Se quedó observándola con una mirada viciosa que la obligó a bajar los ojos. Abatida, vencida, asintió.

Con los nervios, el susto, la idea de que en cada paso que diera tendría como coleta a la invisible pareja de policías, estuvo cinco días prácticamente sin salir de la casa. Pisaba la calle sólo para correr donde el chino de la esquina a hacer las compras, a la lavandería y al banco. Regresaba a la carrera a encerrarse en su zozobra y sus pensamientos angustiosos. Al sexto día, no aguantó más. Vivir así era como estar en la cárcel y Mabel no estaba hecha para los encierros. Necesitaba la calle, ver el cielo, oler, oír y pisar la ciudad, sentir el trajín de hombres y mujeres, oír rebuznar a los piajenos y ladrar a los perros. No era ni sería nunca una monjita de clausura. Llamó por teléfono a su amiga Zoila y le propuso que fueran al cine, a la función de vermouth.

—A ver qué cosa, cholita —preguntó Zoila.

—Lo que sea, lo que den —le respondió Mabel—. Necesito ver gente, conversar un poco. Me asfixio aquí.

Se encontraron frente a Los Portales, en la Plaza de Armas. Tomaron lonche en El Chalán y se metieron al multicines del Centro Comercial Open Plaza, vecino a la Universidad de Piura. Vieron una película un poco fuerte, con calatas. Zoila, que se las daba de cucufata, cuando había escenas de cama se persignaba. Era una fresca, porque en su vida personal se tomaba muchas libertades, cambiaba de pareja cada dos por tres y hasta se jactaba de esos cambios: «Mientras el cuerpo aguante, hay que aprovecharlo, hijita». No era muy agraciada pero lucía un buen cuerpo y se arreglaba con gusto. Por eso y por sus maneras desinhibidas tenía éxito con los hombres. Al salir del cine, propuso a Mabel que se viniera a comer algo a su casa, pero ella no aceptó, no quería regresar sola a Castilla muy tarde.

Tomó un taxi y, mientras la vieja carcocha se sumergía en el barrio ya medio a oscuras, Mabel se dijo que, después de todo, era una suerte que la policía hubiera ocultado el episodio del secuestro a la prensa. Pensaban que de este modo desconcertarían a los chantajistas y les sería más fácil pescarlos. Pero ella vivía convencida de que en cualquier momento la noticia llegaría a los periódicos, a la radio y a la televisión. ¿En qué se convertiría su vida si estallaba el escándalo? Quizás lo mejor sería hacerle caso a Felícito y salir de Piura por una temporada. ¿Por qué no a Trujillo? Decían que era grande, moderna, pujante, con una linda playa y casas y parques coloniales. Y que el Concurso de la Marinera que se celebraba allí todos los años en el verano valía la pena de verse. ¿La estaría siguiendo la parejita de policías de civil en un auto o una moto? Miró por la ventanilla de atrás y a los costados y no vio vehículo alguno. A lo mejor lo de la protección era un cuento. Había que ser tonta de capirote para creerse las promesas de los cachacos.

Bajó del taxi, pagó y caminó la veintena de pasos entre la esquina y su casa por el centro de una calle vacía, aunque en casi todas las puertas y ventanas vecinas titilaban las lucecitas macilentas del barrio. Divisaba siluetas de gente en los interiores. Tenía lista la llave de la puerta. Abrió, entró y, cuando extendía la mano hacia el interruptor de la luz, sintió que otra mano se le interponía, la atajaba y le tapaba la boca, ahogando su grito, al mismo tiempo que un cuerpo varonil se pegaba al suyo y una voz conocida le susurraba en el oído: «Soy yo, no te asustes».

—¿Qué haces aquí? —protestó Mabel, temblando. Sentía que si él no estuviera sujetándola se desplomaría al suelo—. ¿Te has vuelto loco, pedazo de? ¿Te has vuelto loco?

—Necesitaba cacharte —dijo Miguel y Mabel sintió sus labios afiebrados en la oreja, en el cuello, afanosos, ávidos, sus brazos fuertes apretándola y sus manos tocándola por todas partes.

—Estúpido, imbécil, grosero de porquería —protestó, se defendió, furiosa. Sentía mareos de la indignación y del susto que acababa de pasar—. ¿No sabes que hay un guardia cuidando la casa? ¿No sabes lo que nos puede ocurrir por tu culpa, cretino de porquería?

—Nadie me vio entrar, el policía está en la chinganita de la esquina tomándose un café, no había nadie en la calle —Miguel seguía abrazándola, besándola y pegándole su cuerpo, frotándose contra ella—. Ven, vamos a la cama, te cacho y me voy. Ven, cholita.

—Malparido, desgraciado, canalla, cómo te atreves a venir, estás loco —estaban en la oscuridad y ella trataba de resistir y apartarlo, furiosa y asustada, sintiendo al mismo tiempo que, pese a la cólera, su cuerpo comenzaba a ceder—. ¿No te das cuenta que me arruinas la vida, maldito? Y te la arruinas tú también, desgraciado.

—Te juro que nadie me vio entrar, tomé todas las precauciones —repetía él, tironeando su ropa para desnudarla—. Ven, ven. Tengo deseo, tengo hambre de ti, quiero que chilles, te amo.

Dejó de defenderse, al fin. Siempre en la oscuridad, harta, agotada, permitió que la desnudara, la tumbara en la cama, y, por unos minutos, se abandonó al placer. ¿Podía llamarse eso placer? Era algo muy distinto del de otras veces en todo caso. Tenso, crispado, doloroso. Ni en el apogeo de la excitación, cuando estaba a punto de terminar, consiguió apartar de su cabeza las imágenes de Felícito, de los policías que la habían interrogado en la comisaría, del escándalo que estallaría si la noticia llegaba a la prensa.

—Ahora anda vete y no vuelvas a pisar esta casa hasta que todo esto pase —le ordenó, cuando sintió que Miguel la soltaba y se echaba de espaldas en la cama—. Si por esta locura tuya tu padre se entera, me vengaré. Te juro que te pesará. Te juro que te arrepentirás toda tu vida, Miguel.

—Te he dicho que no me vio nadie. Te juro que no. Dime al menos si te ha gustado.

—No me gustó nada y te estoy odiando con toda mi alma, para que lo sepas —dijo Mabel, desprendiéndose de las manos de Miguel y levantándose—. Anda vete de una vez y que nadie te vea salir. No vuelvas aquí, pedazo de estúpido. Nos vas a mandar a la cárcel, desgraciado, cómo no te das cuenta.

—Está bien, me voy, no te pongas así —dijo Miguel, incorporándose—. Te aguanto los insultos porque estás muy nerviosa. Si no, te los haría tragar, mamacita.

Ella sintió en la semioscuridad que Miguel se vestía. Por fin se inclinó a besarla a la vez que le decía, con la vulgaridad que le brotaba siempre por todos los poros del cuerpo en estas ocasiones íntimas:

—Mientras me sigas gustando, vendré a cacharte todas las veces que el pincho me lo pida, cholita.

—Ocho a diez años en la cárcel son muchos años, Mabelita —dijo el capitán Silva, cambiando una vez más de voz; ahora se mostraba triste y compasivo—. Sobre todo, si los pasas en la cárcel de mujeres de Sullana. Un infierno. Yo te lo puedo decir, la conozco como la palma de mi mano. No hay agua ni electricidad la mayor parte del tiempo. Las internas duermen hacinadas, dos o tres en cada camastro y con sus hijos, muchas en el suelo, oliendo a caca y a orines porque, como los baños están casi siempre malogrados, hacen sus necesidades en baldes o bolsas de plástico que se botan sólo una vez al día. No hay cuerpo que aguante ese régimen mucho tiempo. Menos una mujercita como tú, acostumbrada a otro género de vida.

A pesar de que tenía ganas de gritar y de insultarlo, Mabel permanecía callada. No había entrado nunca a la cárcel de mujeres de Sullana, pero la había visto desde afuera, al pasar. Intuía que el capitán no exageraba un ápice en su descripción.

—Al año o año y medio de una vida semejante, entre prostitutas, asesinas, ladronas, narcotraficantes, muchas de las cuales se han vuelto locas en la cárcel, una mujer joven y bella como tú se pone vieja, fea y neurótica. No te lo deseo, Mabelita.

El capitán suspiró, apiadado de ese destino posible para la dueña de la casa.

—Tú dirás que es una maldad decirte estas cosas y pintarte semejante panorama —prosiguió, implacable, el comisario—. Te equivocas. Ni el sargento ni yo somos sádicos. No queremos asustarte. Tú qué dices, Lituma.

—Claro que no, todo lo contrario —afirmó el sargento, removiéndose una vez más en el sillón—. Hemos venido con buenas intenciones, señora.

—Queremos ahorrarte esos horrores —el capitán Silva hizo una mueca que le deformó la cara, como si tuviera una alucinación atroz, y alzó las manos, espantado—: El escándalo, el juicio, los interrogatorios, las rejas. ¿Te das cuenta, Mabel? Queremos que, en vez de pagar la pena por complicidad con esos forajidos, quedes libre de polvo y paja y sigas llevando la buena vida que llevas desde hace años. ¿Entiendes por qué te decía que nuestra visita es por tu bien? Lo es, Mabelita, convéncete.

Ella presentía ya de qué se trataba. Del pánico había pasado a la cólera y de la cólera a un profundo abatimiento. Sentía los párpados pesados y de nuevo un sueño que por momentos le hacía cerrar los ojos. Qué maravilloso dormir, perder la conciencia y la memoria, dormir aquí mismo, encogida en el sillón. Olvidarse, sentir que nada de esto había pasado, que la vida seguía igual que antes.

Mabel acercó la cara al vidrio de la ventana y vio, al ratito, salir a Miguel y lo vio desaparecer, tragado por las sombras, a los pocos metros. Observó con cuidado el rededor. No se veía a nadie. Pero esto no la tranquilizó. El guardia podía estar apostado en el zaguán de una casa vecina y, desde allí, haberlo divisado. Daría parte a sus jefes y la policía informaría a don Felícito Yanaqué: «Su hijo y empleado, Miguel Yanaqué, visita de noche la casa de su querida». Estallaría el escándalo. ¿Qué le pasaría a ella? Mientras se lavaba en el baño, cambiaba las sábanas de la cama, y, luego, tumbada, con la lamparita del velador encendida, trataba de pescar el sueño, se preguntó una vez más, como tantas veces en estos dos últimos años y medio en que se veía a escondidas con Miguel, cómo reaccionaría Felícito si se enteraba. No era de esos que sacan un cuchillo o un revólver para lavar su honor, de los que creen que las afrentas de cama se limpian con sangre. Pero la abandonaría. Ella se quedaría en la calle. Los ahorros le alcanzarían apenas para sobrevivir unos meses, cortando mucho los gastos. No le sería tan fácil, a estas alturas, volver a conseguir una relación tan cómoda como la que tenía con el dueño de Transportes Narihualá. Había sido una estúpida. Una imbécil. Era su culpa. Siempre supo que tarde o temprano lo pagaría caro. Estaba tan desmoralizada que se le fue el sueño. Ésta sería otra noche de desvelo y pesadillas.

Durmió a ratitos, intercalados con arrebatos de pánico. Era una mujercita práctica, nunca había perdido tiempo compadeciéndose a sí misma o lamentando sus errores. De lo que más se arrepentía en la vida era de haber cedido a la insistencia con que la siguió, buscó y enamoró ese hombre joven al que le hizo caso sin sospechar que fuera un hijo de Felícito. Había comenzado dos años y medio atrás, cuando, en las calles, tiendas, restaurantes y cafeterías del centro de Piura, se dio cuenta de que se cruzaba a menudo en su camino ese muchacho blancón, atlético, bien parecido y bien vestido, que le lanzaba miraditas insinuantes y sonrisas coquetas. Sólo supo quién era cuando, después de hacerse mucho de rogar, de aceptarle jugos de frutas en alguna pastelería, de salir a comer con él, de ir a bailar un par de veces en una discoteca junto al río, consintió en irse a la cama con él en una posada de la Atarjea. Nunca estuvo enamorada de Miguel. Bueno, Mabel no se enamoraba de nadie desde que era churre, tal vez porque así era su carácter o tal vez por aquello que le ocurrió con su padrastro a los trece años. Se había llevado tantos desengaños de chiquilla con sus primeros enamorados que, desde entonces, había tenido aventuras, algunas más largas que otras, algunas cortisisísimas, pero en las que su corazón nunca participaba, sólo su cuerpo y su razón. Creyó que así sería la aventura con Miguel, que después de dos o tres encuentros se disolvería cuando ella lo decidiera. Pero esta vez no fue así. El muchacho se había enamorado. Se le prendió como una lapa. Mabel se dio cuenta que esta relación se había convertido en un problema y quiso cortarla. No pudo. La única vez que no había podido desprenderse de un amante. ¿Un amante? No del todo, pues, porque era pobretón o un amarrete, rara vez le hacía regalos, no la sacaba a buenos sitios y hasta le había advertido que no tendrían nunca una relación formal porque él no era de esos hombres a los que les gusta reproducirse y tener familia. O sea, ella sólo le interesaba para la cama.

Cuando quiso forzar la ruptura, la amenazó con contárselo todo a su padre. Desde ese mismo instante supo que esta historia terminaría mal y que ella sería la más fregada de los tres.

—Colaboración eficaz con la justicia —explicó el capitán Silva, sonriendo entusiasmado—. Así se llama en la jerga jurídica, Mabelita. La palabra clave no es colaboración sino eficaz. Quiere decir que la colaboración debe ser útil y dar frutos. Si tú colaboras de manera leal y tu ayuda nos permite meter en chirona a los delincuentes que te enredaron en este merengue, quedas libre de la cárcel y hasta de ser enjuiciada. Y con mucha razón, porque tú también eres víctima de estos bandidos. ¡Limpia de polvo y paja, Mabelita! ¡Figúrate lo que quiere decir eso!

El capitán dio un par de chupadas a su cigarrillo y ella vio cómo las nubecillas de humo espesaban la atmósfera ya enrarecida de la salita y se dispersaban poco a poco.

—Te estarás preguntando qué clase de colaboración queremos de ti. Por qué no se lo explicas, Lituma.

El sargento asintió.

—Por ahora, queremos que siga usted disimulando, señora —dijo, muy respetuoso—. Así como todo este tiempo ha disimulado con el señor Yanaqué y con nosotros. Igualito. Miguel no sabe que nosotros ya sabemos todo, y usted, en lugar de decírselo, seguirá actuando como si esta conversación nunca hubiera ocurrido.

—Eso es exactamente lo que queremos de ti —encadenó el capitán Silva—. Te voy a ser franco, dándote una prueba más de confianza. Tu colaboración puede sernos muy útil. No para pescar a Miguel Yanaqué. Él ya está requetejodido y no puede dar un paso sin que lo sepamos.

En cambio, no tenemos claro ni conocemos a los cómplices. Con tu ayuda, les tenderemos una trampa y los mandaremos a donde deben estar los mafiosos, en la cárcel y no en la calle, haciéndole la vida difícil a la gente decente. Nos prestarías un gran servicio. Te lo devolveremos, retribuyéndote con otro gran servicio. Por mi boca no habla sólo la Policía Nacional. También la justicia. Mi propuesta tiene la aprobación del fiscal. Como lo oyes, Mabelita. ¡Del señor fiscal, doctor Hernando Símula! Tú te has sacado la lotería conmigo, muchacha.

Desde entonces, sólo seguía con Miguel para que éste no cumpliera su amenaza de delatar sus amores a Felícito «aunque el viejo despechado te pegue un balazo y me pegue otro a mí, cholita». Ella sabía los disparates que puede hacer un hombre celoso. En el fondo de su corazón, esperaba que ocurriera algo, un accidente, una enfermedad, cualquier cosa que la sacara de este lío. Procuraba mantener a Miguel a distancia, inventaba pretextos para no salir con él ni darle gusto. Pero, de tanto en tanto, no tenía más remedio y, aunque sin ganas y con susto, salían a comer a chinganitas pobretonas, a bailar a discotecas de mala muerte, a acostarse en hotelitos que se alquilaban por horas en el rumbo de Catacaos. Muy pocas veces lo había dejado visitarla en la casita de Castilla. Una tarde, con su amiga Zoila entraron a El Chalán a tomar té y Mabel se encontró cara a cara con Miguel. Estaba con una chica jovencita y fachosa, muy acarameladitos y cogidos de la mano. Vio cómo el muchacho se confundía, enrojecía y volteaba la cara para no saludarla. En vez de celos, sintió alivio. Ahora sería más fácil la ruptura. Pero, la próxima vez que se vieron, Miguel lloriqueó, le pidió perdón, le juró que se arrepentía, Mabel era el amor de su vida, etcétera. Y ella, estúpida, estúpida, lo perdonó.

Esa mañana, casi sin haber pegado los ojos, como le ocurría últimamente, Mabel se sentía desmoralizada, la cabeza llena de acechanzas. También sentía pena por el viejito. No hubiera querido hacerle daño. Nunca se hubiera metido con Miguel si hubiera sabido que era su hijo. Qué raro que hubiera procreado un hijo tan blanco y tan pintón. No era el tipo de hombre del que se enamora una mujer, pero sí tenía las cualidades por las que una mujer se encariña con un hombre. Se había acostumbrado a él. No lo veía como amante, más como a un amigo de confianza. Le daba seguridad, le hacía pensar que, teniéndolo cerca, la sacaría de cualquier problema. Era una persona decente, de buenos sentimientos, uno de esos hombres en los que se puede confiar. Lamentaría mucho amargarlo, herirlo, ofenderlo. Porque sufriría tantísimo cuando supiera que se había acostado con Miguel.

A eso del mediodía, cuando tocaron la puerta, tuvo la sensación de que la amenaza que presentía desde la noche anterior se iba a materializar. Fue a abrir y se encontró con el capitán Silva y el sargento Lituma en el umbral. Dios mío, Dios mío, qué iba a pasar.

—Ya sabes cuál es el trato, Mabelita —dijo el capitán Silva. Como recordando algo, miró su reloj y se puso de pie—. No tienes que contestarme ahora, por supuesto. Te doy hasta mañana, a esta misma hora. Reflexiona. Si el loquito de Miguel viniera a hacerte otra visita, no se te ocurra contarle nuestra conversación. Porque eso querría decir que has tomado partido por los mafiosos, en contra de nosotros. Un agravante en tu prontuario, Mabelita. ¿No es cierto, Lituma?

Cuando el capitán y el sargento se dirigían hacia la puerta, les preguntó:

—¿Sabe Felícito que han venido a hacerme esta propuesta?

—El señor Yanaqué no sabe nada de eso y menos todavía que el chantajista de la arañita es su hijo Miguel y que tú eres su cómplice —respondió el capitán—. Cuando lo sepa, le dará un patatús. Pero, así es la vida, tú lo sabes mejor que nadie. Cuando se juega con fuego, alguien se quema. Piensa en nuestra propuesta, consúltala con la almohada y verás que te conviene. Hablamos mañana, Mabelita.

Cuando los policías partieron, ella cerró la puerta y apoyó la espalda en la pared. El corazón le latía con tanta fuerza. «Me jodí. Me jodí. Te jodiste, Mabel.» Apoyándose en la pared se arrastró hasta la salita —le temblaban las piernas, el sueño seguía siendo irresistible— y se dejó caer en el sillón que tenía más cerca. Cerró los ojos y al instante se quedó dormida o desmayada. Tuvo una pesadilla que ya había tenido otras veces. Caía en unas arenas movedizas y se iba hundiendo en esa superficie terrosa dentro de la cual tenía ya las dos piernas en las que se le enredaban unos filamentos viscosos. Haciendo un gran esfuerzo podía ir avanzando hacia la orilla más próxima, pero no era la salvación ni mucho menos, pues, agazapada sobre sí misma, esperándola, había una fiera peluda, un dragón de película, con unos colmillos puntiagudos y unos ojos lancinantes que no dejaban de escrutarla, esperándola.

Cuando se despertó le dolía el pescuezo, la cabeza y la espalda y estaba empapada de sudor. Fue hasta la cocina y bebió a sorbitos un vaso de agua. «Debes calmarte. Tener la cabeza fría. Debes pensar con calma qué vas a hacer.» Fue a tenderse a la cama, sacándose sólo los zapatos. No tenía ganas de pensar. Hubiera querido tomar un auto, un ómnibus, un avión, partir lo más lejos posible de Piura, a una ciudad donde nadie la conociera. Empezar una nueva vida desde cero. Pero era imposible, donde fuera la policía llegaría hasta ella y la fuga agravaría su culpa. ¿No era una víctima también? Lo había dicho el capitán y era la pura verdad. ¿Acaso fue de ella la idea? Nada de eso. Más bien había discutido con el imbécil de Miguel cuando supo lo que se traía entre manos. Sólo aceptó prestarse a la farsa del secuestro cuando la amenazó —una vez más— con hacerle saber al viejito sus amoríos: «Te botará como a una perra, cholita. ¿Y de qué vas a vivir tan bien como vives ahora?».

La había obligado y ella no tenía ninguna razón para ser leal con semejante hijo de puta. Tal vez lo único que le quedaba era colaborar con la policía y el fiscal. No tendría la vida fácil, por supuesto. Habría venganza, se convertiría en un blanco, le pegarían un balazo o una puñalada. ¿Qué era preferible? ¿Eso o la cárcel?

Todo el resto del día y de la noche estuvo sin salir de casa, devorada por las dudas. Su cabeza era un nido de grillos. Lo único claro era que estaba jodida y lo seguiría estando por el error que cometió metiéndose con Miguel y consintiendo en esta payasada.

No comió nada en la noche, aunque se preparó un sándwich de jamón y queso que ni siquiera probó. Se acostó pensando que en la mañana volverían los dos policías a preguntarle cuál era su respuesta. Pasó la noche entera cavilando, cambiando una y otra vez de planes. A ratos la vencía el sueño pero, apenas se dormía, se despertaba asustada. Cuando invadían la casita de Castilla las primeras luces del nuevo día, sintió que se serenaba. Comenzaba a ver claro. Poco después, había tomado ya una decisión.

XIV

Aquel martes del invierno limeño que don Rigoberto y doña Lucrecia considerarían el peor día de su vida, paradójicamente amaneció con el cielo despejado y un anuncio de sol. Después de dos semanas de neblina pertinaz, humedad y una lluviecita intermitente que apenas mojaba pero se infiltraba hasta los huesos, semejante despertar parecía de buen agüero.

La cita en la oficina del juez instructor era a las diez de la mañana. El doctor Claudio Arnillas, con sus infaltables tirantes de colorines y sus andares patulecos, pasó a recoger a Rigoberto a las nueve como habían quedado. Éste creía que la nueva diligencia ante el magistrado sería, como las anteriores, pura pérdida de tiempo, preguntas tontas sobre sus funciones y competencias como gerente de la compañía de seguros a las que él respondería con las consiguientes razones obvias y equivalentes tonterías. Pero esta vez se encontró con que los mellizos habían escalado el acoso judicial; además de paralizar el trámite de jubilación con el pretexto de examinar sus responsabilidades e ingresos en sus años de servicio en la empresa, le habían abierto una nueva investigación judicial sobre una supuesta acción dolosa en perjuicio de la compañía de seguros de la que él sería encubridor, beneficiario y cómplice.

Don Rigoberto apenas recordaba el episodio, ocurrido tres años atrás. El cliente, un mexicano avecindado en Lima, dueño de una chacra y una fábrica de productos lácteos en el valle de Chillón, había sido víctima de un incendio que arrasó su propiedad. Luego del peritaje policial y el fallo del juez, se le indemnizó por las pérdidas sufridas de acuerdo al seguro que tenía. Cuando, por denuncias de un socio, fue acusado de haber fraguado él mismo el incendio para cobrar fraudulentamente la póliza, el personaje había salido del país sin dejar rastro de su nuevo paradero y la compañía no pudo resarcirse del embauco. Ahora, los mellizos decían tener pruebas de que Rigoberto, gerente de la empresa, había procedido de manera negligente y sospechosa en todo el asunto. Las pruebas consistían en el testimonio de un ex empleado de la compañía, despedido por incompetente, quien aseguraba poder demostrar que el gerente había actuado en connivencia con el estafador. Todo era un embrollo descabellado y el doctor Arnillas, que ya había entablado una contrarréplica judicial por libelo y calumnia contra los mellizos y su falso testigo, le aseguró que aquella denuncia se vendría abajo como un castillo de arena; Miki y Escobita tendrían que pagar reparaciones por ofensas a su honor, falso testimonio e intento de sorprender a la justicia.

El trámite los ocupó toda la mañana. La oficinita estrecha y asfixiante hervía de calor y de moscas y tenía las paredes averiadas con inscripciones y tachuelas. Sentado en una silla pequeña y raquítica, en la que apenas le cabían la mitad de las nalgas y que para colmo se balanceaba, Rigoberto estuvo todo el tiempo haciendo equilibrio para evitar caerse al suelo, mientras respondía a las preguntas del juez, tan arbitrarias y absurdas que, se decía, no tenían otro objeto que hacerle perder el humor, el tiempo y la paciencia. ¿Había sido también untado por los hijos de Ismael? Ese par de crápulas le añadían cada día más contratiempos para forzarlo a testimoniar que su padre no estaba en su sano juicio cuando se casó con su sirvienta. Además de paralizar su jubilación, ahora esto. Los mellizos sabían muy bien que esta acusación podría resultarles contraproducente. ¿Por qué la hacían? ¿Nada más que por un odio ciego, un deseo de venganza cerril por haber sido cómplice de aquel matrimonio? Una transferencia freudiana, tal vez. Estaban fuera de sus casillas y se encarnizaban contra él porque no podían hacerles nada a Ismael y Armida, que gozaban de lo lindo allá en Europa. Se equivocaban. No lo harían ceder. Veríamos quién reía último en la guerrita que le habían declarado.

El juez era un hombrecillo menudo y escurrido, vestido pobremente; hablaba sin mirar los ojos de su interlocutor, con una voz tan baja e indecisa que el disgusto de don Rigoberto aumentaba por minutos. ¿Alguien grababa el interrogatorio? Aparentemente, no. Había un amanuense acurrucado entre el juez y la pared, con la cabeza sumergida en un enorme legajo, pero no se veía ninguna grabadora. El magistrado, por su parte, contaba apenas con una libretita en la que, a ratos, hacía un apunte tan veloz que no podía ser ni siquiera una apretada síntesis de su declaración. De modo que todo este interrogatorio era una farsa que sólo servía para amargarlo. Estaba tan irritado que tuvo que hacer grandes esfuerzos para prestarse a la ridícula pantomima y no estallar en un ataque de cólera. Al salir, el doctor Arnillas le dijo que debía más bien alegrarse: al mostrar tanto desgano en el interrogatorio era evidente que el juez instructor no tomaba en serio la acusación de las hienas. La declararía nula y no avenida, segurísimo.

Rigoberto llegó a su casa cansado, malhumorado y sin ganas de almorzar. Le bastó ver la cara desencajada de doña Lucrecia para advertir que lo esperaba alguna nueva mala noticia.

—¿Qué pasa? —preguntó, mientras se quitaba el saco y lo colgaba en el vestidor del dormitorio. Como su mujer se demoraba en contestar se volvió a mirarla.

—¿Cuál es la mala noticia, amor mío?

Demudada y temblándole la voz, doña Lucrecia murmuró:

—Edilberto Torres, figúrate —se le escapó medio quejido y añadió—: Se le apareció en un colectivo. Otra vez, Rigoberto. ¡Dios mío, otra vez!

—¿Dónde? ¿Cuándo?

—En el colectivo Lima-Chorrillos, madrastra —contó Fonchito, muy tranquilo, rogándole con los ojos que no diera importancia al asunto—. Me subí en el Paseo de la República, cerca de la Plaza Grau. En el paradero siguiente, ya en el Zanjón, se subió él.

—¿Él? ¿El mismo? ¿Él? —exclamó ella, acercándole la cara, inspeccionándolo—. ¿Estás seguro de lo que me dices, Fonchito?

—Salud, joven amigo —lo saludó el señor Edilberto Torres, haciéndole una de sus venias habituales—. Qué casualidad, mira dónde venimos a encontrarnos. Gusto de verte, Fonchito.

—Vestido de gris, con saco y corbata y su chompita color granate —explicó el chiquillo—. Muy bien peinado y afeitado, amabilísimo. Claro que era él, madrastra. Y esta vez, por suerte, no lloró.

—Desde la última vez que nos vimos, me parece que has crecido un poco —afirmó Edilberto Torres, examinándolo de arriba abajo—. No sólo físicamente. Ahora tienes una mirada más serena, más segura. Una mirada casi de adulto, Fonchito.

—Mi papá me ha prohibido que hable con usted, señor. Lo siento, pero tengo que hacerle caso.

—¿Te ha dicho por qué esa prohibición? —preguntó el señor Torres, sin alterarse lo más mínimo. Lo observaba con curiosidad, sonriendo levemente.

—Mi papá y mi madrastra creen que usted es el diablo, señor.

Edilberto Torres no pareció sorprenderse mucho, pero el chofer del colectivo sí. Dio un pequeño frenazo y se volvió a echar un vistazo a los dos pasajeros del asiento trasero. Al verles las caras, se tranquilizó. El señor Torres sonrió todavía más, pero no soltó una carcajada. Asintió, tomando el asunto a la broma.

—En los tiempos en que vivimos, todo es posible —comentó, con su perfecta dicción de locutor, encogiendo los hombros—. Hasta que el diablo ande suelto por las calles de Lima y se movilice en colectivos. A propósito del diablo, he sabido que has hecho buenas migas con el padre O'Donovan, Fonchito. Sí, el que tiene una parroquia Bajo el Puente, quién va a ser si no. ¿Te llevas bien con él?

—Te estaba tomando el pelo, ¿no te diste cuenta, Lucrecia? —afirmó don Rigoberto—. Por lo pronto, es una broma que se le apareciera de nuevo en ese colectivo. Y todavía más que imposible que mencionara a Pepín. Se burlaba de ti, simplemente. Se ha estado burlando de nosotros desde el principio de la historia, ésa es la verdad.

—No dirías eso si hubieras visto la cara que tenía, Rigoberto. Creo que lo conozco bastante para saber cuándo miente y cuándo no.

—¿Usted conoce al padre O'Donovan, señor?

—Algunos domingos voy a oír su misa, pese a que su parroquia queda bastante lejos de donde vivo —le respondió Edilberto Torres—. Me doy el trote porque me gustan sus sermones. Son los de un hombre culto, inteligente, que habla para todo el mundo, no sólo para los creyentes. ¿No te dio esa impresión cuando conversaste con él?

—Nunca he oído sus sermones —aclaró Fonchito—. Pero, sí, me pareció muy inteligente. Con experiencia de la vida y sobre todo de la religión.

—Deberías escucharlo cuando habla desde el púlpito —le aconsejó Edilberto Torres—. Sobre todo ahora, que te interesas por asuntos espirituales. Es elocuente, elegante y sus palabras están llenas de sabiduría. Debe ser uno de los últimos buenos oradores que tiene la Iglesia. Porque la oratoria sagrada, tan importante en el pasado, entró en decadencia hace ya mucho tiempo.

—Pero él no lo conoce a usted, señor —se atrevió a decir Fonchito—. Yo le he hablado de usted al padre O'Donovan y él ni siquiera sabía quién era.

—Yo para él no soy otra cosa que una cara más entre los feligreses de la iglesia —repuso Edilberto Torres, sin inmutarse—. Una cara perdida entre muchas otras. Qué bien que te intereses ahora en la religión, Fonchito. He oído que formas parte de un grupo que se reúne una vez por semana a leer la Biblia. ¿Te divierte hacerlo?

—Me estás mintiendo, corazón —lo reprendió la señora Lucrecia con cariño, tratando de disimular su sorpresa—. No pudo decirte eso. No es posible que el señor Torres supiera lo del grupo de estudio.

—Sabía incluso que la semana pasada terminamos la lectura del Génesis y comenzamos con el Éxodo —ahora, el chiquillo había puesto una cara de gran preocupación. Él también parecía consternado—. Sabía hasta ese detalle, te lo juro. Me dejó tan sorprendido que se lo dije, madrastra.

—No tiene por qué sorprenderte, Fonchito —le sonrió Edilberto Torres—. Te he tomado mucho aprecio y me interesa saber cómo te va, en el colegio, en tu familia y en la vida. Por eso, procuro averiguar qué haces y con quién te juntas. Es una manifestación de cariño hacia ti, nada más. No hay que buscarle tres pies al gato sabiendo que tiene cuatro: ¿conocías ese refrán?

—Me va a oír cuando vuelva del colegio —dijo don Rigoberto, encolerizándose de pronto—. Foncho no puede seguir jugando de ese modo con nosotros. Ya me cansé de que quiera hacernos tragar tantos embustes.

Malhumorado, fue al baño y se lavó la cara con agua fría. Sentía algo inquietante, adivinaba nuevos disgustos. Nunca había creído que el destino de los hombres estuviera escrito, que la vida fuera un guión que los seres humanos interpretaban sin saberlo, pero, desde el malhadado matrimonio de Ismael y las supuestas apariciones de Edilberto Torres en la vida de Fonchito, tenía la sensación de haber detectado un asomo de predestinación en su vida. ¿Podían ser sus días una secuencia preestablecida por un poder sobrenatural como creían los calvinistas? Y, lo peor, en ese aciago martes los dolores de cabeza de la familia sólo acababan de comenzar.

Se habían sentado a la mesa. Rigoberto y Lucrecia permanecían mudos y con caras de velorio, escarbando con desgano el plato de ensalada, totalmente inapetentes. En eso Justiniana irrumpió en el comedor sin pedir permiso:

—Lo llaman por teléfono, señor —estaba muy excitada, los ojos echando chispas, como en las grandes ocasiones—. ¡El señor Ismael Carrera, nada menos!

Rigoberto se levantó de un salto. Medio tropezando, fue a recibir la llamada en su escritorio.

—¿Ismael? —preguntó, ansioso—. ¿Eres tú, Ismael? ¿De dónde me llamas?

—De aquí, de Lima, de dónde va a ser —le repuso su ex jefe y amigo en el mismo tono despreocupado y jovial de su última llamada—. Llegamos anoche y estamos impacientes por verlos, Rigoberto. Pero, como tú y yo tenemos tanto de que hablar, por qué no nos reunimos los dos solos de inmediato. ¿Has almorzado? Bueno, ven a tomar el café conmigo, entonces. Sí, ahora mismo, te espero aquí en mi casa.

—Voy volando —se despidió Rigoberto, como un autómata. «Vaya día, vaya día.»

No quiso probar un bocado más y salió como una tromba, prometiendo a Lucrecia que volvería de inmediato a contarle su conversación con Ismael. La llegada de su amigo, fuente de todos los conflictos en que se veía envuelto con los mellizos, hizo que se olvidara de la entrevista con el juez instructor y de la reaparición de Edilberto Torres en un colectivo Lima-Chorrillos.

O sea que el vejete y su flamante esposa habían vuelto por fin de su luna de miel. ¿De veras estaría al tanto, informado diariamente por Claudio Arnillas de todos los problemas que les estaba dando la persecución de las hienas? Hablaría con él de manera franca; le diría que ya estaba bien, desde que aceptó ser su testigo su vida se había vuelto una pesadilla judicial y policial, debía hacer algo de inmediato para que Miki y Escobita pararan el acoso.

Pero, al llegar al caserón neocolonial de San Isidro medio aplastado por los edificios del entorno, Ismael y Armida lo recibieron con tantas demostraciones de amistad que las intenciones que traía de hablar claro y fuerte se le derrumbaron. Quedó maravillado de lo tranquila, contenta y elegante que estaba la pareja. Ismael vestía de sport, con un pañuelo de seda en el cuello y unas sandalias que debían ser un guante para sus pies; su chaqueta de cuero hacía juego con la camisa de cuello evanescente del que emergía su cara risueña, recién rasurada y perfumada con una delicada fragancia de anís. Aún más extraordinaria era la transformación de Armida. Parecía recién salida de manos de peinadoras, maquilladoras y manicuristas expertas. Su antiguo pelo negro era ahora castaño y una ondulación graciosa había reemplazado los cabellos lacios. Vestía un ligero conjunto de flores estampadas, con un chal color lila sobre los hombros y unos zapatitos del mismo color, de medio taco. Todo en ella, las manos cuidadas, las uñas pintadas de un rojo pálido, los aretes, la cadenilla de oro, el prendedor en el pecho y hasta sus maneras desenvueltas —había saludado a Rigoberto acercándole la mejilla para que la besara— eran las de una dama que se habría pasado la vida entre gentes bien educadas, ricas y mundanas, dedicada a cuidar su cuerpo y su atuendo. A simple vista no quedaba traza en ella de la antigua empleada doméstica. ¿Habría dedicado estos meses de luna de miel en Europa a recibir lecciones de buenos modales?

Apenas terminaron los saludos lo hicieron pasar a la salita contigua al comedor. Por el amplio ventanal se divisaba el jardín lleno de crotos, buganvillas, geranios y floripondios. Rigoberto notó que, junto a la mesita donde estaban dispuestas las tazas, la cafetera y una fuente con galletas y pastelitos, había varios paquetes, cajas y cajitas primorosamente envueltos con papeles y lazos de fantasía. ¿Eran regalos? Sí. Ismael y Armida se los habían traído a Rigoberto,

Lucrecia, Fonchito y hasta Justiniana en agradecimiento por el cariño que habían demostrado con los novios: camisas y un pijama de seda para Rigoberto, blusas y chales para Lucrecia, ropa y zapatillas de deporte para Fonchito, guardapolvos y sandalias para Justiniana, además de cinturones, correas, gemelos, agendas, libretas hechas a mano, grabados, chocolates, libros de arte y un dibujo galante para colgar en el baño o en la intimidad del hogar.

Se los veía rejuvenecidos, seguros de sí mismos, felices y tan soberanamente serenos que Rigoberto se sintió contagiado por el sosiego y buen humor de los recién casados. Ismael debía sentirse muy seguro de lo que hacía, perfectamente a salvo de las maquinaciones de sus hijos. Tal como le predijo en aquel almuerzo en La Rosa Náutica, estaría gastando más que ellos en deshacer sus conspiraciones. Lo tendría todo controlado. Menos mal. ¿Por qué se preocupaba él, entonces? Con Ismael en Lima, el lío armado por las hienas se resolvería. Acaso con una reconciliación si su ex jefe se resignaba a soltarles algo más de dinero al par de tarambanas. Todas las trampas que lo tenían abrumado se desharían en pocos días y él recobraría su vida secreta, su espacio civilizado. «Mi soberanía y libertad», pensó.

Después de tomar café, Rigoberto escuchó algunas anécdotas del viaje de los novios por Italia. Armida, a la que apenas recordaba haberle escuchado antes la voz, había recuperado el don de la palabra. Se expresaba con desenvoltura, con menos faltas de sintaxis y excelente humor. Luego de un rato, se retiró «para que los dos caballeros hablen de sus asuntos importantes». Explicó que nunca en su vida había dormido siesta, pero que, ahora, Ismael le había enseñado a tenderse unos quince minutos con los ojos cerrados después del almuerzo y que, en efecto, por la tarde se sentía muy bien gracias a ese pequeño descanso.

—No te preocupes de nada, querido Rigoberto —le dijo Ismael, palmeándolo, apenas se quedaron solos—. ¿Otra taza de café? ¿Una copita de coñac?

—Me encanta verte tan contento y rozagante, Ismael —negó con la cabeza Rigoberto—. Me encanta verlos tan bien a los dos. La verdad, tú y Armida están radiantes. Prueba flagrante de que el matrimonio va viento en popa. Me alegro mucho, por supuesto. Pero, pero...

—Pero ese par de demonios te están sacando canas verdes, lo sé muy bien —terminó la frase Ismael Carrera, palmeándolo de nuevo y sin dejar de sonreírles a él y a la vida—. No te preocupes, Rigoberto, hazme caso. Ahora estoy aquí y yo me ocuparé de todo. Sé cómo enfrentarme a estos problemas y solucionarlos. Te pido mil perdones por tantas molestias que te ha traído tu generosidad conmigo. Mañana voy a trabajar todo el día con Claudio Arnillas y los otros abogados de su estudio en este asunto. Te sacaré de encima los juicios y problemitas, te lo prometo. Ahora, siéntate y escucha. Tengo noticias que darte y que te conciernen. ¿Nos tomamos ese coñaccito, mi viejo?

Él mismo se apresuró a servir las dos copas. Hizo salud. Brindaron y se mojaron los labios y la lengua con la bebida que brillaba con reflejos bermejos en el fondo del cristal y tenía un aroma con reminiscencias del roble del tonel. Rigoberto advirtió que Ismael lo observaba con picardía. Una sonrisita traviesa, burlona, animaba sus ojitos arrugados. ¿Se habría hecho arreglar la dentadura postiza en su luna de miel? Antes se le movía y ahora parecía muy firme en sus encías.

—He vendido todas mis acciones de la compañía a Assicurazioni Generali, la mejor y la más grande aseguradora de Italia, Rigoberto —exclamó, abriendo los brazos y soltando una carcajada—. La conoces de sobra, ¿no es cierto? Hemos trabajado con ellos muchas veces. Tiene su sede central en Trieste pero está por todo el mundo. Hace tiempo que quería entrar al Perú y he aprovechado la ocasión. Un excelente negocio. Ya ves, mi luna de miel no fue sólo un viaje de placer. También de trabajo.

Se festejaba, divertido y feliz como un niño que abre los regalos de Papá Noel. Don Rigoberto no acababa de asimilar la noticia. Vagamente recordó haber leído, hacía algunas semanas, en *The Economist,* que la Assicurazioni Generali tenía planes expansionistas en América del Sur.

—¿Has vendido la compañía que fundó tu padre, en la que has trabajado toda tu vida? —preguntó, por fin, desconcertado—. ¿A una transnacional italiana? ¿Desde cuándo negociabas con ella este asunto, Ismael?

—Desde hace unos seis meses, apenas —explicó su amigo, meciendo despacito su copa de coñac—. Ha sido una negociación rápida, sin complicaciones. Y muy buena, te repito. He hecho un buen negocio. Ponte cómodo y escucha. Por razones obvias, antes de que llegara a buen puerto, este asunto tenía que ser confidencial. Ésa fue la razón de la auditoría que autoricé a esa firma italiana y que te llamó tanto la atención el año pasado. Ahora, ya sabes qué había detrás de eso: querían examinar con lupa el estado de la empresa. No la encargué ni la pagué yo sino la Assicurazioni Generali. Como el traspaso es un hecho, ya te puedo contar todo.

Ismael Carrera habló cerca de una hora sin que Rigoberto lo interrumpiera, salvo unas pocas veces, para pedirle algunas explicaciones. Escuchaba a su amigo admirado de su memoria, pues iba desenvolviendo ante él, sin la menor vacilación, como las capas de un palimpsesto, las incidencias de esos meses de ofertas y contraofertas. Estaba estupefacto. Le parecía increíble que una negociación tan delicada hubiera podido llevarse a cabo con tanto sigilo que ni siquiera él, gerente general de la compañía, se hubiera enterado. Los encuentros de los negociadores habían tenido lugar en Lima, Trieste, New York y Milán; participaron los abogados, accionistas principales, apoderados, asesores y banqueros de varios países, pero fueron excluidos prácticamente todos los empleados peruanos de Ismael Carreras, y, por supuesto, Miki y Escobita. Éstos, que habían recibido por adelantado su herencia cuando don Ismael los echó de la empresa, habían vendido ya buena parte de sus acciones y sólo ahora Rigoberto se enteraba de que quien se las había comprado, a través de testaferros, era el propio Ismael. Las hienas todavía conservaban un pequeño paquete accionario y ahora se convertirían en socios minoritarios (en realidad, ínfimos) de la filial peruana de la Assicurazioni Generali. ¿Cómo reaccionarían? Desdeñoso, Ismael se encogió de hombros: «Mal, por supuesto. ¿Y qué?». Que chillaran. La venta se había hecho guardando todas las formalidades nacionales y extranjeras. Los organismos administrativos de Italia, Perú y Estados Unidos habían dado el visto bueno a la transacción. Se habían sufragado al centavo los impuestos correspondientes. Todo estaba oleado y sacramentado.

—¿Qué te parece, Rigoberto? —concluyó Ismael Carrera su exposición. Volvió a abrir los brazos como un comediante que saluda al público y espera aplausos—. ¿Sigo o no vivo y ejerciendo como hombre de negocios?

Rigoberto asintió. Estaba desorientado, no sabía qué opinar. Su amigo lo miraba risueño y satisfecho de sí mismo.

—Lo cierto es que no dejas de maravillarme, Ismael —dijo, por fin—. Estás viviendo una segunda juventud, ya lo veo. ¿Es Armida la que te ha resucitado? Todavía no me cabe en la cabeza que te hayas desprendido con tanta facilidad de la empresa que creó tu padre y que tú levantaste invirtiendo sangre, sudor y lágrimas en ella a lo largo de medio siglo. Te parecerá absurdo pero, siento pena, como si hubiera perdido algo mío. ¡Y tú estás alegre como un cuete!

—No fue tan fácil —lo corrigió Ismael, poniéndose serio—. Tuve muchas dudas, al principio. Me apenaba, también. Pero, tal como se presentan las cosas, era la única solución. Si hubiera tenido otros herederos, en fin, para qué hablar de cosas tristes. Tú y yo sabemos muy bien qué pasaría si mis hijos se quedaran con la compañía. La hundirían en menos de lo que canta un gallo. Y, en el mejor de los casos, la malvenderían. En manos de los italianos seguirá existiendo y prosperando. Podrás cobrar tu jubilación sin recorte alguno y además con premio, mi viejo. Está arreglado.

A Rigoberto le pareció que la sonrisa de su amigo se había vuelto melancólica. Ismael suspiró y una sombra cruzó sus ojos.

—¿Qué vas a hacer con tanto dinero, Ismael?

—Pasar mis últimos años tranquilo y feliz —replicó, en el acto—. Espero que con salud, también. Gozando un poco de la vida, al lado de mi mujer. Más vale tarde que nunca, Rigoberto. Tú sabes mejor que nadie que, hasta ahora, sólo he vivido para trabajar.

—Una buena filosofía, el hedonismo, Ismael —asintió Rigoberto—. Es la mía, por lo demás. Sólo he podido aplicarla a medias hasta ahora en mi vida. Pero espero imitarte, cuando los mellizos me dejen en paz y Lucrecia y yo podamos hacer el viaje a Europa que teníamos organizado. Ella se quedó muy decepcionada cuando tuvimos que cancelar los planes por las demandas de tus hijitos.

—Mañana me ocupo de eso, ya te he dicho. Es el primer punto de mi agenda, Rigoberto —dijo Ismael, poniéndose de pie—. Te llamaré después de la reunión en el estudio de Arnillas. Y a ver si fijamos un día para almorzar o comer juntos, con Armida y Lucrecia.

Mientras regresaba a su casa, apoyado en el volante de su auto, toda clase de ideas revoloteaban como las aguas de un surtidor en la cabeza de don Rigoberto. ¿Cuánto dinero habría sacado Ismael con aquella venta de sus acciones? Muchos millones. Una fortuna, en todo caso. Por más que la compañía hubiera estado funcionando mediocremente en los últimos tiempos, era una institución sólida, con una magnífica cartera y una reputación de primer orden en el Perú y en el extranjero. Cierto, un octogenario como Ismael ya no estaba para responsabilidades empresariales. Habría puesto su capital en inversiones seguras, bonos del tesoro, fondos de pensiones, fundaciones en los paraísos fiscales más acreditados, Liechtenstein, Guernsey o Jersey. O, acaso, Singapur o Dubai. Sólo los intereses les permitirían a él y a Armida vivir como reyes en cualquier lugar del mundo. ¿Qué harían los mellizos? ¿Lidiar con los nuevos propietarios? Eran tan imbéciles que no se podía descartar. Serían aplastados como cucarachas. En buena hora. No, probablemente tratarían de mordisquear algo del dinero de la venta. Ismael lo tendría ya a buen recaudo. Sin duda, se resignarían si su padre se ablandaba y les echaba algunas migajas, para que dejaran de joder. Todo se arreglaría, entonces. Ojalá que cuanto antes. Así podría materializar por fin sus planes de una jubilación gozosa, rica en placeres materiales, intelectuales y artísticos.

Pero, en su fuero íntimo, no podía convencerse de que todo fuera a salirle tan bien a Ismael. Lo rondaba la sospecha de que, en vez de arreglarse, las cosas se complicarían aún más y que en lugar de escapar de la madeja policial y judicial en la que Miki y Escobita lo tenían preso, se vería aún más atrapado, hasta el fin de sus días. ¿O ese pesimismo se debía a la brusca reaparición de Edilberto Torres en la vida de Fonchito?

Apenas llegó a su casa de Barranco, dio cuenta detallada a su mujer de los últimos acontecimientos. No debía preocuparse por la venta de la compañía de seguros a una aseguradora italiana, porque, en lo que a ellos concernía, esta transferencia probablemente ayudaría a solucionar las cosas, si Ismael, de acuerdo con los nuevos propietarios, aplacaba con algún dinero a los mellizos para que los dejaran en paz. Lo que más impresionó a Lucrecia fue que Armida hubiera regresado del viaje de bodas convertida en una dama elegante, sociable y mundana. «Voy a llamarla para darle la bienvenida y organizar ese almuerzo o comidita cuanto antes, amor. Me muero de ganas de verla convertida en una señora decente.»

Rigoberto se encerró en su escritorio y consultó en su computadora todo lo que había sobre la Assicurazioni Generali S.p.A. En efecto, la más grande de Italia. Él mismo había estado en contacto con ella y sus filiales en varias ocasiones. Se había extendido mucho en los últimos años por Europa del Este, el Medio y el Extremo Oriente, y, de manera más limitada, en América Latina, donde tenía centralizadas sus operaciones en Panamá. Para ella era una buena oportunidad entrar en Sudamérica utilizando al Perú como trampolín. El país andaba bien, con leyes estables y las inversiones crecían.

Estaba sumergido en esta investigación cuando oyó llegar a Fonchito del colegio. Cerró la computadora y esperó con impaciencia que su hijo viniera a darle las buenas tardes. Cuando el chiquillo entró al escritorio y se acercó a besarlo, todavía con la mochila del Colegio Markham sobre los hombros, Rigoberto decidió abordar el tema de inmediato.

—O sea que Edilberto Torres volvió a aparecer —le dijo, apesadumbrado—. Creí que nos habíamos librado de él para siempre, Fonchito.

—Yo también, papá —respondió su hijo con desarmante sinceridad. Se quitó la mochila, la colocó en el suelo y se sentó frente al escritorio de su padre—. Tuvimos una conversación cortísima. ¿No te contó mi madrastra? Lo que le demoró el colectivo en llegar a Miraflores. Él se bajó en la Diagonal, junto al parque. ¿No te contó?

—Claro que me contó, pero me gustaría que me lo cuentes tú también —notó que Fonchito tenía manchas de tinta en los dedos y llevaba la corbata desanudada—. ¿Qué te dijo? ¿De qué hablaron?

—Del diablo —se rió Fonchito—. Sí, sí, no te rías. Es verdad, papá. Y esta vez no lloró, felizmente. Le dije que tú y mi madrastra creían que él era el diablo en persona.

Hablaba con una naturalidad tan evidente, había en él algo tan fresco y auténtico, que, pensaba Rigoberto, cómo no creerle.

—¿Ellos creen en el diablo todavía? —se sorprendió Edilberto Torres. Se dirigía a él a media voz—. Ya no hay mucha gente que crea en este caballero en nuestros días, me parece. ¿Te han dicho por qué tienen tan pobre opinión de mí tus papás?

—Por lo que usted se aparece y se desaparece con tanto misterio, señor —explicó Fonchito, bajando también la voz, porque el tema parecía interesar a los otros pasajeros del colectivo que se habían puesto a espiarlos con el rabillo del ojo—. Yo no debería estar hablando con usted. Ya le dije que me lo han prohibido.

—Diles de mi parte que se quiten esos temores, que pueden dormir muy tranquilos —aseguró Edilberto Torres en voz casi apenas audible—. No soy el diablo ni nada que se le parezca, sino una persona normal y corriente, como tú y como ellos. Y como todas las personas de este colectivo. Además, te equivocas, no me aparezco y desaparezco de manera milagrosa. Nuestros encuentros son obra del azar. De la pura casualidad.

—Te voy a hablar con franqueza, Fonchito —Rigoberto se quedó mirando largo rato a los ojos al chiquillo, que resistió su mirada sin pestañear—. Yo quiero creerte. Yo sé que no eres un mentiroso, que nunca lo has sido. Sé muy bien que siempre me has dicho la verdad, aunque te perjudicara. Pero, en este caso, quiero decir, en el maldito caso de Edilberto Torres...

—¿Por qué maldito, papá? —lo interrumpió Fonchito—. ¿Qué te ha hecho ese señor para que le digas esa palabra tan terrible?

—¿Qué me ha hecho? —exclamó don Rigoberto—. Ha conseguido que por primera vez en mi vida dude de mi hijo, que no sea capaz de creer que me sigues diciendo la verdad. ¿Me entiendes, Fonchito? Es así. Cada vez que te escucho contarme tus encuentros con Edilberto Torres, por más esfuerzos que hago, no puedo creer que sea cierto lo que me cuentas. No es un reproche, trata de comprenderme. Esto que me pasa ahora contigo, me apena, me deprime mucho. Espera, espera, deja que termine. No estoy diciendo que quieras mentirme, engañarme. Sé que eso no lo harías nunca. No, por lo menos, de una manera deliberada, intencional. Pero, te ruego que pienses un momento en lo que te voy a decir con todo el cariño que te tengo. Reflexiona sobre ello. ¿No es posible que eso que nos cuentas a mí y a Lucrecia de Edilberto Torres sea sólo una fantasía, una especie de sueño despierto, Fonchito? Esas cosas les ocurren a veces a las personas.

Se calló porque vio que su hijo había palidecido. Su cara se había llenado de una invencible tristeza. Rigoberto sintió remordimientos.

—O sea, me volví loco y veo visiones, cosas que no existen. ¿Eso es lo que me estás diciendo, papá?

—No te he dicho loco, claro que no —se excusó Rigoberto—. Ni lo he pensado. Pero, Fonchito, no es imposible que ese personaje sea una obsesión, una idea fija, una pesadilla que tienes despierto. No me mires de esa manera burlona. Podría ser, te aseguro. Te voy a decir por qué. En la vida real, en el mundo en que vivimos, no puede pasar que una persona se te aparezca así, de pronto, en los sitios más inverosímiles, en la cancha de fútbol de tu colegio, en el baño de una discoteca, en un colectivo Lima-Chorrillos. Y que esa persona sepa todo sobre ti, sobre tu familia, lo que haces y no haces. No es posible, ¿ves?

—Qué voy a hacer si no me crees, papá —dijo el chiquillo, cariacontecido—. Tampoco yo quiero apenarte. Pero ¿cómo voy a darte la razón de que estoy alucinando? Si yo tengo la seguridad de que el señor Torres es de carne y hueso y no un fantasma. Lo mejor será que no te hable más de él.

—No, no, Fonchito, quiero que me tengas siempre informado sobre esos encuentros —insistió Rigoberto—. Aunque me cueste aceptar lo que me cuentas de él, estoy seguro que tú crees que me dices la verdad. De eso puedes estar convencido. Si me mientes, lo haces sin querer ni darte cuenta. Bueno, tendrás tareas por hacer, ¿no? Anda nomás, si quieres. Ya seguiremos conversando.

Fonchito recogió su mochila del suelo y dio un par de pasos hacia la puerta del escritorio. Pero, antes de abrirla, como si acabara de recordar algo, se volvió hacia su padre:

—Tú tienes tan mala opinión de él y, en cambio, el señor Torres tiene una muy buena de ti, papá.

—¿Por qué dices eso, Fonchito?

—Porque creo saber que tu papá tiene problemas con la policía, con la justicia, en fin, estarás enterado —dijo Edilberto Torres, a manera de despedida, cuando había ya indicado al chofer que bajaría en el próximo paradero—. Me consta que Rigoberto es un hombre intachable y estoy seguro que es muy injusto lo que le ocurre. Si yo puedo hacer algo por él, me encantaría echarle una mano. Díselo de mi parte, Fonchito.

Don Rigoberto no supo qué responder. Contemplaba mudo al chiquillo, que seguía ahí, mirándolo tranquilo, esperando su reacción.

—¿Eso te dijo? —balbuceó al cabo de un momento—. O sea, me mandó un mensaje. Sabe de mis enredos judiciales y quiere ayudarme. ¿No es eso?

—Eso mismo, papá. Ya ves, él sí tiene muy buena opinión de ti.

—Dile que acepto, que con mucho gusto —Rigoberto recobró por fin el dominio de sí—. Por supuesto. La próxima vez que se te presente, agradécele y dile que encantado de que conversemos. Donde él quiera. Que me llame por teléfono. Tal vez tenga manera de echarme una mano, en buena hora. Si lo que más quiero en el mundo es ver en persona y hablar con Edilberto Torres, hijito.

—Okey, papá, se lo diré, si lo veo de nuevo. Te lo prometo. Verás que no es un espíritu sino de carne y hueso. Me voy a hacer mis tareas. Tengo muchísimas.

Cuando Fonchito salió del escritorio, Rigoberto intentó abrir de nuevo la computadora, pero la cerró casi de inmediato. Había perdido todo interés en Assicurazioni Generali S.p.A. y en las serpentinas operaciones financieras de Ismael. ¿Era posible que Edilberto Torres hubiera dicho eso a Fonchito? ¿Era posible que estuviera enterado de sus enredos judiciales? Por supuesto que no. Una vez más este chiquillo le había tendido una trampa y él había caído en ella como un bobo. ¿Y si Edilberto Torres le daba una cita? «Entonces», pensó, «volveré a la religión, me reconvertiré y me meteré a un monasterio de cartujos para el resto de mis días». Se rió, murmurando entre dientes: «Qué infinito aburrimiento. Cuántos océanos de estupidez hay en el mundo».

Se levantó y fue a echar un vistazo al estante más cercano, donde tenía los libros y catálogos de arte preferidos. A medida que los examinaba, iba recordando las exposiciones donde los había comprado. New York, París, Madrid, Milán, México. Qué penoso estar viendo abogados, jueces, pensando en esos analfabetos funcionales, los mellizos, en vez de sumergirse mañana y tarde en estos volúmenes, grabados, diseños y, oyendo buena música, fantasear con ellos, viajar en el tiempo, vivir aventuras extraordinarias, emocionarse, entristecerse, gozar, llorar, exaltarse y excitarse. Pensó: «Gracias a Delacroix asistí a la muerte de Sardanápalo rodeado de mujeres desnudas y gracias al Grosz joven las degollé en Berlín al mismo tiempo que, provisto de un falo descomunal, las sodomizaba. Gracias a Botticelli fui una madona renacentista y gracias a Goya un monstruo lascivo que devoraba a sus hijos empezando por las pantorrillas. Gracias a Aubrey Beardsley, un rosquete con una rosa en el culo y a Piet Mondrian un triángulo isósceles».

Empezaba a divertirse, pero, sin que tuviera todavía conciencia cabal de ello, ya sus manos habían encontrado lo que estaba buscando desde que comenzó el examen del estante: el catálogo de la exposición retrospectiva que la

Royal Academy dedicó a Tamara de Lempicka de mayo a agosto de 2004 y que él visitó en persona la última vez que estuvo en Inglaterra. Allí, en la entrepierna del pantalón, sintió el esbozo de un cosquilleo alentador en la intimidad de sus testículos, a la vez que se emocionaba e iba llenando de nostalgia y gratitud. Ahora, además de las cosquillas sintió un ligero ardor en la punta de la pinga. Con el libro en las manos fue a echarse en el sillón de lectura y encendió la lamparita cuya luz le permitiría disfrutar con todo detalle de las reproducciones. Tenía al alcance la lupa de aumento. ¿Sería verdad que las cenizas de la artista polaco-rusa Tamara de Lempicka fueron arrojadas desde un helicóptero, según sus últimos deseos, por su hija Kizette, al cráter de ese volcán mexicano, el Popocatépetl? Olímpica, cataclísmica, magnífica manera de despedirse de este mundo la de esta mujer que, como testimoniaban sus cuadros, no sólo sabía pintar sino también gozar, una artista cuyos dedos transmitían una lascivia exaltante y a la vez helada a esos desnudos cimbreantes, serpenteantes, bulbosos, opulentos, que desfilaban bajo sus ojos: *Rhythm, La Belle Rafaëla, Myrto, The Model, The Slave*. Sus cinco favoritos. ¿Quién decía que art déco y erotismo no congeniaban? En los años veinte y treinta la ruso-polaca de cejas depiladas, ojos ardientes y voraces, boca sensual y manos toscas, pobló sus lienzos de una intensa lujuria, congelada sólo en apariencia, porque en la imaginación y sensibilidad de un atento espectador la inmovilidad escultórica del lienzo desaparecía y las figuras se animaban, se entreveraban, se arremetían, se acariciaban, se anudaban, se amaban y gozaban con total impudor. Bello, maravilloso, excitante espectáculo el de esas mujeres retratadas o inventadas por Tamara de Lempicka en París, Milán, New York, Hollywood, y en su retiro final de Cuernavaca. Infladas, carnosas, exuberantes, elegantes, mostraban orgullosamente los ombligos triangulares por los que Tamara debía sentir una predilección particular, tanta como la que le inspiraban los muslos abundantes, suculentos, de las aristócratas impúdicas a las que desvestía para revestirlas de lujuria e insolencia carnal. «Ella dio dignidad y buena prensa al lesbianismo y al estilo *garçon,* los hizo aceptables y mundanos, paseándolos por los salones parisinos y neoyorquinos», pensó. «No me extraña nada que, inflamado por ella, el pinga loca de Gabriele d'Annunzio tratara de violarla en su casa de Vittoriale, en el lago de Garda, adonde la llevó con el pretexto de que le hiciera un retrato, pero, en el fondo, enloquecido por el deseo de poseerla. ¿Se escaparía ella por una ventana?» Pasaba las páginas del libro lentamente, deteniéndose apenas en los aristócratas amanerados de ojeras azules de tuberculosos, demorándose en las figuras femeninas espléndidas, de ojos saltones, lánguidas, cabelleras aplastadas como casquetes y uñas carmesí, pechos enhiestos y caderas majestuosas, que aparecían casi siempre retorciéndose como gatas en celo. Estuvo mucho rato sumido en la ilusión, sintiendo que volvía a colmarlo el deseo extinguido hacía tantos días y semanas, desde que habían comenzado esos pedestres problemas con las hienas. Estaba extasiado con esas bellas damiselas ataviadas con trajes escotados y transparentes, de joyas rutilantes, todas ellas poseídas por un deseo profundo que pugnaba por salir a la luz en sus ojos enormes. «Pasar del art déco a la abstracción, qué locura, Tamara», pensó. Aunque, hasta los cuadros abstractos de Tamara de Lempicka transpiraban una misteriosa sensualidad. Conmovido y feliz, advirtió, en el bajo vientre, un pequeño alboroto, el amanecer de una erección.

Y, en ese momento, volviendo a la realidad cotidiana, advirtió que doña Lucrecia había entrado al escritorio sin que él la hubiera sentido abrir la puerta. ¿Qué pasaba? Estaba de pie, junto a él, con las pupilas húmedas y dilatadas y los labios entreabiertos, temblándole. Pugnaba por hablar y la lengua no le obedecía, no le salían las palabras sino un tartamudeo incomprensible.

—¿Otra mala noticia, Lucrecia? —preguntó, aterrado, pensando en Edilberto Torres, en Fonchito—. ¿Otra más?

—Llamó Armida llorando como una loca —sollozó doña Lucrecia—. Apenas te despediste, Ismael tuvo un desmayo en el jardín. Lo llevaron a la Clínica Americana. ¡Y acaba de fallecer, Rigoberto! ¡Sí, sí, acaba de morir!

XV

—Qué pasa, Felícito —repitió la santera, inclinándose hacia él y abanicándolo con el viejo y agujereado abanico de paja que tenía en la mano—. ¿No te sientes bien?

El transportista veía la preocupación que los grandes ojos de Adelaida delataban y, entre las brumas de su cabeza, se le ocurrió pensar que, siendo ella una adivinadora, tenía la obligación de saber muy bien qué le pasaba. Pero no tenía fuerzas para responderle; estaba mareado y seguro de que en cualquier momento se iba a desmayar. No le importó. Hundirse en un sueño profundo, olvidarse de todo, no pensar: qué maravilla. Vagamente pensó en pedir ayuda al Señor Cautivo de Ayabaca, del que era tan devota Gertrudis. Pero no supo cómo hacerlo.

—¿Te traigo un vasito de agua fresca recién sacada del destiladero, Felícito?

¿Por qué le hablaba Adelaida en voz tan alta, como si se estuviera quedando sordo? Asintió y, siempre entre nieblas, vio a la mulata envuelta en su túnica de crudo color barro correr con sus pies descalzos hacia el interior de la tiendita de yerbas y de santos. Cerró los ojos y pensó: «Tienes que ser fuerte, Felícito. No puedes morirte todavía, Felícito Yanaqué. ¡Huevos, hombre! ¡Huevos!». Sentía la boca seca y el corazón pujando por crecer más entre los ligamentos, huesos y músculos de su pecho. Pensó: «Se me está saliendo por la boca». En este momento se daba cuenta de lo justa que era aquella expresión. No era un imposible, che guá. Esa víscera tronaba con tanto ímpetu y de manera tan descontrolada dentro de su caja torácica que, de pronto, podía desencajarse, escapar de la cárcel que era su cuerpo, trepar por su laringe y salir expulsada al exterior en un gran vómito de bilis y de sangre. Vería su corazoncito aplastado contra el suelo de tierra de la casa de la santera, achatado ya, quieto ya, a sus pies, acaso rodeado de cucarachas movedizas color chocolate. Eso sería lo último que recordaría de esta vida. Cuando abriera los ojos del alma, estaría delante de Dios. O tal vez del diablo, Felícito.

—¿Qué es lo que pasa? —preguntó, inquieto. Porque, apenas les vio las caras, comprendió que algo muy serio sucedía; por eso la urgencia con que lo habían convocado a la comisaría y por eso las expresiones incómodas, esas miradas huidizas y esas semisonrisitas tan falsas del capitán Silva y el sargento Lituma. Los dos policías se habían quedado mudos y petrificados al verlo entrar al angosto cubículo.

—Aquí la tienes, Felícito, fresquita. Abre la boca y tómatela despacio, a sorbitos, papacito. Te hará bien, ya verás.

Él asintió y, sin abrir los ojos, separó los labios y sintió con alivio el fresco líquido que Adelaida le iba dando a la boca como a un bebe. Le pareció que el agua apagaba las llamas de su paladar y de su lengua y, aunque no podía ni quería hablar, pensó: «Gracias, Adelaida». La tranquila penumbra en que estaba sumida siempre la tiendita de la santera le calmó un poco los nervios.

—Cosas importantes, mi amigo —dijo por fin el capitán Silva, enseriándose y poniéndose de pie para estrecharle la mano con una efusividad insólita—. Véngase, vamos a tomarnos un cafecito a un lugar más fresco, en la avenida. Allá conversaremos mejor que aquí. En esta cueva está haciendo un calor del carajo, ¿no le parece, don Felícito?

Y, antes de que él tuviera tiempo de contestarle, el comisario cogió su quepis de la percha y, seguido de Lituma, que parecía un autómata y evitaba mirarlo a los ojos, se dirigió hacia la puerta. ¿Qué les pasaba? ¿Cuáles eran las cosas importantes? ¿Qué había ocurrido? ¿Qué mosca les había picado a este par de cachacos?

—¿Te sientes mejor, Felícito? —le preguntó la santera.

—Sí —pudo balbucear él, con dificultad. Le dolían la lengua, el paladar, los dientes. Pero el vaso de agua fresca le había hecho bien, le había devuelto un poquito de esa energía que se le había ido escurriendo del cuerpo—. Gracias, Adelaida.

—Vaya, vaya, menos mal —exclamó la mulata, persignándose y sonriéndole—. Qué sustazazazo me diste, Felícito. ¡Qué pálido estabas! ¡Ay, che guá! Cuando te vi entrar y te caíste en la mecedora como un costal, parecías ya medio cadáver. Qué te pasó, papito, quién se nos murió.

—Con tanto misterio me tiene usted en pindingas, capitán —insistió Felícito, comenzando a alarmarse—. ¿Cuáles son esas cosas graves, se puede saber?

—Un café bien cargado para mí —ordenó el capitán Silva al mozo—. Un cortadito para el sargento. ¿Usted qué se toma, don Felícito?

—Una gaseosa, Coca-Cola, Inca Kola, lo que sea —se impacientó él, dando golpecitos en la mesa—. Bueno, al grano. Soy hombre que sabe recibir malas noticias, ya me voy acostumbrando a esta vaina. Suélteme al toro de una vez.

—El asunto está resuelto —dijo el capitán, mirándolo a los ojos. Pero lo miraba sin alegría, afligido más bien y hasta con compasión. Sorprendentemente, en vez de continuar, enmudeció.

—¿Resuelto? —exclamó Felícito—. ¿Quiere decir que los pescaron?

Vio que el capitán y el sargento asentían, moviendo las cabezas, siempre muy graves y luciendo una solemnidad ridícula. ¿Por qué lo observaban de esa manera rara, como si les inspirara lástima? En la avenida Sánchez Cerro había un bullicio infernal, gente que iba y venía, bocinazos, gritos, ladridos y rebuznos. Tocaban un vals pero la cantante no tenía la dulce voz de Cecilia Barraza, qué iba a tenerla, sino la de un vejestorio aguardientoso.

—¿Te acuerdas la última vez que estuve aquí, Adelaida? —Felícito hablaba bajito, buscando las palabras, temeroso de que se le fuera la voz. Para respirar mejor se había desabotonado el chaleco y aflojado la corbata—. Cuando te leí la primera carta de la arañita.

—Sí, Felícito, me acuerdo muy bien —la santera lo perforaba con sus ojazos enormes, preocupados.

—¿Y te acuerdas que, cuando ya me despedía, de repente te vino la inspiración y me dijiste que les diera gusto, que les entregara la mensualidad que me pedían? ¿Te acuerdas también de eso, Adelaida?

—Claro que sí, Felícito, por supuesto, cómo no me voy a acordar. ¿Me vas a decir por fin qué te pasa? ¿Por qué estás tan pálido y con vértigos?

—Tenías razón, Adelaida. Como siempre, la tenías. Mejor te hubiera hecho caso. Porque, porque...

No pudo continuar. Se le cortó la voz en medio de un sollozo y se puso a llorar. No lo hacía desde muchísimo tiempo atrás, ¿desde el día en que murió su padre en ese cuartucho oscuro de la Sala de Emergencias del Hospital Obrero de Piura?, ¿o, tal vez, desde aquella noche en que se acostó por primera vez con Mabel? Pero esta última no valía, porque había sido de felicidad. Y ahora, en cambio, se le salían las lágrimas todo el tiempo.

—Todo está resuelto y ahora se lo vamos a explicar, don Felícito —se animó por fin el capitán, repitiendo lo que ya le había dicho—. Mucho me temo que no le guste lo que va a oír.

Él se enderezó en el asiento y esperó, con todos sus sentidos alertas. Tuvo la impresión de que desaparecía la gente del pequeño bar, que enmudecían los ruidos de la calle. Algo le hizo maliciar que aquello que se venía iba a ser la peor de todas las desgracias que de un tiempo a esta parte le caían encima. Sus piernitas empezaron a temblar.

—Adelaida, Adelaida —gimió, mientras se limpiaba los ojos—. Tenía que desahogarme de algún modo. No pude contenerme. Te juro que llorar no es mi costumbre, perdóname.

—No te preocupes, Felícito —le sonrió la santera, dándole unos golpecitos cariñosos en la mano—. A todos nos hace bien derramar unos lagrimones de cuando en cuando. A mí también me da a veces la lloradera.

—Hable nomás, capitán, estoy preparado —afirmó el transportista—. Claro y fuerte, por favor.

—Vayamos por partes —carraspeó el capitán Silva, ganando tiempo; se llevó la taza de café a la boca, bebió un traguito y prosiguió—: Lo mejor es que usted vaya descubriendo la trama desde el principio, como la descubrimos nosotros. ¿Cómo se llama el guardia que daba protección a la señora Mabel, Lituma?

Candelario Velando, veintitrés años, tumbesino. Llevaba dos años en el cuerpo y ésta era la primera vez que sus superiores lo vestían de paisano para un trabajo. Lo apostaron frente a la casita de la señora, en ese callejón sin salida del distrito de Castilla vecino al río y al Colegio de Don Juan Bosco de los padres salesianos y le ordenaron cuidar que nada le pasara a la dueña de casa. Debía socorrerla si hacía falta, tomar nota de quiénes venían a visitarla, seguirla sin hacerse ver, anotar con quiénes se daba cita, a quiénes visitaba, qué hacía o dejaba de hacer. Le dieron su arma de reglamento con parque para veinte disparos, una cámara fotográfica, una libretita, un lápiz y un celular para usar sólo en caso de extrema necesidad y nunca para llamadas personales.

—¿Mabel? —la santera abrió mucho esos ojos medio enloquecidos que tenía—. ¿Tu amiguita? ¿Ella misma?

Felícito asintió. El vaso de agua estaba ya vacío pero él parecía no darse cuenta pues, de rato en rato, se lo seguía llevando a la boca y movía los labios y la garganta como si tragara un sorbito.

—Ella misma, Adelaida —movió varias veces la cabeza—. Mabel, sí. Todavía no me lo puedo creer.

Era un buen policía, cumplidor y puntual. Le gustaba la profesión y hasta ahora se negaba a recibir coimas. Pero aquella noche estaba muy cansado, llevaba catorce horas siguiendo a la señora por la calle y cuidando su casa y, apenas se sentó en ese rincón adonde no llegaba la luz y apoyó la espalda en la pared, se durmió. No supo cuánto rato; sería bastante porque cuando despertó sobresaltado, la callecita estaba silenciosa, habían desaparecido los churres que hacían bailar trompos y las casitas habían apagado las luces y cerrado las puertas. Hasta los perros habían dejado de corretear y ladrar. Todo el vecindario parecía dormido. Se levantó atolondrado y, pegado a las sombras, se acercó a la casa de la señora. Oyó voces. Pegó la oreja a una de las ventanas. Parecía una discusión. No entendió palabra de lo que decían pero, no había duda, eran un hombre y una mujer y se peleaban. Corrió a agazaparse junto a otra ventana y desde allí pudo oír mejor. Se insultaban con lisuras pero no había golpes, no todavía. Sólo silencios largos y, otra vez, voces, más arrastradas. Ella estaba consintiendo, se diría. Había recibido una visita y, al parecer, el visitante se la tiraba. Candelario Velando supo en el acto que aquél no era el señor Felícito Yanaqué. ¿Tenía la señora, pues, otro amante? La casa quedó por fin en completo silencio.

Candelario se retiró a la esquina donde se había quedado dormido. Volvió a sentarse, encendió un cigarrillo y, con la espalda apoyada en el muro, esperó. Esta vez no cabeceó ni se distrajo. Estaba seguro que el visitante reaparecería en cualquier momento. Y, en efecto, apareció luego de un buen rato de espera, tomando unas precauciones que lo delataban: abriendo apenas la puerta, asomando sólo la cabeza, mirando a derecha y a izquierda. Creyendo que nadie podía verlo, echó a andar. Candelario lo vio de cuerpo entero y confirmó por su silueta y movimientos que no podía ser el viejito medio enano de Transportes Narihualá. Éste era un hombre joven. No distinguía su cara, había demasiada sombra. Cuando lo vio alejarse hacia el Puente Colgante, fue tras él. Pisaba despacio, procurando no dejarse ver, algo alejado pero sin perderlo de vista. Se le acercó un poco al cruzar el Puente Colgante porque allí había trasnochadores entre los que podía ocultarse. Lo vio tomar una de las veredas de la Plaza de Armas y desaparecer en el bar del Hotel Los Portales. Esperó un momento y entró también. Estaba ante el mostrador —joven, blancón, pintoncito, con cresta a lo Elvis Presley— tomándose seco y volteado lo que debía ser una mulita de pisco. Entonces, lo reconoció. Lo había visto cuando fue a la comisaría de la avenida Sánchez Cerro a prestar su declaración.

—¿Seguro que era él, Candelario? —preguntó el sargento Lituma, poniendo cara de duda.

—Era Miguel, recontrasegurísimo —dijo secamente el capitán Silva, llevándose de nuevo la taza de café a la boca. Parecía muy molesto de decirle lo que le estaba diciendo—. Sí, señor Yanaqué. Lo siento mucho. Pero era Miguel.

—¿Mi hijo Miguel? —repitió muy rápido el transportista, pestañeando sin tregua, agitando una de sus manitos; había palidecido de golpe—. ¿A medianoche? ¿Donde Mabel?

—Estaban en plena disputa, mi sargento —explicó el guardia Candelario Velando a Lituma—. Se peleaban de verdad, con lisuras como puta, concha de tu madre y peores. Después, un larguísimo silencio. Yo me imaginé entonces lo que usted se estará imaginando ahora: que vino la amistada y se metieron a la cama. ¿A qué iba a ser sino a cachar? Esto último no lo oí ni lo vi. Es una hipótesis.

—Mejor que no me cuentes esas cosas —dijo Adelaida, incómoda, bajando la vista. Sus pestañas eran largas y sedosas y se había afligido. Dio al transportista una palmadita cariñosa en la rodilla—. Salvo que creas que te hará bien contármelas. Como tú prefieras, Felícito. Lo que tú digas. Para algo soy tu amiga, che guá.

—Una hipótesis que revela que tienes la mente superpodrida, Candelario —le sonrió Lituma—. Bien, muchacho. Te pasaste. Como hay potos de por medio, tu historia le gustará al capitán.

—Fue la puntita del hilo, por fin. Empezamos a tirarlo y a desenrollar la madeja. Yo ya me olía algo, desde que la interrogué luego del secuestro. Cayó en muchas contradicciones, no sabía fingir. Así fue la cosa, señor Yanaqué —añadió el comisario—. No crea que esto resulta fácil para nosotros. Quiero decir, darle esta tremenda noticia. Sé que le cae como una puñalada en la espalda. Pero es nuestro deber, usted perdonará.

Calló porque el transportista había levantado una mano, con el puñito encogido.

—¿No habría la posibilidad de un error? —murmuró con una voz ahora cavernosa y ligeramente implorante—. ¿Ni una sola?

—Ninguna —afirmó el capitán Silva, sin piedad—. Está comprobado hasta el cansancio. La señora Mabel y su hijo Miguel le sacan la vuelta a usted hace ya bastante tiempo, don. De ahí arranca la historia de la arañita. Lo sentimos en el alma, señor Yanaqué.

—La culpa es más de su hijo Miguel que de la señora Mabel —metió su cuchara Lituma y de inmediato se disculpó—: Con perdón, no quería interrumpir.

Felícito Yanaqué ya no parecía estar oyendo a los dos policías. Su palidez se había acentuado; miraba el vacío como si se acabara de corporizar un fantasma. Le temblaba la barbilla.

—Sé muy bien lo que estás sintiendo y te compadezco, Felícito —la adivinadora se había puesto una mano en el pecho—. Sí, pues, tienes razón. Te hará bien desahogarte. De aquí no saldrá nada de lo que me cuentes, papacito, tú ya lo sabes.

Se dio un golpe en el pecho y Felícito pensó: «Qué raro, sonó a hueco». Avergonzado, sintió que los ojos se le llenaban de nuevo de lágrimas.

—La arañita es él —afirmó el capitán Silva, de manera categórica—. Su hijito, el blanquiñoso. Miguel. Al parecer, no lo hizo sólo por la plata sino por algo más retorcido. Y, acaso, acaso, también por eso mismo se encamó con Mabel. Tiene algo personal contra usted. Inquina, resentimiento, esas cosas escabrosas que envenenan el alma de la gente.

—Porque usted lo obligó a hacer el servicio militar, parece —volvió a entrometerse Lituma. Y también esta vez se excusó—: Con perdón. Eso es al menos lo que él nos ha dado a entender.

—¿Está usted oyendo lo que le contamos, don Felícito? —se inclinó el capitán hacia el transportista. Lo cogió del brazo—: ¿Se siente usted mal?

—Me siento muy bien —forzó una sonrisa el transportista. Le temblaban los labios y las ventanillas de la nariz. Y las manos que sostenían la botella de Inca Kola vacía. Un redondel amarillo circundaba el blanco de sus ojos y su vocecita era un hilo—. Siga nomás, capitán. Pero, perdone, me gustaría saber una cosa, si fuera posible. ¿Estaba comprometido también Tiburcio, mi otro hijo?

—Para nada, sólo Miguel —trató de animarlo el capitán—. Se lo aseguro de manera categórica. Por ese lado, puede estar tranquilo, señor Yanaqué. Tiburcio ni estaba metido en el ajo ni sabía palabra del asunto. Cuando se entere, quedará tan espantado como usted.

—Todo ese horror tiene su lado bueno, Adelaida —gruñó el transportista, luego de una larga pausa—. Aunque no te lo creas, lo tiene.

—Me lo creo, Felícito —dijo la santera, abriendo mucho la boca y mostrándole la lengua—. En la vida siempre es así. Las cosas buenas tienen siempre su ladito malo y las malas su ladito bueno. ¿Cuál es el bueno en este caso, pues?

—He resuelto una duda que me comía el alma desde que me casé, Adelaida —murmuró Felícito Yanaqué. Pareció que en ese instante se reponía: recuperó la voz, los colores, cierta seguridad en el hablar—. Que Miguel no es mi hijo. Que nunca lo fue. Gertrudis y su madre me hicieron casar a la fuerza, con el cuento del embarazo. Claro que ella estaba preñada. Pero no por mí, sino por otro. Fui su cholito, pues. Me clavaron un entenado haciéndolo pasar por mi hijo y, así, Gertrudis se salvó de la vergüenza de ser madre soltera. ¿Cómo iba a ser mi hijo ese blanquito de ojos azules, me quieres decir? Siempre sospeché que ahí había gato encerrado. Ahora, por fin, aunque un poco tarde, tengo la evidencia. No lo es, no corre mi sangre por sus venas. Un hijo mío, un hijo de mi sangre, no hubiera hecho jamás lo que él me hizo. ¿Ves, te das cuenta, Adelaida?

—Veo, papacito, me doy —asintió la santera—. Dame tu vaso, te lo llenaré de nuevo en la piedra destiladora, con agua fresquita. Me da no sé qué verte tomando agua de un vaso vacío, che guá.

—¿Y Mabel? —musitó el transportista con la vista baja—. ¿Estuvo enredada en la conspiración de la arañita desde el principio? ¿Ella sí?

—A regañadientes, pero sí —matizó el capitán Silva, como a su pesar—. Lo estuvo. Nunca le gustó el asunto y, según dice, al principio trató de disuadir a Miguel, lo que es posible. Pero su hijo tiene su carácter y...

—Él no es mi hijo —lo interrumpió Felícito Yanaqué, mirándolo a los ojos—. Perdone, yo sé lo que le digo. Siga, qué más, capitán.

—Estaba ya harta de Miguel y quería romper, pero él no la dejaba, la tenía asustada con contarle a usted el romance de los dos —intervino de nuevo Lituma—. Y, por haberla complicado en este enredo, ella comenzó a odiarlo.

—¿Quiere decir que ustedes han hablado con Mabel? —preguntó el transportista, desconcertado—. ¿Que ha confesado?

—Está colaborando con nosotros, señor Yanaqué —asintió el capitán Silva—. Su testimonio ha sido definitivo para conocer toda la trama de la arañita. Lo que le ha dicho el sargento es correcto. Al principio, cuando se metió con Miguel, no sabía que era su hijo. Cuando se enteró, trató de sacárselo de encima, pero ya era tarde. No pudo porque Miguel la tenía chantajeada.

—Amenazándola con contarle a usted toda la vaina, señor Yanaqué, para que usted la matara o le diera una paliza, al menos —volvió a intervenir el sargento Lituma.

—Y la dejara en la calle sin un centavo, que es lo principal —enlazó el capitán—. Lo que le dije antes, don. Miguel le tiene odio, un rencor enorme. Dice que porque usted lo obligó a hacer el servicio militar y no a su hermano Tiburcio. Pero a mí me huele que hay algo más. Tal vez ese odio venga de antes, desde niño. Usted sabrá.

—Debe haber sospechado también que no era mi hijo, Adelaida —añadió el transportista. Bebía a sorbitos el nuevo vaso de agua que acababa de traerle la santera—. Se vería la cara en el espejo, comprendería que no tenía ni podía tener mi sangre. Y fue así que empezaría a odiarme, qué le quedaba. Lo raro es que lo disimuló siempre, que nunca me lo demostró. ¿Ves?

—Qué quieres que vea, Felícito —exclamó la santera—. Todo está clarísimo, hasta un ciego lo vería. Ella es una muchacha y tú un viejo. ¿Creías que Mabel te iba a ser fiel hasta la muerte? Más todavía teniendo tú mujer y familia, sabiendo muy bien que ella nunca sería otra cosa que tu querida. La vida es la vida, Felícito, ya tendrías que saberlo. Tú vienes de abajo y sabes lo que es el sufrimiento, como yo y como tanto piurano pobretón.

—Claro que sí, el secuestro nunca fue un secuestro sino una payasada —dijo el capitán—. Para presionarlo en sus sentimientos, don.

—Lo sabía, Adelaida. Nunca me hice ilusiones. ¿Por qué crees que preferí siempre mirar a otro lado, no enterarme de lo que hacía Mabel? ¡Pero nunca imaginé que pudiera meterse con mi propio hijo!

—¿Acaso es tu hijo? —lo rectificó la santera, burlándose—. Qué más da con quién se metió, Felícito. Qué puede hacerte eso, ahora. No pienses más en eso, compadrito. Pasa la página, olvídate, eso ya fue. Es lo mejor, hazme caso.

—¿Sabes en qué pienso ahora con verdadera angustia, Adelaida? —otra vez se le había quedado el vaso vacío. Felícito sentía escalofríos—. En el escándalo. Te parecerá una tontería, pero es lo que más me atormenta. Saldrá mañana en los periódicos, en las radios, en la televisión. Vendrá la cacería periodística entonces. Mi vida será otra vez un circo. La persecución de los periodistas, la curiosidad de la gente en la calle, en la oficina. Ya no tengo paciencia ni ánimo para soportar todo eso de nuevo, Adelaida. Ya no.

—El señor se ha quedado dormido, mi capitán —susurró Lituma, señalando al transportista que había cerrado los ojos e inclinado la cabeza.

—Creo que sí —admitió el oficial—. Lo ha demolido la noticia. El hijo, la querida. Tras cuernos, palos. No es para menos, carajo.

Felícito los oía pero sin oírlos. No quería abrir los ojos, aunque fuera por un momento. Dormitaba, oyendo el bullicio y el trajín de la avenida Sánchez Cerro. Si no hubiera ocurrido todo esto, estaría en Transportes Narihualá pasando revista al movimiento de ómnibus, camionetas y autos de la mañana, estudiando el pasaje de hoy y cotejándolo con el de ayer, dictando cartas a la señora Josefita, cancelando o cobrando letras en el banco, preparándose para volver a su casa a almorzar. Sintió tanta tristeza que le dio una tembladera de terciana, de pies a cabeza. Nunca más su vida volvería a tener ese ritmo tranquilo de antaño ni a ser un transeúnte anónimo. En el futuro siempre sería reconocido por las calles, al verlo entrar a un cine o a un restaurante se levantarían murmuraciones, miradas impertinentes, cuchicheos, manos apuntándolo. Esta misma noche o a más tardar mañana, la noticia sería pública, todo Piura la conocería. Y resucitaría aquel infierno.

—¿Se siente mejor con esa cabeceadita, don? —le preguntó el capitán Silva, dándole una palmada afectuosa en el brazo.

—Me adormecí un poco, lo siento —dijo él, abriendo los ojos—. Discúlpenme ustedes. Tantas emociones al mismo tiempo.

—Claro, claro —lo tranquilizó el oficial—. ¿Quiere que continuemos o lo dejamos para más tarde, don Felícito?

Asintió, murmurando: «Sigamos». En los minutos que permaneció con los ojos cerrados, el barcito se había llenado de gente, sobre todo hombres. Fumaban, pedían sándwiches, gaseosas o cervezas, tacitas de café. El capitán bajó la voz para que los de la mesa vecina no lo oyeran.

—Miguel y Mabel están detenidos desde anoche y el juez instructor está al tanto de todo el asunto. Hemos citado a la prensa en la comisaría a las seis de la tarde. No creo que usted quiera asistir a esa comparecencia, ¿no, don Felícito?

—De ninguna manera —exclamó el transportista, horrorizado—. ¡Claro que no!

—No es necesario que usted venga —lo tranquilizó el capitán—. Eso sí, prepárese. Los periodistas lo van a volver loco.

—¿Miguel ha reconocido todos los cargos? —preguntó Felícito.

—Al principio los negó, pero cuando supo que Mabel lo había traicionado y sería testigo de la acusación, tuvo que aceptar la realidad. Ya se lo dije, el testimonio de ella es demoledor.

—Gracias a la señora Mabel, terminó confesándolo todo —añadió el sargento Lituma—. Ella nos ha facilitado el trabajo. Estamos redactando el parte. Mañana, a más tardar, estará en manos del juez instructor.

—¿Tendré que verlo a él? —Felícito hablaba tan bajito que los policías tuvieron que acercarle las cabezas para poder oírlo—. A Miguel, quiero decir.

—En el juicio, de todas maneras —asintió el capitán—. Usted será el testigo estrella. Es la víctima, recuerde.

—¿Y antes del juicio? —insistió el transportista.

—Puede ser que el juez instructor, o el fiscal, pidan un careo —explicó el capitán—. En ese caso, sí. A nosotros no nos hace falta porque, como le dijo Lituma, Miguel ha reconocido todos los cargos. Pudiera ser que su abogado le fije otra estrategia y desmienta todo, alegando que su confesión es nula porque fue arrancada por medios ilícitos. En fin, lo de siempre. Pero no creo que tenga escapatoria. Mientras Mabel colabore con la justicia, él está perdido.

—¿Cuánto tiempo le darán? —preguntó el transportista.

—Dependerá del abogado que lo defienda y de lo que pueda gastar en su defensa —dijo el comisario, haciendo una mueca algo escéptica—. No será mucho. No ha habido más violencia que el pequeño incendio en su empresa. El chantaje, el falso secuestro y la asociación para delinquir no son delitos tan graves, en esta circunstancia. Porque no se concretaron en nada, fueron simulacros. Dos o tres añitos, en el mejor de los casos, dudo que más. Y, considerando que es delincuente primario, sin antecedentes, hasta puede que se libre de la cárcel.

—¿Y a ella? —preguntó el transportista, pasándose la lengua por los labios.

—Como colabora con la justicia, la pena será muy leve, don Felícito. Tal vez quede libre de polvo y paja. Después de todo, ha sido también una víctima del blanquiñoso. Eso podría alegar su abogado, con cierta razón.

—¿Te das cuenta, Adelaida? —suspiró Felícito Yanaqué—. Me hicieron pasar unas semanas de angustia, me quemaron el local de la avenida Sánchez Cerro, las pérdidas han sido grandes porque, con el miedo de que los chantajistas tiraran una bomba a mis ómnibus, se nos fueron muchos clientes. Y es probable que los dos zamarros se vayan a sus casas libres, a vivir la buena vida. ¿Te das cuenta lo que es la justicia en este país?

Se calló porque advirtió que algo había cambiado en los ojos de la santera. Lo miraba fijo, con las pupilas agrandadas, muy seria y concentrada, como si estuviera viendo algo inquietante dentro o a través de él. Le cogió una mano entre sus manos grandes y callosas, de uñas sucias. Se la apretaba con mucha fuerza. Felícito se estremeció, muerto de miedo.

—¿Una inspiración, Adelaida? —tartamudeó, tratando de zafar su mano—. ¿Qué ves, qué te está ocurriendo? Por favor, amiguita.

—Algo te está por pasar, Felícito —dijo ella, apretándole más la mano, mirándolo siempre fijo con sus ojos profundos, ahora afiebrados—. No sé qué, tal vez lo que te pasó esta mañana con los cachacos, tal vez otra cosa. Peor o mejor, no lo sé. Algo tremendo, muy fuerte, un sacudón que cambiará toda tu vida.

—¿Quieres decir, algo distinto a todo lo que ya me está pasando? ¿Todavía peores cosas, Adelaida? ¿No es bastante con la cruz que ya arrastro?

Ella movía la cabeza como una enloquecida y no parecía oírlo. Levantó mucho la voz:

—No sé si mejores o peores, Felícito —gritó, despavorida—. Pero, eso sí, más importantes que todo lo que te ha pasado hasta hoy. Una revolución en tu vida, eso es lo que presiento.

—¿Todavía más? —repetía él—. ¿No me puedes decir nada concreto, Adelaida?

—No, no puedo —la santera le soltó la mano y fue recuperando poco a poco su semblante y sus maneras de costumbre. La vio suspirar, pasarse la mano por la cara como espantando a un insecto—. Sólo te digo lo que siento, lo que me hace sentir la inspiración. Ya sé que es enredado. Para mí también, Felícito. Qué culpa tengo, eso es lo que Dios quiere que sienta. Él es el que manda. Eso es todo lo que puedo decirte. Estate preparado, algo te va a pasar. Algo que te sorprenderá. Ojalá no sea para peor, papacito.

—¿Para peor? —exclamó el transportista—. Lo peor que me podría pasar ya sólo sería morirme, aplastado por un carro, mordido por un perro con rabia. Tal vez sea eso lo que me convenga. Morirme, Adelaida.

—No te vas a morir todavía, te lo puedo asegurar. Tu muerte no es algo que me haya dicho la inspiración.

La santera parecía extenuada. Seguía en el suelo, sentada sobre sus talones y se frotaba las manos y los brazos, despacio, como sacudiéndoles el polvo. Felícito decidió partir. Se le había pasado ya media tarde. No había probado ni un bocado a mediodía pero no tenía hambre. La sola idea de sentarse a comer le daba asco. Se levantó de la mecedora con esfuerzo y sacó su billetera.

—No es necesario que me des nada —dijo la santera, desde el suelo—. Hoy no, Felícito.

—Sí, lo es —dijo el transportista, dejando cincuenta soles en el mostrador más cercano—. No por esa inspiración tan confusa, sino por haberme consolado y aconsejado con tanto cariño. Eres mi mejor amiga, Adelaida. Yo siempre he confiado en ti, por eso.

Salió a la calle, abrochándose el chaleco, acomodándose la corbata, el sombrero. Volvió a sentir mucho calor. Lo agobiaba la presencia de la multitud que atestaba las calles del centro de Piura. Algunas personas lo reconocían y lo saludaban con venias o se secreteaban, señalándolo. Otras le tomaban fotos con sus celulares. Decidió pasar por Transportes Narihualá por si había novedades de última hora. Miró su reloj: las cinco de la tarde. La conferencia de prensa en la comisaría era a las seis. Una horita para que las noticias corrieran como la pólvora. Estallarían en las radios, en Internet, la difundirían los blogs, las ediciones digitales de los diarios, los boletines de la televisión. Volvería a ser el hombre más popular de Piura. «Engañado por su hijo y su amante», «Quisieron chantajearlo el hijo y su amante», «Las arañitas eran su hijo y su querida ¡que encima eran amantes!». Sintió náuseas imaginando los titulares, las caricaturas que lo mostrarían en actitudes ridículas, con unos cuernos que rasgaban las nubes. ¡Qué canallas! ¡Ingratos, malagradecidos! Lo de Miguel lo encolerizaba menos. Porque, gracias al chantaje de la arañita había confirmado sus sospechas: no era su hijo. ¿Quién sería su verdadero padre? ¿Lo sabría Gertrudis? En ese tiempo, cualquier cliente de la fonda se la tiraba, había muchos candidatos a esa paternidad. ¿Se separaría de ella? ¿Se divorciaría? Nunca la había querido, pero, ahora, después de tanto tiempo, ni siquiera podía guardarle rencor. No había sido una mala mujer; en todos estos años había tenido una conducta intachable, viviendo exclusivamente para su hogar y para la religión. La noticia la sacudiría, por supuesto. Una foto de Miguel, esposado, entre rejas, por haber querido chantajear a su padre además de meterle cuernos con su querida, no era algo que una madre encajara con facilidad. Lloraría y correría a la catedral a que la consolaran los curas.

Lo de Mabel era más duro. Pensaba en ella y se le abría un vacío en el estómago. Era la única mujer que había querido de verdad en la vida. Le había dado todo. Casa, pensión, regalos. Una libertad que ningún otro hombre hubiera concedido a la mujer que mantenía. ¡Para que se metiera a la cama con su hijo! ¡Para que, conchabada con ese miserable, lo chantajeara! No la iba a matar, ni siquiera le pegaría un buen sopapo en su jeta de mentirosa. No volvería a verla. Que se ganara la vida puteando. A ver si conseguía un amante tan considerado como él.

En vez de bajar por la calle Lima, a la altura del Puente Colgante se desvió hacia el malecón Eguiguren.

Allí había menos gente y podía caminar más tranquilo, sin el sobresalto de saber que lo miraban y señalaban. Recordó las antiguas casonas que bordeaban este malecón cuando era churre. Se habían ido desmoronando una tras otra con los estragos que causó El Niño, las lluvias y las crecientes del río que se desbordó y anegó el barrio. En lugar de reconstruirlas, los blanquitos se habían hecho sus casas nuevas en El Chipe, lejos del centro.

¿Qué haría ahora? ¿Seguir con su trabajo en Transportes Narihualá como si nada? Pobre Tiburcio. Él sí que se llevaría un terrible disgusto. Su hermano Miguel, al que había sido siempre tan pegado, convertido en un delincuente que quiso atracar a su padre con la complicidad de la querida. Tiburcio era muy buena gente. Quizás no muy inteligente, pero correcto, cumplidor, incapaz de una vileza como la de su hermano. Se quedaría destrozado con la noticia.

El río Piura estaba muy cargado y arrastraba ramas, pequeños arbustos, papeles, botellas, plásticos. Tenía un color barroso como si hubiera habido desprendimientos de tierras en la cordillera. No había nadie bañándose en sus aguas.

Cuando subió del malecón a la avenida Sánchez Cerro decidió no ir a la oficina. Faltaba sólo un cuarto de hora para las seis y los periodistas caerían como moscas a Transportes Narihualá apenas supieran la noticia. Mejor encerrarse en su casa, tener la puerta de calle con llave y no salir en unos cuantos días, hasta que amainara la tormenta. Pensar en el escándalo le hacía correr culebritas por la espalda.

Remontó la calle Arequipa hacia su casa, sintiendo que la angustia se empozaba de nuevo en su pecho y le dificultaba la respiración. Así que Miguelito le tenía inquina, que lo odiaba incluso desde antes de que lo obligara a hacer el servicio militar. Era un sentimiento recíproco. No, falso, él nunca había odiado a ese hijo espurio. Otra cosa era que nunca lo hubiera querido, porque adivinaba que no tenía su misma sangre. Pero no recordaba haber tenido preferencias con Tiburcio. Había sido un padre justo, cuidadoso de dar a los dos un trato idéntico. Es verdad que obligó a Miguel a pasar un año en el cuartel. Fue por su bien. Para que lo pusieran en vereda. Era pésimo alumno, sólo le gustaba divertirse, patear pelota y echarse tragos en las chicherías. Lo había sorprendido chupando en bares y fondas de mala muerte con amigotes de mala pinta y gastándose las propinas en el burdel. Por ese camino, le iba a ir muy mal. «Si sigues así, te meto al Ejército», le advirtió. Siguió y lo metió. Felícito se rió. Bueno, tampoco se había enmendado mucho que digamos, para terminar haciendo lo que había hecho. Que fuera a la cárcel, que supiera lo que era eso. A ver quién le daba trabajo después, con tal prontuario. Saldría de allí más forajido de lo que entró, como todos los que pasaban por esas universidades del crimen que eran las cárceles.

Estaba frente a su casa. Antes de abrir el gran portón con clavos, dio unos pasos hasta la esquina y echó unas monedas en el tarrito del ciego:

—Buenas tardes, Lucindo.

—Buenas tardes, don Felícito. Dios se lo pague.

Regresó, sintiendo el pecho contraído y respirando con dificultad. Abrió la puerta y la cerró a sus espaldas. Desde el vestíbulo, oyó voces en la sala. Lo que faltaba. ¡Visitas! Era raro, Gertrudis no tenía amigas que vinieran sin anunciarse, no daba nunca tecitos. Estaba parado en el vestíbulo, indeciso, cuando vio aparecer en el dintel de la sala la difusa silueta de su mujer. Embutida en uno de esos vestidos que parecían hábitos, la vio venir hacia él apresurando mucho ese andar dificultoso que tenía. ¿Por qué traía esa cara? Ya sabría las noticias, pues.

—O sea que ya te has enterado de todo —murmuró.

Pero ella no lo dejó terminar. Señalaba hacia la sala, hablaba atropellándose:

—Lo siento, lo siento muchísimo, Felícito. He tenido que alojarla aquí en la casa. No podía hacer otra cosa. Sólo será por unos días. Viene huyendo. Podrían matarla, parece. Una historia increíble. Ven, que ella misma te la cuente.

El pecho de Felícito Yanaqué era un tambor. Miraba a Gertrudis, sin comprender bien lo que decía, pero, en vez de la cara de su mujer, veía la de Adelaida, transformada por las visiones de la inspiración.

XVI

¿Por qué se demoraba tanto Lucrecia? Don Rigoberto daba vueltas como fiera enjaulada ante la puerta de su departamento de Barranco. Su mujer no salía aún del dormitorio. Estaba vestido de riguroso luto y no quería llegar tarde al entierro de Ismael, pero Lucrecia, con su manía de remolonear buscándose los pretextos más absurdos para atrasar la salida, iba a hacer que llegaran a la iglesia cuando la comitiva ya hubiera partido rumbo al cementerio. No quería dar la nota apareciendo en Los Jardines de la Paz con la ceremonia fúnebre ya empezada, atrayendo las miradas de todos los asistentes. Habría muchísimos, sin duda, como anoche en el velorio, no sólo por amistad hacia el difunto sino por la malsana curiosidad limeña de poder ver por fin en persona a la viuda del escándalo.

Pero don Rigoberto sabía que no había nada que hacer, salvo resignarse y esperar. Probablemente las únicas peleas que había tenido con su mujer a lo largo de todos los años que llevaban casados se debían a las tardanzas de Lucrecia siempre que salían, a donde fuera, un cine, una comida, una exposición, de compras, una gestión bancaria, un viaje. Al principio, recién casados, cuando empezaron a vivir juntos, creía que su mujer se retrasaba por mera desgana y desprecio a la puntualidad. Tuvieron por ello discusiones, enojos, pleitos. Poco a poco, don Rigoberto, observándola, reflexionando, advirtió que aquellas demoras de su mujer a la hora de salir a cualquier compromiso no eran un hecho superficial, una dejadez de señora engreída. Obedecían a algo más profundo, un estado ontológico del ánimo, porque, sin que ella fuera consciente de lo que le sucedía, cada vez que tenía que abandonar algún lugar, su propia casa, la de una amiga donde estaba de visita, el restaurante donde acababa de cenar, se apoderaba de ella un desasosiego recóndito, una inseguridad, un miedo oscuro, primitivo, a tener que irse, partir, cambiar de lugar, y se inventaba entonces toda clase de pretextos —sacar un pañuelo, cambiar de cartera, buscar las llaves, comprobar que las ventanas estaban bien cerradas, la televisión apagada, si la cocina no había quedado encendida o el teléfono descolgado—, cualquier cosa que atrasara unos minutos o segundos la pavorosa acción de partir.

¿Siempre habría sido así? ¿También de niña? No se atrevió a preguntárselo. Pero había comprobado que, con el paso de los años, ese prurito, manía o fatalidad, se acentuaba, al extremo de que Rigoberto, algunas veces, pensaba estremeciéndose que tal vez llegaría el día en que Lucrecia, con la misma benignidad del personaje de Melville, contrajera la letargia o indolencia metafísica de Bartleby y decidiera no moverse más de su casa, a lo mejor de su cuarto y hasta de su cama. «Miedo a dejar el ser, a perder su ser, a quedarse sin su ser», volvió a decirse. Era el diagnóstico a que había llegado sobre las demoras de su esposa. Pasaban los segundos y Lucrecia no asomaba. La había llamado ya tres veces en voz alta, recordándole que se hacía tarde. Sin duda, con la angustia y los nervios alterados desde que recibió la llamada de Armida anunciándole la súbita muerte de Ismael, aquel pánico a quedarse sin ser, a dejarlo olvidado como un paraguas o un impermeable si se iba, se había agravado. Se seguiría demorando y llegarían tarde al funeral.

Por fin, Lucrecia salió del dormitorio. Estaba también vestida de negro y con anteojos oscuros. Rigoberto se apresuró a abrirle la puerta. Su mujer seguía con la cara deshecha por la pena y la incertidumbre. ¿Qué iría a pasarles ahora? La noche anterior, durante el velorio en la parroquia de Santa María Reina, Rigoberto la vio sollozar abrazada a Armida, junto al féretro abierto en el que yacía Ismael, con un pañuelo atado en la cabeza para que no se le descolgara la mandíbula. El propio Rigoberto había tenido que hacer en ese instante un gran esfuerzo para contener las ganas de llorar. Morir justamente cuando creía haber ganado todas las batallas y se sentía el hombre más feliz de la creación. ¿Lo había matado la felicidad, tal vez? No estaba acostumbrado a ella Ismael Carrera.

Bajaron en el ascensor directamente al garaje y, con Rigoberto en el volante, salieron de prisa hacia la parroquia de Santa María Reina, en San Isidro, de donde partiría el cortejo al cementerio Los Jardines de la Paz, en La Molina.

—¿Te diste cuenta anoche que ni Miki ni Escobita se acercaron una sola vez a Armida en el velorio? —comentó Lucrecia—. Ni una. Vaya desconsiderados. Sí que son gente de mala entraña ese par.

Rigoberto lo había notado y, por supuesto, la mayor parte del gentío que a lo largo de varias horas, hasta cerca de la medianoche, desfiló por la capilla fúnebre cubierta de flores. Las coronas, arreglos, ramos, cruces, esquelas cubrían el recinto y se desparramaban por el patio hasta la calle. Mucha gente quería y respetaba a Ismael y ahí estaba la prueba: centenares de personas despidiéndolo. Habría tantas o más esta mañana en el entierro. Pero ahí estuvieron anoche, y estarían también ahora, los que habían dicho vela verde de él por casarse con su sirvienta, e incluso los que tomaron partido por Miki y Escobita en el pleito que éstos entablaron para que la justicia anulara el matrimonio. Como las de Lucrecia y las suyas, las miradas de la gente en el velorio se habían concentrado en las hienas y en Armida. Los mellizos, vestidos de riguroso luto y sin quitarse los anteojos oscuros, parecían dos gángsters de película. La viuda y los hijos del difunto estaban separados por unos pocos metros que en ningún momento éstos hicieron el intento de franquear. Llegaba a ser cómico. Armida, de luto de pies a cabeza y con sombrero y velo oscuros, estaba sentada a poca distancia del féretro, con un pañuelo y un rosario en la mano, cuyas cuentas desgranaba despacio a la vez que movía los labios en silenciosa plegaria. De rato en rato, se secaba las lágrimas. De tanto en tanto, ayudada por los dos hombrones con cara de forajidos que permanecían detrás de ella, se ponía de pie, se acercaba al féretro e, inclinada sobre el cristal, rezaba o lloraba. Luego, seguía recibiendo el pésame de los recién llegados. Entonces, las hienas se movían, se acercaban al féretro y permanecían un momento frente a él, persignándose, compungidos, sin volver las cabezas ni una sola vez hacia el lugar donde se encontraba la viuda.

—¿Estás seguro que esos dos forzudos con cara de boxeadores que estuvieron toda la noche al lado de Armida eran guardaespaldas? —preguntó Lucrecia—. Podrían haber sido sus parientes, más bien. No vayas tan rápido, por favor. Basta con un muerto por ahora.

—Segurísimo —dijo Rigoberto—. Me lo confirmó Claudio Arnillas. Porque el abogado de Ismael ahora es el de ella. Eran guardaespaldas.

—¿No te parece un poco ridículo? —comentó Lucrecia—. Para qué demonios necesita Armida guardaespaldas, quisiera saber.

—Los necesita ahora más que nunca —replicó don Rigoberto, disminuyendo la velocidad—. Las hienas podrían contratar a un sicario y mandarla matar. Son cosas que ocurren ahora en Lima. Me temo que ese par de crápulas destrocen a esa mujer. No te imaginas la fortuna que ha heredado la flamante viudita, Lucrecia.

—Si sigues manejando así, me bajo —le advirtió su esposa—. Ah, era por eso. Pensé que se le habían subido los humos y había contratado a esos hombrotes para darse importancia, nada más.

Cuando llegaron a la parroquia de Santa María Reina, en el óvalo Gutiérrez de San Isidro, el cortejo estaba partiendo, de modo que, sin bajarse del auto, se incorporaron a la caravana. La hilera de automóviles era interminable. Don Rigoberto vio cómo, al paso de la carroza fúnebre, muchos transeúntes se hacían la señal de la cruz. «El miedo a morir», pensó. Él, que recordara, no había tenido nunca miedo a la muerte. «Por lo menos, no hasta ahora», se corrigió. «Todo Lima estará aquí.»

En efecto, todo Lima estaba allí. La de los grandes empresarios, dueños de bancos, aseguradoras, compañías mineras, pesqueras, constructoras, televisiones, periódicos, fundos y haciendas, y, entre ellos, muchos empleados de la compañía que Ismael había dirigido hasta hacía pocas semanas, e incluso algunas personas humildes que habrían trabajado para él o le deberían favores. Había un militar con entorchados, probablemente un edecán del presidente de la República, y los ministros de Economía y de Comercio Exterior. Ocurrió un pequeño incidente cuando bajaron el féretro de la carroza funeraria y Miki y Escobita intentaron ponerse a la cabeza del cortejo. Lo consiguieron solamente por unos segundos. Porque, cuando Armida emergió de su automóvil, del brazo del doctor Arnillas, rodeada ahora no por dos sino por cuatro guardaespaldas, éstos, sin mayores miramientos, le abrieron camino hasta la delantera de la comitiva, apartando a los mellizos de manera resuelta. Miki y Escobita, luego de un momento de confusión, optaron por ceder el sitio a la viuda y se colocaron a los costados del féretro. Cogieron las cintas y siguieron el cortejo cabizbajos. La mayoría de asistentes eran hombres, pero había también buen número de señoras elegantes, que, durante el responso del sacerdote, no dejaron de ojear a Armida con descaro. No pudieron ver gran cosa. Siempre vestida de negro, ella llevaba un sombrero y grandes anteojos oscuros que le ocultaban buena parte de la cara. Claudio Arnillas —llevaba sus tirantes multicolores de costumbre bajo el saco gris— permanecía junto a ella y los cuatro hombrones de la seguridad formaban a sus espaldas un muro que nadie intentaba atravesar.

Cuando terminó la ceremonia y el féretro fue finalmente izado en uno de los nichos y éste cerrado con una placa de mármol con el nombre de Ismael Carrera en letras doradas y la fecha de su nacimiento y su muerte —había muerto tres semanas antes de cumplir ochenta y dos años—, el doctor Arnillas con su andar más desbaratado que otras veces por la prisa y los cuatro guardaespaldas se llevaron a Armida hacia la salida, sin permitir que nadie se le acercara. Rigoberto advirtió que, una vez partida la viuda, Miki y Escobita se quedaron de pie junto a la tumba y que muchas personas se acercaban a abrazarlos. Él y Lucrecia se retiraron sin hacerlo. (La noche anterior, en el velorio, se habían aproximado a dar el pésame a los mellizos y el apretón de manos había sido glacial.)

—Pasemos por casa de Ismael —propuso doña Lucrecia a su marido—. Aunque sea un momento, a ver si podemos conversar con Armida.

—Bueno, intentémoslo.

Cuando llegaron a la casa de San Isidro, se sorprendieron de no ver una nube de autos estacionados en la puerta. Rigoberto bajó, se anunció y, luego de una espera de varios minutos, los hicieron pasar al jardín. Allí los recibió el doctor Arnillas. Con aire de circunstancias, parecía haber tomado el control de la situación, pero no debía tenerlas todas consigo. Se lo notaba inseguro.

—Mil perdones de parte de Armida —les dijo—. Pasó toda la noche despierta, en el velorio, y la hemos obligado a acostarse. El médico ha exigido que descanse un poco. Pero, vengan, vamos a la salita del jardín a tomar un refresco.

A Rigoberto se le encogió un poco el corazón cuando vio que el abogado los llevaba a la habitación donde, dos días atrás, había visto por última vez a su amigo.

—Armida les está muy agradecida —les dijo Claudio Arnillas. Tenía cara preocupada y hablaba haciendo pausas, muy serio. Sus tirantes aparatosos refulgían cada vez que se le abría el saco—. Según ella, son ustedes los únicos amigos de Ismael en los que confía. Como se imaginan, la pobre se siente ahora muy desamparada. Va a necesitar mucho el apoyo de ustedes.

—Perdone, doctor, ya sé que no es el momento —lo interrumpió Rigoberto—. Pero, usted sabe mejor que nadie todo lo que ha quedado pendiente con la muerte de Ismael. ¿Tiene una idea de lo que va a pasar ahora?

Arnillas asintió. Había pedido un cafecito y tenía la taza en el aire, junto a su boca. La soplaba, despacio. En su cara reseca y huesuda, sus ojitos acerados y astutos parecían dubitativos.

—Todo dependerá de ese par de caballeritos —suspiró, inflando el pecho—. Mañana se abre el testamento, en la Notaría Núñez. Yo sé más o menos el contenido. Veremos cómo reaccionan las hienas. Su abogado es un tinterillo que les aconseja las bravatas y la guerra. No sé hasta dónde querrán llegar. El señor Carrera ha dejado prácticamente todo su patrimonio a Armida, así que hay que prepararse para lo peor.

Encogió los hombros, resignándose a lo inevitable. Rigoberto supuso que lo inevitable era que los mellizos pusieran el grito en el cielo. Y pensó en las paradojas extraordinarias de la vida: una de las mujeres más humildes del Perú convertida de la noche a la mañana en una de las más ricas.

—¿Pero acaso Ismael no les adelantó la herencia? —recordó—. Lo hizo cuando tuvo que echarlos de la compañía por las barrabasadas que le hacían, yo lo recuerdo muy bien. Les dio una buena cantidad de dinero a ambos.

—Pero de manera informal, mediante una simple carta —volvió a levantar y bajar los hombros y a arrugar la frente el doctor Arnillas, mientras se acomodaba los anteojos—. No hubo documento público alguno ni aceptación formal por parte de ellos. El asunto puede ser legalmente contestado y, sin duda, lo será. Dudo mucho que los mellizos se resignen. Me temo que haya pelea para rato.

—Que Armida transe y les dé algo para que la dejen en paz —sugirió don Rigoberto—. Lo peor para ella sería un juicio larguísimo. Duraría años y los abogados se quedarían con las tres cuartas partes del dinero. Ay, perdón, doctor, eso no va con usted, era una broma.

—Gracias por lo que me toca —se rió el doctor Arnillas, poniéndose de pie—. De acuerdo, de acuerdo. Una transacción es siempre lo mejor. Ya veremos por dónde se encarrila este asunto. Lo tendré informado, por supuesto.

—¿Seguiré metido yo también en este lío? —preguntó él, levantándose también.

—Trataremos de que no, naturalmente —lo tranquilizó a medias el abogado—. La acción judicial contra usted no tiene sentido ahora, habiendo fallecido don Ismael. Pero nunca se sabe con nuestros jueces. Lo llamaré de inmediato apenas tenga alguna novedad.

Los tres días siguientes al entierro de Ismael Carrera Rigoberto estuvo paralizado por la incertidumbre. Lucrecia llamó varias veces a Armida, pero ésta nunca se puso al teléfono. Le contestaba una voz femenina, que más parecía la de una secretaria que la de una empleada doméstica. La señora de Carrera estaba descansando y en este momento, por razones obvias, prefería no recibir visitas; le daría el mensaje, desde luego. Tampoco Rigoberto pudo comunicarse con el doctor Arnillas. Nunca estaba en su estudio ni en su casa; acababa de salir o aún no había llegado, celebraba reuniones urgentes, devolvería la llamada apenas tuviera un momento libre.

¿Qué pasaba? ¿Qué estaría pasando? ¿Se habría abierto ya el testamento? ¿Cuál sería la reacción de los mellizos al saber que Ismael había declarado a Armida su heredera universal? Lo impugnarían, lo declararían nulo por violar las leyes peruanas que estipulaban el tercio forzoso para los hijos. La justicia no reconocería el adelanto de la herencia que Ismael hizo a los mellizos. ¿Seguiría Rigoberto implicado en la acción judicial de las hienas? ¿Persistirían? ¿Sería citado de nuevo ante ese juez horrible, en ese despacho claustrofóbico? ¿No podría salir del Perú mientras no se resolviera el pleito?

Devoraba la prensa y escuchaba todos los informativos radiales y televisivos pero el asunto no era noticia todavía, permanecía confinado en los despachos de albaceas, notarios y abogados. Rigoberto, encerrado en su escritorio, se devanaba los sesos tratando de adivinar qué sucedía en esos mullidos despachos. No tenía ánimo para oír música —hasta su amado Mahler le crispaba los nervios—, ni concentrarse en un libro, ni contemplar sus grabados abandonándose a la fantasía. Apenas probaba bocado. No había cruzado con Fonchito y doña Lucrecia más palabras que buenos días y buenas noches. No salía a la calle por el temor de ser asaltado por periodistas sin saber qué responder a sus preguntas. Contra todas sus prevenciones, debió recurrir a los odiados somníferos.

Finalmente, al cuarto día, muy temprano, cuando Fonchito acababa de partir al colegio y Rigoberto y Lucrecia todavía en bata se sentaban a tomar desayuno, se presentó en el penthouse de Barranco el doctor Claudio Arnillas. Parecía el sobreviviente de una catástrofe. Tenía unas ojeras profundas que delataban largos desvelos, la barba crecida como si hubiera olvidado afeitarse los últimos tres días, y su atuendo mostraba un descuido sorprendente en él, que solía ir siempre muy bien vestido y acicalado: la corbata descolocada, el cuello de la camisa muy arrugado, uno de los tirantes psicodélicos sin abrochar y los zapatos sin lustre. Les estrechó las manos, se excusó por llegar de improviso tan temprano y aceptó un café. Inmediatamente después de sentarse en la mesa, explicó qué lo traía:

—¿Han visto a Armida? ¿Han hablado con ella? ¿Saben dónde está? Necesito que sean muy francos conmigo. Por el bien de ella y de ustedes mismos.

Don Rigoberto y doña Lucrecia movían las cabezas negando y lo miraban boquiabiertos. El doctor Arnillas advirtió que sus preguntas habían dejado estupefactos a los dueños de casa y pareció deprimirse aún más.

—Ya veo que están en la luna, como yo —dijo—. Sí, Armida ha desaparecido.

—Las hienas... —murmuró Rigoberto, pálido. Imaginaba a la pobre viuda secuestrada y acaso asesinada, su cadáver arrojado en el mar a los tiburones, o en algún basural de las afueras para que dieran cuenta de él los gallinazos y los perros sin dueño.

—Nadie sabe dónde está —se desinfló en la silla el doctor Arnillas, abatido—. Ustedes eran mi última esperanza.

Armida había desaparecido hacía veinticuatro horas, de manera muy extraña. Después de pasar toda la mañana en la Notaría Núñez, en el comparendo con Miki y Escobita y el tinterillo de éstos, además de Arnillas y dos o tres abogados de su estudio. La reunión se interrumpió a la una, para el almuerzo, y debía reanudarse a las cuatro de la tarde. Armida, con su chofer y sus cuatro guardaespaldas, regresó a su casa de San Isidro. Dijo que no tenía ganas de comer; dormiría una pequeña siesta a fin de estar más descansada en la comparecencia de la tarde. Se encerró en su cuarto y a las cuatro menos cuarto, cuando la empleada tocó su puerta y entró, el dormitorio estaba vacío. Nadie la había visto salir de la habitación ni de la casa. El dormitorio seguía perfectamente ordenado —la cama hecha— sin el menor indicio de violencia. Ni los guardaespaldas, ni el mayordomo, ni el chofer, ni las dos sirvientas que estaban en la casa, la habían visto, ni advertido a extraño alguno merodeando por los alrededores. El doctor Arnillas buscó de inmediato a los mellizos, convencido de que eran los responsables de la desaparición. Pero Miki y Escobita, aterrados con lo ocurrido, pusieron el grito en el cielo y a su vez acusaron a Arnillas de tenderles una emboscada. Por fin, los tres fueron juntos a dar parte a la policía. El propio ministro del Interior había intervenido, dando instrucciones de que por el momento se guardara silencio. No se entregaría comunicado alguno a la prensa hasta que los plagiadores se pusieran en contacto con la familia. Había una movilización general pero, hasta ahora, ni el menor indicio de Armida ni de los secuestradores.

—Han sido ellos, las hienas —afirmó doña Lucrecia—. Se compraron a los guardaespaldas, al chofer, a las sirvientas. Ellos, por supuesto.

—Eso es lo que yo creí al principio, señora, aunque ya no estoy tan seguro —explicó el doctor Arnillas—. A ellos no les conviene para nada que Armida desaparezca, y menos en este momento. Las conversaciones en la Notaría Núñez no estaban mal encaminadas. Se iba diseñando un acuerdo, ellos podían recibir algo más de la herencia. Todo depende de Armida. Ismael tenía las cosas muy bien atadas. El grueso del patrimonio está blindado en fundaciones *offshore,* en los paraísos fiscales más seguros del planeta. Si la viuda desaparece, nadie recibirá un céntimo de la fortuna. Ni las hienas ni los empleados de la casa ni nadie. Ni siquiera yo podré cobrar mis honorarios. Así que las cosas se han puesto color ceniza.

Puso una cara de tristeza y desamparo tan ridícula que Rigoberto no pudo contener la risa.

—¿Se puede saber de qué te ríes, Rigoberto? —doña Lucrecia lo miraba enojada—. ¿Te parece que hay algo cómico en esta tragedia?

—Yo sé por qué se ríe usted, Rigoberto —dijo el doctor Arnillas—. Porque ya se siente libre. En efecto, la acción judicial contra el matrimonio de Ismael no procede. Quedará sobreseída. Y, en todo caso, no hubiera tenido el menor efecto sobre el patrimonio que, como le dije, está fuera del alcance de la justicia peruana. No hay nada que hacer. Es de Armida. Se lo repartirán ella y los secuestradores. ¿Se dan ustedes cuenta? Es para reírse, por supuesto.

—Más bien, se quedará en manos de banqueros de Suiza y de Singapur —añadió Rigoberto, poniéndose serio—. Me río de lo estúpido que sería el final de esta historia si ocurriera eso, doctor Arnillas.

—¿O sea que, por lo menos nosotros nos hemos librado de esta pesadilla? —preguntó doña Lucrecia.

—En principio, sí —asintió Arnillas—. A menos que sean ustedes quienes hayan secuestrado o matado a la viudita multimillonaria.

Y, de pronto, se rió él también, con una carcajada histérica, ruidosa, una carcajada desprovista de la menor alegría. Se sacó los anteojos, los limpió con una franelita, compuso algo su atuendo y, poniéndose de nuevo muy serio, murmuró: «Reírse para no llorar, como dice el refrán». Se puso de pie y se despidió de ellos prometiendo tenerlos al corriente. Si tenían cualquier noticia —no descartaba que los secuestradores los llamaran a ellos— debían telefonearlo a su celular a cualquier hora del día o de la noche. La negociación por el rescate la haría Control Risk, una firma especializada de New York.

Apenas salió el doctor Arnillas, Lucrecia rompió a llorar, desconsolada. Rigoberto trataba en vano de calmarla. La estremecían los sollozos y rodaban lágrimas por sus mejillas. «Pobrecita, pobrecita», susurraba, ahogándose. «La han matado, han sido esos canallas, quién si no. O la mandaron secuestrar para robarle todo lo que le dejó Ismael.» Justiniana le trajo un vaso de agua con unas gotitas de elíxir paregórico que, finalmente, la tranquilizaron. Se quedó en la sala, quieta y mustia. Rigoberto se conmovió al ver a su mujer tan abatida. Lucrecia tenía razón. Era muy posible que los mellizos estuvieran detrás de este asunto; eran los más afectados y debían estar enloquecidos con la idea de que toda la herencia se les escapara de las manos. Dios mío, qué historias organizaba la vida cotidiana; no eran obras maestras, estaban más cerca de los culebrones venezolanos, brasileños, colombianos y mexicanos que de Cervantes y Tolstoi, sin duda. Pero no tan lejos de Alejandro Dumas, Émile Zola, Dickens o Pérez Galdós.

Se sentía confuso y desmoralizado. Era bueno haberse sacudido de esa maldita querella judicial, por supuesto. Apenas se confirmara, actualizaría los pasajes a Europa. Eso. Poner un océano entre ellos y este melodrama. Cuadros, museos, óperas, conciertos, teatro de alto nivel, restaurantes exquisitos. Eso. Pobre Armida, en efecto: había salido del infierno, tuvo una anticipación del paraíso y de nuevo a las llamas. Secuestrada o asesinada. A cual peor.

Justiniana entró en el comedor, con una expresión muy grave. Parecía desconcertada.

—¿Qué pasa ahora? —preguntó Rigoberto y Lucrecia, como saliendo de un sopor de siglos, abrió mucho los ojos humedecidos por el llanto.

—¿No se habrá vuelto loco Narciso? —dijo Justiniana, llevándose un dedo a la sien—. Está rarísimo. No me quiso decir su nombre, pero lo reconocí ahí mismo. Parece muy asustado. Quiere hablar con usted, señor.

—Pásame la llamada al escritorio, Justiniana.

Salió de prisa del comedor, rumbo a su estudio. Estaba seguro de que esa llamada le traería malas noticias.

—Aló, aló —dijo en el auricular, preparado para lo peor.

—¿Sabe usted con quién habla, no? —le contestó una voz que reconoció de inmediato—. No diga mi nombre, por favor.

—Está bien, de acuerdo —dijo Rigoberto—. ¿Qué te pasa, se puede saber?

—Tendría que verlo urgente —dijo un Narciso asustado y atolondrado—. Siento molestarlo, pero es muy importante, señor.

—Sí, claro, por supuesto —reflexionaba él, buscando un lugar para citarlo—. ¿Te acuerdas donde almorzamos la última vez con tu patrón?

—Me acuerdo muy bien —dijo el chofer, después de una corta pausa.

—Espérame ahí dentro de una hora, exactamente. Pasaré a recogerte en el auto. Hasta lueguito.

Cuando regresó al comedor a contarle a Lucrecia la llamada de Narciso, Rigoberto se encontró con que su mujer y Justiniana estaban pegadas a la televisión. Escuchaban y miraban hipnotizadas al periodista estrella del canal de noticias RPP, Raúl Vargas, quien daba detalles y hacía conjeturas sobre la misteriosa desaparición el día de ayer de doña Armida de Carrera, la viuda del conocido hombre de negocios, don Ismael Carrera, recientemente fallecido. Las órdenes del ministro del Interior para que no se difundiera la noticia no habían servido de nada. El Perú entero estaría ahora, como ellos, pendiente de esta primicia. Los limeños tenían entretenimiento para rato. Se puso a escuchar a Raúl Vargas. Decía más o menos lo que ya sabían: la señora había desaparecido el día de ayer, al comenzar la tarde, luego de una comparecencia en la Notaría Núñez relacionada con la apertura del testamento del difunto. La reunión debía reanudarse por la tarde. La desaparición ocurrió en el intervalo. La policía había detenido a todos los empleados de la casa, así como a cuatro guardaespaldas de la viuda, para interrogarlos. No había confirmación alguna de que se tratara de un secuestro, pero era lo que se presumía. La policía daba un teléfono al que podía llamar cualquiera que hubiera visto a la señora o tuviera noticia de su paradero. Mostró fotos de Armida y del sepelio de Ismael, recordó el escándalo que había sido el matrimonio del acaudalado empresario con su ex empleada doméstica. Y dio a conocer que los dos hijos del difunto habían publicado un comunicado diciendo que expresaban su pesar por lo ocurrido y su esperanza de que la señora reapareciera sana y salva. Ofrecían una recompensa a quien ayudara a encontrarla.

—Toda la jauría periodística querrá ahora entrevistarme —maldijo Rigoberto.

—Ya comenzaron —le dio el puntillazo Justiniana—. Han llamado de dos radios y un periódico, hasta ahora.

—Lo mejor será cortar el teléfono —ordenó Rigoberto.

—Ahorita mismo —dijo Justiniana.

—¿Qué quería Narciso? —preguntó doña Lucrecia.

—No lo sé, lo noté muy asustado, en efecto —explicó—. Algo le habrán hecho las hienas. Voy a verlo ahora. Nos hemos citado como en las películas, sin decir dónde. Probablemente, no nos encontremos nunca.

Se duchó y bajó directamente al garaje. Al partir, vio en la puerta del edificio de su casa a periodistas apostados con cámaras fotográficas. Antes de dirigirse a La Rosa Náutica, donde había almorzado por última vez con Ismael Carrera, para asegurarse de que nadie lo seguía dio varias vueltas por las calles de Miraflores. A lo mejor Narciso tenía problemas de dinero. Pero no era una razón para que tomara tantas precauciones y ocultara su identidad. O quizás sí. Bueno, pronto sabría qué le pasaba. Entró al parking de La Rosa Náutica y vio surgir a Narciso entre los autos. Le abrió la puerta y el negro trepó y se sentó a su lado: «Buenos días, don Rigoberto. Usted disculpará que lo haya molestado».

—No te preocupes, Narciso. Vámonos a dar una vuelta por ahí y así hablaremos tranquilos.

El chofer llevaba una gorra azul hundida hasta los ojos y parecía más delgado desde la última vez que se vieron. Rigoberto enfiló por la Costa Verde hacia Barranco y Chorrillos incorporándose a una cola de vehículos ya bastante densa.

—Habrás visto que los problemas de Ismael no cesan ni después de muerto —comentó al fin—. Te habrás enterado ya que Armida ha desaparecido, ¿no? Parece que la han secuestrado.

Como no obtuvo respuesta y escuchaba sólo la respiración ansiosa del chofer, le echó una ojeada. Narciso miraba al frente y tenía la boca fruncida y un brillo alarmado en las pupilas. Había entrelazado las manos y se las apretaba con fuerza.

—Justamente de eso quería hablarle, don Rigoberto —musitó, volviéndose a mirarlo y apartando los ojos en el acto.

—¿Quieres decir de la desaparición de Armida? —se volvió otra vez hacia él don Rigoberto.

El chofer de Ismael siguió mirando al frente, pero asintió dos o tres veces, con convicción.

—Voy a entrar al Regatas y cuadrarme allí para que hablemos con calma. Porque, si no, voy a chocar —dijo Rigoberto.

Entró al Club Regatas y se cuadró en la primera fila frente al mar. Era una mañana gris y nublada y había muchas gaviotas, patillos y alcatraces revoloteando en el aire y chillando. Una muchacha muy delgada, enfundada en un buzo azul, hacía yoga en la playa solitaria.

—No me digas que tú sabes quiénes han secuestrado a Armida, Narciso.

Esta vez, el chofer se ladeó a mirarlo a los ojos y sonrió, abriendo la bocaza. Su dentadura blanquísima destellaba.

—Nadie la ha secuestrado, don Rigoberto —dijo, poniéndose muy serio—. De eso justamente quería hablarle, porque ando un poco nervioso. Yo sólo quería hacerle un favor a Armida, mejor dicho, a la señora Armida. Ella y yo éramos buenos amigos cuando era sólo empleada de don Ismael. Con ella siempre me llevé mejor que con los otros empleados. No se daba ínfulas, era muy sencilla. Y, si me pedía un favor en nombre de nuestra vieja amistad, cómo se lo iba a negar, pues. ¿No hubiera hecho usted lo mismo?

—Te voy a pedir una cosa, Narciso —lo interrumpió Rigoberto—. Mejor cuéntamelo todo, desde el principio. Sin olvidarte de un detalle. Por favor. Pero, antes, una cosa. ¿Está ella viva, entonces?

—Como usted y como yo, don Rigoberto. Por lo menos, hasta ayer lo estaba.

Contra lo que le pidió, Narciso no fue directo al grano. Le gustaban, o no podía evitarlos, los preámbulos, los incisos, las desviaciones selváticas, los circunloquios, los largos paréntesis. Y no siempre le era fácil a don Rigoberto reconducirlo al orden cronológico y al espinazo de la narración. Narciso se extraviaba en precisiones y comentarios adventicios. Aun así, de manera embrollada y retorcida, se enteró de que el mismo día en que él había visto por última vez a Ismael en su casa de San Isidro, esa tarde, cuando ya anochecía, Narciso había estado también allí, llamado por el propio Ismael Carrera. Tanto éste como Armida le agradecieron mucho su ayuda y su lealtad, y lo gratificaron de manera generosa. Por eso, cuando un día después se enteró de la muerte súbita de su ex patrón, corrió a dar el pésame a la señora. Le llevó incluso una cartita pues estaba seguro de que ella no lo recibiría. Pero Armida lo hizo pasar y cambió unas palabras con él. La pobre estaba destrozada con la desgracia que Dios acababa de mandarle para probar su fortaleza. Al momento de despedirse, para sorpresa de Narciso, le preguntó si tenía algún teléfono celular donde pudiera llamarlo. Él le dio el número, preguntándose extrañado para qué podría querer ella contactarlo.

Y dos días más tarde, es decir, tras antes de ayer, la señora Armida lo llamó, tarde en la noche, cuando Narciso, después de ver el programa de Magaly en la tele, se iba a meter a la cama.

—Qué sorpresa, qué sorpresa —dijo el chofer al reconocerle la voz.

—Yo, antes, siempre la había tuteado —aclaró Narciso a don Rigoberto—. Pero, desde que se casó con don Ismael, ya no podía. Sólo que el usted no me salía. Entonces, procuraba hablarle de una manera impersonal, no sé si usted me entiende.

—Perfectamente, Narciso —lo centró Rigoberto—. Sigue, sigue. ¿Qué quería Armida?

—Que me hagas un gran favor, Narciso. Otro, grandísimo. Te lo pido por nuestra vieja amistad, una vez más.

—Claro, claro, con mucho gusto —dijo el chofer—. ¿Y, en qué consistiría ese favor?

—En que me lleves a un sitio, mañana por la tarde. Sin que nadie se entere. ¿Podrías?

—¿Y adónde quería que la llevaras? —lo apuró don Rigoberto.

—Fue de lo más misterioso —se desvió Narciso una vez más—. No sé si usted recuerda, pero, detrás del jardín de adentro, cerca del cuarto de los empleados, hay en la casa de don Ismael una puertecita de servicio a la calle, que casi nunca se usa. Da al callejón donde sacan las basuras en las noches.

—Te agradecería que no te apartes de lo principal, Narciso —insistió Rigoberto—. ¿Podrías decirme qué quería Armida?

—Que la esperara ahí, con mi vieja carcocha, toda la tarde. Hasta que ella apareciera. Y sin que nadie me viera. ¿Raro, no?

A Narciso le pareció rarísimo. Pero hizo lo que ella le pidió, sin más preguntas. Al comenzar la tarde de la víspera, cuadró su carcocha en el callejoncito frente a la puerta de servicio de la casa de don Ismael. Esperó cerca de dos horas, muerto de aburrimiento, dormitando a ratos, a ratos oyendo los chistes de la radio, observando a los perros vagabundos que escarbaban las bolsas de basuras, preguntándose una y otra vez qué significaba todo esto. ¿Por qué tomaba Armida tantas precauciones para salir de su casa? ¿Por qué no lo hacía por la puerta grande, en su Mercedes Benz, su nuevo chofer uniformado y sus musculosos guardaespaldas? ¿Por qué a escondidas y en la carcocha de Narciso? Por fin, la pequeña puerta se abrió y apareció Armida, con una maletita en la mano.

—Vaya, vaya, ya me estaba yendo —le dijo Narciso a manera de saludo, abriéndole la puerta de su carcocha.

—Parte rápido, Narciso, antes que nadie nos vea —ordenó ella—. Vuela, más bien.

—Estaba apuradísima, don —explicó el chofer—. Ahí empecé a preocuparme. ¿Se puede saber por qué tantos secretos, Armida?

—Vaya, has vuelto a llamarme Armida y a tutearme —se rió ella—. Como en los viejos tiempos. Bien hecho, Narciso.

—Mil perdones —dijo el chofer—. Ya sé que tengo que hablarle de usted, ahora que se ha vuelto una señorona.

—Déjate de cojudeces y tutéame nomás, porque soy la misma de siempre —dijo ella—. No eres mi chofer sino mi amigo y mi compinche. ¿Sabes lo que decía Ismael de ti? «Ese negro vale su peso en oro.» La pura verdad, Narciso. Lo vales.

—Por lo menos, dime adónde quieres que te lleve —preguntó él.

—¿Al terminal de la Cruz de Chalpón? —se asombró don Rigoberto—. ¿Ella se iba de viaje? ¿Armida se iba a tomar un ómnibus, Narciso?

—No sé si lo tomó, pero ahí la llevé —asintió el chofer—. A ese terminal. Ya le dije que tenía una maletita. Me imagino que se iría de viaje. Me dijo que no le hiciera preguntas y no se las hice.

—Lo mejor es que te olvides de todo esto, Narciso —repitió Armida, estrechándole la mano—. Tanto por mí como por ti. Hay gentes malas que quieren hacerme daño. Tú sabes quiénes son. Y también a todos mis amigos. No me has visto, ni me has traído aquí, ni sabes nada de mí. Nunca podré pagarte todo lo que te debo, Narciso.

—No pude dormir toda la noche —añadió el chofer—. Pasaban las horas y me fui asustando más, le digo. Más y más. Después del susto que me dieron los mellizos, ahora esto. Por eso lo llamé, don Rigoberto. Y apenas hablamos con usted oí en RPP que la señora Armida había desaparecido, que la habían secuestrado. Por eso estoy temblando todavía.

Don Rigoberto le dio una palmadita.

—Eres demasiado buena gente, Narciso, por eso te llevas tantos sustos. Ahora has vuelto a meterte en un buen lío. Tendrás que ir a la policía a contar esta historia, me temo.

—Ni muerto, don —respondió el chofer, con determinación—. No sé dónde ha ido Armida ni por qué. Si le ha pasado algo, buscarán un culpable. Yo soy el culpable perfecto, dese cuenta. Ex chofer de don Ismael, cómplice de la señora. Y, para remate, moreno. Ni loco que fuera para ir a la policía.

«Es exacto», pensó don Rigoberto. Si Armida no aparece, Narciso terminaría pagando los platos rotos.

—Está bien, probablemente tengas razón —dijo—. No le cuentes a nadie lo que me has contado. Déjame pensar. Ya veré qué puedo aconsejarte, luego de darle vueltas al asunto. Además, puede que Armida reaparezca en cualquier momento. Llámame mañana, como hoy, a la hora del desayuno.

Dejó a Narciso en el parking de La Rosa Náutica y regresó a su casa de Barranco. Entró directamente al garaje, para evitar a los periodistas que seguían agolpados a las puertas del edificio. Eran el doble que antes.

Doña Lucrecia y Justiniana seguían prendidas de la televisión, oyendo las noticias con una expresión de pasmo. Oyeron su relato, boquiabiertas.

—La mujer más rica del Perú escapándose con una maletita de mano, en un ómnibus de mala muerte y como una pelagatos cualquiera, rumbo hacia ninguna parte —concluyó don Rigoberto—. El culebrón no termina, sigue y se enrevesa cada día más y más.

—Yo la entiendo muy bien —exclamó doña Lucrecia—. Estaba harta de todo, de abogados, de periodistas, de las hienas, de los chismosos. Quiso desaparecer. ¿Pero adónde?

—Adónde va a ser sino a Piura —dijo Justiniana, muy segura de lo que decía—. Ella es piurana y hasta tiene una hermana que se llama Gertrudis por allá, creo.

XVII

«No ha llorado ni una sola vez», pensó Felícito Yanaqué. En efecto, ni una sola. Pero Gertrudis había enmudecido. No había vuelto a abrir la boca, al menos con él, ni con Saturnina, la sirvienta. Tal vez hablaba con su hermana Armida, a la que, desde su intempestiva llegada a Piura, había instalado en el que era antaño el cuarto donde Tiburcio y Miguel dormían de churres y jóvenes antes de irse a vivir por su cuenta.

Gertrudis y Armida habían pasado largas horas encerradas allí y era imposible que en todo ese tiempo no hubieran cruzado palabra entre ellas. Pero, desde que Felícito, la tarde de la víspera, al volver de donde la adivinadora Adelaida comunicó a su mujer que la policía había descubierto que la arañita del chantaje era Miguel y que su hijo estaba ya preso y había confesado todo, Gertrudis enmudeció. No volvió a abrir la boca delante de él. (Felícito, desde luego, no le había mencionado para nada a Mabel.) A Gertrudis se le encendieron y angustiaron los ojos, eso sí, y entrecruzó las manos como rezando. En esa postura la había visto Felícito todas las veces que estuvieron juntos en las últimas veinticuatro horas. Mientras le resumía la historia que le contó la policía, ocultándole siempre el nombre de Mabel, su mujer no le preguntó nada, ni hizo el menor comentario, ni respondió a las pocas preguntas que él le formuló. Permaneció allí, sentada en la penumbra de la salita de la televisión, muda, replegada en sí misma como uno de los muebles, mirándolo con esos ojos brillantes y desconfiados, las manos cruzadas, inmóvil como un ídolo pagano. Luego, cuando Felícito la previno que muy pronto la noticia se haría pública y caerían los periodistas como moscas a la casa, de modo que no se debía abrir la puerta ni contestar el teléfono a ningún periódico, radio o televisión, ella se puso de pie y, siempre sin decir palabra, se fue a encerrar en el cuarto de su hermana. A Felícito le llamó la atención que Gertrudis no hubiera intentado ir de inmediato a ver a Miguel a la comisaría o a la cárcel. Así como su mudez. ¿Esa huelga de silencio era sólo con él? Tenía que haber hablado con Armida pues, en la noche, a la hora de la comida, cuando Felícito la saludó, aquélla parecía al corriente de lo sucedido.

—Siento mucho haber venido a molestarlos precisamente en estos momentos tan duros para ustedes —le dijo, estirándole la mano, la elegante señora a la que él se resistía a llamar cuñada—. Es que no tenía dónde ir. Sólo será por unos días, le prometo. Le pido mil disculpas por invadir así su casa, Felícito.

No podía dar crédito a sus ojos. ¿Esta señora tan vistosa, tan bien trajeada y enjoyada, hermana de Gertrudis? Parecía mucho más joven que ella y sus vestidos, sus zapatos, sus anillos, sus aretes, su reloj, eran los de una de esas señoras ricachonas que vivían en las casonas con jardines y piscinas de El Chipe, no de alguien que hubiera salido de El Algarrobo, esa pensión de mala muerte de un arrabal piurano.

En la comida de esa noche, Gertrudis no probó bocado ni pronunció palabra. Saturnina retiró, intactos, el caldo de cabellos de ángel y el arroz con pollo. Toda la tarde y buena parte de la noche se sucedieron las llamadas a la puerta y vibró sin tregua la campanilla del teléfono, pese a que nadie abría ni levantaba el auricular. Felícito espiaba de cuando en cuando a través de las cortinillas de la ventana: ahí seguían esos cuervos hambrientos de carroña con sus cámaras, agolpados en la vereda y en la pista de la calle Arequipa, esperando que alguien saliera para caerle encima. Pero sólo salió Saturnina, que era sirvienta cama afuera, ya tarde en la noche, y Felícito la vio defenderse del asalto alzando los brazos, tapándose la cara ante los relámpagos de los flashes y echando a correr.

Solo en la salita, vio las noticias de la televisión local y escuchó las radios donde se propalaba la noticia. En la pantalla apareció Miguel, serio, despeinado y esposado, vestido con buzo y zapatillas de básquet, y también Mabel, ella sin esposas, mirando asustada los estallidos de luz de las cámaras fotográficas. Felícito agradeció en sus adentros que Gertrudis se hubiera ido a refugiar a su dormitorio y no viera, sentada a su lado, esos noticiarios donde se destacaba con morbo que su querida, de nombre Mabel, a la que había puesto casa chiquita en el distrito de Castilla, le había sacado la vuelta con su propio hijo y fraguado con éste una conspiración para chantajearlo, enviándole las famosas cartas de la arañita y provocando un incendio en el local de Transportes Narihualá.

Veía y escuchaba todo eso con el corazón encogido y las manos húmedas, sintiendo el anuncio de otro vértigo semejante al que le hizo perder el sentido donde Adelaida, pero, al mismo tiempo, con la curiosa sensación de que todo eso estaba ya muy lejano y le era ajeno. No tenía nada que ver con él. Ni siquiera se sintió aludido cuando asomó en la pantalla su propia imagen, mientras el presentador hablaba de su querida Mabel (a la que llamó «la amancebada»), de su hijo Miguel y de su empresa de transportes. Era como si se hubiera desprendido de sí mismo y el Felícito Yanaqué de las imágenes televisivas y las noticias de la radio fuera alguien que usurpaba su nombre y su cara.

Cuando ya estaba acostado, sin poder dormir, sintió los pasos de Gertrudis en el dormitorio de al lado. Vio el reloj: cerca de la una de la madrugada. Que él recordara, su mujer nunca había trasnochado tanto. No pudo dormir, se pasó la noche en vela, a ratos pensando pero la mayor parte del tiempo con la mente en blanco, atento a los latidos de su corazón. A la hora del desayuno, Gertrudis continuaba muda; sólo probó una taza de té. Al poco rato, llamada por Felícito, llegó Josefita a darle cuenta de lo que ocurría en la oficina y a que él le hiciera encargos y dictara cartas. Traía un mensaje de Tiburcio, que estaba en Tumbes. Al enterarse de las noticias, llamó varias veces, pero nadie respondía. Era chofer del ómnibus de pasajeros de esa ruta y apenas llegara a Piura correría a casa de sus padres. Su secretaria parecía tan turbada con las noticias que Felícito casi no la reconocía; evitaba mirarlo a los ojos y el único comentario que hizo fue lo pesados que eran esos reporteros, la habían enloquecido la víspera en la oficina y ahora la rodearon al llegar a la casa, sin permitirle acercarse a la puerta por un buen rato, aunque ella les gritaba que no tenía nada que decir, no sabía nada, sólo era la secretaria del señor Yanaqué. Le hacían las preguntas más impertinentes, pero, por supuesto, ella no les soltó ni una palabra. Cuando Josefita partió, Felícito vio por la ventanilla que era asaltada una vez más por el puñado de hombres y mujeres con grabadoras y cámaras apiñado en las veredas de la calle Arequipa.

A la hora del almuerzo, Gertrudis se sentó a la mesa con Armida y con él, pero tampoco probó bocado ni le dirigió la palabra. Tenía los ojos como unas ascuas y las manos siempre apretadas. ¿Qué ocurría en su cabeza desgreñada? Se le ocurrió que estaba dormida, que las noticias sobre Miguel la habían vuelto una sonámbula.

—Qué terrible, Felícito, lo que les está pasando —se disculpó una cariacontecida Armida una vez más—. Si hubiera sabido todo esto, jamás les hubiera caído así, de sopetón. Pero, como le dije ayer, no tenía dónde ir. Me encuentro en una situación muy difícil y necesitaba esconderme. Se lo explicaré con todo detalle cuando usted quiera. Ya sé que ahora tiene otras preocupaciones más importantes en la cabeza. Por lo menos, créame eso: no me quedaré muchos días más.

—Sí, ya me contará lo que quiera, pero mejor después —asintió él—. Cuando pase un poco esta tormenta que ahora nos sacude. Qué mala suerte, Armida. Venir a esconderse justamente aquí, donde están concentrados todos los periodistas de Piura por culpa de este escandalazo. Me siento preso en mi propia casa por culpa de esas cámaras y grabadoras.

La hermana de Gertrudis asentía, con una media sonrisa comprensiva:

—Yo ya he pasado por eso y sé lo que es —la oyó decir y no entendió a qué se refería. Pero no le pidió que se lo explicara.

Por fin, ese atardecer, después de mucho cavilar, Felícito decidió que había llegado el momento. Pidió a Gertrudis que fueran a la salita de la televisión: «Tenemos que conversar tú y yo a solas», le dijo. Armida se retiró de inmediato a su dormitorio. Gertrudis siguió dócilmente a su marido a la habitación contigua. Ahora, ella estaba instalada en un sillón, en la penumbra, quieta, amorfa y muda, frente a él. Lo miraba pero no parecía verlo.

—Yo no creí que llegara nunca la ocasión de que habláramos de esto que ahora vamos a hablar —comenzó Felícito, de manera muy suave. Notó, sorprendido, que le temblaba la voz.

Gertrudis no se movió. Estaba embutida en el vestido incoloro que parecía un cruce entre una bata y una túnica y lo miraba como si él no estuviera allí con esas pupilas que destellaban con fuego tranquilo en su cara mofletuda, de boca grande pero inexpresiva. Tenía las manos sobre la falda, ceñidas con fuerza, como si estuviera resistiendo un tremendo dolor de estómago.

—Desde el primer momento tuve la sospecha —prosiguió el transportista, haciendo fuerzas para dominar el nerviosismo que se había apoderado de él—. Pero no te lo dije para no avergonzarte. Me lo hubiera llevado a la tumba, si no hubiera pasado esto que ha pasado.

Se dio un respiro, suspirando hondo. Su mujer no se había movido ni un milímetro y tampoco había pestañeado ni una sola vez. Parecía petrificada. Un moscardón invisible comenzó a zumbar en algún lugar del cuarto, a toparse con el techo y las paredes. Saturnina regaba el jardincito y se oía el chasquear del agua de la regadera sobre las plantas.

—Quiero decir —continuó, subrayando cada sílaba— que tú y tu madre me engañaron. Aquella vez, allá en El Algarrobo. Ahora, ya no me importa. Han pasado muchos años y, te aseguro, hoy me da lo mismo descubrir que tú y la Mandona me contaran el cuento. Lo único que quiero, para morirme tranquilo, es que me lo confirmes, Gertrudis.

Se calló y esperó. Ella seguía en la misma postura, inconmovible, pero Felícito advirtió que una de las zapatillas de levantarse en las que su mujer tenía los pies se había desplazado ligeramente hacia un costado. Por lo menos allí había vida. Al cabo de un rato, Gertrudis separó los labios y emitió una frase que semejaba un gruñido:

—¿Que te confirme qué, Felícito?

—Que Miguel no es ni fue nunca mi hijo —dijo él, subiendo un poquito la voz—. Que estabas embarazada de otro cuando tú y la Mandona, esa mañana en la pensión El Algarrobo, me vinieron a hablar y me hicieron creer que yo era el padre. Después de denunciarme a la policía para obligarme a que me casara contigo.

Al terminar la frase se sintió desagradado y harto, como después de haber comido algo indigesto o tomado un potito de chicha muy fermentada.

—Yo creí que tú eras el padre —dijo Gertrudis, con absoluta serenidad. Hablaba sin enojarse, con el desgano con que se refería siempre a todo, salvo a las cosas de la religión. Y, luego de una larga pausa, añadió de la misma manera neutral y desinteresada—: Ni yo ni mi mamá tuvimos la intención de engañarte. Yo estaba segura entonces de que tú eras el padre del churre que tenía en la barriga.

—¿Y cuándo te diste cuenta que no era mío? —preguntó Felícito, con una energía que comenzaba a ser furia.

—Sólo cuando Miguelito nació —reconoció Gertrudis, sin que la voz se le alterara lo más mínimo—. Cuando lo vi tan blanco, con esos ojos claritos y sus pelitos medio rubios. No podía ser el hijo de un cholo chulucano como tú.

Se calló y siguió mirando a los ojos a su marido con la misma impasibilidad. Felícito pensó que Gertrudis parecía estar hablándole desde el fondo del agua o desde una urna de cristales espesos. La sentía separada de él por algo infranqueable e invisible, pese a estar sólo a un metro de distancia.

—Un verdadero hijo de siete leches, no es de extrañar que me hiciera lo que me hizo —murmuró entre dientes—. ¿Y supiste entonces quién era el verdadero padre de Miguel?

Su mujer suspiró y encogió los hombros con un gesto que podía ser de desinterés o de cansancio. Negó dos o tres veces con la cabeza, encogiendo los hombros.

—¿Con cuántos de la pensión El Algarrobo te acostabas, pues, che guá? —Felícito sentía un nudo en la garganta y quería que aquello terminara de una vez.

—Con todos los que mi mamá me metía a la cama —gruñó Gertrudis, lenta y concisa. Y, suspirando de nuevo con aire de infinita fatiga, precisó—: Muchos. No todos pensionistas. También, a veces, tipos de la calle.

—¿La Mandona te los metía? —le costaba trabajo hablar y le zumbaba la cabeza.

Gertrudis permanecía quieta, indistinta, una silueta sin aristas, siempre con las manos apretadas. Lo miraba con esa fijeza ausente, luminosa y tranquila, que a Felícito lo turbaba cada instante más.

—Ella los escogía y también les cobraba, no yo —añadió su mujer, con un leve cambio de matiz en la voz. Ahora no parecía sólo informarlo, también desafiarlo—. Quién sería el padre de Miguel. No lo sé. Algún blanquito, uno de esos gringuitos que pasaban por El Algarrobo.

Tal vez uno de los yugoeslavos que llegaron a trabajar en la irrigación del Chira. Venían a Piura a emborracharse los fines de semana y caían por la pensión.

Felícito lamentó este diálogo. ¿Se había equivocado sacando a flote el tema que lo había perseguido como su sombra toda la vida? Ahora estaba allí, en medio de ellos, y no sabía cómo quitárselo de encima. Lo sentía como un tremendo estorbo, un intruso que nunca más saldría de esta casa.

—¿Cuántos fueron los que te metió a la cama la Mandona? —rugió. Estaba seguro de que en cualquier momento iba a tener otro desmayo o a vomitar—. ¿A todo Piura?

—No los conté —dijo Gertrudis, sin alterarse, haciendo una mueca despectiva—. Pero, ya que te interesa saberlo, te repito que muchos. Yo me cuidaba como podía. No sabía mucho de eso, entonces. Las lavativas que me ponía a diario me servían, creía yo, me lo había dicho mi mamá. Con Miguel, algo pasó. Me descuidaría, tal vez. Yo quería abortar donde una comadrona medio bruja que había en el barrio. Le decían la Mariposa, tal vez la conociste. Pero la Mandona no me lo permitió. Ella se invencionó con la idea del matrimonio. Yo tampoco quería casarme contigo, Felícito. Siempre supe que a tu lado nunca sería feliz. Fue mi mamá la que me obligó.

El transportista ya no supo qué decir. Se quedó quieto frente a su mujer, pensando. Qué ridícula situación, estar allí sentados uno frente a otro, paralizados, silenciados por un pasado tan feo que resucitaba de pronto para añadir deshonor, vergüenza, dolor, verdades amargas a la desgracia que acababa de ocurrir con su falso hijo y con Mabel.

—Yo he estado pagando mis culpas todos estos años, Felícito —oyó que decía Gertrudis, casi sin mover los gruesos labios, sin quitarle ni un segundo los ojos de encima aunque siempre sin verlo, hablando como si él no estuviera allí—. Llevando mi cruz calladita. Sabiendo muy bien que los pecados que uno comete tiene que pagarlos. No sólo en la otra vida, también en ésta. Lo he aceptado. Me he arrepentido por mí y también por la Mandona. He pagado por mí y por mi mamá. A ella ya no le tengo el gran rencor que le tenía de joven. Sigo pagando y ojalá que con tanto sufrimiento el Señor Jesucristo me perdone tantos pecados.

Felícito quería que ella se callara de una vez e irse. Pero no tenía fuerzas para levantarse y salir de la habitación. Le temblaban mucho las piernas. «Quisiera ser ese moscardón que zumba, no yo», pensaba.

—Tú me has ayudado a pagarlos, Felícito —continuó su mujer, bajando un poco la voz—. Y te lo agradezco. Por eso nunca te dije nada. Por eso no te hice jamás una escena de celos ni te hice preguntas que te hubieran molestado. Por eso nunca me di por enterada de que te habías enamorado de otra mujer, que tenías una amante que, a diferencia de mí, no era vieja y fea, sino joven y bonita. Por eso nunca me quejé de la existencia de Mabel ni te hice un solo reproche. Porque Mabel me ayudaba también a pagar mis culpas.

Se calló, esperando que el transportista dijera algo, pero como éste no abría la boca, añadió:

—Yo tampoco creí que tendríamos nunca esta conversación, Felícito. Tú la quisiste, no yo.

Hizo de nuevo una larga pausa y murmuró, haciendo una señal de la cruz en el aire con sus dedos nudosos:

—Ahora, esto que te hizo Miguel es la penitencia que te toca pagar a ti. Y también a mí.

Con la última palabra, Gertrudis se levantó con una agilidad que Felícito no le recordaba y salió de la habitación, arrastrando los pies. Él permaneció sentado en la salita de la televisión, sin oír los ruidos, las voces, los bocinazos, el trajín de la calle Arequipa, ni los motores de los mototaxis, sumido en un sopor denso, en una desesperanza y tristeza que no lo dejaban pensar y lo privaban de la energía mínima para ponerse de pie. Quería hacerlo, quería salir de esta casa aunque al pisar la calle los periodistas le cayeran encima con sus preguntas implacables, cada cual más estúpida que la otra, irse al malecón Eguiguren y sentarse a ver correr las aguas marrones y grises del río, curiosear las nubes del cielo y respirar el airecito caliente de la tarde oyendo los silbidos de los pájaros. Pero no intentaba moverse porque las piernas no le iban a obedecer o el vértigo lo tumbaría a la alfombra. Le horrorizaba pensar que su padre, desde la otra vida, podía haber escuchado el diálogo que acababa de tener con su mujer.

No supo cuánto estuvo en ese estado de somnolencia viscosa, sintiendo pasar el tiempo, avergonzado y apiadado de sí mismo, de Gertrudis, de Mabel, de Miguel, del mundo entero. De tanto en tanto, como un rayito de luz clara, asomaba en su cabeza la cara de su padre y esa imagen fugaz lo aliviaba un instante. «Si usted hubiera estado vivo y se enteraba de todo esto, se moría otra vez», pensó.

De pronto, advirtió que Tiburcio había entrado a la habitación sin que él lo notara. Estaba arrodillado junto a él, cogiéndolo de los brazos y mirándolo con susto.

—Estoy bien, no te preocupes —lo tranquilizó—. Me quedé dormido un ratito, nomás.

—¿Quiere que le llame a un médico? —su hijo estaba con el overol azul y el gorrito del uniforme de los choferes de la compañía; en la visera se leía: «Transportes Narihualá». Llevaba en la mano los guantes de cuero sin curtir que se ponía para manejar los ómnibus—. Está usted muy pálido, padre.

—¿Acabas de llegar de Tumbes? —le respondió—. ¿El pasaje fue bueno?

—Casi lleno y tantisísima carga —asintió Tiburcio. Seguía con cara de susto y lo escudriñaba, como tratando de arrancarle un secreto. Era evidente que hubiera querido hacerle muchas preguntas, pero no se atrevía. Felícito se compadeció también de él.

—Oí la noticia de Miguel por la radio, allá en Tumbes —dijo Tiburcio, confuso—. No podía creérmelo. Llamé mil veces a esta casa pero nadie contestaba el teléfono. No sé cómo he podido manejar hasta aquí. ¿Usted cree que sea verdad eso que dice la policía de mi hermano?

Felícito estuvo a punto de interrumpirlo para decirle «No es tu hermano», pero se contuvo. ¿Acaso Miguel y Tiburcio no eran hermanos? A medias, pero lo eran.

—Puede ser mentira, yo creo que son mentiras —decía ahora Tiburcio, agitado, sin levantarse del suelo, teniendo siempre a su padre cogido de los brazos—. La policía le puede haber arrancado una falsa confesión, moliéndolo a golpes. Torturándolo. Ellos hacen esas cosas, ya se sabe.

—No, Tiburcio. Es verdad —dijo Felícito—. Él era la arañita. Él tramó todo eso. Ha confesado porque ella, su cómplice, lo denunció. Ahora te voy a pedir un gran favor, hijo. No hablemos más de esto. Nunca más. Ni de Miguel, ni de la arañita. Para mí, es como si tu hermano hubiera dejado de existir. Mejor dicho, como si nunca hubiera existido. No quiero que se lo nombre en esta casa. Nunca más. Tú puedes hacer lo que quieras. Ir a verlo, si te parece. Llevarle comida, conseguirle un abogado, lo que sea. No me importa. No sé qué querrá hacer tu madre. A mí no me cuenten nada. No quiero saber. En mí delante, jamás se lo nombrará. Maldigo su nombre y se acabó. Ahora, ayúdame a levantarme, Tiburcio. No sé por qué, pero es como si las piernas de repente se me hubieran puesto respondonas.

Tiburcio se puso de pie y, sujetándolo de los dos brazos, lo levantó sin esfuerzo.

—Te voy a pedir que me acompañes a la oficina —dijo Felícito—. La vida tiene que seguir. Hay que retomar el trabajo, tenemos que levantar a la compañía que ha quedado tan fregada. No sólo la familia está sufriendo con esto, hijo. También Transportes Narihualá. Hay que ponerla a caminar de nuevo.

—La calle está llena de periodistas —lo alertó Tiburcio—. Me cayeron como una mancha cuando llegué y no me dejaban pasar. Por poco me agarro a trompadas con uno de ellos.

—Tú me ayudarás a zafarme de esos pesados, Tiburcio —miró a su hijo a los ojos y, haciéndole un cariño torpe en la cara, dulcificó la voz—: Te agradezco que no hayas nombrado a Mabel, hijo. Que ni me hayas preguntado por esa mujer. Eres un buen hijo, tú.

Se cogió del brazo del muchacho y avanzó con él hacia la salida. Apenas se abrió la puerta de la calle, estalló un alboroto y tuvo que pestañear ante los flashes. «No tengo nada que declarar, señores, muchas gracias», repitió dos, tres, diez veces, mientras, prendido del brazo de Tiburcio, avanzaba con dificultad por la calle Arequipa, acosado, empujado, zarandeado por el enjambre de periodistas que se quitaban uno a otro las palabras y le metían por la cara los micrófonos, las cámaras, las libretas y los lápices. Le hacían preguntas que no alcanzaba a entender. Iba repitiendo, cada cierto tiempo, como un estribillo: «No tengo nada que declarar, señoras, señores, muchas gracias». Lo escoltaron hasta Transportes Narihualá, pero no entraron al local porque el guardián les cerró el portón en las narices. Cuando se sentó ante la tabla colocada sobre dos barriles en que había quedado convertido su escritorio, Tiburcio le alcanzó un vaso de agua.

—¿Y esa señora tan elegante que se llama Armida, usted la conocía, padre? —le preguntó—. ¿Sabía que mi mamá tenía una hermana allá en Lima? A nosotros nunca nos contó.

Él negó con la cabeza y se llevó un dedo a la boca:

—Un gran misterio, Tiburcio. Ha venido a esconderse aquí porque parece que en Lima la andan persiguiendo, que hasta la quieren matar. Mejor olvídate de ella y no le digas a nadie que la has visto. Ya tenemos bastantes líos encima para heredar también los de mi cuñada.

Haciendo un esfuerzo descomunal, se puso a trabajar. A revisar las cuentas, las letras, los vencimientos, los gastos corrientes, los ingresos, las facturas, los pagos a los proveedores, las cobranzas. Al mismo tiempo, en el fondo de su cabeza, iba trazando un plan de acción para los días siguientes. Y al cabo de un rato empezó a sentirse mejor, a sospechar que era posible ganar esta dificilísima batalla. De pronto, le entraron unas ganas enormes de escuchar la vocecita templada y tierna de Cecilia Barraza. Lástima no tener en la oficina algunos discos de ella, canciones como *Cardo y Ceniza, Inocente amor, Cariño bonito* o *Toro mata,* y un aparato donde oírlos. Apenas mejoraran las cosas, se lo compraría. Las tardes o noches que se quedara a trabajar en la oficina, ya rehabilitada de los estragos del incendio, en momentos como éste pondría en la disquera una serie de discos de su cantante favorita. Se olvidaría de todo y se sentiría alegre, o triste, y siempre emocionado por aquella vocecita que sabía sacarle al vals, a las marineras, a las polcas, a los pregones, a toda la música criolla los sentimientos más delicados que escondía en su entraña.

Cuando dejó el local de Transportes Narihualá era noche cerrada. No había periodistas en la avenida; el guardián le dijo que, cansados de esperarlo, se habían dispersado hacía rato. Tiburcio había partido también, a instancias suyas, hacía más de una hora. Remontó la calle Arequipa, con poca gente ya, sin mirar a nadie, buscando las sombras para que no lo reconocieran. Felizmente, nadie lo detuvo ni le metió conversación en el camino. En su casa, Armida y Gertrudis ya dormían, o por lo menos no las sintió. Fue a la salita de la televisión y puso unos discos compactos, con el volumen bajito. Y estuvo acaso un par de horas, sentado en la oscuridad, distraído y conmovido, no libre del todo de las preocupaciones pero sí aliviado algo de ellas por las canciones que interpretaba para él en esa intimidad Cecilia Barraza. Su voz era un bálsamo, un agua fresquita y cristalina en la que su cuerpo y su alma se hundían, se limpiaban, se serenaban, gozaban, y algo sano, dulce, optimista, brotaba de lo más recóndito de sí mismo. Procuraba no pensar en Mabel, no acordarse de los momentos tan intensos, tan alegres, que había pasado junto a ella en estos ocho años, recordar sólo que lo había traicionado, que se había acostado con Miguel y conspirado con él, enviándole las cartas de la arañita, fingiendo un secuestro, quemando su oficina. Eso era lo único que debía recordar para que la idea de que nunca más la vería no fuera tan amarga.

A la mañana siguiente, muy temprano, se levantó, hizo los ejercicios de Qi Gong, recordando al pulpero Lau como solía ocurrirle durante esa rutina obligatoria del despertar, tomó su desayuno y partió a su oficina antes de que los periodistas dormilones llegaran a la puerta de su casa para continuar la cacería. Josefita ya estaba allí y se alegró mucho al verlo.

—Qué bueno que haya vuelto a la oficina, don Felícito —le dijo, aplaudiendo—. Ya se lo estaba extrañando por aquí.

—No podía seguir tomando vacaciones —le respondió, quitándose el sombrero y el saco e instalándose ante el tablón—. Basta de escándalos y de tonterías, Josefita. A partir de hoy, a trabajar. Eso es lo que a mí me gusta, lo que he hecho toda mi vida y lo que haré en adelante.

Adivinó que su secretaria quería decirle algo, pero no acababa de animarse. ¿Qué le pasaba a Josefita? Estaba distinta. Más arreglada y maquillada que de costumbre, vestida con gracia y coquetería. En su cara surgían de tanto en tanto unas sonrisitas y rubores maliciosos y le pareció que, al caminar, movía un poco más las caderas que antes.

—Si quiere confiarme algún secreto, le aseguro que soy una tumba, Josefita. Y si se trata de alguna pena de amor, encantado de ser su paño de lágrimas.

—Es que no sé qué hacer, don Felícito —bajó ella la voz, ruborizándose de pies a cabeza. Acercó la cara a su jefe y le susurró haciendo ojitos de niña cándida—: Fíjese que el capitán ese de la policía me sigue llamando por teléfono. ¿Para qué cree? ¡Para invitarme a salir, por supuesto!

—¿El capitán Silva? —simuló asombrarse el transportista—. Ya me sospechaba yo que había hecho usted esa conquista. ¡Che guá, Josefita!

—Pues así parece, don Felícito —añadió su secretaria, haciendo un púdico dengue y disforzándose—. Me echa toda clase de flores vez que me llama por teléfono, usted no se figura las cosas que me dice. ¡Qué frescura de hombre! Me da una vergüenza que no sabe. Sí, sí, quiere invitarme a salir. Yo no sé qué hacer. ¿Usted qué me aconsejaría?

—Pues, no sé qué decirle, Josefita. Desde luego, no me sorprende que haya hecho esa conquista. Es usted una mujer muy atractiva.

—Pero un poco gorda, don Felícito —se quejó ella, haciendo un falso puchero—. Aunque, por lo que me dijo, para el capitán Silva eso no es un problema. Me aseguró que no le gustan esas siluetas desnutridas de las chicas de la publicidad, sino las mujeres bien despachaditas, como yo.

Felícito Yanaqué se echó a reír y ella lo imitó. Era la primera vez que el transportista se reía así desde que se enteró de las malas noticias.

—¿Ha averiguado si el capitán es casado, por lo menos, Josefita?

—Me ha asegurado que es soltero y sin compromiso. Pero quién sabe cómo será, los hombres se pasan la vida contándonos el cuento a las mujeres.

—Trataré de averiguarlo, déjelo por mi cuenta —le ofreció Felícito—. Mientras tanto, diviértase y sáquele el jugo a la vida, que bien se lo merece. Sea usted feliz, Josefita.

Estuvo inspeccionando la partida de los colectivos, los autobuses y las camionetas, el despacho de encomiendas, y, a media mañana, fue a la cita que tenía con el doctor Hildebrando Castro Pozo, en su minúsculo y atestado estudio de la calle Lima. Era abogado de su empresa de transportes y se ocupaba de todos los asuntos legales de Felícito Yanaqué desde hacía varios años. Le explicó con lujo de detalles lo que tenía en la cabeza y el doctor Castro Pozo fue tomando nota de todo lo que él decía en su libretita pigmea de costumbre, en la que escribía con un lápiz tan diminuto como él. Era un hombre pequeño, de chaleco y corbata, atildado, sesentón, vivo, enérgico, amable, lacónico, un profesional modesto pero efectivo, nada carero. Su padre había sido un famoso luchador social, defensor de campesinos, que pasó por la cárcel y el exilio, y autor de un libro sobre las comunidades indígenas que lo hizo famoso. Estuvo en el Congreso como diputado. Cuando Felícito terminó de explicarle lo que quería, el doctor Castro Pozo lo examinó, complacido:

—Claro que es factible, don Felícito —exclamó, jugueteando con su lapicito—. Pero, déjeme estudiar el asunto con calma y darle todas las vueltas legales, para avanzar sobre seguro. Me tomará un par de días a lo más. ¿Sabe usted una cosa? Eso que quiere hacer confirma con creces lo que siempre he pensado de usted.

—¿Y qué ha pensado usted de mí, doctor Castro Pozo?

—Que es usted un hombre ético, don Felícito. Ético hasta las uñas de los pies. Uno de los pocos que he conocido, la verdad.

Intrigado, ¿qué querría decir eso de «un hombre ético»?, Felícito se dijo que tendría que comprarse un diccionario un día de éstos. Todo el tiempo estaba escuchando palabras cuyo significado ignoraba. Y le daba vergüenza ir preguntando a la gente lo que querían decir. Fue a su casa a almorzar. Aunque encontró allí apostados a los periodistas, ni siquiera se detuvo a decirles que no daría entrevistas. Pasó a su lado, saludándolos con una inclinación de cabeza, sin responder a las preguntas que le hacían, atropellándose.

Luego del almuerzo, Armida le pidió que conversaran a solas un momento. Pero, para sorpresa de Felícito, cuando él y su cuñada se retiraron a la salita de la televisión, Gertrudis, de nuevo enclaustrada en la mudez, los siguió. Se sentó en uno de los sillones y allí se quedó todo el tiempo que duró la larga conversación entre Armida y el transportista, escuchando, sin interrumpirlos ni una vez.

—Le parecerá raro que, desde que llegué, siga con el mismo vestido —empezó su cuñada de la manera más banal.

—Si quiere que le sea franco, Armida, todo me parece raro en este asunto, no sólo que no se cambie de vestido. Por lo pronto, que aparezca usted así, de repente. Gertrudis y yo llevamos no sé cuántos años de casados y, hasta hace pocos días, creo que nunca me habló de la existencia de usted. ¿Quiere algo más raro que eso?

—No me cambio, porque no tengo nada más que ponerme —prosiguió su cuñada, como si no lo hubiera oído—. Salí de Lima con lo que llevaba puesto. Traté de probarme un vestido de Gertrudis, pero me bailaba. En fin, debería empezar esta historia por el principio.

—Explíqueme por lo menos una cosa —le pidió Felícito—. Porque Gertrudis, como habrá visto, se ha quedado muda y nunca me lo va a explicar. ¿Ustedes son hermanas de padre y madre?

Armida se movió en el asiento, desconcertada, sin saber qué responder. Miró a Gertrudis en busca de ayuda, pero ésta seguía callada, replegada en sí misma como uno de esos moluscos de nombres raros que ofrecían en el Mercado Central las vendedoras de pescado. Su expresión era de total indolencia, como si nada de lo que oía tuviera que ver con ella. Aunque no les quitaba los ojos de encima.

—No lo sabemos —dijo por fin Armida, señalando con el mentón a su hermana—. Hemos hablado mucho de eso las dos en estos tres días.

—Ah, o sea, con usted Gertrudis habla. Tiene más suerte que yo.

—Somos hermanas de madre, eso es lo único seguro —afirmó Armida, retomando poco a poco el control de sí misma—. Ella me lleva unos cuantos años. Pero ninguna de las dos recordamos a nuestro padre. Tal vez era el mismo. Tal vez no. Ya no hay a quién preguntárselo, Felícito. Cuando las dos empezamos a tener recuerdos, la Mandona, ¿así le decían a mi mamá, recuerda?, ya no tenía marido.

—¿Usted también vivió en la pensión El Algarrobo?

—Hasta los quince años —asintió Armida—. No era todavía una pensión, sólo un tambo para arrieros, en pleno arenal. A los quince me fui a Lima a buscar trabajo. No fue nada fácil. Pasé muchas pellejerías, peores de las que se puede imaginar. Pero Gertrudis y yo nunca perdimos el contacto. Le escribía de vez en cuando, aunque ella me contestaba a la muerte de un obispo. Nunca se le dio eso de escribir cartas. Es que Gertrudis sólo hizo dos o tres años de colegio. Yo tuve más suerte, yo acabé la primaria completa. La Mandona se preocupó de que fuera al colegio. En cambio, a Gertrudis la puso a trabajar muy pronto en la pensión.

Felícito se volvió a su mujer.

—No entiendo por qué no me contaste que tenías una hermana —le dijo.

Pero ella lo siguió mirando como a través del agua, sin contestarle.

—Yo le voy a decir por qué, Felícito —intervino Armida—. A Gertrudis le daba vergüenza que supiera que su hermana trabajaba en Lima como sirvienta. Sobre todo después de casarse con usted y volverse una persona decente.

—¿Usted ha sido empleada doméstica? —se extrañó el transportista, mirando el vestido de su cuñada.

—Toda mi vida, Felícito. Menos una temporadita, en que trabajé de obrera en una fábrica textil de Vitarte —se sonrió ella—. Ya veo, le parece raro que tenga un vestido tan fino y unos zapatos, bueno, y un reloj como éste. Son italianos, figúrese.

—Así es, Armida, me parece rarísimo —asintió Felícito—. Usted tiene pinta de todo menos de sirvienta.

—Es que me casé con el señor de la casa en la que trabajaba —explicó Armida, ruborizándose—. Un señor importante, de buena situación.

—Ah, caramba, ya veo, un matrimonio que cambió su vida —dijo Felícito—. O sea, que se sacó usted la lotería.

—En cierto sentido, sí, pero en otro, no —lo corrigió Armida—. Porque el señor Carrera, quiero decir Ismael, mi marido, era viudo. Tenía dos hijos de su primer matrimonio. Desde que me casé con su padre, ellos me odian. Trataron de anular el matrimonio, me demandaron a la policía, acusaron a su padre ante el juez de ser un viejo demente. Que yo lo tenía embrujado, que le había dado chamizo y no sé cuántas brujerías más.

Felícito vio que Armida había cambiado de cara. Ya no estaba tan serena. En su expresión había ahora tristeza y rabia.

—Ismael me llevó a Italia de luna de miel —añadió, endulzando la voz, sonriendo—. Fueron unas semanas muy bonitas. Nunca imaginé que conocería cosas tan lindas, tan distintas. Hasta vimos al Papa en su balcón, desde la Plaza de San Pedro. Fue un cuento de hadas ese viaje. Mi marido andaba siempre en citas de negocios y yo pasaba mucho tiempo sola, haciendo turismo.

«Ahí está la explicación de ese vestido, de esas joyas, ese reloj y esos zapatos», pensaba Felícito. «¡Una luna de miel en Italia! ¡Se casó con un rico! ¡Un braguetazo!»

—Allí, en Italia, mi marido vendió una compañía de seguros que tenía en Lima —siguió explicando Armida—. Para que no cayera en manos de sus hijos, que no veían la hora de heredarlo, pese a que él les había adelantado la herencia en vida. Son unos botarates y unos vagos de lo peor. Ismael estaba muy dolido con ellos y por eso vendió la compañía. Yo trataba de entender ese enredo, pero me quedaba en la luna con sus explicaciones legales. En fin, volvimos a Lima y, nada más llegar, a mi esposo le dio el infarto que lo mató.

—Lo siento mucho —balbuceó Felícito. Armida se había quedado callada, con los ojos bajos. Gertrudis seguía quieta e inconmovible.

—O lo mataron —añadió Armida—. No lo sé. Él decía que sus hijos tenían tantas ganas de que se muriera para quedarse con su plata, que hasta podían mandarlo matar. Se murió de la noche a la mañana y a mí no se me quita la idea de que los mellizos —sus hijos son mellizos— le provocaron de alguna manera el infarto que lo mató. Si es que fue un infarto y no lo envenenaron. No lo sé.

—Ahora ya voy entendiendo su escapada a Piura y que ande escondida, sin pisar la calle —dijo Felícito—. ¿De veras piensa que los hijos de su marido podrían...?

—No sé si se les pasaba por la cabeza o no, pero Ismael decía que eran capaces de todo, incluso de hacerlo matar —Armida se había excitado y hablaba con ímpetu—. Empecé a sentirme insegura y a tener mucho miedo, Felícito. Hubo un encuentro con ellos, donde los abogados. Me hablaban y me miraban de tal modo que pensé que me podían hacer matar a mí también. Mi marido decía que ahora se contrata en Lima a un sicario para que mate a quien sea por unos cuantos soles. ¿Por qué no podían hacerlo para quedarse con toda la herencia del señor Carrera?

Hizo una pausa y miró a los ojos a Felícito.

—Por eso decidí escaparme. Se me ocurrió que nadie vendría a buscarme aquí, en Piura. Ésa es más o menos la historia que quería contarle, Felícito.

—Bueno, bueno —dijo éste—. La comprendo, sí. Lo único, qué mala suerte. El destino la trajo a la boca del lobo. Mire lo que son las cosas. Eso se llama saltar de la sartén al fuego, Armida.

—Le dije que sólo me quedaría dos o tres días y le aseguro que voy a cumplir —dijo Armida—. Necesito hablar con una persona que vive en Lima. La única en la que mi marido confiaba totalmente. Fue testigo de nuestro matrimonio. ¿Me ayudaría a contactarlo? Tengo su teléfono. ¿Me haría ese gran favor?

—Pero, llámelo usted misma, desde aquí —dijo el transportista.

—No sería prudente —vaciló Armida, señalando el teléfono—. ¿Y si estuviera intervenido? Mi marido creía que los mellizos tenían chuponeados todos nuestros teléfonos. Mejor desde la calle, desde su oficina, y a su celular, que, parece, es más difícil de chuponear. Yo no puedo salir de esta casa. Por eso recurro a usted.

—Deme usted el número y el mensaje que debo transmitirle —dijo Felícito—. Lo haré desde la oficina, esta misma tarde. Con mucho gusto, Armida.

Esa tarde, cuando, después de atravesar otra vez entre empellones la barrera de los periodistas, caminaba rumbo a su oficina por la calle Arequipa, Felícito Yanaqué se decía que la historia de Armida parecía salida de una de esas películas de aventuras que a él le gustaba ver, las raras veces que iba al cine. Y él que creía que esas ocurrencias tan truculentas no tenían nada que ver con la vida real. Pues las historias de Armida y la suya propia desde que recibió la primera carta de la arañita, eran ni más ni menos que unas películas de mucha acción.

En Transportes Narihualá, se retiró a una esquina tranquila, para telefonear sin que lo oyera Josefita. De inmediato contestó una voz de hombre que pareció desconcertarse cuando él preguntó por el señor don Rigoberto. «¿Quién lo llama?», preguntó, luego de un silencio. «De parte de una amiga», respondió Felícito. «Sí, sí, soy yo. ¿De qué amiga me habla usted?»

—Una amiga suya que prefiere no decir su nombre, por razones que usted comprenderá —dijo Felícito—. Me imagino que sabe de quién se trata.

—Sí, creo que sí —dijo el señor Rigoberto, carraspeando—. ¿Ella se encuentra bien?

—Sí, muy bien y le manda sus saludos. Quisiera hablar con usted. En persona, si fuera posible.

—Por supuesto, claro que sí —dijo el señor en el acto, sin titubear—. Con mucho gusto. ¿Cómo haríamos?

—¿Puede usted viajar a la tierra de donde es ella? —preguntó Felícito.

Hubo un largo silencio, con otro carraspeo forzado.

—Podría, si hace falta —dijo, finalmente—. ¿Cuándo sería eso?

—Cuando usted quiera —repuso Felícito—. Cuanto antes mejor, por supuesto.

—Comprendo —dijo el señor Rigoberto—. Me ocuparé de inmediato de sacar los pasajes. Esta tarde mismo.

—Yo le reservaré el hotel —dijo Felícito—. ¿Podría usted llamarme a este celular cuando tenga decidida la fecha del viaje? Sólo yo lo uso.

—Muy bien, quedamos en eso, entonces —se despidió el señor Rigoberto—. Mucho gusto y hasta luego, caballero.

Felícito Yanaqué trabajó toda la tarde en Transportes Narihualá. De tanto en tanto, la historia de Armida le volvía a la cabeza y se preguntaba cuánto habría en ella de cierto y cuánto de exageración. ¿Era posible que un señor rico, dueño de una gran compañía, se casara con su sirvienta? Apenas le cabía en la cabeza. ¿Pero era eso mucho más inverosímil que un hijo le quitara la amante a su padre y entre los dos lo chantajearan para esquilmarlo? La codicia volvía locos a los hombres, era cosa sabida. Cuando ya anochecía, apareció por la oficina el doctor Hildebrando Castro Pozo con un gran legajo de papeles metido en una carpeta color verde limón.

—Ya ve que no me tomó mucho tiempo, don Felícito —le dijo, entregándosela—. Éstos son los documentos que tiene que hacerle firmar, ahí donde he puesto una equis. A no ser que sea imbécil, los firmará encantado.

Felícito los revisó cuidadosamente, hizo algunas preguntas que el abogado absolvió, y quedó satisfecho. Pensó que había tomado una buena decisión y que, aunque esto no resolviera todos los problemas que lo embargaban, por lo menos le quitaría un gran peso de encima. Y aquella incertidumbre que arrastraba ya tantos años se evaporaría para siempre.

Al dejar la oficina, en vez de ir de frente a su casa, dio un rodeo para pasar por la comisaría de la avenida Sánchez Cerro. El capitán Silva no estaba pero lo recibió el sargento Lituma. Se quedó un poco sorprendido con su solicitud.

—Quiero entrevistarme con Miguel cuanto antes —le repitió Felícito Yanaqué—. No me importa que usted, o el capitán Silva, estén presentes en la entrevista.

—Bien, don Felícito, me imagino que no habrá problema —dijo el sargento—. Hablaré con el capitán mañana a primera hora.

—Gracias —se despidió Felícito—. Salude al capitán Silva de mi parte y dígale que le manda recuerdos mi secretaria, la señora Josefita.

XVIII

Don Rigoberto, doña Lucrecia y Fonchito llegaron a Piura a media mañana en el vuelo de Lan-Perú y un taxi los llevó al Hotel Los Portales, en la Plaza de Armas. Las reservas hechas por Felícito Yanaqué, un cuarto doble y uno simple, contiguos, se ajustaban a sus deseos. Apenas instalados, los tres salieron a pasear. Dieron la vuelta a la Plaza de Armas sombreada por altos y antiguos tamarindos y coloreada a trechos por poncianas de flores rojísimas.

No hacía mucho calor. Se detuvieron un rato a observar el monumento central, la Pola, una aguerrida dama de mármol que representaba la libertad, regalada por el presidente José Balta en 1870, y echaron un vistazo a la desangelada catedral. Luego, se sentaron en la pastelería El Chalán a tomar un refresco. Rigoberto y Lucrecia espiaban el entorno, las gentes desconocidas, intrigados y algo escépticos. ¿De veras tendrían la programada entrevista secreta con Armida? La deseaban ardientemente, desde luego, pero todo el misterio que rodeaba este viaje impedía que lo tomaran demasiado en serio. A ratos les parecía estar jugando uno de esos juegos que juegan los viejos para sentirse jóvenes.

—No, no puede ser una broma ni una emboscada —afirmó una vez más don Rigoberto, tratando de convencerse a sí mismo—. El señor con el que hablé por teléfono me causó buena impresión, ya te lo dije. Un hombre humilde, sin duda, provinciano, algo tímido, pero bienintencionado. Una buena persona, estoy seguro. No me cabe duda que hablaba en nombre de Armida.

—¿No te parece estar viviendo una situación algo irreal? —repuso doña Lucrecia, con una risita nerviosa.

Tenía en la mano un abanico de nácar y se echaba aire a la cara sin cesar—. Me cuesta creer las cosas que nos pasan, Rigoberto. Que hayamos venido a Piura contando a todo el mundo que necesitábamos un descanso. Nadie se lo ha creído, por supuesto.

Fonchito parecía no escucharlos. Sorbía de tanto en tanto su granizado de lúcuma, los ojos fijos en algún punto de la mesa y totalmente indiferente a lo que decían su padre y su madrastra, como absorbido por una preocupación recóndita. Estaba así desde su último encuentro con Edilberto Torres y ésa era la razón por la que don Rigoberto decidió traerlo a Piura, aunque por este viaje perdiera unos días de colegio.

—¿Edilberto Torres? —dio un respingo en el asiento de su escritorio—. ¿Ése, otra vez? ¿Hablando de Biblias?

—Yo mismo, Fonchito —dijo Edilberto Torres—. No me digas que te has olvidado de mí. No te creo tan ingrato.

—Acabo de confesarme y estoy cumpliendo la penitencia que me dio el padre —balbuceó Fonchito, más sorprendido que asustado—. Ahora no puedo conversar con usted, señor, lo siento mucho.

—¿En la iglesia de Fátima? —repitió don Rigoberto, incrédulo, revolviéndose como poseído de pronto por el mal de San Vito, haciendo caer al suelo el libro sobre arte tántrico que estaba leyendo—. ¿Estaba ahí, él? ¿En la iglesia?

—Te comprendo y te pido disculpas —Edilberto Torres bajó la voz, señalando el altar con el dedo índice—. Reza, reza, Fonchito, que hace bien. Hablaremos después. Yo también voy a rezar.

—Sí, en la de Fátima —asintió Fonchito, pálido y con la mirada algo extraviada—. Yo y mis amigos, los del grupo de la Biblia, fuimos allá a confesarnos. Ellos ya se habían ido, yo fui el último en pasar por el confesonario.

No quedaba mucha gente en la iglesia. Y, de repente, me di cuenta que estaba ahí no sé desde hacía cuánto rato. Sí, ahí, sentado a mi lado. Me llevé qué susto, papá. Ya sé que no me crees, ya sé que dirás que también esta vez me inventé ese encuentro. Hablando de la Biblia, sí.

—Está bien, está bien —transó don Rigoberto—. Ahora, es prudente regresar al hotel. Almorzaremos allá. El señor Yanaqué dijo que contactaría conmigo en algún momento de la tarde. Si es que se llama así. Un nombre rarísimo, parece el seudónimo de uno de esos cantantes roqueros llenos de tatuajes, ¿no?

—A mí me parece un apellido muy piurano —opinó doña Lucrecia—. Tal vez venga de los tallanes.

Pagó la cuenta y los tres salieron de la pastelería. Al atravesar la Plaza de Armas, Rigoberto tuvo que apartar a los lustrabotas y vendedores de lotería que le ofrecían sus servicios. Ahora sí, el calor comenzaba a aumentar. En el cielo despejado se divisaba un sol blanco y todo a su alrededor, árboles, bancas, losetas, gente, perros, autos, parecía arder.

—Lo siento, papá —susurró Fonchito, traspasado por la pena—. Ya sé que te doy una mala noticia, ya sé que estos momentos son tan difíciles para ti, con la muerte del señor Carrera y la desaparición de Armida. Ya sé que es una perrada que te haga esto. Pero tú me has pedido que te cuente todo, que te diga la verdad. ¿No es eso lo que quieres, papá?

—He tenido problemas económicos, como todo el mundo en estos tiempos, y me ha estado fallando la salud —dijo el señor Edilberto Torres, alicaído y tristón—. He salido poco, últimamente. Ésa es la razón por la que no me has visto en tantas semanas, Fonchito.

—¿Ha venido usted a esta iglesia porque sabía que yo y mis amigos con los que leemos la Biblia estaríamos aquí?

—Vine a meditar, a tranquilizarme, a ver las cosas con más calma y perspectiva —explicó Edilberto Torres, pero no parecía sereno sino trémulo, viviendo una gran zozobra—. Lo hago con frecuencia. Conozco la mitad de las iglesias de Lima, acaso más. Me hace bien esta atmósfera de recogimiento, silencio y oración. Hasta me gustan las beatas y el olor a incienso y antigüedad que reina en las pequeñas capillas. Soy un hombre chapado a la antigua tal vez y a mucha honra. Yo también rezo y leo la Biblia, Fonchito, aunque te llame la atención. Otra prueba de que no soy el diablo, como cree tu papá.

—Él se va a apenar cuando sepa que lo he visto —dijo el chiquillo—. Él piensa que usted no existe, que yo lo he inventado. Y mi madrastra también. Lo creen de veras. Por eso mi papá se entusiasmó cuando usted dijo que podía ayudarlo en los problemas judiciales que tenía. Él quería verlo, reunirse con usted. Pero usted se desapareció.

—Nunca es tarde para eso —aseguró el señor Torres—. Yo encantado de reunirme con Rigoberto y tranquilizarlo de las aprensiones que tiene conmigo. Me gustaría ser su amigo. Somos de la misma edad, calculo. La verdad es que no tengo amigos, sólo conocidos. Estoy seguro que él y yo nos llevaríamos bien.

—Para mí, un seco de chabelo —ordenó don Rigoberto al mozo—. ¿Es el plato típico de Piura, verdad?

Doña Lucrecia pidió una corvina a la plancha con una ensalada mixta y Fonchito sólo un ceviche. El comedor del Hotel Los Portales estaba casi desierto y unos lentos ventiladores mantenían la atmósfera fresca. Los tres tomaban limonadas con mucho hielo.

—Quiero creerte, yo sé que no me mientes, que eres un chico limpio y de buenos sentimientos —asintió don Rigoberto, con una expresión de hastío—. Pero ese personaje se ha convertido en un lastre en mi vida y la de Lucrecia. Está visto que nunca nos libraremos de él, que nos perseguirá hasta la tumba. ¿Qué quería esta vez?

—Que tengamos una conversación sobre cosas profundas, un diálogo de amigos —explicó Edilberto

Torres—. Dios, la otra vida, el mundo del espíritu, la trascendencia. Como estás leyendo la Biblia, sé que esos asuntos ahora te interesan, Fonchito. Y sé, también, que estás algo decepcionado con tus lecturas del Antiguo Testamento. Que esperabas otra cosa.

—¿Y cómo sabe usted eso, señor?

—Me lo contó un pajarito —sonrió Edilberto Torres, pero en su sonrisa no había la menor alegría, siempre aquella alarma recóndita—. No me hagas caso, bromeo. Lo único que quisiera decirte es que a todos los que comienzan a leer el Antiguo Testamento les pasa lo que a ti. Sigue, sigue, no te desanimes. Y verás que muy pronto tu impresión será distinta.

—¿Cómo sabía que estás decepcionado de esas lecturas bíblicas? —respingó de nuevo en su escritorio don Rigoberto—. ¿Es cierto eso, Fonchito? ¿Lo estás?

—No sé si decepcionado —admitió Fonchito, algo cortado—. Es que todo es ahí tan violento. Empezando por Dios, por Yahvé. Nunca me lo hubiera imaginado tan feroz, que lanzara tantas maldiciones, que mandara lapidar a las señoras adúlteras, que ordenara matar al que faltaba a los ritos. Que hiciera cortar los prepucios de los enemigos de los hebreos. Yo ni sabía lo que quería decir prepucio hasta leer la Biblia, papá.

—Eran tiempos bárbaros, Fonchito —lo tranquilizó Edilberto Torres, hablando con muchas pausas y sin abandonar su expresión taciturna—. Todo aquello ocurría hace miles de años, en los tiempos de la idolatría y el canibalismo. Un mundo donde la tiranía, el fanatismo, reinaban por doquier. Además, no se debe tomar literalmente lo que dice la Biblia. Mucho de lo que allí aparece es simbólico, poético, exagerado. Cuando el temible Yahvé desaparezca y aparezca Jesucristo, Dios se volverá manso, piadoso y compasivo, ya lo verás. Pero para eso tienes que llegar al Nuevo Testamento. Paciencia y perseverancia, Fonchito.

—Me volvió a decir que quiere verte, papá. Donde sea y en cualquier momento. Le gustaría que se hicieran amigos, ya que tienen la misma edad.

—Esa música ya la oí la última vez que se te corporizó ese espectro, en aquel colectivo —se burló don Rigoberto—. ¿No iba a ayudarme con mis problemas legales? ¿Y qué pasó? ¡Se hizo humo! Será lo mismo esta vez. En fin, no te entiendo, hijito. ¿Te gustan o no te gustan esas lecturas bíblicas en que andas metido?

—No sé si las estamos haciendo bien —evadió la respuesta el chiquillo—. Porque, aunque a veces nos gustan bastante, otras se pone todo muy enredado con la cantidad de pueblos que pelean los judíos en el desierto. Es imposible recordar esos nombres tan exóticos. Lo que más nos interesa son las historias que se cuentan. No parecen cosa de la religión, más bien como las aventuras de *Las mil y una noches*. Pecas Sheridan, uno de mis amigos, dijo el otro día que esa manera de leer la Biblia no era buena, que no la estábamos aprovechando. Que sería mejor tener un guía. Un cura, por ejemplo. ¿Usted qué piensa, señor?

—Que está bastante bueno —dijo don Rigoberto, paladeando un bocado de su seco de chabelo—. Me gustan mucho los chifles, así llaman aquí al plátano frito y picado. Pero me temo que nos caiga un poco indigesto, con tanto calor.

Después de acabar sus platos pidieron un helado y estaban empezando el postre cuando advirtieron que una señora entraba al restaurante. De pie en la puerta, examinó el recinto, buscando. Ya no era joven pero había en ella algo fresco y rozagante, un remanente juvenil en su cara regordeta y risueña, sus ojos saltones y su boca de labios anchos, muy pintados. Lucía con gracia unas pestañas postizas aleteantes, sus redondos aretes de fantasía bailoteaban y llevaba muy ceñido el vestido blanco, con flores estampadas; sus generosas caderas no le impedían moverse con agilidad. Después de pasar revista a las tres o cuatro mesas ocupadas, se dirigió resuelta a aquella en la que estaban los tres. «¿El señor Rigoberto, verdad?», preguntó, sonriente. Le dio la mano a cada uno y se sentó en la silla libre.

—Me llamo Josefita y soy la secretaria del señor Felícito Yanaqué —se presentó—. Bienvenidos a la tierra del tondero y el che guá. ¿Es la primera vez que vienen a Piura?

Hablaba no sólo con la boca, también con esos ojos expresivos, movedizos, verdosos y agitaba las manos sin cesar.

—La primera, pero no la última —asintió don Rigoberto, amablemente—. ¿El señor Yanaqué no pudo venir?

—Prefirió no hacerlo, porque, ya lo sabrán ustedes, don Felícito no puede dar un paso por las calles de Piura sin que lo siga la nube de periodistas.

—¿De periodistas? —se espantó, abriendo mucho los ojos don Rigoberto—. ¿Y se puede saber por qué lo siguen, señora Josefita?

—Soy señorita —lo corrigió ella; y añadió, ruborizándose—: Aunque tengo ahora un aficionado, que es capitán de la Guardia Civil.

—Mil perdones, señorita Josefita —se excusó Rigoberto, haciéndole una venia—. ¿Podría explicarme por qué persiguen los periodistas al señor Yanaqué?

Josefita dejó de sonreír. Los observaba sorprendida y con cierta conmiseración. Fonchito había salido de su letargia y parecía también atento a lo que decía la recién llegada.

—¿No saben ustedes que don Felícito Yanaqué es en este momento más famoso que el presidente de la República? —exclamó, pasmada, mostrando una puntita de lengua—. Hace muchos días que aparece en las radios, los periódicos y la televisión. Pero, desgraciadamente, por las malas razones.

A medida que hablaba, las caras de don Rigoberto y su esposa mostraban tal asombro que Josefita no tuvo más remedio que explicarles por qué el propietario de Transportes Narihualá había pasado del anonimato a la popularidad. Era evidente que estos limeños estaban en la luna respecto a la historia de la arañita y escándalos subsiguientes.

—Es una magnífica idea, Fonchito —convino el señor Edilberto Torres—. Para deslizarse con desenvoltura en ese océano que es la Biblia, hace falta un navegante experimentado. Podría ser un religioso como el padre O'Donovan, desde luego. Pero también un laico, alguien que haya dedicado muchos años a estudiar el Viejo y el Nuevo Testamento. Yo mismo, por ejemplo. No me creas un jactancioso, pero, la verdad, he pasado buena parte de mi vida estudiando el libro santo. Estoy viendo en tus ojos que no me crees.

—El pedófilo ahora se hace pasar por teólogo y experto en estudios bíblicos —se indignó don Rigoberto—. No sabes las ganas que tengo de verle la cara, Fonchito. En cualquier momento te va a decir que él mismo es un cura.

—Ya me lo dijo, papá —lo interrumpió Fonchito—. Mejor dicho, ya no es cura, pero lo fue. Colgó los hábitos de seminarista, antes de ordenarse. No podía soportar la castidad, eso me dijo.

—No debería hablar contigo de estas cosas, eres todavía demasiado jovencito —añadió el señor Edilberto Torres, palideciendo un poco y con la voz temblona—. Pero eso es lo que ocurrió. Me masturbaba todo el tiempo, hasta un par de veces al día. Es algo que me apena y me turba. Porque, te aseguro, tenía una vocación muy firme de servir a Dios. Desde que era un niño, como tú. Sólo que nunca pude derrotar al maldito demonio del sexo. Llegó un momento en que creí enloquecer con las tentaciones que me acosaban de día y de noche. Y, entonces, qué remedio, tuve que abandonar el seminario.

—¿Te habló de eso? —se escandalizó don Rigoberto—. ¿De masturbación, de pajas?

—¿Y entonces se casó usted, señor? —preguntó el chiquillo, con timidez.

—No, no, sigo soltero todavía —se rió de manera algo forzada el señor Torres—. Para tener una vida sexual no es indispensable casarse, Fonchito.

—Según la religión católica, sí —afirmó el niño.

—Cierto, porque la religión católica es muy intransigente y puritana en materia de sexo —explicó aquél—. Otras son más tolerantes. Además, en estos tiempos tan permisivos, hasta Roma va modernizándose, aunque le cueste.

—Sí, sí, ahora me viene a la cabeza —interrumpió a Josefita la señora Lucrecia—. Claro que sí, lo leí en alguna parte o lo vi en la televisión. ¿El señor Yanaqué es ese al que su hijo y su amante querían secuestrar para robarle toda su plata?

—Bueno, bueno, esto rompe todos los límites de lo creíble —don Rigoberto estaba anonadado por las cosas que oía—. Quiere decir que somos nosotros los que hemos venido a meternos a la mismísima boca del lobo. Si entiendo bien, la oficina y la casa de su jefe están rodeadas de periodistas día y noche. ¿Es así?

—De noche, no —trató de reanimarlo Josefita, con una sonrisa triunfal, a ese señor de grandes orejas que además de palidecer había empezado a hacer unas muecas que parecían morisquetas—. Al principio del escándalo, sí, los primeros días era inaguantable. Periodistas rondando su casa y su oficina las veinticuatro horas del día. Pero ya se cansaron; ahora, en las noches, se van a dormir o emborracharse, porque aquí todos los periodistas son unos bohemios y unos románticos. El plan del señor Yanaqué funcionará muy bien, no se preocupe.

—¿Y cuál es ese plan? —preguntó Rigoberto. Había dejado el helado a medio comer y tenía aún en la mano el vaso de limonada que acababa de vaciar de un solo trago.

Muy sencillo. De preferencia, ellos debían permanecer en el hotel, o, a lo más, meterse a un cine; había varios, ahora, modernísimos, en los nuevos *Shoppings,* ella les recomendaba el Centro Comercial Open Plaza, que estaba en Castilla, no muy lejos, juntito al Puente Andrés Avelino Cáceres. No convenía que se lucieran por las calles de la ciudad. Llegada la noche, cuando todos los periodistas se hubieran marchado de la calle Arequipa, la propia Josefita vendría a buscarlos y los llevaría hasta la casa del señor Yanaqué. Estaba cerca, a un par de cuadras de distancia.

—Vaya mala suerte la de la pobre Armida —se lamentó doña Lucrecia, apenas Josefita se despidió—. Ella sí que vino a meterse en una trampa peor de la que quería escapar. No me explico que los periodistas o la policía no la hayan pescado todavía.

—No quisiera escandalizarte con mis confidencias, Fonchito —se disculpó Edilberto Torres, compungido, bajando la vista y la voz—. Pero, atormentado por ese maldito demonio del sexo, fui a burdeles y pagué prostitutas. Cosas horrendas que me hacían sentir repugnancia de mí mismo. Ojalá nunca sucumbas a esas tentaciones asquerosas, como me ocurrió a mí.

—Sé muy bien dónde quería llevarte ese degenerado hablándote de malos tocamientos y de rameras —carraspeó don Rigoberto, atorándose—. Debiste irte de inmediato y no seguirle la cuerda. ¿No te dabas cuenta que sus supuestas confidencias eran una estrategia para hacerte caer en sus redes, Fonchito?

—Te equivocas, papá —repuso éste—. Te aseguro que el señor Torres era sincero, no tenía segundas intenciones. Se lo veía triste, muerto de la pena por haber hecho esas cosas. De repente, se le enrojecieron los ojos, se le cortó la voz y comenzó a llorar otra vez. Partía el alma verlo así.

—Menos mal que me he traído buena lectura —comentó don Rigoberto—. Hasta que sea de noche nos espera un largo sentanazo. Me imagino que no querrán ir a meterse a un cine con este calor.

—¿Por qué no, papá? —protestó Fonchito—. Josefita dijo que tenían aire acondicionado y eran modernísimos.

—Veríamos un poco los adelantos, ¿no dicen que Piura es una de las ciudades que progresa más en el Perú? —lo apoyó doña Lucrecia—. Fonchito tiene razón. Demos una vueltita por ese centro comercial, a lo mejor hay alguna buena película. En Lima no vamos jamás al cine en familia. Anímate, Rigoberto.

—Me avergüenzo tanto de hacer esas cosas malas y sucias que yo mismo me impongo la penitencia. Y, a veces, para castigarme, me azoto hasta sacarme sangre, Fonchito —confesó con voz desgarrada y ojos enrojecidos Edilberto Torres.

—¿Y no te pidió entonces que lo azotaras tú? —explosionó don Rigoberto—. A ese pervertido yo lo buscaré por cielo y tierra y no pararé hasta dar con él y ajustarle las clavijas, te lo advierto. Irá a la cárcel o le pegaré un balazo si intenta hacer algo contigo. Si se te aparece otra vez, díselo de mi parte.

—Y entonces le vino la lloradera todavía más fuerte y ya no pudo seguir hablando, papá —lo calmó Fonchito—. No es lo que tú piensas, te juro que no. Porque, figúrate, en medio del llanto de repente se paró y se salió de la iglesia corriendo, sin despedirse ni nada. Parecía desesperado, alguien que va a suicidarse. No es un pervertido, sino un hombre que sufre mucho. Más para tenerle compasión que miedo, te juro.

En eso, los interrumpieron unos toquecitos nerviosos en la puerta del escritorio. Una de las batientes se abrió y asomó la cara preocupada de Justiniana.

—¿Por qué crees que he cerrado la puerta? —la atajó Rigoberto, levantando una mano admonitoria, sin dejarla hablar—. ¿No ves que Fonchito y yo estamos ocupados?

—Es que ahí están ellos, señor —dijo la muchacha—. Se han plantado en la puerta y, aunque les he dicho que usted está ocupado, quieren entrar.

—¿Ellos? —se sobresaltó don Rigoberto—. ¿Los mellizos?

—No sabía qué más decirles, qué hacer —asintió Justiniana, muy inquieta, hablando en voz queda y gesticulando—. Le piden mil disculpas. Dicen que es urgentísimo, que le quitarán sólo unos minutitos. ¿Qué les digo, señor?

—Está bien, hazlos pasar a la salita —se resignó Rigoberto—. Tú y Lucrecia estén atentas por si ocurre algo y hay que llamar a la policía.

Cuando Justiniana se retiró, don Rigoberto cogió de los brazos a Fonchito y lo miró largamente a los ojos. Lo observaba con cariño, pero también con una ansiedad que se traslucía en su hablar inseguro, implorante:

—Foncho, Fonchito, hijito querido, te lo ruego, te lo suplico por lo que más quieras. Dime que todo lo que me has contado no es verdad. Que te lo inventaste. Que no ha ocurrido. Dime que Edilberto Torres no existe y me harás el ser más feliz de la tierra.

Vio que la cara del niño se desmoralizaba, que se mordía los labios hasta ponérselos morados.

—Okey, papá —lo oyó decir, con una entonación que ya no era la de un niño sino de un adulto—. Edilberto Torres no existe. Yo me lo inventé. Nunca más te hablaré de él. ¿Puedo irme ahora?

Rigoberto asintió. Vio salir de su escritorio a Fonchito y notó que le temblaban las manos. El corazón se le había helado. Quería mucho a su hijo pero, pensó, pese a todos sus esfuerzos nunca lo entendería, siempre sería para él un misterio insondable. Antes de enfrentarse a las hienas, fue al baño y se mojó la cara con agua fría. No saldría nunca de este laberinto, cada vez más pasillos, más sótanos, más vueltas y revueltas. ¿Eso era la vida, un laberinto que, hicieras lo que hicieras, te llevaba ineluctablemente a las garras de Polifemo?

En la sala, los hijos de Ismael Carrera lo esperaban de pie. Ambos estaban vestidos con terno y corbata, como de costumbre, pero, contrariamente a lo que él creía, no venían en plan belicoso. ¿Era auténtica esa actitud de derrotados y de víctimas que mostraban o una nueva táctica? ¿Qué se traían entre manos? Ambos lo saludaron con afecto, palmeándolo y esforzándose por exhibir unas actitudes contritas. Escobita fue el primero en disculparse.

—Me porté muy mal contigo la última vez que estuvimos aquí, tío —musitó, apesadumbrado, frotándose las manos—. Perdí la paciencia, dije estupideces, te insulté. Estaba traumado, medio loco. Te pido mil perdones. Vivo ofuscado, no duermo hace semanas, tomo pastillas para los nervios. Mi vida se ha vuelto una calamidad, tío Rigoberto. Te juro que nunca te volveremos a faltar el respeto.

—Todos estamos ofuscados y no es para menos —reconoció don Rigoberto—. Las cosas que están pasando nos sacan de nuestras casillas. No les guardo rencor. Tomen asiento y conversemos. ¿A qué debo esta visita?

—Ya no podemos más, tío —se adelantó Miki. Siempre había aparentado ser el más serio y juicioso de los dos, por lo menos a la hora de hablar—. La vida se ha vuelto insoportable para nosotros. Supongo que lo sabes. La policía cree que hemos secuestrado o matado a Armida. Nos interrogan, nos hacen las preguntas más ofensivas, nos siguen soplones día y noche. Nos piden coimas, y, si no se las damos, entran y rebuscan nuestros departamentos a cualquier hora. Como si fuéramos unos delincuentes comunes, qué te parece.

—¡Y los periódicos y la televisión, tío! —lo interrumpió Escobita—. ¿Has visto la mugre que nos echan encima? Cada día y cada noche, en todos los noticieros.

Que violadores, que drogadictos, que con esos antecedentes es probable que seamos los culpables de la desaparición de esa chola de mierda. ¡Qué injusticia, tío!

—Si comienzas insultando a Armida, que, lo quieras o no, es ahora tu madrastra, comienzas mal, Escobita —lo regañó don Rigoberto.

—Tienes razón, lo siento, pero es que ya estoy medio descentrado —se excusó Escobita. Miki había vuelto a su vieja manía de comerse las uñas; lo hacía sin tregua, dedo por dedo, con encarnizamiento—. Tú no sabes lo horrible que se ha vuelto leer los periódicos, oír las radios, la televisión. Que te calumnien día y noche, te llamen degenerado, vago, cocainómano y no sé cuántas infamias más. ¡En qué país vivimos, tío!

—Y no sirve de nada meter juicios, acciones de amparo, dicen que eso es atentar contra la libertad de prensa —se quejó Miki. Sonrió sin razón alguna y volvió a ponerse serio—. En fin, ya sabemos, el periodismo vive de escándalos. Lo peor es lo de la policía. ¿No te parece una monstruosidad que, encima de lo que nos hizo papá, ahora nos hagan responsables de la desaparición de esa mujer? Tenemos una orden de arraigo, mientras sigan las investigaciones. Ni siquiera podemos salir del país, justo ahora que comienza el Open en Miami.

—¿Qué es el Open? —lo interrumpió don Rigoberto, intrigado.

—Los campeonatos de tenis, el Sony Ericsson Open —le aclaró Escobita—. ¿No sabías que Miki es un trome de la raqueta, tío? Ha ganado una montaña de premios. Hemos ofrecido una recompensa al que ayude a descubrir el paradero de Armida. Que, esto entre nosotros, ni siquiera podríamos pagar. No tenemos con qué, tío. Ésa es la situación real. Estamos mucas. Ni a Miki ni a mí nos queda un puto cobre. Sólo deudas. Y, como nos hemos vuelto apestados, no hay banco, ni prestamista, ni amigo que quiera aflojarnos un centavo.

—Ya no nos queda nada por vender o empeñar, tío Rigoberto —dijo Miki. Le temblaba de tal manera la voz que hablaba con grandes pausas, pestañeando sin cesar—. Sin un cobre, sin crédito, y, como si fuera poco, sospechosos de un secuestro o un crimen. Por eso hemos venido a verte.

—Eres nuestra última tabla de salvación —Escobita le cogió la mano y se la estrechó con fuerza, asintiendo, con lágrimas en los ojos—. No nos falles, por favor, tío.

Don Rigoberto no podía creer lo que veía y oía. Los mellizos habían perdido la altanería y la seguridad que los caracterizaba, parecían indefensos, asustados, suplicando su compasión. ¡Cómo habían cambiado las cosas en tan poco tiempo!

—Siento mucho todo lo que les pasa, sobrinos —dijo, llamándolos así por primera vez sin ironía—. Ya sé que mal de muchos, consuelo de tontos, pero, por lo menos, piensen que, con todo lo mal que les va, mucho peor le debe ir a la pobre Armida. ¿No es cierto? La hayan matado o la tengan secuestrada, qué desgracia la de ella, ¿no les parece? Por otra parte, yo también he sido víctima de muchas injusticias, creo. Las acusaciones de ustedes, por ejemplo, de complicidad con el supuesto engaño del que habría sido víctima Ismael en su matrimonio con Armida. ¿Saben cuántas veces he tenido que ir a declarar a la policía, al juez instructor? ¿Saben cuánto me cuestan los abogados? ¿Saben que hace meses tuve que cancelar el viaje a Europa que teníamos con Lucrecia ya pagado? Todavía no puedo comenzar a cobrar mi jubilación en la compañía de seguros porque ustedes me trabaron el trámite. En fin, si se trata de contar desgracias, por ahí nos vamos los tres.

Lo escuchaban cabizbajos, silenciosos, apenados y confusos. Don Rigoberto oyó una extraña musiquita allá afuera, en el malecón de Barranco. ¿Otra vez el silbato flautita del viejo afilador de cuchillos? Parecía que este par lo convocara. Miki se mordía las uñas, y Escobita balanceaba su pie izquierdo con un movimiento espaciado y simétrico. Sí, era la musiquita del afilador. Le alegró oírla.

—Hicimos esa denuncia porque estábamos desesperados, tío, el matrimonio de papá nos hizo perder la razón —dijo Escobita—. Te juro que sentimos mucho todas las molestias que te dimos. Lo de tu jubilación saldrá ahora muy rápido, me imagino. Como sabes, ya no tenemos nada que hacer con la compañía. Papá la vendió a una firma italiana. Sin siquiera comunicarnos la noticia.

—La denuncia la retiraremos cuando tú nos digas, tío —añadió Miki—. Justamente, es una de las cosas que queríamos hablar contigo.

—Muchas gracias, pero ya es un poco tarde —dijo Rigoberto—. El doctor Arnillas me ha explicado que, al morir Ismael, el juicio que entablaron, por lo menos en lo que a mí concierne, queda sobreseído.

—Quién como tú, tío —dijo Escobita, mostrando, pensó don Rigoberto, más estupidez todavía de la que era razonable esperar de él en todo lo que hiciera y dijera—. Dicho sea de paso, el doctor Claudio Arnillas, ese calzonazos de tirantes de payaso, es el peor traidor que haya nacido en el Perú. Vivió chupando las tetas de papá toda su vida y ahora es nuestro enemigo declarado. Un sirviente vendido en cuerpo y alma a Armida y a esos italianos mafiosos que compraron la compañía de papá a precio de ganga.

—Hemos venido a arreglar las cosas y las estás complicando —lo atajó su hermano. Miki se volvió a don Rigoberto, contrito—. Queremos escucharte, tío. Aunque siempre nos duela que ayudaras a papá en ese matrimonio, te tenemos confianza. Échanos una mano, danos un consejo. Ya has oído en qué calamidades estamos, sin saber qué hacer. ¿Qué te parece que hagamos? Tú tienes mucha experiencia.

—Es mucho mejor de lo que yo me esperaba —exclamó doña Lucrecia—. Saga Falabella, Tottus, Pasarella,

Deja Vu, etcétera, etcétera. Vaya, vaya, ni más ni menos que los mejores *Shoppings* de la capital.

—¡Y seis cines! Todos con aire acondicionado —aplaudió Fonchito—. No puedes quejarte, papá.

—Bueno —se rindió don Rigoberto—. Escojan la película menos mala posible y metámonos a un cine de una vez.

Como era todavía el comienzo de la tarde y afuera arreciaba el calor no había casi gente en las elegantes instalaciones del Centro Comercial Open Plaza. Pero, aquí adentro, el aire refrigerado era una bendición y, mientras doña Lucrecia miraba algunas vitrinas y Fonchito estudiaba las películas de la cartelera, don Rigoberto se distrajo observando los amarillos arenales que rodeaban el enorme recinto de la Universidad Nacional de Piura y los ralos algarrobos salpicados entre esas lenguas de tierra dorada donde, aunque no las veía, imaginaba a las rápidas lagartijas espiando el contorno con sus cabecitas triangulares y sus ojos legañosos en busca de insectos. ¡Qué increíble historia la de Armida! Que, huyendo del escándalo, de los abogados y de sus iracundos entenados hubiera venido a meterse a la casa de un personaje que era también la comidilla de otro escándalo descomunal y con los ingredientes más sabrosos del amarillismo periodístico, adulterio, chantajes, cartas anónimas firmadas por arañas, secuestros y falsos secuestros y, por lo visto, hasta incestos. Ahora sí estaba impaciente por conocer a Felícito Yanaqué, por escuchar a Armida y contarle la última conversación con Miki y Escobita.

En eso se le acercaron doña Lucrecia y Fonchito. Tenían dos propuestas: *Piratas del Caribe II,* la elección de su hijo, y *Una pasión fatal,* la de su mujer. Optó por los piratas, pensando que lo arrullarían mejor si conseguía dormirse una siesta que el melodrama lacrimoso que prefiguraba el otro título. ¿Hacía cuántos meses que no entraba a un cine?

—A la salida podríamos venir a esta confitería —dijo Fonchito, señalando—. ¡Qué pasteles tan ricos!

«Parece contento y excitado con este viaje», pensó don Rigoberto. Hacía mucho tiempo no veía a su hijo tan risueño y animoso. Desde las apariciones del malhadado Edilberto Torres, Fonchito se había vuelto reservado, melancólico, ido. Ahora, en Piura, parecía otra vez el chiquillo divertido, curioso y entusiasta de antaño. En el interior del flamante cine apenas había media docena de personas.

Don Rigoberto tomó aire, lo expulsó y soltó su discurso:

—Sólo tengo un consejo que darles —hablaba con solemnidad—. Hagan las paces con Armida. Acepten su matrimonio con Ismael, acéptenla a ella como su madrastra. Olvídense de la tontería de querer hacerlo anular. Negocien una compensación económica. No se engañen, nunca podrán arrebatarle todo lo que ha heredado. Su padre sabía lo que hacía y ha amarrado muy bien las cosas. Si se empeñan en esa acción judicial, terminarán rompiendo todos los puentes y no le sacarán ni un centavo. Negocien amistosamente, pacten por una cantidad que, aunque no sea la que quisieran, podría ser bastante para que vivan bien, sin trabajar y divirtiéndose, jugando al tenis, el resto de sus vidas.

—¿Y si los secuestradores la han matado, tío? —la expresión de Escobita era tan patética, que a don Rigoberto le vino un estremecimiento. En efecto: ¿y si la habían matado? ¿Qué ocurriría con esa fortuna? ¿Se quedaría en manos de los banqueros, gestores, contadores y estudios internacionales que ahora la tenían fuera del alcance no sólo de estos dos pobres diablos sino de los recolectores de impuestos del mundo entero?

—Para ti es fácil pedirnos que nos amistemos con la mujer que nos robó a papá, tío —dijo Miki, con más pena que furia—. Y que, además, se ha quedado con todo lo que la familia tenía, incluso con los muebles, vestidos y joyas de mi madre. A mi papá nosotros lo queríamos. Nos duele mucho que, a su vejez, fuera víctima de esa conspiración tan inmunda.

Don Rigoberto lo miró a los ojos y Miki sostuvo su mirada. Este pequeño sinvergüenza que había amargado los años finales de Ismael y que hacía meses los tenía a él y a Lucrecia en la cuerda floja, anclados en Lima y asfixiados de citas judiciales, se daba el lujo de tener buena conciencia.

—No hubo ninguna conspiración, Miki —dijo, despacio, procurando que la cólera no se trasluciera en sus palabras—. Tu papá se casó porque le tenía cariño a Armida. Tal vez no amor, pero sí mucho cariño. Ella fue buena con él y lo consoló cuando murió tu madre, un período muy difícil en el que Ismael se sintió muy solo.

—Y qué bien lo consoló, metiéndosele en la cama al pobre viejo —dijo Escobita. Se calló cuando Miki levantó una mano enérgica indicándole que cerrara el pico.

—Pero, sobre todo, Ismael se casó con ella por lo terriblemente decepcionado que estaba de ustedes dos —prosiguió don Rigoberto, como si, sin proponérselo, la lengua se le hubiera desatado ella sola—. Sí, sí, sé muy bien lo que les digo, sobrinos. Sé de qué hablo. Y ahora lo van a saber ustedes también, si me escuchan sin más interrupciones.

Había ido levantando la voz y los mellizos estaban ahora quietos y atentos, sorprendidos por la gravedad con que les hablaba.

—¿Quieren que les diga por qué estaba tan decepcionado de ustedes? No por ser vagos, jaranistas, borrachines y fumar marihuana y jalar coca como quien come caramelos. No, no, todo esto lo podía entender y hasta perdonarlo. Aunque, por supuesto, hubiera querido que sus hijos fueran muy distintos.

—No hemos venido a que nos insultes, tío —protestó Miki, enrojeciendo.

—Lo estaba porque se enteró que ustedes esperaban impacientes que se muriera para heredarlo. ¿Cómo lo sé?

Porque me lo contó él mismo. Les puedo decir dónde, qué día y a qué hora. Y hasta las palabras exactas que empleó.

Y durante algunos minutos, con toda calma, Rigoberto les refirió aquella conversación de hacía unos meses, durante aquel almuerzo en La Rosa Náutica, en el que su jefe y amigo le contó que había decidido casarse con Armida y le pidió que fuera testigo de su boda.

—Los oyó hablar en la Clínica San Felipe, decir esas cosas estúpidas y malvadas, junto a su cama de moribundo —concluyó Rigoberto—. Ustedes precipitaron el matrimonio de Ismael con Armida, por insensibles y crueles. O, más bien, por tontos. Debieron disimular sus sentimientos por lo menos en aquellos instantes, dejar que su padre se muriera en paz, creyendo que sus hijos estaban apenados con lo que le ocurría. No empezar a celebrar su muerte cuando estaba aún vivo y oyéndolos. Ismael me dijo que oírles decir esas cosas horribles le dio fuerzas para sobrevivir, para luchar. Que ustedes lo resucitaron, no los médicos. Bueno, ya lo saben. Ésa es la razón por la que su padre se casó con Armida. Y, también, por qué no serán ustedes nunca los herederos de su fortuna.

—Nosotros nunca dijimos eso que dices que él te dijo que dijimos —se atolondró Escobita, y sus palabras se convirtieron en un trabalenguas—. Eso se lo soñaría mi papá, por culpa de los remedios tan fuertes que le dieron para sacarlo del coma. Si es que nos dices la verdad y no te has inventado toda esa historia para dejarnos más jodidos de lo que estamos.

Pareció que iba a decir algo más, pero se arrepintió. Miki no decía nada y seguía mordisqueando sus uñas, tenazmente. Se le había agriado la expresión y parecía abatido. La congestión de su cara se había acentuado.

—Es probable que lo dijéramos y que él nos oyera —rectificó a su hermano con brusquedad—. Lo dijimos muchas veces, es verdad, tío. No lo queríamos porque él tampoco nos quiso nunca. Que yo recuerde, jamás le oí una palabra cariñosa. Nunca jugó con nosotros, ni nos llevó al cine o al circo, como hacían los papás de todos nuestros amigos. Creo que ni siquiera se sentó jamás a conversar con nosotros. Apenas nos hablaba. Él no quería a nadie más que a su compañía y a su trabajo. ¿Sabes una cosa? No me apena nada que supiera que lo odiábamos. Porque era la pura verdad.

—Calla, Miki, la furia te hace decir cojudeces —protestó Escobita—. No sé para qué nos has contado eso, tío.

—Por una razón muy simple, sobrino. Para que se quiten de una vez por todas esa idea absurda de que tu papá se casó con Armida porque estaba chocho, con demencia senil, porque le dieron bebedizos o le hicieron magia negra. Se casó porque se enteró que ustedes querían que se muriera cuanto antes para quedarse con su fortuna y dilapidarla. Ésa es la pura y triste verdad.

—Mejor vámonos de aquí, Miki —dijo Escobita, levantándose del asiento—. ¿Ya ves por qué no quería yo venir a hacer esta visita? Te dije que en vez de ayudarnos, éste terminaría por insultarnos, como la vez pasada. Y es mejor que nos vayamos, antes de que me caliente de nuevo y termine por romperle la cara de una vez a este calumniador de porquería.

—Yo no sé a ustedes pero, a mí, la película me encantó —dijo la señora Lucrecia—. Aunque sea una tontería, la pasé muy bien.

—Más que de aventuras es una película fantástica —le dio la razón Fonchito—. Lo mejor me parecieron los monstruos, las calaveras. Y no me digas que a ti no te gustó, papá. Te estuve espiando y estabas completamente concentrado en la pantalla.

—Bueno, la verdad es que no me aburrí nada —admitió don Rigoberto—. Vamos a tomar un taxi de vuelta al hotel. Está anocheciendo y se acerca el gran momento.

Regresaron al Hotel Los Portales y don Rigoberto se dio una larga ducha. Ahora que se aproximaba la hora del encuentro con Armida, le parecía que todo aquello que estaba viviendo era, en efecto, como había dicho Lucrecia, una irrealidad divertida y disparatada como la película que acababan de ver, sin el menor contacto con la realidad vivida. Pero, de pronto, un escalofrío le heló la espalda. Acaso, en estos mismos momentos, una pandilla de sicarios, de delincuentes internacionales, sabedores de la gran fortuna que había dejado Ismael Carrera, estaba torturando a Armida, arrancándole las uñas, cortándole un dedo o una oreja, vaciándole un ojo, para obligarla a cederles los millones que le pedían. O, acaso, se les habría pasado la mano y ella estaría ya muerta y enterrada. Lucrecia se duchó también, se vistió y bajaron al bar a tomar una copa. Fonchito se quedó en su cuarto viendo televisión. Dijo que no quería comer; se pediría un sándwich y se acostaría.

El bar estaba bastante lleno, pero nadie pareció prestarles la menor atención. Se sentaron en la mesita más apartada y pidieron dos whiskys con soda y hielo.

—No me creo todavía que vamos a ver a Armida —dijo doña Lucrecia—. ¿Será cierto?

—Es una sensación extraña —respondió don Rigoberto—. La de estar viviendo una ficción, un sueño que tal vez se volverá pesadilla.

—Josefita, vaya nombre el que se gasta, y qué pinta —comentó ella—. La verdad, estoy con los nervios de punta. ¿Y si todo esto fuera la trampa de unos pillos para sacarte plata, Rigoberto?

—Se llevarían un gran chasco —se rió él—. Porque tengo la cartera vacía. Pero la tal Josefita tenía pinta de todo menos de gánster, ¿no? Y lo mismo el señor Yanaqué; en el teléfono parecía el ser más inofensivo del mundo.

Terminaron el whisky, pidieron otro y, finalmente, pasaron al restaurante. Pero ninguno de los dos tenía ganas de comer de modo que, en vez de sentarse en una mesa, fueron a instalarse en la salita de la entrada. Allí estuvieron cerca de una hora, devorados por la impaciencia, sin apartar los ojos de la gente que entraba y salía del hotel.

Josefita llegó por fin, con sus ojos saltones, sus grandes aretes y sus caderas ampulosas. Vestía igual que en la mañana. Traía una expresión muy seria y ademanes conspiratorios. Se les acercó luego de explorar con sus ojos movedizos el derredor y, sin siquiera abrir la boca para decir buenas noches, con un ademán les indicó que la siguieran. Salieron tras ella a la Plaza de Armas. A don Rigoberto, que no bebía casi nunca, los dos whiskys le habían producido un ligero mareo y el airecillo de la calle lo aturdió un poco más. Josefita les hizo dar la vuelta a la plaza, pasar junto a la catedral, y luego doblar por la calle Arequipa. Las tiendas estaban ya cerradas, con las vitrinas encendidas y enrejadas, y no había muchos transeúntes en las veredas. Al llegar a la segunda cuadra, Josefita les señaló el portalón de una casa antigua, de ventanas con las cortinas bajas y, siempre sin decir palabra, les hizo adiós con la mano. La vieron alejarse de prisa, contoneándose, sin volver la cabeza. Don Rigoberto y doña Lucrecia se acercaron a la gran puerta con clavos, pero, antes de que tocaran, aquélla se abrió y una vocecita masculina muy respetuosa murmuró: «Pasen, pasen, por favor».

Entraron. En un vestíbulo mal iluminado, con un único foco que el aire de la calle mecía, los recibió un hombre pequeñito y enclenque, enfundado en un terno entallado, con chaleco. Les hizo una gran reverencia a la vez que les estiraba una manecita de niño:

—Mucho gusto, bienvenidos a esta casa. Felícito Yanaqué, para servirlos. Pasen, pasen.

Cerró la puerta de calle y los guió por el vestíbulo en sombras hacia una salita que estaba también en la penumbra, donde había un aparato de televisión y una pequeña estantería con discos compactos. Don Rigoberto vio que una silueta femenina emergía de uno de los sillones. Reconoció a Armida. Antes de que pudiera saludarla, se le adelantó doña Lucrecia y él vio que su mujer abrazaba a la viuda de Ismael Carrera con fuerza. Ambas mujeres se echaron a llorar, como dos íntimas amigas que se reencuentran luego de muchos años de ausencia. Cuando le tocó el turno de saludarla, Armida alcanzó a don Rigoberto su mejilla para que se la besara. Lo hizo, murmurando: «Qué gusto verte sana y salva, Armida». Ella les agradecía que hubieran venido, Dios se lo pagaría, Ismael también se lo agradecía allá donde estuviera.

—Qué aventura, Armida —dijo Rigoberto—. Supongo que sabes que eres la mujer más buscada del Perú. La más famosa, también. Sales en la televisión mañana y tarde y todo el mundo cree que te tienen secuestrada.

—No tengo palabras para agradecerles que se hayan dado el trabajo de venir a Piura —se secaba ella las lágrimas—. Necesito que me ayuden. Ya no podía seguir más en Lima. Esas citas donde los abogados, los notarios, los encuentros con los hijos de Ismael, me estaban enloqueciendo. Necesitaba un poco de calma, para poder pensar. No sé qué hubiera hecho sin Gertrudis y Felícito. Ésta es mi hermana y Felícito es mi cuñado.

Una forma un tanto contrahecha compareció de entre las sombras de la habitación. La mujer, embutida en una túnica, les extendió una mano gruesa y sudorosa y los saludó con una inclinación de cabeza, sin decir palabra. Junto a ella, el hombrecito que, por lo visto, era su marido, se veía todavía más menudo, casi un gnomo. Tenía en sus manos una bandeja con vasos y botellas de gaseosas:

—Les he preparado un pequeño refrigerio. Sírvanse, por favor.

—Tenemos tanto que conversar, Armida —dijo don Rigoberto—, que no sé por dónde comenzar.

—Lo mejor será por el principio —dijo Armida—. Pero, siéntense, siéntense. Estarán con hambre. Gertrudis y yo les hemos preparado también algo de comer.

XIX

Cuando Felícito Yanaqué abrió los ojos era el amanecer y todavía no comenzaban a cantar los pájaros. «Hoy es el día», pensó. La cita era a las diez de la mañana; tenía unas cinco horas por delante. No se sentía nervioso; sabría mantener el control sobre sí mismo, no se dejaría ganar por la cólera y hablaría con serenidad. El asunto que lo había atormentado toda su vida quedaría zanjado para siempre; su recuerdo se iría desvaneciendo poco a poco hasta desaparecer de su memoria.

Se levantó, corrió las cortinas y, descalzo y en su pijama de niño, hizo durante media hora los ejercicios del Qi Gong, con la lentitud y la concentración que le había enseñado el chino Lau. Dejaba que el esfuerzo para conseguir la perfección en cada uno de los movimientos acaparara toda su conciencia. «Estuve a punto de perder el centro y todavía no consigo recuperarlo», pensó. Luchó para que no lo invadiera otra vez la desmoralización. No era raro que hubiera perdido el centro con la tensión en que vivía desde que recibió la primera carta de la arañita. De todas las explicaciones que le había dado el pulpero Lau sobre el Qi Gong, ese arte, gimnasia, religión o lo que fuera que le enseñó y que desde entonces había incorporado a su vida, la única que había entendido a cabalidad era la de «encontrar el centro». Lau la repetía cada vez que se llevaba las manos a la cabeza o al estómago. Al final, Felícito entendió: «el centro» que era indispensable encontrar y al que había que calentar con un movimiento circular de las palmas en el vientre hasta sentir que salía de allí una fuerza invisible que le daba la sensación de flotar, no era sólo el centro de su cuerpo, sino algo más complejo, un símbolo de orden y serenidad, un ombligo del espíritu que, si uno lo tenía bien localizado y dominado, imprimía un sentido claro y una organización armoniosa a su vida. Este último tiempo, él había tenido la sensación —la seguridad— de que su centro se había desquiciado y que su vida comenzaba a hundirse en el caos.

Pobre chino Lau. No habían sido precisamente amigos, porque para entablar una amistad hay que entenderse y Lau nunca aprendió el español, aunque entendía casi todo. Pero hablaba un simulacro en el que había que adivinar tres cuartas partes de lo que decía. Y no se diga la chinita que vivía con él y lo ayudaba en la pulpería. Ella parecía entender a los clientes, pero rara vez se atrevía a dirigirles la palabra, consciente de que lo que decía era una chamuchina que se le entendía todavía menos que a él. Felícito creyó mucho tiempo que eran marido y mujer, pero, un buen día, cuando ambos habían ya entablado gracias al Qi Gong esa relación que se parecía a la amistad pero no lo era, Lau le hizo saber que en verdad la chinita era su hermana.

La pulpería de Lau estaba en los límites de la Piura de entonces, donde la ciudad y los arenales se tocaban, del lado de El Chipe. No podía ser más misérrima: una chocita de varas de algarrobo con un techo de calamina asegurado con pedrones, dividida en dos espacios, uno para la tienda, un cuartito con un mostrador y unas alacenas rústicas, y otro donde los hermanos vivían, comían y dormían. Tenían algunas gallinas, cabritas, y en algún momento tuvieron también un chancho, pero se lo robaron. Sobrevivían gracias a los camioneros que pasaban rumbo a Sullana o Paita y paraban allí a comprar cigarrillos, gaseosas, galletas o tomarse una cerveza. Felícito vivía por las vecindades, en la pensión de una viuda, años antes de mudarse a El Algarrobo. La primera vez que se acercó a la pulpería de Lau —era muy temprano en la mañana— lo vio plantado en medio de la arena, sólo con el pantalón puesto, desnudo el torso esquelético, haciendo esos extraños ejercicios en cámara lenta. Le picó la curiosidad, le hizo preguntas y el chino, en su español de caricatura, intentó explicarle qué era eso que hacía moviendo despacito los brazos y quedándose a veces inmóvil como una estatua, los ojos cerrados y, se diría, aguantando la respiración. Desde entonces, en sus tiempitos libres, el camionero se daba un salto a la pulpería a conversar con Lau, si se podía llamar conversación a eso que hacían, comunicarse con ademanes y morisquetas que trataban de complementar las palabras y que, a veces, ante un malentendido, los hacía estallar en carcajadas.

¿Por qué Lau y su hermana no se juntaban con los otros chinos de Piura? Había un buen número, dueños de chifas, bodegas y comercios, algunos muy prósperos. Tal vez porque todos ellos tenían mucho mejor situación que Lau y no querían desprestigiarse mezclándose con ese pobretón que vivía como un salvaje primitivo, sin cambiarse nunca el grasiento pantalón agujereado y sus dos únicas camisetas que por lo general llevaba abiertas, mostrando los huesos de su pecho. Su hermana era también un esqueleto silente, aunque muy activo, pues era ella la que daba de comer a los animales e iba a comprar el agua y los víveres a los distribuidores de las cercanías. Felícito nunca pudo averiguar nada de sus vidas, cómo y por qué habían venido a Piura desde su lejano país, ni por qué, a diferencia de los otros chinos de la ciudad, no habían podido salir adelante y se habían quedado nomás en la miseria.

Su genuino medio de comunicación fue el Qi Gong. Al principio, Felícito se puso a imitar sus movimientos como jugando, pero Lau no lo tomó a broma, lo incitó a perseverar y se convirtió en su maestro. Un maestro paciente, amable, comprensivo, que, en su rudimentario español, acompañaba cada uno de sus movimientos y posturas de explicaciones que Felícito entendía apenas.

Pero, poco a poco, fue dejándose contagiar por el ejemplo de Lau y empezó a hacer sesiones de Qi Gong no sólo cuando visitaba la pulpería, también en la pensión de la viuda y en las pascanitas de sus viajes. Le gustó. Le hacía bien. Lo tranquilizaba cuando estaba nervioso y le daba energía y control para emprender los avatares del día. Lo ayudó a descubrir su centro.

Una noche, la viuda de la pensión despertó a Felícito diciéndole que la chinita medio loca de la pulpería de Lau estaba en la puerta dando gritos y que nadie entendía qué decía. Felícito salió en calzoncillos. La hermana de Lau, despeinada, gesticulaba señalando hacia la pulpería dando chillidos histéricos. Él corrió detrás de ella y encontró al pulpero calato, retorciéndose de dolor sobre una estera, con un fiebrón que volaba. Costó un triunfo conseguir un vehículo que llevara a Lau a la Asistencia Pública más cercana. Allí, el enfermero de guardia dijo que debían trasladarlo al hospital, en la Asistencia sólo se hacían curaciones leves y esto parecía serio. Les tomó cerca de media hora conseguir un taxi que llevara a Lau a Emergencias del Hospital Obrero, donde dejaron al pulpero tumbado en una banca hasta la mañana siguiente, porque no había camas libres. Al otro día, cuando por fin lo vio un médico, Lau agonizaba. Murió a las pocas horas. Nadie tenía para pagarle un entierro —Felícito ganaba lo justo para comer— y lo enterraron en la fosa común, luego de recibir un certificado explicando que la razón de su muerte era una infección intestinal.

Lo curioso del caso es que la hermana de Lau desapareció la misma noche de la muerte del pulpero. Felícito no la volvió a ver más ni a saber de ella. La pulpería la saquearon esa misma mañana y un tiempito después se llevaron las calaminas y las varillas, de modo que unas semanas más tarde no quedaba rastro de los dos hermanos. Cuando el tiempo y el desierto se tragaron los últimos restos de la choza, funcionó allí una gallera, sin mucho éxito.

Ahora, ese sector de El Chipe se había urbanizado y había calles, electricidad, agua y desagüe y casitas de familias emergentes de la clase media.

El recuerdo del pulpero Lau quedó vivo en la memoria de Felícito. Se reactualizaba cada mañana, después de treinta años, cada vez que hacía los ejercicios de Qi Gong. Había pasado tanto tiempo y todavía se preguntaba a veces cuál habría sido la aventura de Lau y su hermana, por qué habían salido de China, qué peripecias habían sufrido hasta quedar varados en Piura, condenados a esa triste y solitaria existencia. Lau repetía con frecuencia que había que encontrar siempre el centro, algo que, por lo visto, él nunca logró. Felícito se dijo que tal vez hoy, cuando hiciera lo que iba a hacer, recobraría su centro perdido.

Se sintió algo cansado al terminar, con el corazón latiendo un poco más de prisa. Se duchó con calma, lustró sus zapatos, se vistió con camisa limpia y fue a la cocina a prepararse el desayuno habitual con leche de cabra, café y una rebanada de pan negro que calentó en la tostadora y untó con mantequilla y miel de chancaca. Eran las seis y media de la mañana cuando salió a la calle Arequipa. Lucindo ya estaba en su esquina, como esperándolo. Depositó un sol en su tarrito y el ciego lo reconoció en el acto:

—Buenos días, don Felícito. Hoy está saliendo más temprano.

—Es un día importante para mí y tengo mucho trabajo. Deséame suerte, Lucindo.

Había poca gente en la calle. Era agradable caminar por la vereda sin estar acosado por los reporteros. Y todavía más agradable saber que a esos periodistas les había infligido una derrota en regla: los infelices nunca descubrieron que Armida, la supuesta secuestrada, la persona tan buscada por la prensa del Perú, había pasado toda una semana —¡siete días y siete noches!— escondida en su casa, al alcance de sus narices, sin que lo sospecharan. Lástima nomás que nunca se enterarían que habían perdido la primicia del siglo. Porque Armida, en la multitudinaria conferencia de prensa que dio en Lima, flanqueada por el ministro del Interior y el jefe de la Policía, no reveló a la prensa que estuvo refugiada en Piura, donde su hermana Gertrudis. Se limitó a indicar vagamente que había estado alojada donde unos amigos para escapar al asedio de la prensa que la tenía al borde de una crisis nerviosa. Felícito y su esposa siguieron en la televisión esa conferencia abarrotada de periodistas, flashes y cámaras. El transportista se quedó impresionado de la desenvoltura con que su cuñada respondía a las preguntas, sin atolondrarse, sin lloriquear, hablando con calma y bonito. Su humildad y sencillez, dirían todos después, la había congraciado con la opinión pública, menos propensa desde entonces a creer en la imagen de oportunista codiciosa y braguetera que habían hecho correr de ella los hijos de don Ismael Carrera.

La salida de Armida de la ciudad de Piura, en secreto, a medianoche, en un auto de Transportes Narihualá, con su hijo Tiburcio al volante, fue una operación perfectamente planeada y ejecutada, sin que nadie, empezando por los policías y terminando por los periodistas, lo advirtiera. Al principio, Armida quería hacer venir de Lima a un tal Narciso, antiguo chofer de su difunto marido al que tenía mucha confianza, pero Felícito y Gertrudis la convencieron de que manejara el auto Tiburcio, en quien ellos tenían fe ciega. Era un magnífico chofer, una persona discreta y, después de todo, su sobrino. El señor don Rigoberto, que la animó tanto a regresar cuanto antes a Lima y salir a la luz pública, terminó por disipar las prevenciones de Armida.

Todo salió como lo planearon. Don Rigoberto, su esposa e hijo regresaron a Lima en avión. Un par de días después, pasada la medianoche, Tiburcio, quien había consentido de buena gana a colaborar, se presentó en la casa de la calle Arequipa a la hora convenida. Armida se despidió de ellos con besos, llanto y agradecimientos. Luego de doce horas de un viaje sin percances, llegó a su casa de San Isidro, en Lima, donde la esperaban su abogado, sus guardaespaldas y las autoridades, felices de anunciar que la viuda de don Ismael Carrera había reaparecido sana y salva, luego de ocho días de misteriosa desaparición.

Cuando Felícito llegó a su oficina en la avenida Sánchez Cerro, los primeros ómnibus, camionetas y colectivos del día se disponían ya a partir a todas las provincias de Piura y a los departamentos vecinos de Tumbes y Lambayeque. Poco a poco, Transportes Narihualá iba recuperando la clientela de las buenas épocas. La gente que debido al episodio de la arañita dio la espalda a la empresa por miedo a ser víctima de alguna violencia de los supuestos secuestradores, se iba olvidando del asunto y volvía a confiar en el buen servicio que prestaban sus choferes. Por fin había llegado a un acuerdo con la compañía de seguros, la que pagaría, a medias con él, la reconstrucción de los daños del incendio. Pronto comenzarían los trabajos de reparación. Aunque fuera a cuentagotas, los bancos volvían a darle créditos. Se restablecía la normalidad, día tras día. Respiró aliviado: hoy pondría punto final a aquel malhadado asunto.

Trabajó toda la mañana en los problemas corrientes, habló con mecánicos y choferes, pagó algunas facturas, hizo un depósito, dictó cartas a Josefita, tomó dos tazas de café y, a las nueve y media de la mañana, cogiendo el cartapacio preparado por el doctor Hildebrando Castro Pozo, fue a la comisaría a recoger al sargento Lituma. Éste lo esperaba en la puerta del local. Un taxi los llevó a la cárcel de varones, en Río Seco, los extramuros de la ciudad.

—¿Está usted nervioso por este careo, don Felícito? —le preguntó el sargento durante el viaje.

—Creo que no lo estoy —le respondió él, vacilando—. Veremos cuando lo tenga delante. Nunca se sabe.

En la cárcel, los hicieron pasar a la Prevención. Unos guardias revisaron las ropas de Felícito para verificar que no llevaba armas. El director en persona, un hombre encorvado y lúgubre en mangas de camisa que arrastraba la voz y los pies, los condujo a un cuartito al que, además de una gruesa puerta de madera, protegía una reja. Las paredes estaban llenas de inscripciones, dibujos obscenos y palabrotas. Nada más cruzar el umbral, Felícito reconoció a Miguel, de pie en el centro de la habitación.

Hacía pocas semanas que había dejado de verlo, pero el muchacho experimentaba una notable transformación. No sólo parecía más flaco y más viejo, lo que se debía tal vez a sus rubios cabellos crecidos y revueltos y a la barba que ahora le ensuciaba la cara; también había cambiado su expresión, que solía ser juvenil y risueña y era ahora taciturna, exhausta, la de una persona que ha perdido el ímpetu y hasta el deseo de vivir porque se sabe derrotada. Pero, tal vez, el cambio mayor estaba en su atuendo. Él que solía ir vestido y arreglado con la coquetería llamativa de un donjuancito de barrio, a diferencia de Tiburcio que andaba día y noche con los *blue jeans* y las guayaberas de los choferes y mecánicos, ahora tenía una camisa abierta en el pecho a la que le faltaban todos los botones, unos pantalones arrugados y con manchas, y unos zapatos embarrados, sin pasadores. No llevaba medias.

Felícito lo miró a los ojos fijamente y Miguel resistió sólo unos segundos su mirada; comenzó a pestañear, bajó la vista y la clavó en el suelo. Felícito pensó que sólo ahora se daba cuenta que apenas le llegaba al hombro a Miguel, éste le sacaba más de una cabeza. El sargento Lituma permanecía pegado a la pared, muy quieto, tenso, como si deseara volverse invisible. Aunque había dos sillitas de metal en el cuarto, los tres permanecían de pie. Unas telarañas colgaban del techo entre los carajos de las paredes y los groseros dibujos de chuchas y pichulas. Olía a orines. El reo no estaba esposado.

—No he venido a preguntarte si estás arrepentido de lo que has hecho —dijo, por fin, Felícito, mirando la maraña de pelos claros y sucios que tenía a un metro de distancia, satisfecho de sentir que hablaba con firmeza, sin traslucir la rabia que lo embargaba—. Eso lo arreglarás allá arriba, cuando te mueras.

Hizo una pausa, para respirar hondo. Había hablado bajito y, al continuar, subió el tono de voz:

—He venido por un asunto mucho más importante para mí. Más que las cartas de la arañita, más que tus chantajes para sacarme plata, más que el falso secuestro que planeaste con Mabel, más que el incendio de mi oficina —Miguel seguía inmóvil, siempre cabizbajo, y tampoco el sargento Lituma se movía de su sitio—. He venido a decirte que me alegra lo que pasó. Que hayas hecho lo que hiciste. Porque gracias a eso he podido aclarar una duda de toda mi vida. ¿Sabes cuál, no? Se te debe haber venido a la cabeza cada vez que te veías la cara en el espejo y te preguntabas por qué tenías una jeta de blanquito cuando yo y tu madre somos cholos. Yo también me pasé la vida haciéndome esa pregunta. Hasta ahora me la tragué, sin tratar de averiguar, para no herir tus sentimientos ni los de Gertrudis. Pero ya no tengo por qué guardarte consideraciones. Ya resolví el misterio. A eso vengo. A decirte algo que te dará tanto gusto como a mí. No eres mi hijo, Miguel. Nunca lo fuiste. Tu madre y la Mandona, la madre de tu madre, tu abuela, cuando descubrieron que Gertrudis estaba embarazada, me hicieron creer que yo era el padre para obligarme a casarme con ella. Me engañaron. No lo era. Me casé con Gertrudis de puro buena gente. La duda ya está aclarada. Tu madre se sinceró y me lo confesó todo. Una gran alegría, Miguel. Me hubiera muerto de tristeza si un hijo mío, de mi misma sangre en sus venas, hubiera hecho lo que tú me hiciste. Ahora, estoy tranquilo y hasta contento. No fue un hijo mío, sino un siete leches. Qué gran alivio saber que no es mi sangre, la sangre tan limpia de mi padre, la que corre por tus venas. Otra cosa, Miguel. Ni siquiera tu madre sabe quién fue el que la preñó para que tú nacieras. Dice que, a lo mejor, uno de esos yugoeslavos que vinieron para la irrigación del Chira. Aunque no está segura. O tal vez sería algún otro de los blanquitos muertos de hambre que caían a la pensión El Algarrobo y pasaban también por su cama. Toma nota, Miguel. No soy tu padre y ni tu misma madre sabe de quién era la leche que te engendró. Eres, pues, uno de esos siete leches que hay en Piura, uno de esos que paren las lavanderas o pastoras a las que los soldados les hacen fusilico sus días de borrachera. Un siete leches, Miguel, eso mismo. No me extraña que hicieras lo que hiciste con tantas sangres mezcladas que te corren por las venas.

Se calló porque la cabeza de rubios pelos revueltos se había alzado, con violencia. Vio los azules ojos inyectados de sangre y de odio. «Se me va a echar encima, tratará de estrangularme», pensó. También debió pensarlo el sargento Lituma porque dio un paso adelante y, la mano en la cartuchera, se colocó junto al transportista para protegerlo. Pero Miguel parecía anonadado, incapaz de reaccionar y de moverse. Le corrían lágrimas por las mejillas y le temblaban las manos y la boca. Estaba lívido. Quería decir algo pero no le salían las palabras y, a ratitos, su cuerpo emitía un ruido ventral, como un eructo o una arcada.

Felícito Yanaqué retomó la palabra, con la misma contenida frialdad con que había pronunciado ese largo discurso:

—No he terminado. Un poquito de paciencia. Ésta es la última vez que nos veremos, felizmente para ti y para mí. Te voy a dejar esta carpeta. Lee atentamente cada uno de los papeles que te ha preparado mi abogado. El doctor Hildebrando Castro Pozo, a quien conoces muy bien. Si estás de acuerdo, firma en cada una de las páginas, donde hay una equis. Él mandará a recoger mañana esos papeles y se ocupará del trámite ante el juez. Se trata de algo muy sencillo. Cambio de identidad, así se llama. Vas a renunciar al apellido Yanaqué, que, de todos modos, no te pertenece.

Puedes quedarte con el de tu madre, o inventarte el que más te guste. A cambio de eso, voy a retirar todas las denuncias que hice contra el autor de las cartas de la arañita, contra el autor del incendio de Transportes Narihualá y del falso secuestro de Mabel. Es posible que, gracias a eso, te libres de los añitos de cárcel que te caerían y salgas a la calle. Eso sí, apenas te liberen, te vas a ir de Piura. No volverás a poner los pies en esta tierra, donde todo el mundo sabe que eres un delincuente. Además, aquí nunca nadie te daría un trabajo decente. No quiero volver a encontrarte en mi camino. Tienes tiempo para pensarlo hasta mañana. Si no quieres firmar esos papeles, allá tú. El juicio seguirá y yo haré lo imposible para que tu condena sea larga. Es tu decisión. Una última cosa. Tu madre no ha venido a visitarte porque tampoco quiere volver a verte más. Yo no se lo pedí, ha sido su decisión. Eso es todo. Podemos irnos, sargento. Que Dios te perdone, Miguel. Yo no te perdonaré nunca.

Tiró el cartapacio con los papeles a los pies de Miguel y dio media vuelta hacia la puerta, seguido por el sargento Lituma. Miguel seguía inmóvil, los ojos llenos de odio y de lágrimas, moviendo la boca sin hacer ruido, como alcanzado por un rayo que lo hubiera privado de movimiento, de habla y de razón, con la carpeta verde a sus pies. «Ésta será la última imagen que me quedará de él en la memoria», pensó Felícito. Avanzaban en silencio hacia la salida de la cárcel. El taxi estaba esperándolos. Mientras la temblorosa carcocha zangoloteaba por las afueras de Piura, rumbo a la comisaría de la avenida Sánchez Cerro a depositar a Lituma, éste y el transportista permanecían callados. Ya en la ciudad, el sargento fue el primero en hablar:

—¿Le puedo decir una cosita, don Felícito?

—Dígamela nomás, sargento.

—Nunca me imaginé que se pudieran decir esas barbaridades que le dijo usted a su hijo allá en la cárcel. Se me heló la sangre, le juro.

—No es mi hijo —alzó la mano el transportista.

—Mil perdones, ya lo sé —se excusó el sargento—. Claro que le doy la razón, lo que le hizo Miguel no tiene nombre. Pero, aun así. No se moleste, pero son las cosas más crueles que he oído decir en mi vida a nadie, don Felícito. Nunca me lo hubiera creído de una persona tan buena gente como es usted. No me explico cómo el muchacho no se le echó encima. Creí que lo haría y por eso desabroché la cartuchera. Estuve a punto de sacar el revólver, le digo.

—No se atrevió porque le gané la moral —repuso Felícito—. Serían cosas duras, pero ¿acaso mentí o exageré, sargento? Pude ser cruel, pero sólo le dije la más estricta verdad.

—Una verdad terrible, que le juro no repetir a nadie. Ni siquiera al capitán Silva. Mi palabra, don Felícito. Por otra parte, ha sido usted muy generoso. Si le retira todos los cargos, saldrá libre. Una cosita más, cambiando de tema. Esa palabra, fusilico. La oía de chico, pero se me había olvidado. Ya no la dice nadie en esta época en Piura, me parece.

—Es que ya no hay tantos fusilicos como antaño —se entrometió el chofer, riéndose con un poquito de nostalgia—. Cuando yo era chico, había muchos. Los soldados ya no van al río o a las chacras a tirarse a las cholas. Ahora los tienen más controlados en el cuartel y los castigan si hacen fusilico. Hasta los obligan a casarse, che guá.

Se despidieron en la puerta de la comisaría y el transportista ordenó al taxi que lo llevara a su oficina, pero, cuando el auto iba a parar frente a Transportes Narihualá, cambió súbitamente de idea. Indicó al chofer que regresara a Castilla y lo dejara lo más cerca posible del Puente Colgante. Al pasar por la Plaza de Armas vio al recitador Joaquín Ramos, vestido de negro, con su monóculo y su expresión soñadora caminando impávido por el medio de la pista, jalando siempre su cabrita. Los autos lo esquivaban y, en vez de insultarlo, los choferes lo saludaban con la mano.

La callecita que conducía a la casa de Mabel estaba, como de costumbre, llena de chiquillos desarrapados y sin zapatos, perros escuálidos con carachas, y se oían, entre las músicas y anuncios publicitarios de las radios a todo volumen, ladridos y cacareos, y a un lorito chillón que repetía la palabra cacatúa, cacatúa. Nubes de polvo enturbiaban el aire. Ahora sí, después de haberse sentido tan seguro durante la entrevista con Miguel, Felícito se sentía vulnerable y desarmado pensando en el reencuentro con Mabel. Había estado postergándolo desde que ella salió de la cárcel con libertad provisional. Alguna vez pensó que quizás sería preferible evitarlo, utilizar al doctor Castro Pozo para finiquitar los últimos asuntos con ella. Sin embargo, acababa de decidir que nadie podía reemplazarlo en esa tarea. Si quería empezar otra vida, era preciso, como acababa de hacerlo con Miguel, saldar las últimas cuentas con Mabel. Le sudaban las manos cuando tocó el timbre. Nadie respondió. Después de esperar unos segundos, sacó su llave y abrió. Sintió que se le apuraban la sangre y la respiración al reconocer los objetos, las fotos, la llamita, la bandera, los cuadritos, las flores de cera, el Corazón de Jesús que presidía la sala. Todo tan claro, ordenado y limpio como antaño. Se sentó en la salita a esperar a Mabel sin quitarse el saco ni el chaleco, sólo el sombrero. Sentía escalofríos. ¿Qué haría si ella volvía a la casa acompañada con un hombre que la tenía del brazo o la cintura?

Pero Mabel llegó sola, rato después, cuando Felícito Yanaqué por la tensión nerviosa de la espera comenzaba a sentir, entre bostezos, un sueño invasor. Al oír la puerta de calle, se sobresaltó. Sentía la boca reseca, convertida en una lija, como si hubiera estado bebiendo chicha. Vio la cara de susto y oyó la exclamación de Mabel («¡Ay, Dios mío!») al descubrirlo en la sala. Vio que ella daba media vuelta como para salir corriendo.

—No te asustes, Mabel —la tranquilizó, con una serenidad que no sentía—. He venido en son de paz.

Ella se detuvo y dio media vuelta. Se quedó mirándolo, la boca abierta, los ojos inquietos, sin decir nada. Estaba más delgada. Sin maquillaje, con un simple pañuelo sujetándole los cabellos, vestida con esa bata de entrecasa y unas viejas sandalias le pareció mucho menos atractiva que la Mabel de su memoria.

—Siéntate y conversemos un ratito —le señaló uno de los sillones—. No vengo a hacerte ningún reproche, ni a tomarte cuentas. No te quitaré mucho tiempo. Tenemos asuntos que arreglar, como sabes.

Ella estaba pálida. Cerraba la boca con tanta fuerza que se le había formado en la cara una mueca. La vio asentir y sentarse en la punta del sillón, los brazos cruzados sobre el vientre, como protegiéndose. En sus ojos había inseguridad, alarma.

—Cosas prácticas que sólo podemos tratar tú y yo directamente —añadió el transportista—. Empecemos por lo más importante. Esta casa. El acuerdo con la dueña es pagarle el alquiler por semestre. Está pagado hasta diciembre. A partir de enero, corre por tu cuenta. El contrato está a tu nombre, así que tú verás lo que haces. Puedes renovarlo, revocarlo y mudarte. Tú verás.

—Está bien —musitó ella, con vocecita apenas audible—. Entiendo.

—Tu cuenta en el Banco de Crédito —prosiguió él; se sentía más seguro viendo la fragilidad y el susto de Mabel—. Está a tu nombre, aunque tiene mi aval. Por razones obvias, no puedo seguir dándote la garantía. La voy a retirar, pero no creo que por eso te cierren la cuenta.

—Ya lo hicieron —dijo ella. Se calló y, luego de una pausa, explicó—: Me encontré aquí la notificación, al salir de la cárcel. Decía que, dadas las circunstancias, tenían que cancelarla. El banco sólo acepta clientes honorables, sin antecedentes policiales. Que pasara a retirar mi saldo.

—¿Ya lo has hecho?

Mabel negó con la cabeza.

—Me da vergüenza —confesó, mirando al suelo—. Todos me conocen en esa sucursal. Tendré que ir uno de estos días, cuando se me acabe la plata. Para gastos del diario, queda algo todavía en la cajita del velador.

—En cualquier otro banco te abrirán una cuenta, con o sin antecedentes —dijo Felícito, secamente—. No creo que tengas problemas con eso.

—Está bien —dijo ella—. Entiendo muy bien. ¿Qué más?

—Vengo de visitar a Miguel —dijo él, más crispado y hosco y Mabel se puso rígida—. Le he hecho una propuesta. Si acepta cambiarse el apellido Yanaqué ante notario, retiraré todas las demandas judiciales y no seré testigo de cargo del fiscal.

—¿Quiere decir que saldrá libre? —preguntó ella. Ahora ya no tenía susto, sino espanto.

—Si acepta mi propuesta, sí. Él y tú quedarán libres si no hay acusación de la parte civil. O con una sentencia muy leve. Eso me ha dicho al menos el abogado.

Mabel se había llevado una mano a la boca:

—Querrá vengarse, nunca me perdonará que lo delatara a la policía —murmuró—. Me va a matar.

—No creo que quiera volver a la cárcel por un asesinato —dijo Felícito, con brusquedad—. Además, mi otra condición es que, cuando salga de la cárcel, se vaya de Piura y no vuelva a poner los pies en esta tierra. Así que dudo que te haga nada. De todos modos, puedes pedir protección a la policía. Como has colaborado con los cachacos, te la darán.

Mabel se había puesto a llorar. Las lágrimas le mojaban los ojos y los esfuerzos que hacía por aguantar el llanto daban a su cara una expresión deformada, algo ridícula. Se había encogido sobre sí misma, como con frío.

—Aunque tú no me lo creas, a ése yo lo odio con toda mi alma —la oyó decir, luego de un rato—. Porque ha destruido mi vida para siempre.

Soltó un sollozo y se tapó la cara con las dos manos. Felícito no se sentía impresionado. «¿Será sincera o es puro teatro?», pensaba. No le importaba saberlo, le daba lo mismo que fuera una cosa o la otra. Desde que ocurrió todo aquello, a veces, pese al rencor y la cólera, había tenido momentos en que recordaba a Mabel con cariño, hasta añoranza. Pero en este instante no sentía nada de eso. Tampoco deseo; si la hubiera tenido desnuda en sus brazos, no habría podido hacerle el amor. Era como si, por fin, ahora sí, los sentimientos acumulados en estos ocho años que llegó a inspirarle Mabel se le hubieran eclipsado.

—Nada de esto habría pasado si, cuando Miguel te comenzó a rondar, me lo decías —otra vez tenía esa extraña sensación de que nada de esto estaba pasando, no se hallaba en esta casa, Mabel tampoco estaba allí, a su lado, llorando o fingiendo llorar, y él no estaba diciendo lo que decía—. Nos habríamos ahorrado muchos dolores de cabeza los dos, Mabel.

—Lo sé, lo sé, fui una cobarde y una estúpida —la oyó decir—. ¿Crees que no lo he lamentado? Le tenía miedo, no sabía cómo librarme de él. ¿No lo estoy pagando acaso? Tú no sabes lo que fue la cárcel de mujeres, en Sullana. Aunque estuviera pocos días. Y ya sé que seguiré arrastrando esto el resto de la vida.

—El resto de la vida es mucho tiempo —ironizó Felícito, hablando siempre calmadamente—. Eres muy joven y tienes tiempo de sobra para rehacer tu vida. No es mi caso, desde luego.

—Yo nunca dejé de quererte, Felícito —la oyó decir—. Aunque no te lo creas.

Él soltó una risita burlona.

—Si queriéndome me hiciste lo que sabemos, qué hubieras hecho si me hubieras odiado, Mabel.

Y, oyéndose decir esto, pensó que esas palabras podían ser la letra de una de esas canciones de Cecilia Barraza que le gustaban tanto.

—Me gustaría explicártelo, Felícito —imploró ella, la cara siempre oculta entre las manos—. No para que me perdones, no para que todo vuelva a ser como antes. Sólo para que sepas que las cosas no fueron como crees, sino muy distintas.

—No tienes que explicarme nada, Mabel —dijo él, hablando ahora de una manera resignada, casi amistosa—. Pasó lo que tenía que pasar. Yo siempre supe que pasaría, tarde o temprano. Que te ibas a cansar de un hombre que te lleva tantos años, que te enamorarías de un joven. Ésa es la ley de la vida.

Ella se revolvió en el asiento.

—Te juro por mi madre que no es lo que tú crees —lloriqueó—. Déjame explicarte, contarte al menos cómo fue todo.

—Lo que no pude imaginar es que ese joven sería Miguel —añadió el transportista, carraspeando—. Menos todavía las cartas de la arañita, por supuesto. Pero, ya pasó. Lo mejor es que me vaya de una vez. Hemos arreglado todas las cosas prácticas y no queda nada pendiente. No quiero que esto termine en una pelea. Aquí te dejo la llave de la casa.

La colocó en la mesa de la sala, junto a la llamita de madera y la bandera peruana, y se puso de pie. Ella seguía con la cara hundida entre las manos, llorando.

—Por lo menos, quedemos como amigos —la oyó decir.

—Tú y yo no podemos ser amigos, lo sabes muy bien —respondió, sin volverse a mirarla—. Buena suerte, Mabel.

Fue hasta la puerta, la abrió, salió y cerró despacio tras él. El resplandor del sol lo hizo parpadear. Avanzó entre los torbellinos de polvo, el ruido de las radios, los chiquillos harapientos y los perros con carachas, pensando que nunca más volvería a recorrer esta callecita polvorienta de Castilla y que, sin duda, tampoco volvería a ver a Mabel. Si el azar hacía que se la encontrara en una calle del centro, simularía no haberla visto y ella haría lo mismo. Se cruzarían como dos desconocidos. Pensó también, sin tristeza ni amargura, que a pesar de no ser todavía un viejo inútil, probablemente no volvería a hacer nunca más el amor con una mujer. Ya no estaba él para buscarse otra querida, ni para ir en las noches al bulín a acostarse con las putas. Y la idea de volver a hacer el amor con Gertrudis después de tantos años no se le pasaba siquiera por la cabeza. Tal vez tendría que correrse una paja de vez en cuando, como de churre. Cualquiera que fuera el rumbo de su futuro, una cosa era segura: no habría cabida ya en él para el placer ni para el amor. No lo lamentaba, no se desesperaba. La vida era así y él, desde que era un churre sin zapatos en Chulucanas y Yapatera, había aprendido a aceptarla tal como venía.

Insensiblemente, sus pasos lo habían ido llevando hacia la tiendecita de yerbas, artículos de costura, santos, cristos y vírgenes de su amiga Adelaida. Ahí estaba la adivinadora, retaca, culona, descalza, embutida en la túnica de crudo que le llegaba hasta los tobillos, viéndolo venir desde la puerta de su casa con sus enormes ojos taladradores.

—Hola, Felícito, dichosos los ojos que te ven —lo saludó, haciéndole adiós—. Ya creía que te habías olvidado de mí.

—Adelaida, tú sabes muy bien que eres mi mejor amiga y que nunca me olvidaré de ti —le dio él la mano y la palmeó en la espalda con cariño—. He estado con muchos problemas últimamente, estarás enterada. Pero, aquí me tienes. ¿Me convidarías un vasito de esa agüita destilada tan limpia y fresca que tienes? Me muero de sed.

—Pasa, pasa y siéntate, Felícito. Te traigo un vaso ahoritita mismo, claro que sí.

A diferencia del calor que hacía afuera, en el interior de la tiendecita de Adelaida, sumida en la penumbra y la quietud de costumbre, hacía fresco. Sentado en la mecedora de paja trenzada, contempló las telarañas, los estantes, las mesitas con cajas de clavos, botones, tornillos, granos, los ramitos de yerbas, las agujas, las estampas, rosarios, vírgenes y cristos de yeso y madera de todos los tamaños, los cirios y velones, mientras esperaba el retorno de la santera. ¿Tendría clientes, Adelaida? Que él recordara, todas las veces que había venido, y eran muchas, nunca había visto a nadie comprando algo. Más que una tienda, este local parecía una capillita. Sólo le faltaba el altar. Vez que estaba en este lugar, tenía ese sentimiento de paz que antes, mucho antes, solía sentir en las iglesias, cuando, los primeros años de casados, Gertrudis lo arrastraba a la misa de los domingos.

Bebió con fruición el agua de la piedra de destilar que le alcanzó Adelaida.

—Vaya lío en el que has estado metido, Felícito —dijo la santera, compadeciéndolo con una mirada cariñosa—. Tu amante y tu hijo conchabados para desplumarte. ¡Dios mío, las cosas feas que se ven en este mundo! Menos mal que los enjaularon a esos dos.

—Ya pasó todo eso y, ¿sabes una cosa, Adelaida?, ya no me importa —encogió los hombros e hizo una mueca desdeñosa—. Todo eso ha quedado atrás y ya se me irá olvidando. No quiero que me envenene la vida. Ahora, voy a meterme en cuerpo y alma a sacar adelante Transportes Narihualá. Por culpa de estos escándalos, he tenido descuidada a la compañía que me da de comer. Y, si no me ocupo, se irá a pique.

—Así me gusta, Felícito, lo pasado pisado —aplaudió la santera—. ¡Y a trabajar! Tú has sido siempre un hombre que no se rinde, de los que pelean hasta el final.

—¿Sabes una cosa, Adelaida? —la interrumpió Felícito—. Esa inspiración que tuviste la última vez que vine a verte, se cumplió. Ocurrió una cosa extraordinaria, como dijiste. No te puedo contar más por ahora, pero, apenas pueda, lo haré.

—No quiero que me cuentes nada —la adivinadora se puso muy seria y una sombra veló un instante sus ojazos—. No me interesa, Felícito. Sabes muy bien que a mí no me gusta que me vengan esas inspiraciones. Por desgracia, contigo siempre me pasa. Parece que tú me las provocas, che guá.

—Espero no inspirarte ninguna más, Adelaida —sonrió Felícito—. Ya no estoy para más sorpresas. A partir de ahora quiero tener una vida tranquila y ordenada, dedicado a mi trabajo.

Estuvieron un buen rato callados, oyendo los ruidos de la calle. Las bocinas y motores de autos y camiones, los pregones de los vendedores ambulantes, las voces y trajines de los transeúntes llegaban hasta ellos como amansados por la tranquilidad de este lugar. Felícito pensaba que, a pesar de conocer a Adelaida ya tantos años, la adivinadora seguía siendo para él un gran misterio. ¿Tenía familia? ¿Había tenido pareja alguna vez? A lo mejor había salido del orfelinato, era una de esas niñas abandonadas, recogidas y criadas por la caridad pública que luego había vivido siempre sola, como un hongo, sin padres, ni hermanos, ni esposo, ni hijos. Él nunca había oído hablar a Adelaida de algún pariente, ni siquiera de amistades. Tal vez Felícito era la única persona de Piura a la que la adivinadora podía llamar un amigo.

—Dime una cosa, Adelaida —le preguntó—. ¿Has vivido alguna vez en Huancabamba? ¿Por casualidad te criaste allí?

En vez de contestarle, la mulata lanzó una gran carcajada, abriendo de par en par su bocaza de gruesos labios y dejando ver su dentadura de dientes grandes y parejos.

—Ya sé por qué me lo preguntas, Felícito —exclamó, entre risas—. Por los brujos de Las Huaringas, ¿no es cierto?

—No creas que estoy pensando que tú seas una bruja ni mucho menos —le aseguró él—. Lo que pasa es que tienes, bueno, no sé cómo llamarla, esa facultad, ese don o lo que sea, de adivinar las cosas que van a pasar, que siempre me ha dejado pasmado. Es increíble, che guá. Cada vez que te viene una inspiración, ocurre tal cual. Hace tantos años que nos conocemos, ¿no? Y siempre que me has profetizado algo, ha sucedido cabalito. No eres como los demás, los simples mortales, tienes algo que no tiene nadie más que tú, Adelaida. Si hubieras querido, te habrías hecho rica convirtiéndote en una adivinadora profesional.

Mientras él hablaba ella se había puesto muy seria.

—Más que un don, es una gran desgracia la que Dios puso sobre mis hombros, Felícito —suspiró—. Te lo he dicho tantas veces. No me gusta que me vengan de repente esas inspiraciones. No sé de dónde salen, ni por qué y sólo con ciertas personas, como tú. Es para mí un misterio, también. Por ejemplo, nunca tuve inspiraciones sobre mí misma. Nunca he sabido qué me va a pasar mañana o pasado mañana. Bueno, contestando tu pregunta. Sí, estuve en Huancabamba, una sola vez. Déjame decirte una cosa. A mí me da pena la gente que sube hasta allá, gastándose lo que tiene y lo que no tiene, empeñándose, para hacerse curar por los maestros, como les dicen. Son unos embusteros, la gran mayoría al menos. Los que pasan el cuy, los que bañan a los enfermos en las aguas heladas de la laguna. En vez de curarlos, los matan a veces de una pulmonía.

Sonriendo, Felícito la atajó con las dos manos.

—No siempre es así, Adelaida. Un amigo, chofer de Transportes Narihualá, se llamaba Andrés Novoa, estuvo con la fiebre malta y los médicos del Hospital Obrero no sabían cómo curarlo. Lo desahuciaron. Él se fue a Huancabamba medio muerto y uno de los brujos lo llevó a Las Huaringas, lo hizo bañarse en la laguna y le dio no sé qué bebedizos. Y regresó curado. Lo vi con estos ojos, te lo juro, Adelaida.

—Tal vez haya alguna excepción —admitió ella—. Pero, por un curandero de verdad, hay diez estafadores, Felícito.

Hablaron mucho rato. La conversación fue pasando de los brujos, maestros, curanderos y chamanes de Huancabamba, tan famosos que venían gentes de todo el Perú a consultarles sus males, a las rezadoras y santeras de Piura, esas mujeres generalmente humildes y ancianas, vestidas como monjas, que iban de casa en casa a rezar junto a las camas de los enfermos. Se contentaban con unos pocos centavos de propina o un simple plato de comida por sus rezos, los que, creía mucha gente, completaba la tarea de los médicos ayudando a curarse a los pacientes. Para sorpresa de Felícito, Adelaida no creía tampoco en nada de eso. También las rezadoras y santiguadoras de la ciudad le parecían unas embusteras. Era curioso que una mujer con esos dones, capaz de anticipar el porvenir de ciertos hombres y mujeres, fuera tan descreída sobre los poderes curativos de otras personas. Tal vez ella tenía razón y había mucho pendejo y mucha pendeja entre los que se jactaban de tener facultades para curar a los enfermos. Felícito se sorprendió al oír contar a Adelaida que en el pasado reciente había incluso en Piura unas mujeres tenebrosas, las despenadoras, a las que ciertas familias llamaban a las casas para que ayudaran a morir a los agonizantes, algo que ellas hacían entre rezos, cortándoles la yugular con una larguísima uña que se dejaban crecer en el dedo índice para ese propósito.

En cambio, Felícito se sorprendió mucho de saber que Adelaida se creía a pie juntillas la leyenda según la cual la imagen del Señor Cautivo de la iglesia de Ayabaca la habían esculpido unos talladores ecuatorianos que resultaron ángeles.

—¿Tú te crees esa superchería, Adelaida?

—Me la creo porque he oído contar la historia a la gente de allá. Se la vienen pasando de padres a hijos desde que ocurrió y, si dura tanto tiempo, debe ser verdad.

Felícito había oído muchas veces aquel milagro pero nunca lo tomó en serio. Que, hacía de esto muchos años, una comisión de gente importante de Ayabaca había hecho una colecta para encargar la escultura de un cristo. Cruzaron la frontera del Ecuador y encontraron a tres señores vestidos de blanco que resultaron ser talladores. Los contrataron de inmediato para que se trasladaran a Ayabaca y esculpieran esa imagen. Lo hicieron pero desaparecieron antes de cobrar lo convenido. La misma comisión regresó al Ecuador en su busca, pero allá nadie los conocía ni sabía de su existencia. En otras palabras: eran ángeles. Era normal que Gertrudis se lo creyera, pero le sorprendió que también Adelaida se tragara ese milagro.

Luego de un buen rato de charla, Felícito se sintió bastante mejor que cuando llegó. No se había olvidado de sus entrevistas con Miguel y con Mabel; tal vez nunca las olvidaría, pero la hora que había pasado aquí le sirvió para que el recuerdo de aquellos encuentros se enfriara y dejara de pesar sobre él como una cruz.

Agradeció a Adelaida el agüita destilada y la conversación y, aunque ella se resistió a recibirlos, la obligó a aceptar los cincuenta soles que le puso en la mano al despedirse.

Cuando salió a la calle el sol le pareció todavía más fuerte. Caminó despacio hacia su casa y en todo el trayecto sólo dos personas desconocidas se acercaron a saludarlo. Pensó, con alivio, que poco a poco iría dejando de ser famoso y conocido. La gente se olvidaría de la arañita y pronto dejaría de señalarlo y acercarse a él. Quizás no estaba lejano el día en que pudiera volver a circular por las calles de la ciudad como un transeúnte anónimo.

Cuando llegó a su casa de la calle Arequipa, el almuerzo estaba servido. Saturnina había preparado un caldito de verduras y olluquitos con charqui y arroz. Gertrudis tenía lista una jarra de limonada con mucho hielo. Se sentaron a comer en silencio y sólo al terminar la última cucharada de caldo, Felícito contó a su mujer que esa mañana había visto a Miguel y que le había propuesto retirar la acusación si aceptaba quitarse su apellido. Ella lo escuchó muda y cuando él calló tampoco hizo el menor comentario.

—Seguramente aceptará y entonces saldrá libre —añadió él—. Y se irá de Piura, como le exigí. Aquí, con esos antecedentes, jamás encontraría trabajo.

Ella asintió, sin decir palabra.

—¿No vas a ir a verlo? —le preguntó Felícito.

Gertrudis negó con la cabeza.

—No quiero verlo nunca más yo tampoco —afirmó y siguió tomando el caldo, a lentas cucharadas—. Después de lo que te hizo, no podría.

Siguieron comiendo en silencio y sólo un buen rato más tarde, cuando Saturnina se había llevado los platos, Felícito murmuró:

—También estuve en Castilla, donde ya te imaginas. Fui a finiquitar ese asunto. Ya está. Terminado para siempre. Quería que supieras eso.

Hubo otro largo silencio, cortado a veces por el croar de una rana en el jardín. Por fin, Felícito oyó que Gertrudis le preguntaba:

—¿Quieres un café o un matecito de manzanilla?

XX

Cuando don Rigoberto se despertó, oscuro todavía, oyó el murmullo del mar y pensó: «Por fin llegó el día». Lo embargó una sensación de alivio y excitación. ¿Era esto la felicidad? A su lado, Lucrecia dormía apaciblemente. Debía estar cansadísima, el día anterior se había quedado hasta muy tarde haciendo las maletas. Estuvo un buen rato escuchando el movimiento del mar —una música que en Barranco nunca se oía durante el día, sólo de noche y al amanecer, cuando se apagaban los ruidos de la calle— y luego se levantó y, en pijama y zapatillas, fue a su escritorio. Buscó y encontró en el estante de la poesía el libro de Fray Luis de León. A la luz de la lamparilla, leyó el poema dedicado al músico ciego Francisco de Salinas. Lo había estado recordando la víspera en la duermevela y luego soñó con él. Lo había leído muchas veces y ahora, después de releerlo despacio, moviendo apenas los labios, lo confirmó una vez más: era el más hermoso homenaje dedicado a la música que conocía, un poema que, a la vez que explicaba esa realidad inexplicable que es la música, era él mismo música. Una música con ideas y metáforas, una alegoría inteligente de un hombre de fe, que, impregnando al lector de esa sensación inefable, le revelaba la secreta esencia trascendente, superior, que anida en algún rincón del animal humano y sólo asoma a la conciencia con la armonía perfecta de una hermosa sinfonía, de un intenso poema, de una gran ópera, de una exposición sobresaliente. Una sensación que para Fray Luis, creyente, se confundía con la gracia y el trance místico. ¿Cómo sería la música del organista ciego al que Fray Luis de León hizo ese soberbio elogio? Nunca la había oído. Ahí está, ya tenía una tarea por delante en su estancia madrileña: conseguir algún CD con las composiciones musicales de Francisco de Salinas. Alguno de los conjuntos dedicados a la música antigua —el de Jordi Savall, por ejemplo— habría consagrado un disco a quien inspiró semejante maravilla.

Cerrando los ojos, pensó que, dentro de pocas horas, Lucrecia, Fonchito y él estarían cruzando los cielos, dejando atrás las nubes espesas de Lima, empezando el postergado viaje a Europa. ¡Por fin! Llegarían en pleno otoño. Imaginó los árboles dorados y las calles de adoquines condecoradas con las hojas desprendidas por el frío. Le parecía mentira. Cuatro semanas, una en Madrid, otra en París, otra en Londres y, la última, entre Florencia y Roma. Había planificado esos treinta y un días de tal manera que el placer no se viera estropeado por la fatiga, evitando en lo posible esos desagradables imprevistos que arruinan los viajes. Vuelos de avión reservados, entradas a conciertos, óperas y exposiciones compradas, hoteles y pensiones pagados por adelantado. Sería la primera vez que Fonchito pisaría el continente de Rimbaud, la Europa *aux anciens parapets*. Sería un placer suplementario en este viaje mostrarle a su hijo el Prado, el Louvre, la National Gallery, los Uffizi, San Pedro, la Capilla Sixtina. ¿Olvidaría, entre tantas cosas hermosas, esta siniestra temporada última y las apariciones fantasmales de Edilberto Torres, el íncubo o súcubo (¿cuál era la diferencia?) que tanto les había amargado la vida a Lucrecia y a él? Lo esperaba. Este mes sería un baño lustral: la familia cerraría la peor etapa de su existencia. Los tres regresarían a Lima rejuvenecidos, renacidos.

Recordó la última conversación con Fonchito en su escritorio, dos días atrás, y su súbita impertinencia:

—Si tanto te gusta Europa, si sueñas día y noche con ella, ¿por qué has vivido toda tu vida en el Perú, papá?

La pregunta lo desconcertó y durante un momento no supo qué contestar. Se sentía culpable de algo, pero ignoraba qué.

—Bueno, creo que si me hubiera ido a vivir allá, nunca hubiera gozado tanto con las cosas bellas que tiene el viejo continente —trató de esquivar el bulto—. Me hubiera acostumbrado tanto a ellas que ni siquiera notaría su existencia, como les pasa a millones de europeos. En fin, nunca se me pasó por la cabeza mudarme allá, siempre pensé que tenía que vivir aquí. Aceptar mi destino, si quieres.

—Todos los libros que lees son de escritores europeos —insistió su hijo—. Y creo que la mayoría de discos, de dibujos y grabados también. De italianos, ingleses, franceses, españoles, alemanes y alguno que otro norteamericano. Pero ¿hay algo que te guste del Perú, papá?

Don Rigoberto iba a protestar, decir que muchas, pero optó por poner una cara dubitativa y hacer un exagerado gesto escéptico:

—Tres cosas, Fonchito —dijo, simulando hablar con la pompa de un ilustrado dómine—: Las pinturas de Fernando de Szyszlo. La poesía en francés de César Moro. Y los camarones de Majes, por supuesto.

—Contigo no se puede hablar en serio, papá —protestó su hijo—. Yo creo que eso que te pregunté te lo has tomado a broma porque no te atreviste a decirme la verdad.

«El mocoso es más vivo que una ardilla y le encanta hacerle pasar malos ratos a su padre», pensó. «¿Era yo también así, de chico?» No lo recordaba.

Estuvo revisando papeles, echando una última ojeada a su maletín de mano a ver si no olvidaba nada. Poco después amaneció y sintió trajín en la cocina. ¿Preparaban ya el desayuno? Al regresar al dormitorio, vio en el pasillo las tres maletas listas y etiquetadas por Lucrecia. Fue al baño, se afeitó, se duchó y, cuando regresó a su dormitorio, Lucrecia ya se había levantado y estaba despertando a Fonchito. Justiniana anunció que el desayuno estaba esperándolos en el comedor.

—Me parece mentira que haya llegado este día —le dijo a Lucrecia, mientras saboreaba su jugo de naranja, su café con leche y su tostada con mantequilla y mermelada—. En estos meses llegué a pensar que nos quedaríamos atrapados años de años en ese enredo judicial en que me metieron las hienas y que nunca volveríamos a pisar Europa.

—Si te digo lo que me da más curiosidad en este viaje, te vas a reír —le contestó Lucrecia, que tomaba de desayuno sólo una taza de té puro—. ¿Sabes qué? La invitación de Armida. ¿Cómo será esa comida? ¿A quiénes invitará? Todavía no me creo que la antigua sirvienta de Ismael nos vaya a dar un banquete en su casa de Roma. Me muero de curiosidad, Rigoberto. Cómo vive, cómo atiende, quiénes son sus amistades. ¿Habrá aprendido el italiano? Tendrá un palacete, me figuro.

—Bueno, sí, seguramente —dijo Rigoberto, algo decepcionado—. Plata tiene para vivir como una reina, por supuesto. Ojalá tenga también el gusto y la sensibilidad para aprovechar de la mejor manera semejante fortuna. Después de todo, por qué no. Ha demostrado ser más viva que todos nosotros juntos. Se ha salido con la suya y allí la tienes ahora, viviendo en Italia, con toda la herencia de Ismael en sus bolsillos. Y los mellizos derrotados en toda la línea. Me alegro por ella, la verdad.

—No hables mal de Armida, no te burles —dijo Lucrecia, poniéndole una mano en la boca—. No es ni fue nunca lo que la gente cree.

—Sí, sí, ya sé que la conversación que tuviste con ella en Piura te dejó convencida —sonrió Rigoberto—. ¿Y si te contó el cuento, Lucrecia?

—Me dijo la verdad —afirmó Lucrecia de manera rotunda—. Meto mis manos al fuego que me contó lo que ocurrió, sin añadir ni quitar nada. Yo tengo un instinto infalible para esas cosas. No te lo creo. ¿De veras fue así?

—De veras —bajó los ojos Armida, un poco intimidada—. Nunca jamás me había mirado, ni dicho un piropo. Ni siquiera una de esas cosas amables que a veces dicen por decir los dueños de casa a sus empleadas. Se lo juro por lo más santo, señora Lucrecia.

—¿Cuántas veces te voy a decir que me tutees, Armida? —la reprendió Lucrecia—. Me cuesta creer que sea verdad lo que me dices. ¿De veras que nunca, antes, notaste que le gustabas aunque fuera un poquito a Ismael?

—Se lo juro por lo más santo —besó Armida sus dedos en cruz—. Jamás de los jamases, que Dios me dé un castigo eterno si miento. Nunca. Nunca. Por eso es que me llevé una impresión que casi me desmayo. ¡Pero, qué cosa me está diciendo usted! ¿Se ha vuelto loco, don Ismael? ¿Me estoy volviendo loca yo? ¿Qué es lo que está pasando aquí, pues?

—Ni tú ni yo estamos locos, Armida —dijo el señor Carrera, sonriéndole, hablándole con una amabilidad que ella nunca le había conocido, pero sin acercársele—. Claro que has oído muy bien lo que te he dicho. Te lo pregunto de nuevo. ¿Quieres casarte conmigo? Te lo digo muy en serio. Yo ya estoy viejo para hacerte la corte, para enamorarte a la vieja usanza. Te ofrezco mi cariño, mi respeto. Estoy seguro que también vendrá el amor, después. El mío hacia ti y el tuyo hacia mí.

—Me dijo que se sentía solo, que yo le parecía buena, que yo conocía sus costumbres, lo que le gustaba, lo que le disgustaba, y que, además, estaba seguro de que yo sabría cuidar de él. Me daba vueltas la cabeza, señora Lucrecia. No podía creer que me estuviera diciendo lo que oía. Pero así ocurrió, como se lo cuento. De repente y sin rodeos, de buenas a primeras. Ésa y sólo ésa es la verdad. Se lo juro.

—Me dejas maravillada, Armida —Lucrecia la escudriñaba, con cara de asombro—. Pero, sí, después de todo por qué no. Te dijo la verdad, simplemente. Se sentía solo, necesitaba compañía, tú lo conocías mejor que nadie más. ¿Y, entonces, le aceptaste, así, de golpe?

—No necesitas responderme ahora, Armida —añadió el señor, sin dar un paso hacia ella, sin hacer el menor movimiento para tocarla, cogerle la mano, el brazo—. Piénsalo. Mi propuesta es muy seria. Nos casaremos, nos iremos de luna de miel a Europa. Procuraré hacerte feliz. Piénsalo, por favor.

—Yo tenía un enamorado, señora Lucrecia. Panchito. Una buena persona. Trabajaba en la Municipalidad de Lince, en la oficina de los registros. Tuve que romper con él. No lo pensé mucho, la verdad. Me parecía el cuento de la Cenicienta. Pero, hasta el último momento, dudaba si el señor Carrera me había hablado en serio. Pero sí, sí, muy en serio, y ya ve usted todo lo que ha pasado después.

—Me da no sé qué preguntarte esto, Armida —dijo Lucrecia, bajando mucho la voz—. Pero no puedo aguantarme, la curiosidad me mata. ¿Quieres decir que antes de casarse no hubo nada entre ustedes?

Armida se echó a reír, llevándose las manos a la cara.

—Después que lo acepté, sí hubo —dijo, ruborizada, riéndose—. Claro que hubo. El señor Ismael era todavía un hombre muy entero, a pesar de su edad.

Lucrecia se echó a reír, también.

—No necesito que me cuentes más, Armida —dijo, abrazándola—. Ay, qué risa que las cosas pasaran así. Lástima que se muriera, nomás.

—Todavía no me acabo de tragar que las hienas hayan perdido los colmillos —dijo Rigoberto—. Que se hayan amansado tanto.

—Eso yo no me lo creo, no hacen bulla porque estarán tramando alguna otra maldad —contestó Lucrecia—. ¿El doctor Arnillas te explicó en qué consiste el arreglo de Armida con ellos?

Rigoberto negó con la cabeza.

—Tampoco se lo pregunté —respondió, encogiendo los hombros—. Pero, no hay duda que se rindieron. Si no, no habrían retirado todas las demandas. Debe haberles dado una buena cantidad para domarlos así. O tal vez no. Tal vez el par de idiotas acabaron por convencerse de que si seguían peleando se morirían de viejos sin ver ni un centavo de la herencia. La verdad, me importa un comino. No quiero que hablemos de ese par de bellacos todo este mes, Lucrecia. Que en estas cuatro semanas todo sea limpio, bello, grato, estimulante. Las hienas no encajan en nada de eso.

—Te prometo que no los volveré a nombrar —se rió Lucrecia—. La última pregunta. ¿Sabes qué ha sido de ellos?

—Se habrán ido a Miami a gastar en juergas la platita que le sacaron a Armida, dónde si no —dijo Rigoberto—. Ah, pero, es verdad, no pueden ir allá porque Miki atropelló a alguien y luego se fugó. Aunque, tal vez, aquello haya prescrito. Ahora sí, los mellizos se esfumaron, desaparecieron, nunca existieron. No volvamos a hablar de ellos nunca más. ¡Hola, Fonchito!

El chiquillo estaba ya vestido para el viaje, hasta con la casaca puesta.

—Qué elegante, Dios mío —lo recibió doña Lucrecia, besándolo—. Aquí tienes tu desayuno listo. Yo los dejo, se me está haciendo tarde, debo apurarme si quieres salir a las nueve en punto.

—¿Te hace ilusión este viaje? —le preguntó don Rigoberto a su hijo cuando se quedaron solos.

—Mucha, papá. Te he oído hablar tanto de Europa desde que tengo uso de razón, que hace años sueño con ir allá.

—Será una linda experiencia, ya verás —dijo don Rigoberto—. Lo he planeado todo con mucho cuidado para que veas las cosas mejores que hay en la vieja Europa y evitar todo lo feo. En cierta forma, este viaje será mi obra maestra. La que no pinté, ni compuse, ni escribí, Fonchito. Pero tú la vivirás.

—Nunca es tarde para eso, papá —repuso el chiquillo—. Te queda mucho tiempo, puedes dedicarte a lo que de verdad te gusta. Ahora eres jubilado y tienes toda la libertad del mundo para hacer lo que quieras.

Otra observación incómoda, de la que no sabía cómo zafarse. Se levantó con el pretexto de dar una última revisión a su maletín de mano.

Narciso se presentó a las nueve de la mañana en punto, como le había pedido don Rigoberto. La camioneta que manejaba, una Toyota último modelo, era de color azul marino y el antiguo chofer de Ismael Carrera había colgado del espejo retrovisor una imagen coloreada de la Beata Melchorita. Hubo que esperar un buen rato, desde luego, a que saliera doña Lucrecia. La despedida de ella con Justiniana fue con unos abrazos y besos que no terminaban nunca y, con un sobresalto, don Rigoberto advirtió que se rozaban los labios. Pero ni Fonchito ni Narciso lo notaron. Cuando la camioneta bajó la Quebrada de Armendáriz y enrumbó por la Costa Verde hacia el aeropuerto, don Rigoberto le preguntó a Narciso cómo le iba en su nuevo trabajo en la compañía de seguros.

—Requetebién —mostró Narciso la blanca dentadura mientras sonreía de oreja a oreja—. Pensé que la recomendación de la señora Armida no serviría de gran cosa con los nuevos dueños, pero me equivoqué. Me trataron muy bien. Me recibió el gerente en persona, figúrese usted. Un señor italiano muy perfumado. Eso sí, no sé qué me dio verlo ocupando la oficina que era la suya, don Rigoberto.

—Mejor él que Escobita o Miki, ¿no te parece? —lanzó una carcajada don Rigoberto.

—Eso, sin la menor duda. ¡Por supuestísimo!

—¿Y qué trabajo tienes, Narciso? ¿Chofer del gerente?

—Principalmente. Cuando él no me necesita, llevo y traigo gente de toda la compañía, quiero decir a los jefazos —se lo notaba contento, seguro de sí mismo—. También me manda a veces a la aduana, al correo, a los bancos. Chambeo duro, pero no puedo quejarme, me pagan bien. Y, gracias a la señora Armida, tengo ahora carro propio. Algo que nunca pensé que tendría, la verdad.

—Te hizo un lindo regalo, Narciso —comentó doña Lucrecia—. Tu camioneta es preciosa.

—Armida tuvo siempre un corazón de oro —asintió el chofer—. Quiero decir, la señora Armida.

—Era lo menos que podía hacer contigo —afirmó don Rigoberto—. Tú te portaste muy bien con ella y con Ismael. No sólo aceptaste ser testigo de su matrimonio, sabiendo a lo que te exponías. Sobre todo, no te dejaste comprar ni intimidar por las hienas. Muy justo que te hiciera este regalo.

—Esta camioneta no es un regalo, sino un regalazo, don.

El Aeropuerto Jorge Chávez estaba repleto de gente y la cola de Iberia era larguísima. Pero Rigoberto no se impacientó. Había pasado tantas angustias estos últimos meses con las citas policiales y judiciales, el atasco de su jubilación y los quebraderos de cabeza que les daba Fonchito con Edilberto Torres, que qué podía importarle una cola un cuarto de hora, media hora o lo que fuera, si todo aquello había quedado atrás y mañana a mediodía estaría en Madrid con su mujer y su hijo. Impulsivo, pasó los brazos por los hombros de Lucrecia y Fonchito y les anunció, rebosante de entusiasmo:

—Mañana en la noche iremos a comer al mejor y el más simpático restaurante de Madrid. ¡Casa Lucio! Su jamón y sus huevos con papas fritas son un manjar incomparable.

—¿Huevos con papas fritas, un manjar, papá? —se burló Fonchito.

—Ríete nomás, pero te aseguro que, por sencillo que parezca, en Casa Lucio han convertido ese plato en una obra de arte, una exquisitez de chuparse los dedos.

Y, en ese mismo momento, divisó, a pocos metros, a esa curiosa pareja que le pareció conocida. No podían ser más asimétricos ni anómalos. Ella, una mujer muy gruesa y grande, de cachetes abultados, sumergida en una especie de túnica color crudo que le llegaba a los tobillos y abrigada con una gruesa chompa de color verdoso. Pero lo más raro era el absurdo sombrerito chato y con velo que llevaba en la cabeza y que le daba un aire caricatural. El hombre, en cambio, menudo, pequeño, raquítico, parecía empaquetado en un ternito muy ceñido color gris perla y un llamativo chaleco azul de fantasía. También él lucía un sombrero, metido hasta media frente. Tenían un aire provinciano, parecían extraviados y desconcertados entre el gentío del aeropuerto, y miraban todo con aprensión y desconfianza. Se diría que habían escapado de uno de esos cuadros expresionistas llenos de gente estrafalaria y desproporcionada del Berlín de los años veinte, que pintaron Otto Dix y George Grosz.

—Ah, ya los viste —oyó decir a Lucrecia, señalando a la pareja—. Parece que viajan a España, también. ¡Y en primera clase, qué te parece!

—Creo que los conozco, aunque no sé de dónde —preguntó Rigoberto—. ¿Quiénes son?

—Pero, hijo —repuso Lucrecia—, la pareja de Piura, cómo no los vas a reconocer.

—La hermana y el cuñado de Armida, por supuesto —los identificó don Rigoberto—. Tienes razón, viajan también a España. Qué coincidencia.

Sintió un raro, incomprensible malestar, una inquietud, como si coincidir con ese matrimonio piurano en el vuelo de Iberia a Madrid pudiera constituir alguna amenaza en su programa de actividades tan cuidadosamente planeado para el mes europeo. «Qué tontería», pensó. «Vaya delirio de persecución.» ¿En qué forma podía estropearles a ellos el viaje esa pareja tan pintoresca? Los estuvo observando un buen rato mientras hacían los trámites ante el mostrador de Iberia y pesaban el gran maletón sujeto con gruesas correas que registraron como equipaje. Se los notaba perdidos y asustados, como si fuera la primera vez en su vida que tomaran un avión. Cuando acabaron de entender las instrucciones de la azafata de Iberia, tomados del brazo como para defenderse de algún imprevisto, se alejaron rumbo a la aduana. ¿Qué iban a hacer a España Felícito Yanaqué y su esposa Gertrudis? Ah, claro, irían a olvidar aquel escándalo que habían protagonizado allá en Piura, con secuestros, adulterios y putas. Habrían tomado un tour, gastándose en él los ahorros de toda su vida. No tenía la menor importancia. En estos meses se había vuelto demasiado susceptible, sensible, casi un paranoico. Estaba fuera del alcance de esa parejita causarles el menor perjuicio en su maravillosa vacación.

—¿Sabes que, no sé por qué, me da mala espina encontrarme con ese par de piuranos, Rigoberto? —oyó decir a Lucrecia y lo recorrió un escalofrío. En la voz de su mujer había cierta angustia.

—¿Mala espina? —disimuló—. Qué adefesio, Lucrecia, no hay por qué. Será un viaje mejor todavía que el de nuestra luna de miel, te lo prometo.

Cuando terminaron los trámites, subieron al segundo piso del aeropuerto donde había otra larga cola para que la policía les sellara el pasaporte. De todos modos, cuando estuvieron finalmente en la sala de embarque, quedaba un buen rato para la partida. Doña Lucrecia decidió ir a echar un vistazo a las tiendas del *Duty Free* y Fonchito la acompañó. Como detestaba ir de compras, Rigoberto les dijo que los esperaría en la cafetería. Compró *The Economist* al pasar y encontró que en el pequeño restaurante todas las mesas estaban tomadas. Se disponía a ir a sentarse a la puerta de embarque, cuando descubrió en una de las mesas al señor Yanaqué y a su esposa. Muy serios y muy quietos, tenían frente a ellos unas gaseosas y un plato lleno de galletas. Siguiendo un brusco impulso, Rigoberto se les acercó.

—No sé si me recuerdan —los saludó, estirándoles la mano—. Estuve en su casa en Piura hace unos meses. Qué sorpresa encontrarlos aquí. Así que se van de viaje.

Los dos piuranos se habían puesto de pie, en el primer momento sorprendidos, luego sonrientes. Le estrecharon las manos efusivamente.

—Qué sorpresa, don Rigoberto, usted por acá. Cómo no vamos a acordarnos de nuestras conspiraciones secretas.

—Tome asiento, señor —dijo la señora Gertrudis—. Denos ese gusto.

—Bueno, sí, encantado —le agradeció don Rigoberto—. Mi esposa y mi hijo están viendo tiendas. Viajamos a Madrid.

—¿A Madrid? —abrió los ojos Felícito Yanaqué—. Lo mismo que nosotros, qué casualidad.

—¿Qué quiere usted tomar, señor? —preguntó, muy solícita, la señora Gertrudis.

Parecía cambiada, se había vuelto más comunicativa y simpática, ahora sonreía. Él la recordaba, allá en los días de Piura, siempre adusta e incapaz de soltar una palabra.

—Un cafecito cortado —ordenó al mozo—. O sea que a Madrid. Pues seremos compañeros de viaje.

Se sentaron, se sonrieron, cambiaron impresiones sobre el vuelo —¿saldría a la hora el avión o se atrasaría?— y la señora Gertrudis, a quien Rigoberto estaba seguro de no haberle oído la voz en las reuniones de Piura, hablaba ahora sin parar. Ojalá no se moviera este avión como se había movido el de Lan que los trajo de Piura la víspera. Había bailoteado tanto que a ella se le salieron las lágrimas creyendo que se estrellarían. Y esperaba que Iberia no les perdiera la maleta, porque, si se la perdía, qué se pondrían allá en Madrid, donde iban a pasar tres días y tres noches y donde al parecer estaba haciendo mucho frío.

—El otoño es la mejor estación del año en toda Europa —la tranquilizó Rigoberto—. Y la más bonita, le aseguro. No hace frío, sólo un fresquito muy agradable. ¿Van a Madrid de paseo?

—En realidad, vamos a Roma —dijo Felícito Yanaqué—. Pero Armida insistió que nos quedáramos unos días en Madrid, para conocer.

—Mi hermana quería que fuéramos también a Andalucía —dijo Gertrudis—. Pero, era quedarnos mucho tiempo y Felícito tiene mucho trabajo en Piura con los ómnibus y las camionetas de la compañía. La está reorganizando de pies a cabeza.

—Transportes Narihualá va saliendo adelante, aunque me da siempre algunos dolores de cabeza —dijo sonriente el señor Yanaqué—. Ha quedado reemplazándome mi hijo Tiburcio. Conoce muy bien la empresa, trabaja en ella desde muchacho. Lo hará bien, estoy seguro. Pero, usted ya sabe, uno mismo tiene que estar encima de todo porque, si no, comienzan a fallar las cosas.

—Armida nos ha invitado este viaje —dijo la señora Gertrudis, con un timbre de orgullo en la voz—. Nos lo paga todo, fíjese qué generosa. Pasajes, hoteles, todo. Y en Roma nos alojará en su casa.

—Ella ha sido tan amable que no podíamos desairarle una cosa así —explicó el señor Yanaqué—. Imagínese lo que le costará esta invitación. ¡Una fortuna! Armida dice que está muy agradecida por lo que la alojamos. Como si hubiera sido para nosotros la menor molestia. Un gran honor, más bien.

—Bueno, ustedes se portaron muy bien con ella en esos días tan difíciles —comentó don Rigoberto—. Le dieron cariño, apoyo moral; ella necesitaba sentirse cerca de su familia. Ahora tiene una magnífica posición, así que ha hecho muy bien en invitarlos. Les encantará Roma, ya verán.

La señora Gertrudis se levantó para ir al baño. Felícito Yanaqué señaló a su mujer y, bajando la voz, le confesó a don Rigoberto:

—Mi esposa se muere por ver al Papa. Es el sueño de su vida, porque Gertrudis es muy pegada a la religión.

Armida le ha prometido que la llevará a la Plaza de San Pedro cuando el Papa salga al balcón. Y que, tal vez, pueda conseguir que le hagan un sitio entre los peregrinos a los que el Santo Padre recibe ciertos días en audiencia. Ver al Papa y pisar el Vaticano será para ella la mayor alegría de su vida. Se volvió tan católica después de casarnos, sabe usted. No lo era tanto antes. Por eso me animé a aceptar esta invitación. Por ella. Ha sido siempre muy buena mujer. Muy sacrificada en los momentos difíciles. Si no hubiera sido por Gertrudis, no hubiera hecho este viaje. ¿Sabe una cosa? Nunca en mi vida tomé antes vacaciones. No me siento bien sin hacer algo. Porque, a mí, lo que me gusta es trabajar.

Y, de pronto, sin transición, Felícito Yanaqué comenzó a contarle a don Rigoberto cosas de su padre. Un yanacón, allá en Yapatera, un chulucano humilde, sin educación, sin zapatos, al que su mujer había abandonado, y, rompiéndose los lomos, lo crió a Felícito haciéndolo estudiar, aprender un oficio, para que saliera adelante. Un hombre que fue siempre la rectitud en persona.

—Bueno, qué suerte haber tenido un padre así, don Felícito —dijo don Rigoberto, poniéndose de pie—. No lamentará este viaje, le aseguro. Madrid, Roma, son ciudades llenas de cosas interesantes, ya verá.

—Sí, le deseo lo mejor —asintió el otro, levantándose también—. Salúdeme a su esposa.

Pero a Rigoberto le pareció que no estaba nada convencido, que el viaje no le hacía la menor ilusión y que, en efecto, se sacrificaba por su mujer. Le preguntó si los problemas que había tenido se habían resuelto y ahí mismo lamentó haberlo hecho al ver que un ramalazo de preocupación o de tristeza cruzaba por la cara del hombre pequeñito que tenía al frente.

—Por suerte ya se arreglaron —musitó—. Espero que este viaje sirva al menos para que los piuranos se olviden de mí. No sabe usted lo horrible que es volverse conocido, salir en los periódicos y en la televisión, que a uno lo señale la gente en la calle.

—Le creo, le creo —dijo don Rigoberto, dándole una palmadita en el hombro. Llamó al mozo e insistió en pagar toda la cuenta—. Bueno, ya nos veremos en el avión. Ahí veo a mi mujer y a mi hijo que andan buscándome. Hasta lueguito.

Fueron hasta la puerta de salida y todavía no había comenzado el embarque. Rigoberto contó a Lucrecia y a Fonchito que los Yanaqué viajaban a Europa invitados por Armida. Su mujer quedó conmovida con la generosidad de la viuda de Ismael Carrera.

—Esas cosas ya no se ven en estos tiempos —decía—. En el avión me acercaré a saludarlos. La alojaron unos días en su casita y no sospechaban que por esa buena acción se sacarían la lotería.

En el *Duty Free* ella había comprado varias cadenitas de plata peruana para dejar de recuerdo a la gente simpática que conocieran en el viaje y Fonchito un DVD de Justin Bieber, un cantante canadiense que enloquecía ahora a los jóvenes de todo el mundo y que se disponía a ver en el avión en su computadora. Rigoberto empezó a hojear *The Economist* pero, en ese momento, recordó que era mejor llevar en la mano el libro que había elegido para lectura en el viaje. Abrió su maletín y sacó su antiguo ejemplar, comprado en un *bouquiniste* de orillas del Sena, del ensayo de André Malraux sobre Goya: *Saturne*. Desde hacía muchos años elegía con cuidado lo que leería en el avión. La experiencia le había demostrado que, durante un vuelo, no podía leer cualquier cosa. Debía ser una lectura apasionante, que concentrara su atención de tal modo que anulara por completo aquella subliminal preocupación que asomaba en él siempre que volaba, recordar que estaba a diez mil metros de altura —diez kilómetros—, deslizándose a una velocidad de novecientos o mil kilómetros por hora, y que, allí afuera, las temperaturas eran de cincuenta o sesenta grados bajo cero. No era exactamente miedo lo que tenía cuando volaba, sino algo todavía más intenso, la certeza de que aquello sería en cualquier momento el fin, la desintegración de su cuerpo en un fragmento de segundo, y, tal vez, la revelación del gran misterio, saber qué había más allá de la muerte, si es que había algo, una posibilidad que, desde su viejo agnosticismo, apenas atenuado por los años, tendía más bien a descartar. Pero ciertas lecturas conseguían obturar aquella sensación fatídica, lecturas que lograban absorberlo de tal modo en lo que leía que se olvidaba de todo lo demás. Le había ocurrido leyendo una novela de Dashiell Hammett, el ensayo de Italo Calvino *Seis propuestas para el próximo milenio, El Danubio* de Claudio Magris y releyendo *The Turn of the Screw* de Henry James. Esta vez había elegido el ensayo de Malraux porque recordaba la emoción que había sentido la primera vez que lo leyó, la ansiedad que despertó en él por ver en vivo, no en las reproducciones de los libros, los frescos de la Quinta del Sordo y los grabados *Los desastres de la guerra* y *Los caprichos.* Todas las veces que había estado en el Prado se había demorado en las salas de los Goyas. Releer el ensayo de Malraux sería un buen anticipo de aquel placer.

Formidable que, por fin, se hubiera resuelto aquella desagradable historia. Tenía la firme decisión de no permitir que nada estropeara estas semanas. Todo en ellas debía ser grato, bello, placentero. No ver a nadie ni nada que resultara deprimente, irritante o feo, organizar todos los desplazamientos de tal modo que, por un mes entero, tuviera la sensación permanente de que la felicidad era posible, que contribuía a ello todo lo que hacía, oía, veía y hasta olía (esto último no sería tan fácil, claro).

Estaba sumergido en este ensueño lúcido cuando sintió los codazos de Lucrecia indicándole que había comenzado el embarque. Vieron, a lo lejos, que don Felícito y doña Gertrudis pasaban los primeros, en la fila de *Busi-*

ness. La cola de los viajeros de clase económica era muy larga, por supuesto, lo que significaba que el avión iría repleto. De todas maneras, Rigoberto se sentía tranquilo; había conseguido que la agencia de viajes le reservara los tres asientos de la décima fila, junto a la puerta de emergencia, que tenía más espacio para las piernas, lo que haría más llevaderas las incomodidades del viaje.

Cuando entraron al avión, Lucrecia extendió la mano a los piuranos y la pareja la saludó con mucho cariño. En efecto, ellos tres ocupaban la fila junto a la puerta de emergencia, con ancho espacio para las piernas. Rigoberto se sentó en la ventana, Lucrecia en el pasillo y Fonchito en el medio.

Don Rigoberto suspiró. Oía sin escuchar las instrucciones que daba alguien de la tripulación sobre el vuelo. Cuando el avión comenzó a carretear por la pista hacia el punto de despegue, había logrado enfrascarse en un editorial de *The Economist* sobre si el euro, la moneda común, sobreviviría a la crisis que sacudía a Europa, y si la Unión Europea sobreviviría a la desaparición del euro. Cuando, con los cuatro reactores rugiendo, el avión arrancó con una velocidad que aumentaba por segundos, sintió de pronto que la mano de Fonchito presionaba su brazo derecho. Apartó los ojos de la revista y se volvió hacia su hijo: el chiquillo lo miraba atónito, con una expresión indescifrable en la cara.

—No tengas miedo, hijito —dijo, sorprendido, pero se calló porque Fonchito negaba con la cabeza, como diciendo «no es eso, no es por eso».

El avión acababa de desprenderse del suelo y la mano del chiquillo se incrustaba en su brazo como si quisiera hacerle daño.

—¿Qué pasa, Fonchito? —preguntó, echando una ojeada alarmada hacia Lucrecia, pero ella no los oía por el ruido de los reactores. Su mujer tenía los ojos cerrados y parecía dormitar o rezar.

Fonchito trataba de decirle algo pero movía la boca y no salía de sus labios palabra alguna. Estaba muy pálido.

Un horrible presentimiento hizo que don Rigoberto se inclinara a su hijo y le murmurara al oído:

—No vamos a permitir que Edilberto Torres nos joda este viaje, ¿no, Fonchito?

Ahora sí el chiquillo consiguió hablar y lo que don Rigoberto oyó le heló la sangre:

—Ahí está, papá, aquí en el avión, sentado detrás de ti. Sí, sí, el señor Edilberto Torres.

Rigoberto sintió un tirón en el cuello y le pareció que quedaba contuso y lisiado. No podía mover la cabeza, volverse a mirar hacia el asiento de atrás. El cuello le dolía horriblemente y su cabeza se había puesto a hervir. Tenía la estúpida idea de que sus cabellos humeaban como una fogata. ¿Sería posible que ese hijo de puta estuviera aquí, en este avión, viajando con ellos a Madrid? La rabia subía por su cuerpo como una lava irresistible, unos deseos feroces de ponerse de pie y abalanzarse sobre Edilberto Torres, para golpearlo e insultarlo sin misericordia, hasta sentirse exhausto. Pese al dolor tan agudo en el pescuezo, consiguió al fin volverse de medio cuerpo. Pero en el asiento de atrás no había varón alguno, sólo dos señoras mayores y una niña que lamía un chupete. Desconcertado, se volvió a mirar a Fonchito y, entonces, se dio con la sorpresa de que los ojos de su hijo chispeaban de burla y alegría. Y en ese instante soltó una sonora carcajada.

—Te la creíste, papá —decía, ahogándose con una risa sana, traviesa, limpia, infantil—. ¿No es cierto que te la creíste? ¡Si vieras la cara que pusiste, papá!

Ahora, Rigoberto, aliviado, moviendo la cabeza, sonreía, se reía también, reconciliado con su hijo, con la vida. Habían atravesado la capa de nubes y un sol radiante bañaba todo el interior del avión.

Sobre el autor

Mario Vargas Llosa, premio Nobel de Literatura 2010, nació en Arequipa, Perú, en 1936. Aunque había estrenado un drama en Piura y publicado un libro de relatos, *Los jefes,* que obtuvo el Premio Leopoldo Alas, su carrera literaria cobró notoriedad con la publicación de *La ciudad y los perros,* Premio Biblioteca Breve (1962) y Premio de la Crítica (1963). En 1965 apareció su segunda novela, *La casa verde,* que obtuvo el Premio de la Crítica y el Premio Internacional Rómulo Gallegos. Posteriormente ha publicado piezas teatrales (*La señorita de Tacna, Kathie y el hipopótamo, La Chunga, El loco de los balcones, Ojos bonitos, cuadros feos* y *Las mil noches y una noche*), estudios y ensayos (*La orgía perpetua, La verdad de las mentiras, La tentación de lo imposible, El viaje a la ficción* y *La civilización del espectáculo*), memorias *(El pez en el agua),* relatos *(Los cachorros)* y, sobre todo, novelas: *Conversación en La Catedral, Pantaleón y las visitadoras, La tía Julia y el escribidor, La guerra del fin del mundo, Historia de Mayta, ¿Quién mató a Palomino Molero?, El hablador, Elogio de la madrastra, Lituma en los Andes, Los cuadernos de don Rigoberto, La Fiesta del Chivo, El Paraíso en la otra esquina, Travesuras de la niña mala* y *El sueño del celta.* Ha obtenido los más importantes galardones literarios, desde los ya mencionados hasta el Premio Cervantes, el Príncipe de Asturias, el PEN/Nabokov y el Grinzane Cavour.

Sobre el autor

[illegible]

[illegible]

Este libro, cuya tirada
constó de 20.000 ejemplares,
se terminó de imprimir en los
talleres gráficos de Nomos Impresores
Bogotá (Colombia),
en el mes de septiembre de 2013

Alfaguara es un sello editorial del Grupo Santillana

www.alfaguara.com

Argentina
www.alfaguara.com/ar
Av. Leandro N. Alem, 720
C 1001 AAP Buenos Aires
Tel. (54 11) 41 19 50 00
Fax (54 11) 41 19 50 21

Bolivia
www.alfaguara.com/bo
Calacoto, calle 13 nº 8078
La Paz
Tel. (591 2) 279 22 78
Fax (591 2) 277 10 56

Chile
www.alfaguara.com/cl
Dr. Aníbal Ariztía, 1444
Providencia
Santiago de Chile
Tel. (56 2) 384 30 00
Fax (56 2) 384 30 60

Colombia
www.alfaguara.com/co
Carrera 11A Nº 98-50, oficina 501
Bogotá DC
Tel. (571) 705 77 77

Costa Rica
www.alfaguara.com/cas
La Uruca
Del Edificio de Aviación Civil 200 metros Oeste
San José de Costa Rica
Tel. (506) 22 20 42 42 y 25 20 05 05
Fax (506) 22 20 13 20

Ecuador
www.alfaguara.com/ec
Avda. Eloy Alfaro, N 33-347 y Avda. 6 de Diciembre
Quito
Tel. (593 2) 244 66 56
Fax (593 2) 244 87 91

El Salvador
www.alfaguara.com/can
Siemens, 51
Zona Industrial Santa Elena
Antiguo Cuscatlán - La Libertad
Tel. (503) 2 505 89 y 2 289 89 20
Fax (503) 2 278 60 66

España
www.alfaguara.com/es
Avenida de los Artesanos, 6
28760 Tres Cantos, Madrid
Tel. (34 91) 744 90 60
Fax (34 91) 744 92 24

Estados Unidos
www.alfaguara.com/us
2023 N.W. 84th Avenue
Miami, FL 33122
Tel. (1 305) 591 95 22 y 591 22 32
Fax (1 305) 591 91 45

Guatemala
www.alfaguara.com/can
26 avenida 2-20
Zona nº 14
Guatemala CA
Tel. (502) 24 29 43 00
Fax (502) 24 29 43 03

Honduras
www.alfaguara.com/can
Colonia Tepeyac Contigua a Banco Cuscatlán
Frente Iglesia Adventista del Séptimo Día, Casa 1626
Boulevard Juan Pablo Segundo
Tegucigalpa, M. D. C.
Tel. (504) 239 98 84

México
www.alfaguara.com/mx
Avda. Río Mixcoac, 274
Colonia Acacias, C.P. 03240
Benito Juárez, México D.F.
Tel. (52 5) 554 20 75 30
Fax (52 5) 556 01 10 67

Panamá
www.alfaguara.com/cas
Vía Transísmica, Urb. Industrial Orillac,
Calle segunda, local 9
Ciudad de Panamá
Tel. (507) 261 29 95

Paraguay
www.alfaguara.com/py
Avda. Venezuela, 276,
entre Mariscal López y España
Asunción
Tel./fax (595 21) 213 294 y 214 983

Perú
www.alfaguara.com/pe
Avda. Primavera 2160
Santiago de Surco
Lima 33
Tel. (51 1) 313 40 00
Fax (51 1) 313 40 01

Puerto Rico
www.alfaguara.com/mx
Avda. Roosevelt, 1506
Guaynabo 00968
Tel. (1 787) 781 98 00
Fax (1 787) 783 12 62

República Dominicana
www.alfaguara.com/do
Juan Sánchez Ramírez, 9
Gazcue
Santo Domingo R.D.
Tel. (1809) 682 13 82
Fax (1809) 689 10 22

Uruguay
www.alfaguara.com/uy
Juan Manuel Blanes 1132
11200 Montevideo
Tel. (598 2) 410 73 42
Fax (598 2) 410 86 83

Venezuela
www.alfaguara.com/ve
Avda. Rómulo Gallegos
Edificio Zulia, 1º
Boleita Norte
Caracas
Tel. (58 212) 235 30 33
Fax (58 212) 239 10 51